좋은 수업을 위한

초등수학 교재연구 및 교수법

좋은 수업을 위한
초등수학 교재연구 및 교수법

초판 인쇄 2025년 3월 03일
초판 발행 2025년 3월 10일

지은이 이대현
펴낸이 최국주
펴낸곳 동명사
출판등록 1950년 11월 1일(제1-76호)
주소 (우 10881) 경기도 파주시 회동길 50(문발동)
전화 031-955-7200(대표)~2, 7203(편집부), 7204(물류)
팩스 031-955-7205
전자우편 webmaster@dmsbook.com
홈페이지 www.dmsbook.com

ISBN 978-89-411-8252-8 93370
값 22,000원

머리말

2015년에 '2015 개정 수학과 교육과정'이 고시되었고, 2016년에 Klaus Schwab이 이끄는 다보스 포럼(Davos Forum)에서 '4차 산업혁명'을 천명한 지 적지 않은 시간이 흘렀습니다. 그 이후, 세계는 AI와 첨단 기술의 발전 및 디지털 사회로 전환, 기후환경의 변화와 생태환경의 위기, 저출산에 따른 학령인구 감소 등의 미래 불확실성에 직면해 있습니다. 이런 사회에서는 미래 사회의 변화에 유연하게 대처해 나갈 수 있는 기초 역량과 핵심 역량을 갖춘 아이들을 길러내는 것과 인류사회의 미래를 위해 지속 가능한 발전을 추구하는 것이 더욱 중요합니다.

이러한 변화와 국가·사회적 요구에 따라 '2022 개정 수학과 교육과정'은 미래 사회에 대처할 수 있는 민주 시민을 양성하면서도, 개개인의 역량을 함양시킬 수 있는 교육과정으로 2022년 12월 22일에 개정·고시되었습니다(교육부 고시 제2022-33호). 2022 개정 교육과정의 총론에서는 교육 환경 변화에 대처하고 국가·사회적 요구를 반영하여 미래 사회가 요구하는 '포용성과 창의성을 갖춘 주도적인 사람'이라는 인간상을 제시하였습니다.

이에 따라 수학과 교육과정에서는 '문제해결, 추론, 의사소통, 연결, 정보처리' 역량을 교과 역량으로 설정하였고, 핵심 아이디어와 지식·이해, 과정·기능, 가치·태도의 세 범주로 내용 체계를 구성하여 수학 교과 역량 함양을 지원하도록 설계하였습니다. 또한, 기초 소양 함양과 생태 전환 교육, 민주 시민 교육, 맞춤형 교육을 도모하면서도 자기 주도성을 강조함으로써 아이의 삶과 성장을 지원할 수 있도록 하였습니다.

2022 개정 수학과 교육과정을 반영하여 수학과 교수·학습에서는 이를 구체화하여 포용성과 창의성을 길러주면서도 자기 주도적 실천 능력을 길러주어야 합니다. 이를 위해, 아이들이 학습 소재나 학습 과정 및 환경을 조정하거나 스스로 선택할 기회의 폭을 넓혀 주어 맞춤형 수업, 혹은 개별화된 수업이 이루어지도록 해야 합니다. 또한, 지식습득뿐만 아니라 과정과 기능을 배워 사고하는 법을 습득함으로써 깊이 있는 학습을 촉진하도록 하고, 교과 내 영역 간, 교과 간 연계성을 바탕으로 아이들이 통합적으로 사고할 수 있도록 해야 합니다.

2022 개정 수학과 교육과정 개정에 발맞추어, 2022 개정 수학과 교육과정이 강조하는 수학교육을 구현하기 위한 초등수학 교재연구 및 교수법을 탐구할 수 있도록 이 책을 구성하였습니다. 다시 말해, 이 책에서는 현행 2022 개정 수학과 교육과정에 따른 교육 내용에 대한 이해와 교재연구 및 각 영역에 대한 지도 원리와 방법을 제시하였고, 동시에 각 교육 내용에 대한 구체적인 예를 제시하였습니다.

구체적으로, 전반부 1장에서 3장까지는 '수학교육과 수학과 교수·학습 방법, 수학 학습 심리학, 문제해결 지도'를 다루었습니다. 그리고, 4장에서 12장까지는 수학 교과의 영역별 지도 원리와 지도 내용 및 방법을 이해할 수 있도록 '자연수와 분수 및 소수, 그리고 그 연산, 도형, 측정, 자료와 가능성, 변화와 관계'에 대한 내용을 제시하였습니다.

수학을 가르치고 있는 교사나 예비 교사들은 이 책에 제시된 초등수학 지도 내용과 방법을 익힘으로써 아이들이 수학의 원리와 법칙, 성질들이 왜 그렇게 전개되고 성립되는가를 알고, 더불어 수학의 가치와 유용성을 인식하도록 지도할 수 있는 역량을 기를 수 있을 것입니다. 특히, 초등수학은 구체에서 추상으로 전개되는 수학의 초기 단계를 주로 다루기 때문에, 수학 교사는 이 책을 활용하여 초등학교 아이들의 특성에 맞는 학습 지도에 더 많은 관심과 노력을 기울여 주길 바랍니다.

마지막으로, 이 책이 우리나라 초등학교 수학 학습 지도를 위한 길잡이가 되길 바라며, 책이 출판되도록 수고해 주신 출판사 관계자분들에게도 감사를 드립니다.

2024년 겨울에 저자 씀

차례

차례

차례

1장 수학교육과 수학과 교수·학습 방법

이 장을 시작하면서

교육과정이 개정될 때마다 수학은 어렵고 공부하기 힘든 과목으로 관심 대상이 되어 왔다. 어떤 사람들은 교과서에 제시된 모든 문제에 대한 아이들의 문제해결 성공 정도가 70%를 넘어야 한다는 주장을 하기도 하고, 학습 내용이 너무 많으니 줄여야 한다고도 말한다. 그러한 많은 논란과 논쟁 속에서도 학교에서 가르쳐져야 할 교과목으로서 수학의 위상은 여전하고 여전할 것이다.

어렵고 공부하기 힘든 과목으로 인식되는 수학을 교사는 왜 가르쳐야 하고, 아이들은 왜 배워야 하는가? 분수의 덧셈이나 뺄셈 문제를 풀지 못해도 직장생활을 하는 데에는 불편을 느끼지 않을 수 있다. 중등학교에서 배운 행렬이나 미적분 문제를 졸업 후에는 더 이상 다룰 상황이 없을지도 모른다. 그렇다면, 초등학교에서 배운 자연수 개념과 그 연산 정도의 수학 지식으로도 세상을 살아가는데 불편하지 않으니, 그 정도 수학만 배우라고 할 수 있을 것인가? 사람마다 생각이 다를 수 있으나, 다수의 사람들은 그렇지 않다는 것에 동의할 것이다.

수학을 배우고 탐구하는 과정을 통해 사고 능력이 발달되고, 그 사고 능력은 일상에서 문제를 해결하고 합리적이고 올바르게 판단하는 힘이 되어 준다. 또한, 수학 능력에 따라 직업을 폭넓게 선택할 기회가 늘어나게 되며, 일반적으로 높은 수준의 수학 지식을 가질수록 다수가 선호하는 수준의 직업 선택의 기회가 많아지는 것이다(Stein, 1996). 단지, 좋은 직업을 갖기 위해 수학 공부를 열심히 하라는 것은 아니다. 일상을 살아가면서 만나게 되는 여러 가지 문제를 올바르고 현명하게 해결해 갈 수 있는 능력을 기르기 위해 수학 공부는 해 볼 가치가 있는 것이다.

함께 이야기해요

수학을 가르치고 있거나 가르치게 될 자기 자신에게 다음 질문을 해 보고, 스스로 답을 생각해 보세요.

- 수학을 무엇이라 생각하나요?
- 나에게 수학은 무엇인가요?
- 초·중·고 시절의 수학 공부에 대한 나의 경험은 무엇인가요? 즐거움이었는가요? 괴로움이었는가요?
- 수학을 좋아하지 않는 아이가 있다면, 앞으로 수학을 좋아하게 할 수 있는 방법이 있다고 생각하나요?

함께 해결해봐요

일상을 생활하면서 다양한 판단 상황과 만나게 됩니다. 버스를 타기 위해 기다릴 시간을 생각하고, 가능한 합리적인 가격의 물건을 고르려고 노력합니다. 이외에도 여러 가지 수학적 판단의 경험을 했을 것입니다.

① 생활에서 수학을 이용하여, 수학적 사고를 이용하여 문제를 해결한 경험은 무엇입니까?

② 생활에서 불편을 겪었던 사례 중에서 수학적 지식으로 개선해 보고 싶은 것이 있었나요?

1-1 수학이란 무엇인가?

불확실한 미래 사회를 살아갈 아이들을 위한 수학교육은 '포용성과 창의성을 갖춘 주도적인 사람(교육부, 2022)'을 양성하는 데 초점을 두어야 한다. 이를 위해 학교 수학은 수학을 배우고 사용하려는 긍정적인 성향과 논리적으로 추론하며 수학적으로 의사소통할 수 있는 수학적 능력을 신장시키도록 해야 한다. 이에 덧붙여, 2022 개정 교육과정에 따른 수학과 교육과정에서는 5가지 '교과 역량'을 강조하고 있는바, 이것은 문제해결, 추론, 의사소통, 연결, 정보처리 역량의 5가지이다. 이에 수학을 가르치는 교사들은 5가지 교과 역량의 의미를 알고 아이들의 수학 교과 역량을 길러주도록 노력해야 하며, 자신이 가르치는 '수학'과 '수학교육'에 대한 기본적인 이해를 해야 한다.

◎ **수학 교과 역량**
문제해결, 추론
의사소통, 연결
정보처리

탐구 과제: 여러 가지 방법으로 해결하기

수학은 한 가지 방법으로만 문제를 해결하는 것이 아니라, 다양한 방법으로 문제를 해결할 수 있다. 그리고, 그 방법들은 낮은 수준부터 높은 수준까지 다양한 수학적 모델을 이용할 수 있다. 문제를 다양한 방법으로 해결할 수 있는 것은 창의적인 수학 능력을 기르는 좋은 방법이기도 하다. 다음 문제를 여러 가지 방법으로 해결해 보세요.

[문제] 헌이와 민이는 같은 시간에 집에서 출발하여 학교까지 걸어가기로 하였다. 그런데 헌이는 학교까지 가는데 걸린 시간의 반을 v_1의 속력으로, 나머지 반을 v_2의 속력으로 걸어갔다. 그리고 민이는 집에서 학교까지 거리의 반을 v_1의 속력으로, 나머지 거리의 반을 v_2의 속력으로 걸어갔다. $v_1>v_2$라고 할 때 누가 먼저 학교에 도착했을까요?

사람들은 수학을 산술과 동일시하는 경향이 있다. 산술은 수와 그 연산에 관한 것으로 교육과정에 비추어 보면, 자연수, 분수, 소수, 정수, 유리수, 무리수, 실수 등에 대한 기본 개념과 그 연산에 초점을 두는 것이다.

그러나, 우리의 교육과정에서는 국민 공통 기본 교육과정의 수학 내용 영역을 '수와 연산', '변화와 관계', '도형과 측정', '자료와 가능성'의 4개 영역으로 설정하고 있는 것과 같이, 수학은 산술을 넘어선다. 이런 면에서 학교 수학에서 관심 대상이 되는 수학 내용을 근거로 수학을 다음과 같이 생각해 볼 수

◎ **수와 연산**
변화와 관계
도형과 측정
자료와 가능성

있다(Reys et al., 2009). 그렇지만, 이 책에서 제시하는 수학의 의미에 덧붙여, 독자들은 자신이 생각하는 수학은 무엇인지, 수학 교사로서 수학에 어떤 의미를 부여할 것인지에 대해 생각해 볼 필요가 있다.

(1) 수학은 규칙과 관계를 탐구하는 학문이다.

◎ 수학은 규칙과 관계를 탐구하는 학문이다.

많은 수학자들은 수학을 '패턴의 과학'이라고 규정하고 있다(Devlin, 1994; National Research Council, 1990; Schoenfeld, 1994; Steen, 1988). 현대 수학을 특징지을 수 있는 이러한 정의의 형성 과정을 살펴보기 위하여, 수학의 역사를 고찰하면 다음과 같다(Devlin, 1994).

① 기원전 500년경까지 이집트와 바빌로니아의 수학은 수에 관한 연구의 시기였다.

② 기원전 500년경부터 기원후 300년경까지 그리스 수학은 주로 기하학에 관심을 두었고, 수학은 수와 형태에 관한 연구에 집중하였다.

③ 17세기 중엽까지는 수학의 전 분야에 큰 변화가 없었다. 뉴턴과 라이프니치 이후의 수학은 운동과 변화, 공간에 대한 연구가 중심을 이루었다.

④ 18세기 중엽부터 19세기까지는 수학 자체에 대한 관심이 증가되었던 시기였다.

⑤ 20세기에 들어서 수학자들이 동의하는 수학은 '패턴의 과학(science of pattern)'이라는 것으로, 수학적 활동과 결과물이 엄청나게 급증하였다.

현대수학을 '패턴의 과학'이라고 하는 것은 수학이 패턴의 원리와 특성을 결정하기 위하여 공리나 이론적으로 정의된 체계 안에서 반복적인 시행과 관찰을 기반으로 탐구나 실험을 행하거나, 실생활로부터 패턴을 추출하여 재구성한 추상화된 모형이라는 것을 의미한다.

수학자가 연구하는 것은 '추상적인 패턴'이다. 정보와 통신 및 계산에 의해 지배되는 오늘날에 수학의 영향은 매우 크며, 추상적인 패턴은 우리 삶의 본질을 이루고 있다. 특히, 컴퓨터 같은 매체의 발달로 인하여, 수학은 그 영향권에 들 수밖에 없게 되었는데, 프랙탈(fractal) 등장은 패턴이 컴퓨터의 힘으로 체계화된 학문 영역으로 자리 잡게 된 결과라고 볼 수 있다.

◎ 패턴은 우리 삶의 본질을 이루고 있다.

탐구 과제: 피보나치수열 탐구하기

사육장에 한 쌍의 토끼가 있는데, 이 토끼는 두 달이 지나면 한 쌍의 토끼를 낳을 수 있으며, 계속해서 한 달마다 한 쌍의 토끼를 또 낳는다. 한편, 새로 태어난 한 쌍의 토끼도 두 달째부터 매달 한 쌍의 토끼를 낳을 수 있다. 이와 같은 과정을 계속할 때 1년 뒤 그 사육장에 있는 토끼는 몇 쌍일까?(단, 토끼는 죽지 않는다고 생각하자.)

여기에서 매월 사육장에 있는 토끼 쌍의 수를 차례로 나열하면 1, 1, 2, 3, 5, 8, 13, 21, 34, 55, …와 같은 수열을 얻을 수 있는데, 이 수열을 피보나치수열이라고 한다. 피보나치수열을 첫째 항부터 차례로 F_1, F_2, F_3, F_4, F_5, …으로 나타낼 때, 다음을 구해 보세요.

① $F_1 + F_2 + F_3 + F_4 + \cdots + F_n$
② $F_1^2 + F_2^2 + F_3^2 + F_4^2 + \cdots + F_n^2$
③ $F_1 + F_3 + F_5 + F_7 + \cdots + F_{2n-1}$
④ $F_2 + F_4 + F_6 + F_8 + \cdots + F_{2n}$

한편, 수학은 여러 가지 수학적 개념 간의 '관계'를 탐구하는 학문이다. 교육과정은 이전에 학습한 내용을 새로운 내용과 연결해 주는 관계망으로 구성되어 있다. 따라서, 아이들은 학습하게 될 내용이 이전에 학습한 내용과 어떻게 관련되는가를 알고, 그러한 관계를 정확히 파악하도록 해야 한다.

수학은 여러 가지 수학적 개념 간의 관계를 탐구하는 학문이다.

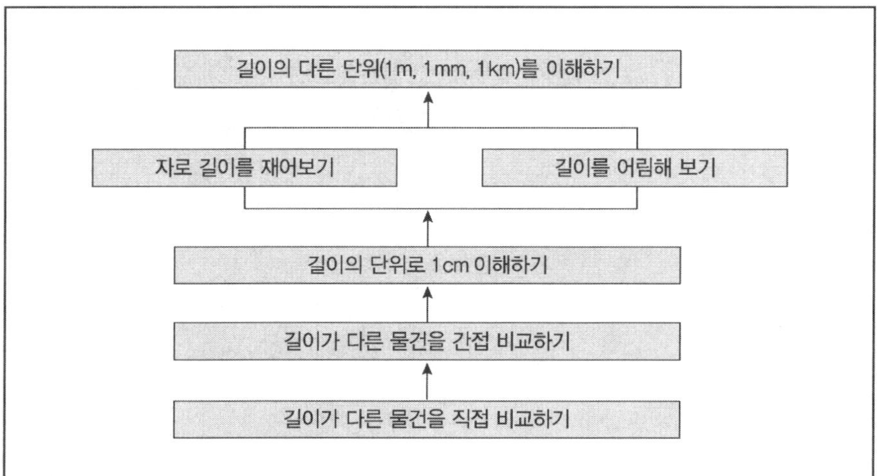

그림 1.1 길이 내용의 위계도

(2) 수학은 사고하는 방법을 제공한다.

수학은 사고하는 방법을 제공한다.

수학은 수와 계산만을 다루는 것이 아니라, 다양한 자료를 수집하여 분석하고 해석하여 판단하는 과정에서 많은 판단을 요구하는 학문이다. 이러한 과정에서 아이들은 다양한 사고를 하게 되는데, 직관적으로 사고도 하고, 주도면밀하게 논리적으로 사고도 한다. 때로는 서로 연관된 사실을 기초로 유추적 사고도 한다.

수학학습을 통해 다양한 사고 방법을 습득하고 익히는 것은 수학교육의 중요한 목적이다. 사고 유형에는 여러 가지가 있으나, 여기서는 직관적 사고와 논리적 사고, 귀납적 사고와 연역적 사고, 유추적 사고에 대하여 알아보자.

1) 직관적 사고와 논리적 사고

직관적 사고는 지각적 속성과 특징에 따라 즉각적으로 결론을 이끌어내는 사고이다.

직관적 사고란 추리·분석·비교·종합 등과 같은 이치에 따른 형식과 절차를 밟지 않고, 지각적 속성과 특징에 따라 '즉각적으로' 결론을 이끌어내는 사고를 의미한다. 즉, 직관적 사고는 사고 대상에 대한 심상을 기초로 하여 즉각적으로 판단하는 사고이다.

따라서, 수학에서 직관적 사고는 수학 이론 전개의 방향이나 문제해결의 실마리를 즉각적으로 제시해 주는 사고이며, 수학적 발견이나 문제해결 과정에서 지각적으로 인식되는 대상에 대해 즉각적이고 자명하며 내재적으로 확실하게 해결책을 이끌어내는 사고 기능을 가지고 있다.

탐구 과제: 직관적으로 해결하기

1. [그림 1]에서 두 도형은 한 변의 길이가 3cm, 4cm인 정사각형이고, 작은 정사각형의 대각선의 교점에 큰 정사각형의 한 꼭짓점이 맞닿아 있다. 두 종이가 겹친 부분의 넓이를 구해 보세요.

2. [그림 2]의 삼각형의 넓이를 구해 보세요.

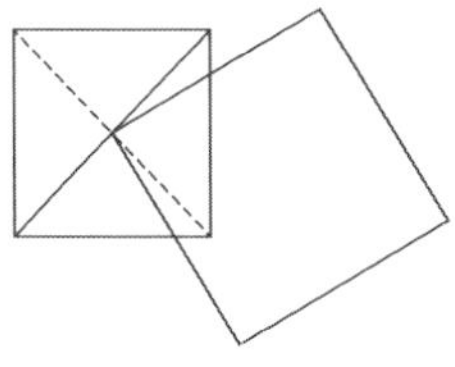

[그림 1]

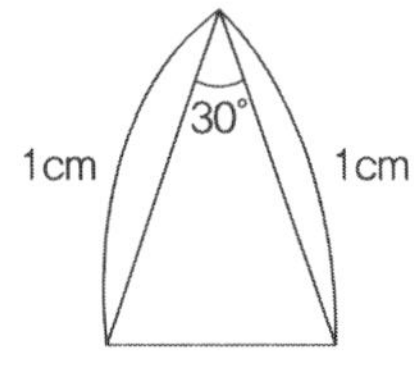

[그림 2]

논리적 사고는 논리적 형식과 절차에 따라 이치에 맞게 단계적으로 결론에 이르게 하는 사고를 의미한다. 따라서, 논리적 사고는 객관적 사실에 기초하여 타당한 근거를 찾고, 이를 바탕으로 객관성과 일관성을 유지하도록 합리적이고 단계적으로 분석·종합·추리하여 결론에 이르는 사고이다.

◎ **논리적 사고는 논리적 형식과 절차에 따라 이치에 맞게 단계적으로 결론에 이르게 하는 사고이다.**

직관적 사고와 논리적 사고의 관계에 관하여 직관적 사고를 통해 새로운 사실을 예상하게 되면 논리적 사고를 통해 그 타당성을 검토하고 확인하게 된다. 또한, 논리적 사고로 새로운 사실을 입증하게 되면, 이것은 새로운 사실에 대한 영감을 이끌어내는 직관적 사고의 출발점이 되기도 한다. 따라서, 직관적 사고와 논리적 사고는 상반된 사고 작용이라기보다, 상호보완적인 관계에 있다고 볼 수 있다.

탐구 과제: 직관적 사고와 논리적 사고로 해결하기

다음은 어떤 규칙에 따라 ○를 넣어서 1부터 119까지의 수를 차례로 나열한 것이다. 단, 세로줄은 ○를 맨 아래 칸부터 넣는다(2017학년도 초등임용고사 문제).

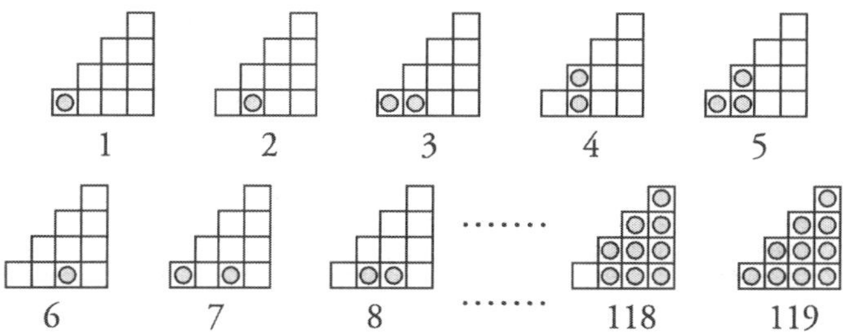

아래 그림에 수를 표현하려고 한다. ○가 첫째 세로줄에 있는 수의 개수를 직관적 사고와 논리적 사고를 이용하여 각각 구해 보세요.[1]

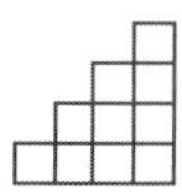

1) 본 문제가 포함된 전체 문제는 12장의 '오늘의 생각 문제'에 제시되어 있다. 탐구 과제에서 두 번째 세로줄부터는 한 칸에 할당된 수가 2, 6, 24로 확장되므로 이 수에 첫째 세로줄에 ○가 있는 수(1)를 더하면 그 수는 모두 홀수가 될 것이다. 따라서 정답은 1에서 119까지의 홀수가 된다. 다른 방법으로는 각각의 수를 모두 찾아 규칙을 찾는 방법도 있을 것이다.

2) 귀납적 사고와 연역적 사고

귀납적 사고는 개개의 특수한 사실로부터 그것들의 공통된 보편법칙이나 성질을 추출해내는 사고이다.

귀납적 사고는 개개의 특수한 사실로부터 그것들의 공통된 보편법칙이나 성질을 추출해내는 사고이다. 즉, 귀납적 사고는 특수한 사실로부터 일반적 사실에 이르게 하는 사고라고 할 수 있다. 귀납적 사고는 다음과 같은 과정을 거치게 된다.

① 몇 개의 구체적인 자료를 수집한다.
② 수집한 자료를 관찰하여 성질이나 규칙을 찾는다.
③ 찾아낸 성질이나 규칙이 그 자료를 포함하는 대상 전체에서도 성립하리라는 추측을 한다.
④ 추측한 성질이나 규칙이 '참'임을 확인하기 위하여 새로운 자료를 찾아 확인한다.

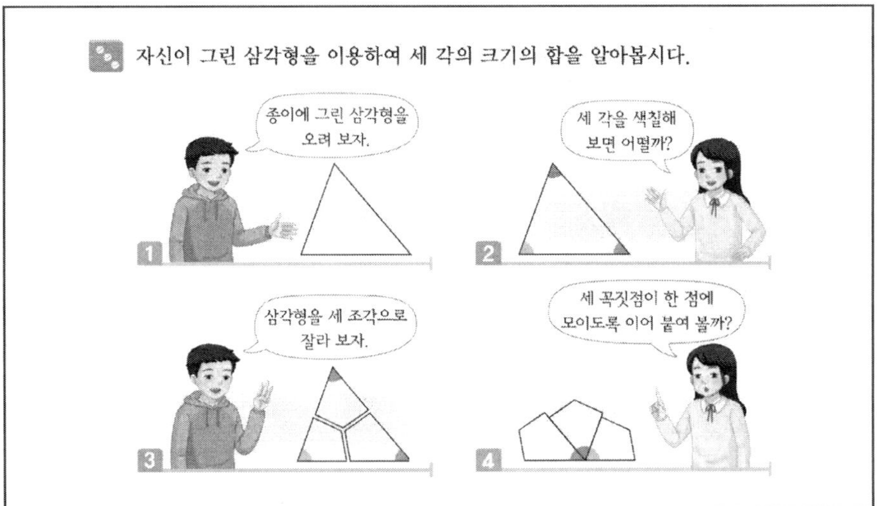

그림 1.2 삼각형 세 각의 크기의 합에 대한 귀납적 추론 과정(교육부, 2020c, p. 51)

연역적 사고는 확실한 근거나 전제로 주어진 일반적 사실로부터 특정한 원리나 결론을 이끌어내는 사고이다.

연역적 사고는 확실한 근거나 전제로 주어진 일반적 사실로부터 특정한 원리나 결론을 이끌어내는 사고이다.[2] 즉, 연역적 사고는 공리계를 설정하여 주어진

2) 논리적 사고는 타당한 근거를 바탕으로 단계적으로 추론해 가는 사고를 의미하며, 연역적 사고는 일반적 사실로부터 특정한 사실을 입증하는 사고를 의미한다. 따라서 논리적 사고는 사고 과정이 이루어지는 단계적 측면에서 개입되는 사고이고, 연역적 사고는 수학적 사실을 입증하는 방법면에서 나타나는 사고이다. 연역적 사고가 일어나는 과정에서 단계마다 논리적 사고가 개입되어 진행될 수 있다.

공리를 바탕으로 새로운 이론을 이끌어내는 사고를 의미한다. 연역적 사고의 예로 삼단논법이 있으며, 유클리드 원론에서 공리와 공준으로부터 명제를 증명하는 것도 그 예이다.

좁은 의미로 해석할 때 연역적 사고는 일반적인 경우에 성립하는 원리나 법칙이 있을 때, 그것을 이용하여 특수한 경우에 성립하는 사실을 유도하는 사고이다. 예를 들어, 다각형의 내각의 크기의 합 $(n-2)\times\pi$를 이용하여 사각형의 내각의 크기의 합을 구하는 것이 그 예이다.

초등학교 수준에서는 엄밀한 연역적 사고가 어렵기 때문에 이미 알고 있는 사실을 이용하여 새로운 사실을 검토해 보거나, 어떤 사실이 성립하는 이유를 생각해 보도록 할 수 있다. 또한, 학생들이 알고 있는 원리, 법칙, 성질 등을 이용하여 간단한 수학적 사실을 단계적으로 추론해 가도록 지도할 수 있다.

3) 유추적 사고(유비 추론)

유추적 사고는 유추, 유비 추론이라고도 하는데, 두 대상에서 서로 유사한 점을 근거로 하여, 대상의 특수한 성질을 그와 유사한 다른 대상의 성질에 비추어 추리하는 사고를 말한다.

◎ 유추적 사고는 대상의 특수한 성질을 그와 유사한 다른 대상의 성질에 비추어 추리하는 사고이다.

예를 들면, 자연수의 덧셈 방법과 소수의 덧셈 방법은 서로 유비적이다. 그러므로, 먼저 배운 자연수의 덧셈 방법으로부터 소수의 덧셈 방법을 발견하는 데에는 유추적 사고가 개입되어 있는 것이다. 또한, 선분의 중점 성질을 이용하여 그와 유사한 구조를 가지는 삼각형의 무게중심을 구하는 방법과 그 성질을 발견하는 것도 유추적 사고에 의한다고 할 수 있다.

탐구 과제: 유추적 사고로 해결하기

다음 두 문제를 각각 풀어 보고, 유추적 사고가 두 문제 풀이에 어떻게 적용되었는지 알아보세요.

[문제 1] 농장에 토끼와 닭이 모두 10마리가 있는데, 모든 다리 수의 합은 32이다. 농장에 토끼와 닭이 각각 몇 마리인지 구하시오.

[문제 2] 목수가 다리 3개짜리 의자와 다리 4개짜리 탁자를 만들고 있다. 어느 날 목수가 의자와 탁자를 만드는데 이용한 다리의 수가 모두 31개였다면 이 날에 목수가 만든 의자와 탁자는 각각 몇 개인지 구하시오.

(3) 수학은 과학이고 예술이다.

수학은 사고 과정으로 보는가와 사고 결과로 보는가에 따라 과학과 예술로 볼 수 있다.

수학을 사고 과정으로 보는가와 사고 결과로 보는가에 따라 과학과 예술로 볼 수 있다. 수학을 사고 과정으로 보는 관점은 수학을 실행하는 과정이 현상을 탐구하여 내재된 개념과 원리를 추출하고 현상에 적용하는 수학화 과정을 중시하는 측면이다. 수학을 실행하는 과정에서는 사고의 유연성과 시행착오를 허락하며, 사고의 유연성을 바탕으로 하는 다양한 접근 방법을 가치 있는 것으로 여긴다.

한편, 사고 결과로 보는 관점은 사고 결과로 얻어지는 결과물을 중시하는 측면이다. 이 관점에서는 수학의 엄밀성과 심미성을 추구하며 수학의 내적, 외적인 가치를 중시한다. 예를 들어, 황금비는 주어진 길이를 가장 이상적으로 나누는 비로, 근삿값이 약 1.618인 무리수이다. 기하학적으로 황금분할은 건축과 미술 분야 등에 즐겨 응용되었다. 황금비는 우리의 인체 속에서도 반영되어 있다. 즉, 인간의 몸은 황금비에 의해서 분할될 수 있는데, 이것이 아름다운 몸의 보편적 기준이 되고 있다.

읽기 자료

생활 속에서 찾을 수 있는 황금비

- 건축물 속의 황금비: 개선문, 파르테논 신전, 피라미드 등
- 조각 속의 황금비: 석굴암의 불상, 밀로의 비너스상 등
- 사물 속의 황금비: 명함, 카드, 액자, 창문, 책, 별 모양 등
- 인체 속의 황금비: 머리부터 어깨까지 코를 중심으로, 배꼽부터 발까지 무릎을 중심으로, 머리부터 발끝까지를 배꼽을 중심으로 분할하면 각각 황금비가 된다.

또한, 오랜 시간 동안 발전해 온 수학을 살펴보면, 수학적 사실들이 고립된 별개의 것이 아니라, 수학이라는 큰 테두리 안에서 서로 연관되어 발전되어 왔음을 알 수 있다. 이러한 사실들은 수학을 하나의 완결된 아름다운 예술 작품과 동일시 할 수 있음을 의미한다.

(4) 수학은 도구이다.

수학은 도구이다.

수학은 수학자들이 발견한 수학을 현상에 적용하고 이용하는 도구이자, 수학을 배운 사람들이 일상에서 부딪치는 많은 문제를 해결하고 현상을 이해하는 도구이다. 즉, 수학은 수학자들이나 일반인에게 문제를 해결하는 유용한 도구이다.

읽기 자료

생활 속 수학의 이용

주민등록번호는 개인의 신분을 증명할 수 있는 가장 기본적인 수단이다. 주민등록 번호 13자리에서 앞의 6개 숫자는 자신의 생년월일을 나타내고, 뒤의 7개 숫자에서 성별, 주소 및 발급지 기관 등을 확인할 수 있다. 뒷자리의 첫 번째 숫자는 성별을, 두 번째와 세 번째 숫자는 출생 지역의 고유 번호를, 넷째와 다섯째 숫자는 해당 출생 지역의 읍, 면 동 사무소의 번호를, 그 다음 여섯 번째 숫자는 같은 날 같은 발급 기관의 출생신고의 순서, 일곱 번째 숫자는 위조·변조 방지를 위한 체크 숫자이다. 특히, 위조·변조 방지를 위한 마지막 숫자는 체크 숫자를 제외한 12자리 숫자에 2부터 9까지 일련의 수를 곱한 결과와 체크 숫자를 더하여 11의 배수가 되도록 정하고 있다.

(5) 수학은 언어이다.

수학은 언어이다.

일상생활에서 자기 나라의 말은 사람들이 의사소통하는 언어이듯이, 수학 교실에서 수학은 아이들이 수학적으로 의사소통하는 언어이다. 특히, 최근에 강조되고 있는 수학 교실에서 의사소통은 수학을 이용하여 수학적으로 이야기하고 생각을 나누는 수학 교실의 사회적 측면의 중요성을 강조하는 중요한 부분이다.

1-2 수학의 특성

사물의 특성을 이해하면 그 사물에 대한 이해가 쉬워지듯이, 수학의 특성을 이해한다면 수학을 하는 방법과 원리를 탐구하기가 한결 쉬워질 것이다. 수학의 특성을 살펴보기 위하여 수학 지식의 형성 과정, 적용 및 발전 과정, 정리 및 보존 과정으로 나누어 살펴볼 수 있다. 수학 지식의 형성 과정의 특성으로는 추상성, 형식성, 이상성을 들 수 있고, 수학 지식의 적용 및 발전 과정의 특성으로는 일반성과 특수성을 들 수 있다. 마지막으로, 수학 지식의 정리 및 보존 과정의 특성으로는 계통성과 논리성을 들 수 있다.

수학 지식의 형성 과정, 적용 및 발전 과정, 정리 및 보존 과정

(1) 추상성

추상성은 동질적 요소만을 추출하여 개념을 표상화하는 특성이다.

추상성은 개념을 얻기 위해 어떤 구체물의 집합에서 이질적 요소는 제거하고, 동질적 요소만을 추출하여 개념을 표상화하는 특성이다. 예를 들면, 1, 2, 3, 4, …과 같은 자연수 개념 지도는 주변에 있는 물건을 세는 것으로부터

시작할 수 있는데, 이때 세는 대상이 되는 물건 자체는 수가 아니고, 수 개념을 형성시켜 주는 구체물이다. 그렇지만, 책 3권, 연필 3자루, 바둑돌 3개, 사탕 3개 등의 구체물 집합에서 대응 조작을 통하여 이질적 요소(물질적인 것, 형, 크기)는 제거하고, 동질적 속성(센 수 3)을 추출하여 수 개념 '3'을 형성하는 것이다.

직육면체와 같은 도형 개념도 마찬가지이다. 예를 들어, 사과 상자, 장난감 상자, 연필 상자 등은 실질적인 형태 면에서 보면 면의 크기나 모서리의 길이가 다르고 색깔도 다르다. 그렇지만, 이질적 특성을 모두 제거하면 결국 점, 선, 면으로 구성된 이상적이고 추상화된 직육면체를 얻게 된다.

이와 같이 수학은 외부의 물리적 대상에 대한 경험을 직접 다루는 것이 아니라, 마음속에 있는 아이디어를 다루는 것이다. 수학적 대상은 대부분이 추상화 과정을 통해 얻은 개념이며, 수학은 이들 개념 사이의 상호 관련성을 다루는 학문이라고 할 수 있다. 추상화는 물리적 대상으로부터의 추상화뿐만이 아니라, 수학적 대상의 더 높은 수준으로의 재추상화도 포함한다.

읽기 자료

아이들의 추상화 과정

그림을 그릴 때 아이들은 눈에 보이는 대로 그리지 않고 자신이 가지고 있는 생각과 시각이나 지각을 적용하여 그린다. 예를 들면, 해에 눈, 코, 입을 그리고, 사람의 손은 필요한 손만 그린다. 그렇지만, 아이들이 성장해 가면서 그림은 상당히 단순해진다. 나무를 삼각형이나 사각형으로 표현하고, 구름도 기하학적으로 단순하게 그린다. 아이가 대상을 단순화시키고 기하학적으로 표현한다는 것은 추상화가 된 증거라고 볼 수 있다. 이러한 상상력과 추상화가 창조의 힘이다(계영희, 2008).

(2) 형식성

형식성은 사고 작용에 의해서 그 대상을 일정한 틀로 만들어 가는 특성이다.

형식성이란 사고 작용에 의해서 그 대상을 일정한 틀로 만들어 가는 특성으로, 추상화 과정을 통해 만들어진 수학적 대상을 공통의 원리나 규칙으로 만들어 가는 것을 의미한다. 추상화 과정을 통해 발견된 수학적 대상이 적용 범위를 확장하는 일반성을 갖추기 위해서는 형식화가 필요하며, 형식성 때문에 수학의 힘과 응용 능력이 신장되는 것이다. 예를 들면, 정수의 덧셈 방법은 분수나 소수의 덧셈 방법과 공통되는 점이 있기 때문에 유리수의 덧셈 형식이라는 틀로 형식화되며, 역으로 이 형식이 정수, 소수, 분수의 계산에 적용되는 것이다.

다른 예로, 십진기수법의 경우에 각 자릿수마다 별도의 기호를 정하지 않고, 10이 되면 자리의 위치에 따라 자릿값을 부여하는 형식화된 방법으로 수를 기록한다. 이러한 형식성으로 인해 어떠한 수도 10개의 숫자를 이용하여 나타낼 수 있는 것이다.

(3) 이상성

이상성이란 사물이나 현상의 본질적인 속성을 무시하고 사고를 통하여 사물이나 현상의 특성을 이상화하여 개념을 얻는 특성이다. 예를 들면, '빠르기가 일정할 때, 달리는 거리는 주행시간에 비례한다.'라는 비례 관계는 현실 장면에서 정확하게 들어맞을 수 없다. 그렇지만, 비례 개념을 수학적으로 이용하기 위해 사고의 힘으로 그 상황을 이상화한 것이다. 마찬가지로, 피보나치 수열을 나타내는 이상적인 토끼의 사례도 사고의 힘으로 토끼의 특성을 규정한 것이다.

◎ 이상성은 사물이나 현상의 특성을 이상화하여 개념을 얻는 특성이다.

(4) 일반성

일반성이란 추상화된 수학 개념을 보다 넓은 범위에 적용해 가는 특성이다. 즉, 일반화는 주어진 집합에 대한 고찰로부터 이를 포함하면서 더 큰 집합에 대한 고찰로 사고 대상을 옮겨가는 것을 의미한다. 예를 들면, 덧셈의 계산 원리는 한 자리 수끼리의 계산 원리로부터 시작하여, 두 자리 수, 세 자리 수, 네 자리 수끼리의 계산 원리로 확장(일반화)해 가는 것이다.

◎ 일반성은 추상화된 수학 개념을 보다 넓은 범위에 적용해 가는 특성이다.

(5) 특수성

특수성은 일반성에 대립되는 개념으로, 주어진 대상의 집합에 대한 고찰로부터 그 집합에 포함되는 보다 좁은 집합에 대한 고찰로 이동하는 특성이다. 예를 들면, 곱셈은 배의 개념으로부터 정의되어 '2×3=6'과 같은 곱셈식으로 일반화된다. 곱셈식을 특정 장면에 적용하는 특수성을 적용하면, 공깃돌이 2개씩 3묶음 있을 때 공깃돌의 개수를 구하는 경우나, 가로 2cm와 세로 3cm인 직사각형의 넓이를 구하는 경우이다. 또한, 다각형의 내각의 크기의 합을 구하는 공식을 이용하여 삼각형이나 사각형의 내각의 크기의 합을 구하는 것도 특수화의 예이다.

◎ 특수성은 주어진 대상의 집합보다 좁은 집합에 대한 고찰로 이동하는 특성이다.

(6) 계통성

계통성은 지식 체계가 어떤 기초적인 내용을 토대로 새로 조합되거나 통합되어 가는 특성이다.

계통성이란 지식 체계가 어떤 기초적인 내용을 토대로 새로 조합되거나 통합되어 새로운 개념을 구성하고 형성해 가는 특성이다.[3] 이런 과정으로 구성된 내용을 토대로 다음 단계의 내용을 만들어 가게 된다. 즉, 선수학습 내용과 후속학습 내용을 연결하면서 새로운 것을 첨가하거나 누적적으로 조직하여 수학 내용을 구성해 가는 것이 계통성이다.

예를 들면, 정수, 소수, 분수는 모두 개념으로는 서로 다른 것이지만, 정수와 소수는 십진법의 수라는 점에서 통일되며, 정수와 분수를 통틀어서 유리수라는 개념으로 총괄된다. 또, 무리수는 유리수와 대립되는 개념이지만, 이들은 합하여 실수라는 개념으로 발전한다.

(7) 논리성

논리성은 수학 지식이 논리적 요소나 체계에 맞도록 정리되고 보존되는 특성이다.

논리성이란 수학 내용을 모순이 없도록 체계적으로 구조화 해가는 원리로, 수학 지식이 논리적 요소나 체계에 맞도록 정리되고 보존되는 특성이다. 즉, 수학 지식의 정리 및 보존 과정에서 수학 지식의 관계가 논리적으로 모순이 없도록 구조화되어 가는 것을 의미한다.

학교 수학 교과의 내용도 학습에 기초가 되는 사항을 토대로 해서 누적되어 가도록 내용 구조가 이루어져 있다. 이 누적은 조리가 바르고, 계통성이 있으며, 사소한 불합리도 허용되지 않는 엄격한 논리성을 가지고 있다. 학문적으로 수학의 논리성이 함의된 대표적인 예로는 유클리드의 원론(Elements)을 들 수 있다. 원론은 그 당시까지 발전하였던 그리스 수학을 논리적으로 정리한 산물인 것이다.

---

3) 김수철 외(2020)는 교육 내용을 구성할 때 순서를 고려하는 조직의 원리가 계열성이며, 특별히 그 내용이 학습 과정에서의 선결 조건이 되는 관계에 있을 때 위계성이 있다고 하였다. 따라서, 위계성은 계열성의 한 종류이며, 특별히 학습 내용상의 선후 관계가 분명한 경우에 사용되는 특성이다.

1-3 교수학적 변환론과 초등수학

학교에서 다루어지는 수학을 '사용할 지식'으로서 수학과 '가르칠 지식'으로서 수학으로 구분할 수 있다. 발생 과정에서 수학은 가르치기 위하여 만들어진 것이 아니라, 생활에서 부딪히는 문제를 해결하는데 사용하기 위해 만들어진 '사용할 지식'이었다. 그렇지만, 생활 문제를 해결하기 위해 만들어진 '사용할 지식'일지라도, 이후에는 생활에 필요한 지식으로 습득하거나 정신 능력을 개발하고, 또 이를 후대에 물려주기 위해 '가르칠 지식'으로 변화되어 왔다.

사용할 지식과 가르칠 지식은 그 성격과 의미에서 차이가 있는데, 사용할 지식은 그 지식을 사용하는 행위에 대한 사회적 의미를 부여하기 위해 지식을 정당화할 필요가 없지만, 가르칠 지식은 사회적 승인과 정당화가 이루어져야 한다는 것이다(강완, 백석윤, 1998). 두 지식 간의 차이에 근거하여 사용할 지식과 가르칠 지식의 관계를 교수학적 측면에서 다루는 것이 바로 교수학적 변환론(didactic transposition theory)이다. 즉, 교수학적 변환이란 사용할 지식에서 가르칠 지식으로의 변환을 의미하는 것이다(Chevallard, 1988). 따라서, 교과서에서든 교사의 학습 준비에서든 교육적 의도를 가지고 지식을 변형하는 것은 교수학적 변환의 시도라 할 수 있다.

◎ 교수학적 변환이란 사용할 지식에서 가르칠 지식으로의 변환을 의미한다.

교수학적 변환론에서는 가르칠 지식에 대응하는 사용할 지식을 선정해야 하는데, 사용할 지식은 기존 지식과 새로운 지식이 수학 이론으로 융합되어 계속 만들어져 가는 학문으로서 지식이다. 교수학적 변환론의 예로, 초등학교 수학에서 '직각' 개념은 종이를 반듯하게 두 번 접는 종이접기 활동으로 도입하는데, 유클리드 원론에서는 '직선에 다른 한 직선을 세웠을 때 이웃한 각의 크기가 서로 같을 때 그 각'을 '직각'이라고 정의하고 있다. 이것은 학문으로서 수학을 학생들 수준에서 이해하기 쉽도록 교수학적 변환을 한 예이다.

학문으로서 수학인 사용할 지식에서 가르칠 지식으로 변환된 수학 지식은 교과서에 나타나고, 교사에 의해 제시된다. 수학자가 학문적 지식을 바탕으로 자신의 수학 영역을 개척해 가듯이, 아이들은 교수학적 변환된 가르칠 지식을 자신의 지식으로 형성하고 발전시켜 나갈 수 있다. 수학자와 아이들에게 나타나는 지식의 흐름 과정을 [그림 1.3]과 같이 나타낼 수 있다.

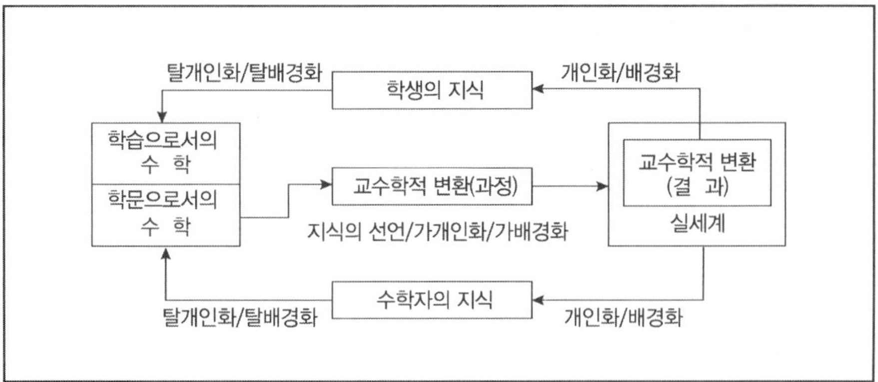

그림 1.3 수학 지식의 흐름도(강완, 백석윤, 1998, p. 202)

이것은 지식의 이해와 표현 및 전달 과정을 개인화와 배경화, 탈개인화와 탈배경화로 설명한 것을 도식화한 것이다. 수학 지식의 전달 과정은 개인의 상황과 배경 속에서 개인적인 방법으로 이해하게 되는데, 이것을 개인화(personalizion), 배경화(contextualization)라 한다. 즉, 개인화와 배경화는 지식을 깨닫는 과정에서 아이 자신이 지식을 인지하고 조직하는 개인적인 방법과 관련 있으며, 이를 지원하는 교사의 교수학적 활동도 이를 용이하게 하기 위한 것이다. 예를 들어, 교사는 아이들이 가르칠 내용에 익숙해지도록 다양한 예시나 교구 등을 제시하는데, 이것이 개인화, 배경화 과정을 돕기 위해 나타나는 현상이다.

◎ 개인화와 배경화는 지식을 깨닫는 과정에서 학생 자신이 지식을 인지하고 조직하는 개인적인 방법과 관련 있다.

개인화되고 배경화된 개개인의 지식을 타인에게 표현하고 전달하기 위해서는 자신의 지식 형성 과정에 나타난 시행착오 같은 부차적 상황은 제거하고 완결된 지식만을 표현하게 되는데, 이것을 탈개인화(depersonalizion), 탈배경화(decontextualization)라고 한다. 즉, 개인화와 배경화 과정에서 자신의 방법으로 구성하고 인지한 지식을 공적으로 표현하기 위해서는 부차적인 맥락과 개인적 의미는 제거할 필요가 있는데, 이 과정이 탈개인화, 탈배경화인 것이다. 이러한 과정으로 형성된 지식은 다시 교수학적 변환 과정을 거치게 되는 것이다.

◎ 탈개인화와 탈배경화는 부차적인 맥락과 개인적 의미는 제거하는 것이다.

교수학적으로 변환된 가르칠 지식을 교실에서 교사가 아이들에게 전달하기 위해서는 가르칠 지식을 둘러싼 환경을 아이들 상황에 맞도록 재배경화하고 재개인화해야 한다. 이것은 교과서에 제시된 가르칠 지식일지라도, 보편적인 교실에서 가상의 아이를 대상으로 지식을 가개인화(pseudo-personalizion)하고,

가배경화(pseudo-contextualization)한 지식이기 때문이다. 예를 들어, 덧셈의 교환법칙은 수 체계가 구성되는 공리의 하나로 받아들여지지만, 초등 수학에서는 덧셈의 한 성질로 받아들이고 3+9를 9+3으로 계산하는 것과 같이, 계산의 편의를 위해 이용할 수 있는 하나의 원리로 다룰 수 있는 것이다. 따라서, 교사는 자신의 교실 환경과 아이들의 상황에 적합하도록 지식을 재개인화(repersonalizion)하고 재배경화(recontextualization)해야 한다. 이것이 교사가 수업을 준비하는 과정에서 가르칠 지식을 선별하는 가장 기본적인 과정이 될 것이다.

탐구 과제: 교수학적 변환 내용 탐구

다음 학습 내용을 대상으로 초등수학에서 다루어지는 방법과 학문적인 수학에서 다루어지는 방법의 차이를 비교하여 이야기해 보세요.

- 밀기, 뒤집기, 돌리기
- 짝수, 홀수
- 원의 넓이 구하기

한편, 개인화와 배경화, 탈개인화와 탈배경화 과정을 간과하거나 지나치게 강조함으로써 나타나는 극단적인 교수학적 현상을 들 수 있는데, 이를 메타인지 이동(meta-cognitive shift), 형식적 고착(formal abidance), 토파즈 효과(Topaze effect), 죠르단 효과(Jourdain effect)라고 한다(강완, 백석윤, 1998).

◎ 메타인지 이동은 교수학적 노력의 초점이 교수학적 보조 수단으로 옮겨가는 것이다.

첫째, 메타인지 이동은 학생의 개인화와 배경화 과정을 용이하게 하기 위한 과정에서 발생하는 것으로, 교수학적 노력의 초점이 수학적 지식 자체보다는 이를 용이하게 하기 위해 도입된 교수학적 보조 수단으로 옮겨가는 것을 의미한다. 예를 들면, 수학을 가르치는 수단으로 컴퓨터를 도입했을 때 아이들의 관심이 수학적 지식에서 컴퓨터 프로그램 이용법과 같은 내용으로 옮겨가는 현상이 메타인지 이동이다.

◎ 형식적 고착은 지식의 은유적 사용을 억제하는 것이다.

둘째, 형식적 고착은 메타인지 이동과는 반대로, 개인화와 배경화 과정을 무시하고 공식화된 지식의 논리적 표현에만 의존하여 수학적 지식을 연습시키고 지식의 은유적 사용을 억제하는 것을 의미한다. 예컨대, 일반화된 공식의 의미보다는 그 공식 자체를 제시하고 학생들이 공식을 외워서 활용하도록 하는데 초점을 둘 때에 일어난다. 또, Mathematica나 지오지브라와 같은 컴퓨터 소프트웨어를 이용하여 원리를 탐구할 때 어떠한 배경지식 없이도 설정된 프로그램에 따라 조작이나 드래그 등의 기능을 이용하여 학습이 이루어질 때 형식적 고착 현상이 일어날 가능성이 높다. 이것은 학생들이 귀납적이고 반복적 탐구 활동을 통해 수학 지식의 의미를 탐구해 가는데 방해가 될 수 있다.

◎ 토파즈 효과는 학습할 수 있는 환경을 방해하거나 제거하는 것이다.

셋째, 토파즈 효과는 탈개인화와 탈배경화 과정에서 나타나는 현상으로, 교사는 가르쳐야 하고, 아이는 배워야 한다는 소위 교수학적 계약에 의한 압박에서 일어나는 전형적인 현상을 말한다. 즉, 이 현상은 아이가 학습할 수 있는 환경을 교사가 방해하거나 제거하는 것을 의미한다. 예를 들면, 아이가 어떤 문제를 해결하는데 어려움을 겪고 있을 때, 교사가 아이에게 문제에 대한 명백한 힌트를 주면서 일련의 유도 질문을 통해 답을 가르쳐 주는 현상을 들 수 있다. 또, 컴퓨터 웹 기반 환경에서 문제와 함께 제시된 힌트나 정답 버튼은 아이들이 주어진 과제를 해결하기 위해 심사숙고하기보다는, 힌트와 정답을 쉽게 사용함으로써 학습 기회가 사라져 버릴 수 있기 때문에 토파즈 효과의 예가 된다.

◎ 죠르단 효과는 아이의 반응이나 행동을 보고 특정 수학 지식을 형성했다고 잘못 판단하는 경우이다.

넷째, 죠르단 효과도 탈개인화와 탈배경화 과정에서 나타나는 현상으로, 교사가 지식 형성과 무관한 아이의 사소한 반응이나 행동을 보고, 그들이 마치 특정 수학 지식을 형성했다고 잘못 판단하는 경우를 의미한다. 컴퓨터 환경에서 아이들이 컴퓨터가 안내하는 대로 특정 조작을 수행하여 원하는 결과를 얻었을 때, 그런 조작 이면에 들어 있는 수학적 개념을 아이들이 이해했다고 할 수 없음에도 불구하고, 아이들이 수학 개념을 이해했다고 교사가 판단하는 경우가 죠르단 효과에 해당된다.

탐구 과제: 극단적인 교수학적 현상 찾기

극단적인 교수학적 현상 4가지에 해당하는 상황을 자신의 학습 경험이나 수학 교실에서 발생할 수 있는 사례를 예시하여 이야기해 보세요.

1-4 수학 교수·학습 방법

학교에서 수학교육의 핵심은 수학 교수·학습 활동이다. 이를 위해 교사는 연간지도 계획이나 학습 주제에 따른 단원 지도 계획을 세우고, 이에 따라 단위 시간의 세부적인 학습 지도 목표와 방법을 설계한다. 그렇지만, 학습 지도 계획은 정형화된 내용이나 획일화된 형태로 나타나는 것이 아니며, 교사와 환경, 상황에 따라 개별적이고 다양할 수밖에 없다.

학교 수학이 지향해야 할 사항으로 2022 개정 수학과 교육과정에서는 목표로 '수학의 개념, 원리, 법칙을 이해하고 수학의 가치를 인식하며 바람직한 수학적 태도를 길러 수학적으로 추론하고 의사소통하며 다양한 현상과 연결하여 정보를 처리하고 문제를 창의적으로 해결하는 수학 교과 역량을 함양한다(교육부, 2022, p. 6)'로 제시하고 있다. 이를 바탕으로 수학과 교수·학습 방법은 다음의 사항에 초점을 두며 운영될 필요가 있다.

◎ 수학의 개념, 원리, 법칙을 이해하고 수학의 가치를 인식하며 바람직한 수학적 태도를 길러 수학적으로 추론하고 의사소통하며 다양한 현상과 연결하여 정보를 처리하고 문제를 창의적으로 해결하는 수학 교과 역량을 함양한다.

- 수학 교과 역량 함양을 통해 수학을 깊이 있게 학습하고 적용할 기회 제공
- 수학 학습에 주도적으로 참여하는 교수·학습 환경과 분위기 조성
- 학습 내용, 학생의 학습 능력과 수준 등을 고려하여 교수·학습 방안을 적절히 선택하여 적용
- 학생의 다양성을 고려하고 학생의 성장을 지원하기 위한 맞춤형 지도 실시
- 범교과 학습, 타 교과와의 연계를 고려하여 수학 교수·학습 과정을 설계
- 학습 내용과 학생의 수준에 적합한 매체와 도구를 활용하여 온라인 수학 교수·학습 방안 마련

이를 바탕으로 학교 현장에서 결과 중심의 형식적, 주입식 교육에서 탈피하여 아이들의 수학적 사고력을 길러 줄 수 있는 학습 방법을 구안하기 위하여 다음과 같은 내용이 반영되는 수업이 되도록 해야 한다.

(1) 수학 교과 역량을 길러주는 학습

2022 개정 수학과 교육과정에서 수학 교과 역량은 수학과 교육을 통해 학생들이 갖추기를 기대하는 능력이며, 교수·학습 과정에서 지식·이해, 과정·

기능, 가치·태도 세 요소 간의 통합적 작동을 통해 학생의 수행으로 나타나는 것을 가리킨다(교육부, 2022). 2022 개정 수학과 교육과정에서는 문제해결, 추론, 의사소통, 연결, 정보처리의 5가지로 수학 교과 역량을 설정하였고, 각각의 역량에 초점을 맞추되 한 역량을 개발시키면 다른 역량의 개발을 자극하는 효과가 있으므로 다른 역량과의 관계 속에서 상호 관련성을 파악하여 총체적으로 접근하도록 제안하고 있다(교육부, 2024e).

수학 교과 역량을 문제해결, 추론, 의사소통, 연결, 정보처리로 설정하였다.

다음은 2022 개정 수학과 교육과정에서 교과 역량 함양을 위해 교수·학습 방법이 중시해야 할 내용이다(교육부, 2022, pp. 44–45).

문제해결

① 문제해결

㉠ 수학의 개념, 원리, 법칙을 이용하여 해결 가능한 문제를 학생에게 제시한다. 이때 다양한 방법으로 해결 가능한 문제, 여러 가지 해답이 나올 수 있는 문제 등을 활용할 수 있다.

㉡ 문제에 주어진 조건과 정보를 분석하고 적절한 문제해결 계획을 수립하고 실행하며 문제해결 과정을 반성하도록 구체적인 발문과 권고를 제시한다.

㉢ 문제해결 과정 및 결과의 의미를 재해석하여 주어진 문제를 변형하거나 새로운 문제를 만들어 해결하게 한다.

㉣ 성공적인 문제해결 경험을 바탕으로 적극적이고 자신감 있게 문제해결에 참여하게 하고, 단번에 답이 나오지 않는 문제라도 끈기 있게 도전하여 성취감을 느끼게 한다.

추론

② 추론

㉠ 관찰, 실험, 측정 등 구체적 조작 활동을 통해 수학의 개념, 원리, 법칙에 흥미와 관심을 갖고 다양한 방법으로 탐구하고 이해하게 한다.

㉡ 귀납, 유추 등의 개연적 추론을 통해 수학적 추측을 제기하고 정당화하며, 수학적 증거와 논리적 근거를 바탕으로 비판적으로 사고하는 태도를 갖게 한다.

㉢ 수학의 개념, 원리, 법칙을 도출하는 과정과 수학적 절차를 논리적이고 체계적으로 수행하고 반성하게 한다.

③ 의사소통 — 의사소통

㉠ 수학 용어, 기호, 표, 그래프 등의 수학적 표현을 정확하게 사용하고 표현끼리 변환하게 한다.

㉡ 학생이 자신의 사고와 전략을 수학적 표현으로 나타내고 설명하면서 수학적 표현의 편리함을 인식하게 한다.

㉢ 학생 간 상호 작용과 질문이 활발한 교실 문화를 조성하고 수학적으로 의미 있는 의사소통이 이루어지도록 적절한 과제를 제시하고 안내한다.

㉣ 수학적 아이디어에 대해 상호 작용하는 과정에서 타인을 배려하고 의견을 존중하는 태도를 기르게 한다.

④ 연결 — 연결

㉠ 영역이나 학년(군) 내용 간에 관련된 수학의 개념, 원리, 법칙 등을 유기적으로 연계하여 새로운 지식을 생성하면서 창의성을 기르게 한다.

㉡ 수학과 실생활, 사회 및 자연 현상, 타 교과의 내용을 연계하는 과제를 활용하여 수학의 유용성을 인식하게 한다.

⑤ 정보처리 — 정보처리

㉠ 실생활 및 수학적 문제 상황에서 자료를 탐색하고 수집하며 수학적으로 처리하여 합리적인 의사 결정을 하는 태도를 기르게 한다.

㉡ 교구나 공학 도구를 활용하여 추상적인 수학 내용을 시각화하고 수학의 개념, 원리, 법칙에 대한 직관적 이해와 논리적 사고를 돕는다.

㉢ 학생이 주도적으로 교구나 공학 도구를 활용하여 탐구하게 한다.

㉣ 계산 기능 함양을 목표로 하지 않는 교수·학습 상황에서는 복잡한 계산을 할 때 공학 도구를 이용할 수 있게 한다.

한편, 교과 역량을 구현하기 위한 지도 과정에서 유의할 점을 다음과 같이 정리할 수 있다.

〈표 1-1〉 **교과 역량 지도 과정에서 유의점(교육부, 2024e, pp. 51-52)**

교과 역량	유의점
문제해결	• 학생들에게 다양한 문제를 제공하여 실제 상황에 대한 문제를 경험하도록 하고, 문제를 해결하는 과정을 적극적으로 유도함. • 문제해결 과정을 단계별로 분석하고 전략을 배워서 학생들이 논리적 사고와 추론 역량을 갖출 수 있도록 함. • 학생들에게 문제를 스스로 발견하고 제시할 수 있는 기회를 주어 창의적인 문제해결을 유도함.
추론	• 수학 문제를 풀면서 학생들이 추론과 논리적 사고를 적극적으로 활용할 수 있도록 독려함. • 주어진 조건과 정보를 분석하고, 합리적인 결론을 도출하는 방법에 대해 학생들과 함께 토론하고 공유함. • 다양한 문제 유형을 통해 학생들의 추론 역량을 발전시킬 수 있도록 문제를 제공함.
의사소통	• 학생들에게 수학적인 개념과 해결 방법을 명확하고 효과적으로 전달할 수 있는 기회를 제공함. • 학생들끼리 혹은 교사와의 토론을 통해 문제해결 과정을 공유하고, 아이디어를 교환하며 의사소통 역량을 발전시킴. • 발표, 논리적 설명, 문제해결 과정의 기록 등 다양한 방법을 활용하여 의사소통 역량을 강화함.
연결	• 수학 개념과 지식을 다양한 상황과 분야에 연결할 수 있는 경험을 제공함. • 학생들이 수학적인 개념을 다른 학문 분야나 일상생활에 적용할 수 있는 문제를 다루도록 유도함. • 관련된 주제나 개념 간의 관계를 이해하고 이를 활용하여 문제를 해결하는 연습을 할 수 있도록 함.
정보처리	• 학생들에게 다양한 수학적 정보를 수집하고 분석하는 기회를 제공함. • 실제 데이터나 문제 상황을 활용하여 정보를 처리하고 이를 기반으로 문제를 해결하는 방법을 학습함. • 수학적 정보를 적절하게 활용하여 문제를 해결하는 역량을 키우기 위해 다양한 예제와 연습문제를 제공함.

(2) 자기 주도성 강화와 개인차를 고려한 수준별 학습

◎ 수학학습은 아이의 자기 주도성 강화와 개인차를 고려한 맞춤형 수업을 권장하고 있다.

2022 개정 수학과 교육과정에서는 아이의 자기 주도성 강화와 개인차를 고려한 맞춤형 수업을 권장하고 있다. 이를 위해 아이들이 수학학습에 주도적으로 참여할 수 있는 교수·학습 환경과 분위기를 조성하며, 학습 내용은 아이의 학습 능력과 수준 등을 고려하여 수업을 진행하고, 아이의 다양성을 고려하는 교수·학습 방법으로 제시하도록 한다. 아이들이 수학학습에 자기 주도적으로 참여하도록 하기 위해 다음과 같은 교수·학습 방법을 제시하고 있다(교육부, 2022, p. 45).

① 수학학습의 주체가 학생 자신임을 인식하고, 수학학습에 적극적으로 참여하도록 유도한다.

② 스스로 수학 학습 목표와 계획을 세우고 학습 결과를 평가하고 성찰하도록 안내한다.

③ 수학을 효과적으로 학습하는 방법을 탐색하고 자신의 학습 과정과 태도를 돌아보고 조절하는 자기주도적 학습 습관을 형성하도록 지도한다.

④ 교사 및 동료와 협력적 관계 속에서 수학학습에 대한 조언과 의견을 경청하고 수용할 수 있도록 허용적인 분위기를 조성한다.

⑤ 수학학습에 자신감을 가지고 실수가 배움의 기회임을 인식하며 끈기 있게 도전하도록 격려하고 지원한다.

한편, 수학 교과는 개인차가 크게 나타나는 교과이기 때문에 수학학습은 개인의 다양한 능력 수준을 따르는 개별학습을 중시해야 한다. 이에 2022 수학과 교육과정에서는 교수·학습의 방향에 '학생 개인의 필요, 수학학습 속도, 학습 능력 등을 고려하여 학생 맞춤형 수업을 실시하고, 보충 학습과 심화 학습의 기회를 제공한다(교육부, 2022, p. 43)'와 교수·학습 방법에 학생의 다양성을 고려하고 학생의 성장을 지원하기 위한 맞춤형 지도를 다음과 같이 실시하도록 제안하고 있다.

◎ 수학학습은 개인의 다양한 능력 수준에 따르는 개별학습이 중시되어야 한다.

① 학생의 수학학습 수준이나 사고방식의 차이를 존중하여 학생 개인에게 적합한 학습 과제를 선정하여 제시하고, 학생이 소재나 과정을 선택하고 구성할 수 있도록 수학 학습 활동을 설계한다.
② 학생의 시도와 성취에 대해 구체적으로 격려하고 칭찬하며, 동료 학생의 학습 수준이나 학습 결과에 대해 포용적인 교실 문화를 형성한다.
③ 학생의 수학학습 과정과 결과를 점검하여 학생의 성장 발전을 지원하고, 이때 온라인 학습 관리 시스템을 활용할 수 있다(교육부, 2022, p. 46).

개인차를 고려한 학습 지도를 위해서 문제와 문제해결 방법의 선택, 소집단 편성을 통한 상호 협력학습 체제 구축, 허용적이고 수용적인 교실 문화 조성 등에 관심을 두어야 하며, 특히 기초학력 미달로 인한 개인차를 극복할 수 있는 방안 마련에도 관심을 기울여야 한다.

(3) 학습 위계와 인지 경로를 따르는 학습

수학은 체계적이고 계통적이며 논리적 위계를 가지고 있는 학문이기 때문에, 선수학습 내용에 결손이 있으면 더 이상 학습 진행이 어렵게 된다. 그러므로 수학학습은 다른 어떤 교과보다도 본 차시 학습을 위한 선수학습 내용을 확인하여야 한다.

◎ 수학학습에서 선수학습 내용에 대한 이해에 결손이 있으면 더 이상 학습 진행이 어렵다.

예를 들면, 곱셈구구를 학습하기 위해서는 묶어 세기와 뛰어 세기로 수 세기를 할 수 있어야 하고, 몇의 몇 배로 곱셈의 의미를 알아야 한다. 또한, 곱셈 구구는 (두 자리 수)×(한 자리 수)의 바탕이 된다. 수학학습에서 결손이 누적되면 수학을 싫어하는 요인이 될 수 있으므로 학습 위계에 따라 기초학습을 충실히 해야 한다.

선수학습		본 학습		후속학습
• 묶어 세기, 뛰어 세기로 수 세기 • 몇의 몇 배로 곱셈 의미 이해하고, 곱셈식으로 나타내기	⇨	• 2단부터 9단까지의 곱셈구구 원리 알기 • 2단부터 9단까지의 곱셈구구 완성하기 • 1단 곱셈구구 • 0과 어떤 수의 곱	⇨	• 나눗셈 • 곱셈과 나눗셈의 관계 • (두 자리 수)×(한 자리 수)

이러한 면에서 볼 때, 위계적이고 계통성이 뚜렷한 수학학습에서는 문제해결에 필요한 하위 학습 요소를 찾아내고, 이들을 학습위계에 따라 학습할 필요가 있다. 아이가 선수학습 요소를 충분히 이해하였을 때 후속학습을 보다 용이하게 할 수 있다. 따라서, 각 단원의 수업이나 차시별 수업을 위해서는 학습 위계를 확인하고, 선수학습과 후속 학습의 관계를 확인하고 유지하여야 한다.

◎ 활동적 표상, 영상적 표상, 기호적 표상의 방향으로 나아간다.

한편, 인지 발달의 경로에 따른 학습은 브루너의 EIS 이론에서 강조하는 최적의 학습 계열인 활동적 표상, 영상적 표상, 기호적 표상의 방향으로 진행하는 학습의 중요성을 의미한다. 교사는 가르칠 주제에 적합한 다양한 표현 양식을 구안하여 학생들이 학습 내용을 이해하기 쉽게 제시할 필요가 있다. 브루너의 EIS 이론에 따르는 수학 학습의 예로 $4+3=\square$를 다음과 같이 설계할 수 있다.

첫 단계인 활동적 표상에서는 구체물의 조작 활동에 의한 학습을 한다. 덧셈 도입에서 합병 유형으로 '오리 4마리와 3마리가 있다. 오리는 모두 몇 마리인가?'를 생각해 보자. 아이들은 바둑알이나 타일, 수 막대 등을 가지고 오리를 구체물로 대신하여 조작 활동을 함으로써 덧셈의 의미를 보다 명확하게 파악할 수 있게 될 것이다. 둘째 단계인 영상적 표상에서는 수직선을 이용하여 그림이나 도식으로 학습을 한다.

마지막 단계인 기호적 표상에서는 덧셈을 형식화해 주는 단계이다. 이 단계에서는 $4+3=\square$의 덧셈을 정확하게 할 수 있는 학습을 한다. 이와 같은

4+3=□의 인지 경로에 의한 3단계 학습이 끝난 후에 다른 덧셈을 아이 개개인의 능력 수준에 따라 각 단계를 혼용하여 학습하도록 한다. 활동적 표상이나 영상적 표상은 기호적 표상만으로는 수학적인 지식을 이해할 수 없을 때 보조 수단으로서 의미를 가진다.

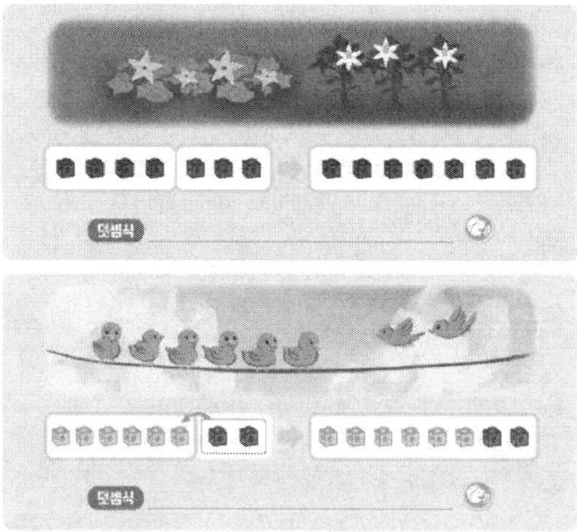

그림 1.4 덧셈 지도에서 여러가지 표현 양식(교육부, 2024a, p. 67)

> **교육과정 성취기준**
> [2수01-05] 덧셈과 뺄셈이 이루어지는 실생활 상황과 연결하여 덧셈과 뺄셈의 의미를 이해한다.

(4) 범례 제시와 귀납 추론이 중시되는 학습

범례란 개념의 예에 해당하는 정례와 예에 해당하지 않는 비례로 이루어진다. 일상 경험이나 환경에 의해서 직접 얻어지는 범례들은 추상도가 높지 않기 때문에 수학적 의미가 포함된 범례를 착안하고 제작하여 제시할 필요가 있다. 이것은 범례 제시를 통한 학습만이 아이들에게 보다 명확한 개념을 형성시키게 되어 지적 사고 활동의 범위를 넓혀 가는데 핵심적인 역할을 하기 때문이다.

> **범례란 개념의 예에 해당하는 정례와 예에 해당하지 않는 비례로 이루어진다.**

범례 제시에 의한 학습의 예를 들면, 직사각형 개념을 이끌어내기 위하여 다양한 사각형에서 직사각형인 것과 직사각형이 아닌 것을 구별하도록 한다. 다음으로 직사각형 모임에서 공통성을 추출하고, 공통성을 바탕으로 직사각형을 정의하는 과정을 거치도록 한다.

한편, 특수한 사실에서 일반적인 원리를 찾아내는 추론을 귀납 추론이라 한다. 초등학생들에게는 확실한 근거나 전제로 주어진 일반적 사실로부터 특정한 원리나 결론을 이끌어내는 연역 추론에 의한 수학학습보다는, 귀납 추론

> **특수한 사실에서 일반적인 원리를 찾아내는 추론을 귀납 추론이라 한다.**

활동에 의한 수학학습이 더 적절하다. 즉, 초등학교 수학 학습에서는 계통적이고 연역적으로 '만들어진 수학'을, 귀납 추론을 통해 '만들어 가는 수학'으로 개선해 나가는 전략이 필요하다.

탐구 과제: 여러 가지 규칙찾기

다음에 제시된 그림과 같은 규칙으로 모양이 변화되어 간다고 할 때, 모양의 변화에서 어떤 규칙을 찾을 수 있을지 여러 가지 이야기해 보세요.

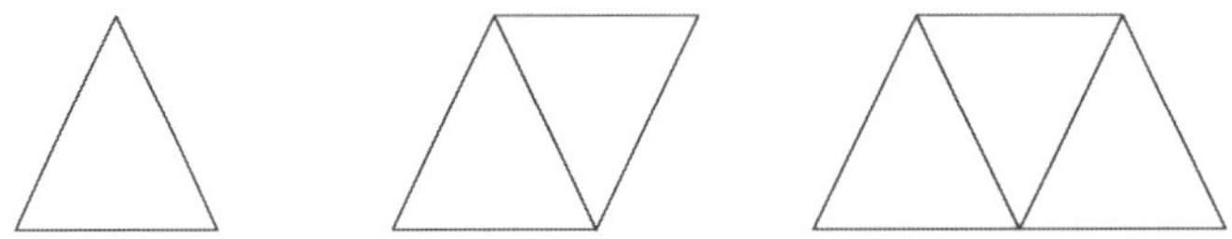

(6) 결과보다 과정을 중시하면서 알고리즘을 개발하고 적용하는 학습

과정을 중시하고 알고리즘을 개발하고 적용한다.

수학 학습은 많은 양의 문제에 대해 결과 중심의 답만을 요구하는 것보다, 적은 양의 핵심적인 문제에 대해 깊이 있고 다양한 방법으로 해결해 보게 하는 것이 중요하다. 또, 문제를 한 가지 방법으로만 해결해 보게 할 것이 아니라, 여러 가지 방법으로 해결해 보게 하면 그 문제를 확실하게 이해하게 되어 학습의 전이와 파지가 좋아질 것이다.

한편, 다양한 교구를 이용한 학습과 문제해결 경험을 통해 계산의 전형적 절차인 알고리즘을 개발할 수 있어야 한다. 알고리즘은 '같은 유형의 어떠한 문제라도 쉽게 풀 수 있는 문제해결의 단계적 순서'를 의미하며, 알고리즘을 적용하여 올바른 답이 얻어지는가에 대한 이유나 의미를 이해하여야 한다. 또, 구체물을 이용한 다양한 조작활동과 그에 대한 반성적 사고를 통해 알고리즘을 발견하도록 해야 한다.

(7) 조작·관찰·실험·실측 등의 체험학습

수학 학습에서 조작 활동의 가치를 중시한다.

많은 수학교육자들은 수학 학습에서 조작 활동의 가치를 중시하였는데, 듀이도 활동적인 조작활동을 강조하였고, 프로이덴탈도 감각적이고 신체적 활동에서 조작 활동을 중시하였다. 그 밖에 페스탈로치, 가테노, 퀴즈네어 등도 조작 활동의 중요성과 필요성을 강조한 사람들이다.

조작 활동의 중요성을 중시한 피아제는 아이들의 사고는 성인들의 사고와는 본질적으로 다르기 때문에 아이들은 조작 활동을 통해 수학적 개념을 보다 명확히 이해할 필요가 있다고 하였다.

그림 1.5 모양 만들기(교육부, 2024a, p. 49)

교육과정 성취기준
[2수03-01] 교실 및 생활 주변에서 여러 가지 물건을 관찰하여 직육면체, 원기둥, 구의 모양을 찾고, 이를 이용하여 여러 가지 모양을 만들 수 있다.

(8) 공학 도구와 온라인 교육 환경을 활용한 학습

2022 개정 수학과 교육과정에서는 미래 지능 정보화 사회에 대비하기 위해 공학 도구 활용을 강조하며, 디지털 소양 교육을 강화하기 위해 온라인 교육 환경의 활용을 권장하고 있다(교육부, 2022, pp. 46–47).

수학 학습은 공학 도구와 온라인 교육 활동을 권장한다.

① 원격수업을 실시하는 경우, 학생의 특성과 학습 내용의 성격에 적합하고 안정적으로 운영할 수 있는 온라인 학습 플랫폼을 선택하여 수업 목표, 수업 내용, 수업 전략을 설계하고 운영한다.

② 학습 내용과 학생의 수준에 적합한 매체와 도구를 활용하여 학습의 효율성과 다양성을 도모한다.

③ 원격수업에서도 학생 참여형 수업이 이루어질 수 있도록 하고 적절한 조언과 발문을 통하여 학습 참여를 이끌어낸다.

④ 온라인 교수·학습 자료를 활용할 때는 공표된 저작물의 출처를 명시하고 다른 누리집 등에 공유하지 않도록 안내한다.

(9) 소집단 구성에 의한 상호 협력학습과 재미있는 학습

소집단 학습을 통해 능동적이고 의욕적이며 생기 있는 학습에 참여할 수 있고, 인지 면에서도 도움이 된다.

소집단 학습에서 아이들은 자기 의견이나 생각을 제시하고, 모르는 것은 서로 알려 주고 협력해 가면서 문제를 해결한다. 소집단 학습을 통해 아이들은 스스로 능동적이고 의욕적이며 생기 있는 학습에 참여할 수 있고, 인지 면에서도 도움이 된다. 상호 협력학습은 부진아에게는 부진 학습 요인의 교정과 보충을, 우수아에게는 학습의 심화와 강화를, 교사에게는 개별학습 지도 부담의 경감이라는 목적을 달성할 수 있다.

더불어 수학 학습에서는 수학이 재미있는 것, 즐겁게 할 수 있는 것, 관심과 의욕을 가지고 할 만한 것, 나도 해결할 수 있다는 자신감 등을 가질 수 있는 분위기를 조성해 주는 것이 중요하다. 이를 위해 교사는 수학의 다양한 측면을 탐구하도록 격려하고 질문해야 하고, 흥미·관심·갈등 상태를 주며, 단순한 것에서 복잡한 것으로, 구체적인 것에서 추상적인 것으로 전개해 나가도록 해야 한다.

1-5 수학과 수업 모형

수업 모형이란 복잡한 수업 현상을 특징적 사태를 중심으로 단순화시킨 형태를 말한다.

수업 모형이란 '복잡한 수업 현상을 특징적 사태를 중심으로 단순화시킨 형태'를 말하며, 수업 실제를 기술하기 위하여 수업의 주요 특징을 요약해 놓은 설계도라고 할 수 있다. 수업 모형을 '교수·학습 모형'으로 부르기도 하지만, 1960년대 이후 '수업 모형'이라는 용어가 교육 현장에 보편적으로 사용되고 있다.

수업 모형을 선정할 때에는 교사, 아이, 교육 내용의 세 가지 요소를 고려해야 한다.

수업 모형은 수업 절차를 체계적으로 기술한 것이므로, 수업 모형에는 대체로 수업의 진행 단계에 따른 교수·학습 활동의 특성이 제시된다. 또한, 수업 모형을 선정할 때에는 '교사', '아이', '교육 내용'의 세 가지 요소를 고려해야 한다. 먼저, 교사는 수업에 있어 가장 중요한 요소라고 할 수 있다. 교사의 수학 교육에 대한 관점, 교사가 지지하는 수학 학습 이론, 교사가 지닌 수업 기술과 교직관 등은 교사의 수업 모형 선정에 영향을 준다.

다음으로, 수업 모형 선정에서는 수업에 참가하는 아이의 수학 학습 능력과 동기, 선수 학습 정도 등을 고려할 필요가 있다. 아이의 학습 능력 수준이

낮을 경우에는 교사의 상세한 설명이 효과적이지만, 학습 능력 수준이 높은 경우에는 탐구식 수업이 효과적일 수 있다. 또한, 아이가 얼마나 학습에 적극적으로 참여하는가에 따라 수업 모형의 효과가 달라지기도 한다. 마지막으로, 가르치려는 교육 내용의 특성도 수업 모형 선정 과정에서 고려해야 할 요소이다. 즉, 교수·학습의 내용의 성격에 따라 수업 모형이 달라지는 것이다.

수학 교수·학습에 활용될 수 있는 보편적인 수업 모형으로 수학 내용의 특징에 비추어 개념 학습 모형, 원리 탐구 학습 모형, 귀납 추론 학습 모형, 문제 해결 학습 모형을 살펴보기로 한다. 교사는 이와 같은 수업 모형들을 그대로 사용하거나, 자신의 교수 활동에 적절하게 재구성하여 사용할 수 있을 것이다. 각 수업 모형에는 수업 초반 도입 과정과 정리 과정이 포함되지만, 이 절에서는 수업의 전개 과정만을 특징적으로 제시하였다.

(1) 개념 학습 모형

개념 학습 모형은 많은 수학적 개념을 다루는 초등학교 수학에서 활용할 수 있는 대표적인 학습 모형으로, 수학적 용어나 기호, 개념 등을 학습하는데 이용되는 모형이다. 개념 학습의 핵심적인 목표는 수학적 개념의 올바른 형성이나 획득에 있다. 의미 있는 수학적 개념 형성을 위해서는 단지 개념의 언어적 정의만을 학습하는 것으로는 부족하다. 아이들은 범례 분류 및 공통 성질의 추상화 활동을 통해 보다 명확하게 개념을 형성해야 한다. 수학과 개념 학습 모형은 대체로 〈표 1-2〉와 같은 절차로 진행될 수 있다.

◎ 개념 학습 모형은 수학적인 용어나 기호, 개념 등을 학습하는데 이용되는 모형이다.

〈표 1-2〉 개념 학습 모형의 수업 과정

단계	교수·학습 활동
범례 제시 및 범례 분류하기	• 개념의 정의에 필요한 범례(정례와 비례)를 제시한다. • 조작, 관찰 등에 의해 범례를 여러 가지 속성에 따라 분류한다. • 분류된 예들의 공통 성질을 암묵적으로 생각한다.
공통의 성질 추상화하기	• 분류된 예들의 공통된 성질을 명확하게 설명한다. • 분류된 예들의 공통 성질을 추상화한다.
개념 정의하기	• 추상화한 공통 성질을 활용하여 수학적인 용어와 기호로 개념을 정의한다.
개념의 속성 조사하기	• 정의한 개념의 결정적 속성과 비결정적 속성을 조사한다.
개념 익히기	• 개념을 익히고 새로운 상황에 개념을 적용한다.

개념 학습 모형을 적용할 때는 다음과 같은 사항에 유의하여야 한다(교육부, 2020i, p. 86).

① 초등학교 아이들의 사고 수준은 구체적 조작기에 있기 때문에 어떤 개념을 지도할 때에는 추상적인 정의보다는 구체적인 범례를 제시해야 하며 실험·실측과 같은 구체적인 활동을 하도록 한다.
② 유사하거나 서로 반대되는 개념을 비교·대조하게 하고, 이미 배운 개념들과의 상호 관련성 및 차이점을 강조한다.
③ 예인 것(정례)과 예가 아닌 것(비례)을 다양하게 제시하여 공통된 성질을 찾아내게 하되, 변별하기 쉬운 예부터 제시한다.
④ 수학적 개념에 대한 다양한 표상을 강조하기 위하여 수학적 개념을 구체적 모델, 시각적 모델, 언어적 표현, 기호적 모델로 표현해 보게 한다.

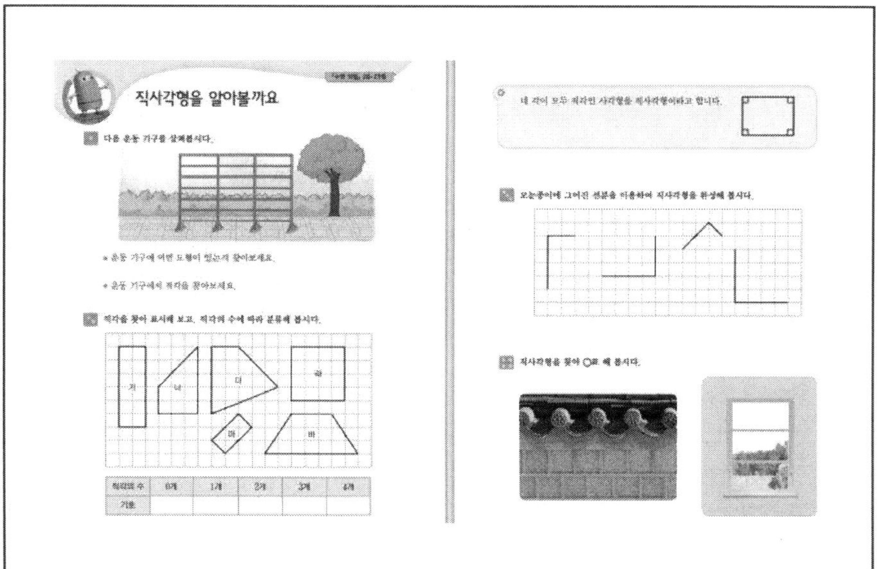

그림 1.6 교과서 예시(교육부, 2020a, pp. 40–41)

한편, 개념 지도를 위한 모형으로 전통적 방법인 속성 모형이 있는데, 이 모형은 개념을 가르칠 때 개념의 예보다는 개념의 정의를 중심으로 가르치는 전통적인 방법이다. 속성 모형에서는 아이들에게 개념에 대한 정의를 먼저 제시한 후, 그 개념의 예와 속성을 조사하는 것에 초점을 둔다. 수학과 속성 모형 수업 절차는 〈표 1-3〉과 같은 절차로 진행될 수 있다.

〈표 1-3〉 **속성 모형의 수업 과정**

단계	교수·학습 활동
개념의 정의	아이들이 학습할 개념을 정의한다.
정례와 비례의 구분	정의한 개념의 속성에 맞는 예(정례)와 예가 아닌 것(비례)을 구분한다.
개념의 속성 조사하기	정의한 개념의 결정적 속성과 비결정적 속성을 조사한다.
개념 익히기	개념을 익히고 새로운 상황에 개념을 적용한다.

(2) 원리 탐구 학습 모형

원리 탐구 학습 모형은 수학적인 원리, 법칙, 성질, 공식 등을 탐구하는 모형이다. 수학적 탐구 활동에서는 기지의 학습을 바탕으로 직관적 사고로 결과를 먼저 예상하고, 추론을 통한 논리적 사고로 결과를 검증한다. 수학적 원리의 이해를 위해서는 개념적 지식이 체계적으로 형성되어야 하며, 절차적 지식은 수학적 원리의 이해가 뒷받침될 때에 더욱 의미 충실한 지식이 된다. 수학과 원리 탐구 학습 모형은 대체로 〈표 1-4〉와 같은 절차로 진행될 수 있다.

◎ 원리 탐구 학습 모형은 수학적인 원리, 법칙, 성질, 공식 등을 탐구하는 모형이다.

〈표 1-4〉 **원리 탐구 학습 모형의 수업 과정**

단계	교수·학습 활동
새로운 문제 상황 제시	새로운 문제 상황을 제시함으로써 아이들의 인지적 갈등 상황을 유도한다.
수학적 원리의 필요성 인식	이전에 습득한 지식을 활용하여 문제해결 방법을 탐색함으로써 일반적인 수학적 원리의 필요성을 인식한다.
수학적 원리가 내재된 조작 활동	학습해야 할 수학적 원리가 내재되어 있는 조작 활동을 한다.
수학적 원리의 형식화	수학적 원리를 형식화한다.
수학적 원리 익히기 및 적용하기	형식화한 수학적 원리를 익히고 적용한다.

원리 탐구 학습 모형을 적용할 때는 다음과 같은 사항에 유의하여야 한다(교육부, 2020i, p. 87).

① 학습자 스스로 수학적 원리를 탐구하는 과정이 중요하기 때문에 교사의 일방적 수업을 지양하고 학습자의 적극적이고 자발적 참여를 강조한다.
② 아이들이 스스로 탐구할 기회를 충분히 제공하되, 아이들의 수준을

고려하여 교사의 안내 정도를 조정한다.

③ 원리 탐구 학습은 자료 수집 및 분석을 통하여 특정한 수학적 원리를 찾아내는 것이므로 충분한 자료와 논리적 근거를 바탕으로 수학적 원리를 이끌어 내야 한다.

④ 다양한 자료를 통하여 수학적 원리를 확인하고 검증하는 탐구 과정을 강조하면서 탐구심을 길러준다.

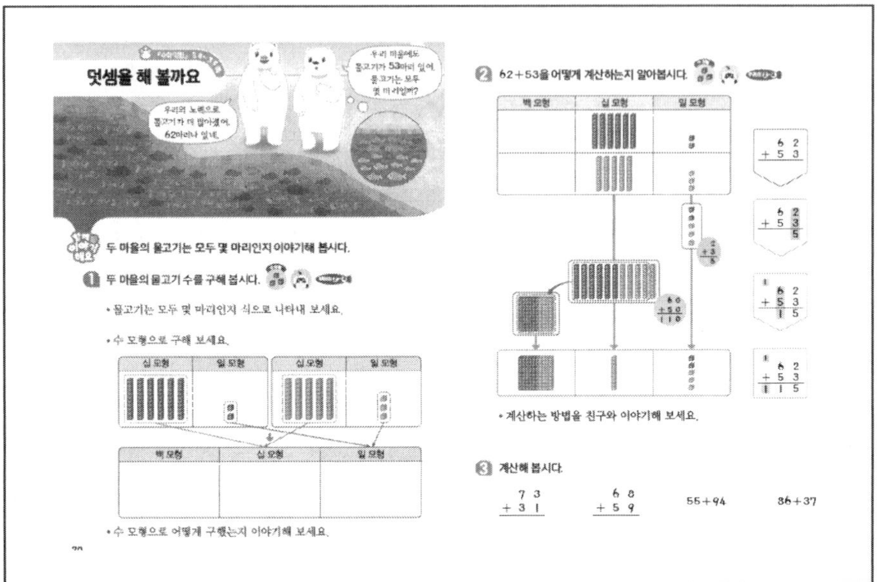

그림 1.7 교과서 예시(교육부, 2024c, pp. 70–71)

(3) 귀납 추론 학습 모형

○ 귀납 추론 학습 모형은 몇 가지 사례를 바탕으로 수학적 성질이 참임을 밝혀가는 모형이다.

귀납 추론 학습 모형은 실험, 측정, 관찰, 구체적 조작 등을 통하여 몇 가지 사례에 대해 어떤 수학적 성질이 성립함을 보인 다음에, 이 사례들이 속한 전체 범주의 대상들에 대해 그 수학적 성질이 참임을 입증하는 학습 모형이다. 초등학교에서 다루는 대부분의 수학적 원리나 법칙은 귀납 추론을 통해 설명된다. 수학에서 귀납 추론 학습 모형은 몇 가지 사례에 대한 조사를 토대로 일반적인 수학적 법칙이나 공식이 성립함을 이끌어내는 수업에서 효과적으로 사용될 수 있다. 수학과 귀납 추론 학습 모형은 대체로 〈표 1-5〉와 같은 절차로 진행될 수 있다.

〈표 1-5〉 귀납 추론 학습 모형의 수업 과정

단계	교수·학습 활동
관찰 및 실험	• 문제의 조건 파악하기 • 문제의 조건에 맞는 사례 수집하기 • 수집된 사례를 관찰하고 실험하고 조작적으로 다루기
추측하기	• 사례의 공통 규칙과 성질 발견하고 추측하기 • 추측한 공통 규칙과 성질을 수학적 식 또는 간결한 용어로 표현하기
추측의 검증	• 다른 사례로 추측을 확인하고 검증하기 • 검증된 추측을 일반화하여 수학적 성질이나 공식으로 형식화하기 • 추측의 반례를 찾았을 경우, 관찰 및 실험 단계로 돌아가기
발전	• 형식화한 수학적 성질이나 공식을 적용하기 • 추측을 연역적으로 정당화하기(※ 초등학교 수준에서 연역적 정당화가 가능하지 않은 경우에는 생략 가능함) • 새로운 추측 만들고 검증하기(※ 생략 가능함)

귀납 추론 학습 모형을 적용할 때는 다음과 같은 사항에 유의하여야 한다(교육부, 2020i, p. 89).

① 문제의 조건에 맞는 여러 가지 사례를 수집하는 것이 중요하므로 아이들 스스로 주어진 조건에 맞는 자료를 수집하고 분류하는 것이 중요하다.

② 자료를 수집·분류하고 일반화하는 데 교사의 역할이 중요하다.

③ 주어진 조건 이상으로 추론하는 것은 항상 옳지 않다는 점을 강조해야 한다.

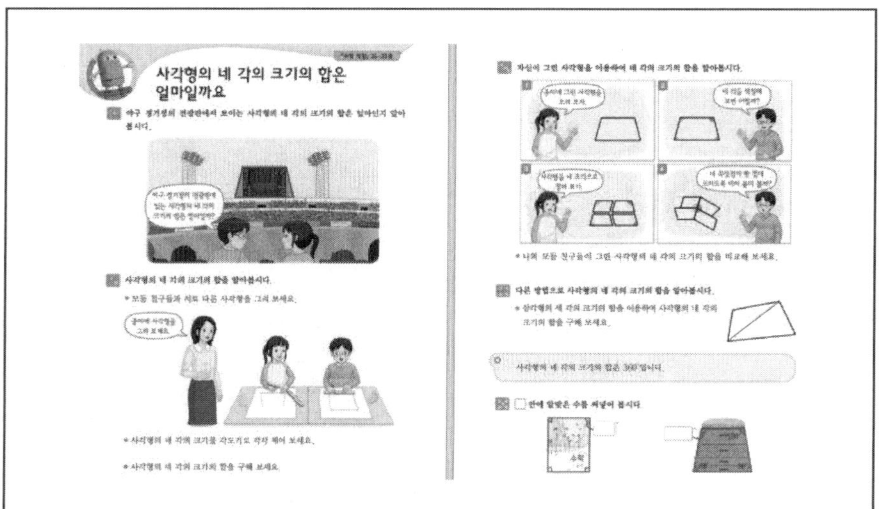

그림 1.8 교과서 예시(교육부, 2020c, pp. 52–53)

④ 특정한 수학적 개념의 형성을 목적으로 사용하기도 하지만, 귀납적 사고 자체를 지도하는데 사용할 수 있다.

(4) 문제해결 학습 모형

◎ 문제해결 학습 모형은 문제를 해결하는데 이용되는 모형이다.

문제해결 학습 모형은 수학적 개념이나 원리에 대한 학습을 바탕으로 하여 문제를 해결하는데 이용되는 모형이다. 즉, 문제해결에 필요한 해결 방안을 탐색하고 결과를 예상해 보고, 추론 활동을 통하여 문제를 해결하게 한다. 수학과 문제해결 학습 모형은 폴리아의 문제해결 4단계에 따라 〈표 1-6〉과 같은 절차로 진행될 수 있다.

〈표 1-6〉 **문제해결 학습 모형의 수업**

단계	교수·학습 활동
문제 이해	• 문제의 이해 • 문제에서 구하려는 것과 주어진 것 알기 • 문제에 제시된 수학적 용어의 의미 파악하기
계획 수립	• 전에 풀어본 경험이 있는 문제인가? • 문제해결 방법 생각하기 • 문제에서 주어진 것과 구하려는 것 사이의 관계 파악하기 • 여러 가지 문제해결 전략 생각하기
계획 실행	• 해결 계획 실행하기
반성	• 문제해결 과정 검토, 다른 해결 방법 탐색하기 • 문제해결 방법을 일반화하기 • 조건을 변경하여 새로운 문제 만들기

문제해결 학습 모형을 적용할 때는 다음과 같은 사항에 유의하여야 한다(교육부, 2020i, p. 90).

① 성공적인 문제해결 경험을 할 수 있도록 아이들의 수준과 관심사를 고려하여 문제를 제시하여야 한다.

② 아이들이 문제를 직접 해결하는 활동이어야 하며, 아이들이 질문을 한 경우에도 답이나 결정적인 힌트를 직접 제시해서는 안 된다.

③ 문제에 제시된 조건을 모두 세심하게 살펴보도록 하고, 필요 없는 조건은 없는지 필요한 정보가 빠져 있지 않은지 등을 살펴보도록 한다.

④ 문제를 해결하고 난 뒤에는 자신의 문제 해결 과정을 다시 검토하도록

해야 한다.

⑤ 자신의 해결 방법을 친구들에게 설득력 있게 설명하는 과정이 필요하며, 다른 친구의 해결 방법을 경청하고 논의하는 과정이 필요하다.

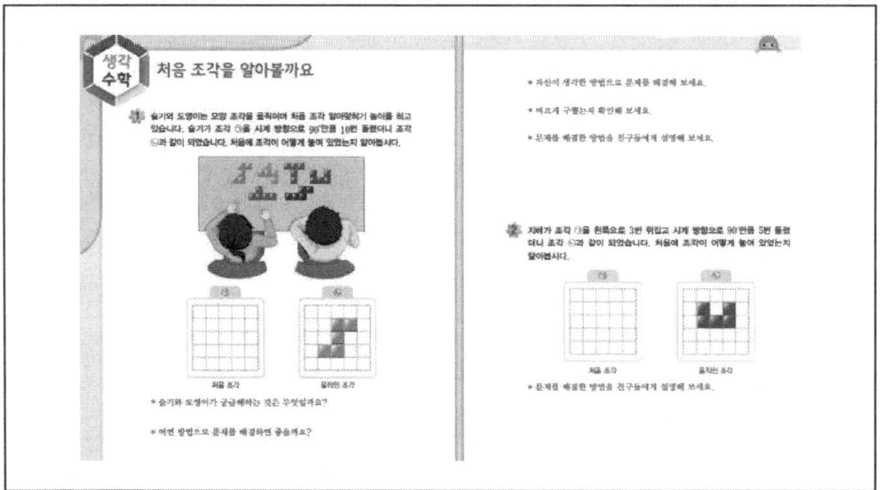

그림 1.9 교과서 예시(교육부, 2020c, pp. 100–101)

1-6 수학과 수업 분석법

수학 교사는 수학을 지도하는 능력뿐만 아니라, 동료 교사의 수업을 관찰하고 논평을 하며 컨설팅을 하는 수업 분석 능력도 길러야 한다. 수학 수업을 바라보는 관점은 교사의 수학에 대한, 수학 학습에 대한 관점에 따라 매우 다양할 수 있다. 수학 교사의 입장에서 수업 분석을 하는 주요 이유는 수업 개선을 염두에 두고, 어떤 것이 좋은 수업이고, 좋은 수업을 위해 변화해 나가야 할 방안을 찾는데 있을 것이다.

수업 분석에는 관찰자에 따라 다양한 수업 분석 기법이 존재할 수 있기 때문에 한 가지 특정한 분석틀을 제시하기는 쉽지 않다. 그렇지만, 전반적으로 현재의 수학교육 동향과 방향에 비추어 실제적으로 수학 수업을 관찰하고 분석할 수 있는 틀을 다음 〈표 1-7〉과 같이 제시할 수 있다.

수업 분석에서 수학교육 동향과 방향에 비추어 분석할 수 있다.

〈표 1-7〉 **수학 수업 분석 틀**

분석 영역	분석 기준	분석 내용
수업 설계	1. 학습자 중심의 수업 방법을 구안 및 적용하였는가?	
	2. 도입·전개·정리 단계에 맞는 학습 활동이 체계적인가?	
	3. 학습목표가 수학적으로 기대되는 행동 용어로 진술되었는가?	
	4. 학습 주제에 적절한 수업 모형인가?	
	5. 학습 내용이 학습자의 현실에 기반한 자연스러운 것인가?	
도입 과정	1. 전시 학습 상기 또는 출발점 행동 진단을 하였는가?	
	2. 동기유발 내용은 본시 학습과 밀접하고, 창의적인가?	
	3. 학습자가 학습목표를 인식하도록 지도하는가?	
	4. 학습자가 흥미와 호기심을 가지게 하는가?	
전개 과정	1. 자기 주도적 학습과 포용력을 기르는 학습 활동을 전개했는가?	
	2. 학습자가 학습목표 도달할 수 있도록 적합한 수업 전략을 사용하는가?	
	3. 적절한 주의집중 방법을 활용하여 수업에 집중시키는 교수기법을 쓰는가?	
	4. 발문은 학습자의 사고를 유발하는 개방형 발문인가?	
	5. 학습목표 도달에 적합한 매체 자료를 사용하는가?	
	6. 학습 내용에 맞게 수업자료를 효과적인 방법으로 제시하는가?	
	7. 개인–짝–모둠 활동을 학습내용에 맞게 적절히 활용하는가?	
	8. 서로 존중하고 협력하며 배우는 분위기를 조성하는가?	
	8. 배움의 내용이 학습자의 삶과 연계되어 이루어지는가?	
정리 과정	1. 수업에서 정한 학습목표에 도달했는가?	
	2. 과정 중심평가와 형성평가를 실시하였는가?	
	3. 배움 내용을 서로 이야기하거나 자기 언어로 정리하도록 하는가?	
의사 소통과 태도	1. 학생 수준에 적합한 교수 용어를 사용하는가?	
	2. 정확한 발음으로 교수하며, 말의 빠르기는 적절한가?	
	3. 전체 학생에게 고르게 시선을 주는가?	
	4. 밝은 표정과 몸짓으로 학생을 수용하는 태도를 보이는가?	
종합의견(좋은 점, 시정할 점 및 기타 특이 사항)		

오늘의 생각 문제

1. 알파벳 26개 문자에 $a=1$, $b=2$, $c=3$, $\cdots$, $x=24$, $y=25$, $z=26$을 각각 대응시키면, 난어를 구성하고 있는 알파벳에 할당된 수들의 합을 구해 볼 수 있다. 예를 들어, MATH는 13+1+20+8=42가 된다. 다음에 제시된 단어를 구성하는 문자에 할당된 수들의 합을 구하세요.

   ① Money

   ② Success

   ③ Love

   ④ Korea

   ⑤ Attitude

   (1) 위 문제를 초등학교 수학 수업에 적용한다면 어떤 학습 내용에 해당하며, 어떤 학년에서 이용할 수 있을지 이야기해 보세요.

   (2) 이 문제를 해결하고 느낀 점에 대해 이야기해 보세요.

2. 다음 그림에 있는 모든 정삼각형의 개수를 구하고, 이를 이용하여 새로운 문제를 만들어 해결해 보세요.

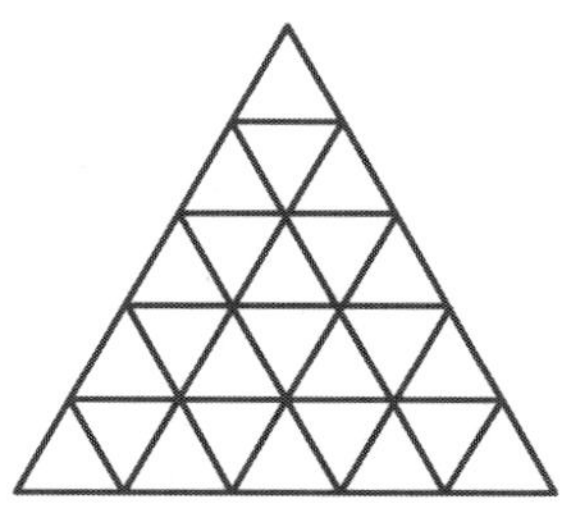

단원 내용 되돌아보기

01. '나에게 수학이란?' 제목의 글을 써 보세요.

02. 수학을 공부하는데 요구되는 사고 유형과 각 사고를 적용할 수 있는 학습 지도 내용과 활동에 대해 이야기해 보세요.

03. 수학의 특성을 지식의 형성 과정, 적용 및 발전 과정, 정리 및 보존 과정으로 나누어 예를 들어 설명해 보세요.

04. 추상화 과정을 수와 도형을 예로 하여 설명해 보세요.

05. 교수학적 변환론에 대해 설명하고, 확률 개념에 대한 교수학적 변환 과정을 조사해 보세요.

06. 2022 개정 수학과 교육과정에서 제시하는 수학 교과 역량의 유형과 이를 지도하기 위한 방안에 대해 이야기해 보세요.

07. 수학 교과의 특성과 2022 개정 수학과 교육과정의 강조점을 기반으로 수학 교수·학습 방안에 대해 이야기해 보세요.

08. 수학 내용에 관점을 두고 수학 수업 모형을 제시하고, 각 수업 모형을 적용할 수 있는 학습 내용을 선정하여 단계별로 활동을 제시해 보세요.

09. 수학 수업을 분석할 때 중점을 두어야 할 부분에 대해 이야기해 보세요.

10. 다음은 2022 개정 수학과 교육과정의 목표이다. 각 목표가 강조하는 내용에 대해 이야기해 보세요.

> 수학의 개념, 원리, 법칙을 이해하고 수학의 가치를 인식하며 바람직한 수학적 태도를 길러 수학적으로 추론하고 의사소통하며 다양한 현상과 연결하여 정보를 처리하고 문제를 창의적으로 해결하는 수학 교과 역량을 함양한다.
>
> (1) 수학적 지식을 이해하고 활용하여 적극적이고 자신감 있게 여러 가지 문제를 해결한다.
> (2) 수학적 사실에 대해 흥미와 관심을 갖고 추측과 정당화를 통해 추론한다.
> (3) 수학적 사고와 전략에 대해 의사소통하고 수학적 표현의 편리함을 인식한다.
> (4) 수학의 개념, 원리, 법칙 간의 관련성을 탐구하고 실생활이나 타 교과에 수학을 적용하여 수학의 유용성을 인식한다.
> (5) 목적에 맞게 교구나 공학 도구를 활용하며 자료를 수집하고 처리하여 정보에 근거한 합리적 의사결정을 한다.

11. 다음 문제를 읽고, 물음에 답하세요.

> **[문제]** 다음과 같은 배열에서 빈칸에 올 것이 무엇인지 알아보세요.
>
> ♧, ♡, ♧, ♡, ♡, ♧, ( ),

(1) 빈칸에 올 것이 무엇이라고 생각합니까? 왜 그렇게 생각합니까?

(2) 이 문제를 해결하는데 이용된 문제해결 전략은 무엇입니까?

(3) 2022 개정 수학과 교육과정에 제시된 교과 역량에 비추어 이 문제의 가치를 이야기해 보세요.

12. 바둑돌을 다음 조건에 맞도록 배열한다고 하자.

(1) 바둑돌은 가로로 서로 붙어있어야 한다.

(2) 위층의 바둑돌은 반드시 아래층 바둑돌 2개와 붙어있어야 한다.

위의 조건에 의하면 아래와 같은 경우는 잘못된 경우이다.

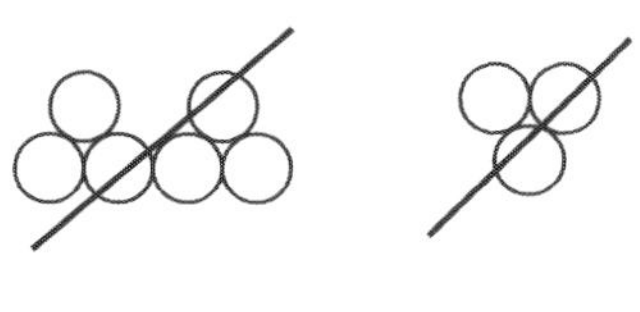

(1) 다음 표는 바둑돌이 1~4개일 때 조건에 맞게 배열하는 방법을 제시한 것이다. 바둑돌 5개를 배열하는 방법을 아래 빈칸에 그림으로 나타내고 방법의 수를 구하세요.

개수	서로 다른 방법	가짓수
1		1
2		1
3	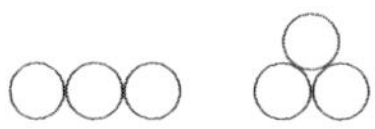	2
4	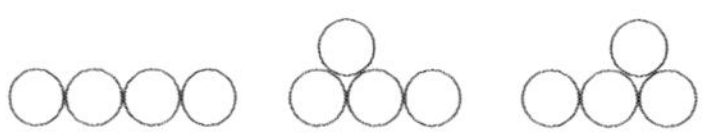	3
5		?

(2) 바둑돌 6개를 배열하는 방법은 몇 가지인지 예측해 보세요. 또, 가능한 경우를 그림으로 나타내어 자신의 예측이 맞는지 확인해 보세요.

(3) 바둑돌 7개를 배열하는 방법은 몇 가지인지 예측해 보세요. 또, 가능한 경우를 그림으로 나타내어 자신의 예측이 맞는지 확인해 보세요.

(4) 바둑돌이 6개일 때, 7개일 때 예측한 것이 맞았는가요? 바둑돌이 점점 많아질 때 조건에 맞게 배열하는 방법이 몇 가지인지 귀납적으로 예측할 수 있습니까? 이 예측이 옳은지 설명할 수 있나요?

(5) 위의 문제해결을 통해 알 수 있는 것에 대해 이야기해 보세요.

2장 수학 학습 심리학

이 장을 시작하면서

인간의 사고에 관한 과학적 연구는 20세기 초반에 동물을 대상으로 실험실 연구에서 시작되었다. 즉, 동물을 대상으로 실시한 연구 결과를 이용하여 인간의 사고 과정과 학습 행위를 파악하고자 한 것이다. 동물에 대한 실험에서 비롯된 심리학 연구 방법을 인간의 사고 과정과 학습에 대한 연구로 전환하기 위해서는 사고 과정을 파악하기 위한 매개체가 필요하였으며, 그 매개체로 '수학'이 기능하였다. 이것은 수학이 단계적으로 수행되는 특성이 있어서 인간의 사고 과정과 행위를 살펴보기에 적합했기 때문이다.

아이들이 수학을 공부할 때 어떻게 사고하고 학습해 가는지에 대한 궁금증의 답을 찾기 위해 노력하는 이유는 이에 대한 답을 바탕으로 아이들의 학습 활동을 조력하기 위함일 것이다. 이것이 수학 학습 심리학에 관심을 가지게 된 이유이다. 즉, 수학 학습 심리학의 이론적 근거를 바탕으로 아이들의 사고와 학습 양식을 분석하고 판단하여 아이들에게 적합한 학습 활동을 제공함으로써 그들이 올바르게 성장해 가도록 지원하고자 하는 노력이 바로 수학 학습 심리학에 관심을 가져야 하는 이유이다.

함께 이야기해요

여름이는 분수의 곱셈 $\frac{2}{3} \times \frac{4}{5}$ 를 분모끼리, 분자끼리 각각 곱하여 $\frac{8}{15}$ 을 제시하였습니다. 그렇지만, 왜 분모끼리, 분자끼리 각각 곱하여 그 결과를 얻을 수 있는지에 대해서는 설명하지 못합니다. 분수의 곱셈에 대한 여름이의 이해 정도는 어떤 상황에 있는지, 여름이를 어떻게 도와주어야 하는지 이야기하고 발표해 보세요.

함께 해결해봐요

교실에서 1에서 10까지 합을 구하는 상황을 상상해 봅시다. 어떤 아이는 1에서 순차적으로 수를 더해갑니다. 다른 아이는 1에서 10까지 수들을 바꾸어 서로 더하여 (11×10)÷2를 이용하여 곧바로 답을 구해냅니다. 두 아이의 문제해결 과정의 특징을 이야기해 보고, 두 아이의 문제해결 과정을 살펴서 지도할 내용을 이야기해 봅시다.

2-1 자극-반응 이론

인간의 행동과 사고를 연구하는 심리학은 19세기 말까지 철학의 한 분야로 다루어져 왔다. 그 이후, 철학에서 독립한 심리학은 자연과학과 마찬가지로 엄밀한 과학적 연구 방법에 관심을 두었고, 연구의 초점을 둘 대상에도 관심을 기울이게 되었다. 그러한 과정에서 나타난 것이 왓슨(J. B. Watson: 1878~1958)에서 비롯된 행동주의 심리학이었다.

행동주의 심리학은 객관적이고 실험적인 자연과학의 한 분야로 심리학을 인식시키기 위해 인간의 내적인 정신보다는, 주어진 상황에 대한 반응으로 나타나는 외적인 행동의 변화에 초점을 두었다. 행동주의 심리학은 러시아 심리학자인 파블로프(I. P. Pavlov: 1849~1936)의 고전적 조건 형성(classical conditioning)의 영향을 받았는데, 고전적 조건형성은 개를 이용한 타액 분비 실험을 통해서 중립 자극이 무조건 자극과 연합되어 조건 자극이 되는 것을 입증한 현상이다. 이 실험은 이전에 무관했던 자극과 반응이 보상에 의해 결합하여 일정한 자극에 대해 일정한 반응이 일어날 확률을 증가시키는 것을 의미한다.

행동주의 심리학은 실험 심리학의 창시자로 알려진 분트(W. M. Wundt: 1832~1920)의 내성법(인간 정신을 지배하는 법칙을 발견하기 위해 자신의 정신작용을 관찰하는 방법)을 통한 인간의 의식 연구가 '주관적'이고 해석의 신뢰도가 낮다는 것에 문제를 제기하고, 인간의 행동과 반응을 분석하는 것이 인간의 행동을 통찰할 수 있는 '객관적'인 방법으로 인식하였다. 행동주의 심리학은 학습 결과로 나타나는 외현적인 행동 변화에 관심을 가지며, 학습이 이루어지는 상황이나 행동 변화와 같은 인간의 학습에 관한 포괄적인 내용을 연구하였다. 행동주의 심리학은 인간의 행동을 설명하는 가장 중요한 학습 이론으로, 오늘날까지 수학교육에 영향을 끼치고 있다.

◎ 행동주의 심리학은 학습 결과로 나타나는 외현적인 행동 변화에 관심을 가진다.

인간의 내부에서 일어나고 있는 변화 과정보다는 관찰 가능한 결과로서 행동에 초점을 맞춘 행동주의 심리학은 실용성과 행동의 객관적인 결과를 중시하는 미국의 행동주의 학습 이론을 발달시켰고, 손다이크(E. L. Thorndike: 1874~1949), 스키너(B. F. Skinner: 1094~1990) 등이 대표적인 학자이다.

손다이크는 행동주의적 관점과 인간의 행동이 자극과 반응의 연결로 이루어지는 연합(聯合) 과정에 초점을 둔 연합주의(associationism) 관점을 가지고 있다. 그렇지만, 손다이크는 고전적 조건형성의 반사나 비자발적 반응보다, 특정한 자극과 자발적인 행동 사이의 연결을 중시하였기 때문에 연결주의(connectionism)라고도 한다. 그는 문제해결을 하는 행동들이 어떠한 것인지에 대해 학습자에게 다양한 반응을 해보면서 그중에서 문제를 성공적으로 해결한 반응이 학습된다는 것을 증명하였다(Resnick & Ford, 1981). 성공하기까지 다양한 반응을 해보며 그러한 시행착오 결과로 성공적인 결과를 가져온 반응이 도구가 되기 때문에 이를 도구적 조건형성(operant conditioning)이라 불렀다.

손다이크는 동물 실험을 통해 인간에게 주어지는 외적 사건인 '자극'과 그러한 외적 사건에 대해 인간이 대응하는 '반응'이 사고 행위의 기본임을 동물 실험에서 유추하였다. 막대기를 밀면 문을 열 수 있게 장치된 상자 안에 굶주린 고양이를 집어넣고 상자 밖에 먹이를 두었다. 상자 안의 고양이는 먹이를 먹기 위해 밖으로 나오려고 이리저리 뒹굴고 몸부림을 치다가 우연히 상자 안의 막대기를 밀어 밖으로 나와 먹이를 먹을 수 있었다. 손다이크는 그 고양이를 상자 안에 넣고 처음과 같은 상황을 다시 만들었는데 이를 여러 번 시행한 결과, 고양이가 막대기를 밀고 나오는 시간이 점차 줄어들었다. 실험에서 자극과 반응은 결합이 되고, 만족스러운 결과가 따라오면 결합의 강도는 증가하며 시행착오는 줄어들게 된 것이다.

이러한 실험을 통해 손다이크는 산술 지도에서 산술을 구성하는 특별한 결합을 밝히고 명백하게 하는 것이 중요하다고 생각하였다. 만약, 이 결합을 잘 조직하고 계열화할 수 있다면 보상된 연습은 결합을 강화시킬 수 있기 때문에 산술에서 향상된 수행 능력을 보일 수 있다. 예를 들어, 7+6에 대한 교사의 질문에 13이라는 답을 찾을 수 있는 아이는 7과 6의 합을 구하는 상황(자극)과 13이라는 반응 간에 결합이 형성되어 있는 것이다. 또, 17+6을 구하라는 자극에 올바른 반응을 위해서는 17이 10과 7의 합으로 구성되어 있다는 점, 7과 6의 합이 13이 된다는 점, 물론 7과 6의 합은 가르기와 모으기를 통해 10과 3의 합으로 나타난다는 것 등이 아이에게 결합으로 이미 형성되어 있어야 할 것이다.

손다이크가 제안한 것은 결합을 구성하고 강화시키기 위해 이러한 능력을 더욱 세분하여 제시하자는 것이다. 예를 들면, 두 자리 덧셈의 세로 셈을 위해서는 7개의 과정과 기능이 필요하다고 한다.[4] 교육 상황에서 교과 내용에 대한 분석 과정을 통해 적절한 '결합'을 선택하면, 그것을 아이들의 머릿속에 강화시키기 위하여 훈련과 연습이 중요한 수단이 된다. 손다이크에 따르면, 적절한 훈련과 연습이란 중요한 결합은 자주 연습시키고 덜 중요한 결합은 덜 연습시키도록 신중하게 프로그램화된 것을 의미한다. 그렇지만, 손다이크는 산술 기능발달에 유익한 결합과 바람직하지 않은 결합을 구별하였다. 연속량으로서 수, 두 자리 수와 한 자리 수의 기본 덧셈, 나머지가 있는 나눗셈은 유익한 결합이며, 임의 단위 11의 배수, 추상적이고 무의미한 계산 등에 대한 연습은 유익하지 않은 결합이다.

손다이크는 결합과 관련지어 학습을 보다 효율적으로 이루어지게 하는 다음과 같은 학습의 법칙을 제시하였다.

◎ 효과의 법칙
연습의 법칙
준비의 법칙

- 효과의 법칙: 유기체에 만족한 결과가 따르는 반응은 강화되고, 만족을 주지 않는 반응은 약화되어 사라진다. 아이의 학습에 대한 만족도가 높을수록 결합은 강화되고, 따라서 결합은 학습 목적을 달성해 줄 때 강력한 학습 추진력을 갖게 된다.
- 연습의 법칙: 연속적으로 되풀이 되는 연습의 빈도와 중지 시간 간격에 따라 자극과 반응의 결합은 달라진다. 결합이 형성된 자극과 반응이라 할지라도 사용하지 않으면 결합은 약해지게 된다.
- 준비의 법칙: 학습에 대한 심리적 준비가 되어 있을 때 학습은 보다 효과적으로 이루어진다. 즉, 학습하고자 하는 의지가 있을 때 학습에 대한 만족도가 높아지고 학습도 자연스럽게 이루어질 수 있다.

1930년대 이후에 손다이크는 그의 이론을 수정하게 되는데, 보상은 결합의 강도를 증가시키지만, 부정적인 처치는 결합의 강도와 관계가 없다는 것이다.

---

4) ① 세로로 수가 더해질 때 자릿값 맞추어 쓰기 ② 새로운 수가 더해질 때까지 그 때까지 더한 결과를 기억하기 ③ 눈에 보이는 수를 기억했던 수에 더하기 ④ 세로 열에서 빈자리 무시하기 ⑤ 세로 열에서 0무시하기 ⑥ 10씩 커지는 수 이용하기(예를 들어 8+7=15이므로 18+7=25일 것이다.) ⑦ 세로 열의 총합이 받아올림을 할 경우, 받아올리기로 기록하기(Resnick & Ford, 1981, p. 14)

이것은 체벌이 효과적이지 못하며, 대신 만족스러운 결과를 얻게 되는 자극과 반응의 결합이 행동 변화에 중요하므로 긍정적인 피드백이 학습에 효과적임을 제시해 주고 있다.

손다이크의 이론에 대하여 브라우넬(Brownell)은 아이의 계산 방식과 성인의 계산 방식 사이의 질적인 차이를 훈련 방법에서 고려하지 않은 점, 훈련 방법이 학습 목적에 대한 왜곡된 관점을 반영한다는 점을 들어 비판하였다. 브라우넬과 손다이크는 가르쳐야 할 것에 대한 관점 차이를 보여주는 데, 브라우넬에게 수학 교과는 원리와 패턴의 통합체이므로 유의미한 학습을 강조하고 있는 반면에, 손다이크는 수학 교과란 세세한 결합으로 이루어진 통합체이기에 훈련을 중시하고 있다.

◎ 브라우넬은 수학이 원리와 패턴의 통합체이므로 유의미한 학습을 해야 한다고 강조하고 있다.

손다이크 이론에 대한 비판에도 불구하고, 수학학습에서 연습은 중요한 위치를 차지하고 있다. 특히, 수학은 위계적인 학문이기 때문에 하위 기능에 대한 충분한 숙달이 이루어져야만 상위 개념으로 이행할 수 있다. 수학학습에서 연습을 중시하는 손다이크의 이론은 재생적 사고를 요구하는 학습에 여전히 중요하지만, 창의적 사고를 요구하는 학습에는 부합하기 어렵다는 단점이 있기도 하다.

탐구 과제: 받아올림이 있는 두 자리 수의 덧셈

받아올림이 있는 두 자리 수의 덧셈 문제를 다음과 같이 네 가지 유형으로 제시할 수 있다. 각 문제의 차이와 이를 해결하기 위해 필요한 결합은 무엇일지 자극-반응 이론에 따라 이야기해 보세요.

17+6, 46+28, 72+46, 68+45

2-2 형태 심리학

미국을 중심으로 행동주의 심리학자들이 분트의 내성법에 대한 비과학성을 비판하고 있을 즈음, 독일의 심리학자들 사이에서는 형태 심리학(Gestalt psychology)이 등장하였다. 형태 심리학은 정신적 과정에 초점을 맞추어 학습

◎ 형태 심리학에서는 부분을 보는 것이 아니라, 각 부분의 상호관계의 맥락에서 전체를 지각한다고 본다.

을 설명하는 인지주의 학습이론으로, 개인의 정신적 구조의 변화를 다루고 있다. 학습에 관한 인지적 접근(cognitive approach) 방식은 인간의 기억, 지각, 언어, 추리, 지식, 개념 형성, 문제해결, 또는 인간의 내재적인 심리 과정과 정신적 구조를 설명하기 위한 방식으로, 처음에는 형태 심리학이나 통찰에 관한 연구에서 비롯되었으나 현대 인지심리학에서는 인간의 정보처리 과정을 주로 연구하고 있다.

형태 심리학을 대표하는 이론으로 주목받은 통찰이론은 쾰러(Köhler)에 의해 주장된 학습이론으로, 쾰러는 아프리카에서 원숭이를 대상으로 동물 실험을 하였다. 이것이 유인원의 지각실험으로, 쾰러는 이 결과를 1917년에 발표하였다. 그는 문제해결이 시행착오 과정을 거쳐 점진적으로 이루어지는 것이 아니라, 문제해결의 열쇠가 되는 통찰, 즉 어떤 관계를 지각함으로써 비롯된다고 보았다.

굶주린 원숭이를 우리에 집어넣었다. 우리 안에는 높은 천장에 바나나가 매달려 있었고, 두 개의 상자와 막대기가 있었다. 원숭이는 우리 안에서 웅크리고 앉아 바나나와 나무상자, 막대기 등을 한참 동안 우두커니 바라보고 있다가 갑자기 상자를 쌓아 막대기를 들고 올라가 바나나를 탁 쳐서 떨어트렸다. 이것은 문제를 해결하는 과정에서 전체 장면에 대한 통찰이 생겼기 때문에 가능했고, 이 순간 원숭이는 시행착오가 아니라 '아하'라는 경험(aha! experience)을 통해 인지구조의 변화가 이루어진 것이며, 이것을 학습이라고 보았다. 그러므로 학습은 시행착오 결과로 얻어지는 행동의 변화가 아니라, 능동적이고 의도적인 정신 활동과 전체적 구조 파악에서 비롯된 인지 구조의 변화로 본다.

이와 같이 형태 심리학자들은 학습 상황에서 부분을 보는 것이 아니라, 각 부분의 상호관계 맥락에서 전체를 지각한다고 본 것이다. 형태 심리학자들에게 학습은 통찰에 의해 이루어지며, 통찰은 문제 상황 속에서 개인이 이해하고 경험하는 장(field) 속에서 부분과 부분 간의 관계에 작용되는 것이다.

형태 심리학자인 베르트하이머(Wertheimer: 1880~1943)는 인간의 인지에 대한 형태 심리학의 견해를 설명하고 있다. 그는 '생산적 사고(Productive thinking)' 또는 '구조의 이해에 기초한 사고'의 역할을 입증하기 위하여 평행사변형 문제를 이용하였다(Wertheimer, 1945).

◎ 베르트하이머는 구조의 이해에 기초한 사고를 생산적 사고라 부른다.

수업 중에 교사는 [그림 2.1]의 (a)와 같은 평행사변형을 그린 다음, 평행사변형의 넓이는 밑변의 길이와 높이를 곱하여 구할 수 있음을 가르쳤으나, 다음 날 아이들은 [그림 2.1]의 (b)와 같은 평행사변형의 넓이를 구할 수 없었다.

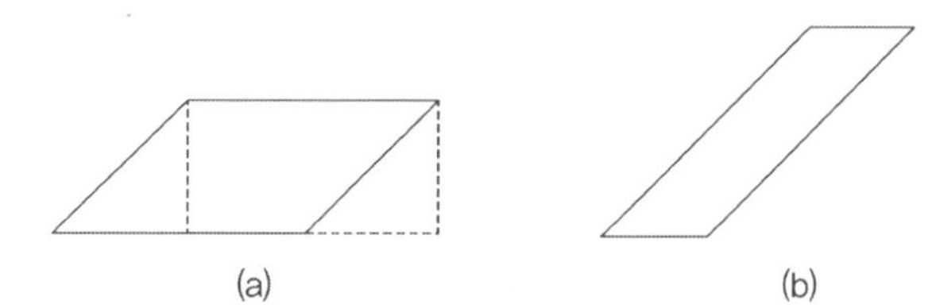

그림 2.1 평행사변형 모델

이 문제의 어려움은 아이들이 배운 대로 평행사변형의 왼쪽 꼭짓점으로부터 수선을 그으면, 그 수선은 밑변이 아닌 곳에 내려지게 되어, 표준 공식을 적용할 수 없기 때문이다. 베르트하이머는 넓이를 구하기 위한 알고리즘의 기초가 되는 구조적인 원리를 이해하지 않은 채, 교사가 제시한 공식에 맹목적으로 따르기 때문에 이와 같은 현상이 나타난다고 보았다.

탐구 과제: 평행사변형의 넓이 구하기

[그림 2.1]의 (b)의 평행사변형에서 등적 변형을 이용하여 넓이를 구하는 원리를 보여 줄 방법을 이야기해 보세요.

베르트하이머는 문제해결에서 통찰이 일어나는 생산적 사고의 예로, 수학자 가우스(Gauss)가 1부터 100까지의 자연수의 합을 구하는 과정에서 나타났을 일화를 제시하고 있다(Wertheimer, 1945). 이 예시에서는 계단 널판지의 모양을 큰 도형의 반으로 시각화하도록 제안하고 있다. 계단의 한 면에 똑같은 모양과 크기의 다른 조각을 맞추면 직사각형이 되기 때문에 답을 쉽게 구할 수 있는 것이다.

베르트하이머가 이 예시에서 밝히고자 했던 것은 가우스의 일반적인 공식 산출에 기반이 되는 통찰이었다(Resnick & Ford, 1981). 문제해결 과정에서 문제의 전체 구조에 대한 통찰은 문제를 직관적으로 해결하도록 하며, 적용될 알고리즘의 이치를 분명하게 알게 하고, 문제해결자에게 알고리즘의 적용과 선택에 이로움을 주게 되는 것이다.

문제의 전체 구조의 이해에 기초한 '생산적 사고'는 수학학습에서 강조되어야 한다. 예를 들어, 학습자에게 1, 4, 9, 1, 6, 2, 5, 3, 6, 4, 9, 6, 4와 같이 긴 수열을 학습시킨다고 가정하자. 무의미하게 수를 암기시킨 집단과 이 수들 간에 어떤 규칙이 있음을 발견하도록 유도된 집단 간의 파지율은 후자가 현저하게 높았다(Resnick & Ford, 1981).

2-3 피아제(Piaget)의 인지발달 이론

피아제(J. Piaget)

스위스 출신인 피아제(J. Piaget; 1896~1980)는 대학에서 생물학과 철학을 전공하였고, 인지 문제를 심리학적으로 접근하여 발생적 인식론을 제안하였다. 발생적 인식론은 인간의 정신 과정 또는 인지 과정을 생물학적 과정의 일부로 보고, 환경의 적응 원리인 '동화와 조절'을 통해서 개체가 외계의 지식을 습득한다는 점을 근간으로 하고 있다.

피아제는 임상 연구법(clinical method)을 통해 아이의 사고 과정을 밝히고자, 아동기에 이루어지는 심적 구조 발달에 관심을 가지고 지적 분야의 발생적 연구를 진행하였다. 그는 합리적 사고와 지식의 본질을 내면화된 가역적 행동인 '조작(operation)'으로 보고, 조작의 특성을 4가지로 정의하였다(남승인 외, 2018).

- 합리적 사고와 지식의 본질은 내면화된 가역적 행동인 조작이다.

- 조작은 심리적으로 물리적으로 실행되며, 내면화될 수 있는 행동이다.
- 조작은 가역적인 행동이다. 예를 들어, 시간은 되돌릴 수 없지만, 덧셈은 되돌릴 수 있다.
- 조작은 변형이나 행동이지만, 보존성이나 불변성을 전제로 한다. 예를 들면, 덧셈에서 4+1, 2+3과 같이 더하는 수들의 조합은 변화시켜도 그 합은 5로 일정하다.
- 조작은 독립적으로 존재하는 것이 아니라, 더 큰 조작 체계의 일부분이다.

행동과 조작을 반복하고 일반화할 수 있는 인지구조를 'schemes'이라 하였다. 예를 들면, 태어나서 젖을 빠는 schemes, 순서 짓는 schemes, 더하고 빼는 schemes 등 인간의 모든 행동과 조작을 가능하게 하는 것이 schemes인 것이다.

- 행동과 조작을 반복하고 일반화할 수 있는 인지구조를 'schemes'이라 하였다.

행동과 조작의 schemes은 적응 상황에서 일반적인 구조로 재구성되어 가는데, schemes의 재구성 과정이 학습이고 인지발달이다(우정호, 1998).

◎ 경험적 추상화는 외부 대상이 갖는 성질들로부터 일반화된 지식을 끌어내는 추상화이고, 반영적 추상화는 활동에 대한 일반적 조정으로부터 이루어지는 추상화이다.

피아제의 이론에서 중요한 것은 '추상화'인데, 그는 세 종류(경험적 추상화, 반영적 추상화, 의사 경험적 추상화)의 추상화를 구별하였다. 경험적 추상화(empirical abstraction)는 외부 대상이 갖는 성질들로부터 일반화된 지식을 이끌어내는 추상화이고, 반영적 추상화(reflective abstraction)는 아이의 활동에 대한 일반적 조정으로부터 이루어지는 추상화이며, 의사 경험적 추상화(pseudo-empirical abstraction)는 아이의 활동으로부터 구성이 이루어지지만, 그 구성 결과의 확인은 외부 대상에 대해서 행해지는 추상화이다. 이러한 각 수준의 추상화를 다음과 같은 예를 들어 설명할 수 있다(우정호, 1998).

아이가 큰 사과는 작은 사과보다 무겁다는 것을 발견하였다면 물리적인 경험을 한 것이다. 그러한 성질은 아이가 발견하기 전에도 사과가 갖고 있던 성질이며, 아이가 그 성질을 단지 경험한 데 불과하다. 이와 같이, 경험으로부터 무게의 개념을 추상하였을 때 그것은 '경험적 추상화'를 한 것이다. 다음으로 사과를 어떤 모양으로 늘어놓고 어떤 순서로 세어 보아도 개수가 같다는 것을 발견했을 때, 이 성질은 사과 자체와는 무관한 것으로, 아이는 자신의 활동과 그 결과에 대해 경험한 논리-수학적 경험을 한 것이다. 이러한 경험으로부터 원소의 개수라고 하는 개념을 추상하였을 때 아이는 '반영적 추상화'를 하였다고 볼 수 있다.

그런데, 전조작기 수준의 아이나 구체적 조작기 수준의 아이는 자신이 확인할 수 있는 구성 결과에 근거하지 않고는 구성을 실행할 수가 없다. 예를 들어, 연필 2자루와 볼펜 3자루를 보고 전체가 5가 되는 상황을 관찰한다고 하자. 이 경우에 연필과 볼펜에 대해 더하는 활동이 이루어진다는 점에서 경험적이지만, 확인된 성질은 2와 3의 합이 5라는 주체의 활동에 의해서 그 대상에 도입된 것이며, 이를 '의사 경험적 추상화'라고 한다.

◎ 평형화(equilibrium)

피아제의 상호 작용설의 독특한 것은 그의 발달 이론의 기본이 되는 평형화(equilibrium) 개념을 도입한 점이다. 모든 행동은 동화(assimilation)와 조절(accommodation)을 통해 평형화를 이루는 방향으로 나아가기 때문에, 발달 이론은 이러한 평형화 개념을 꼭 필요로 한다. 여기서 평형화란 인지구조가 한 상태에서 다른 상태로 변화하는 과정이고, 그 과정의 결과가 바로 평형 상태인 것이다.

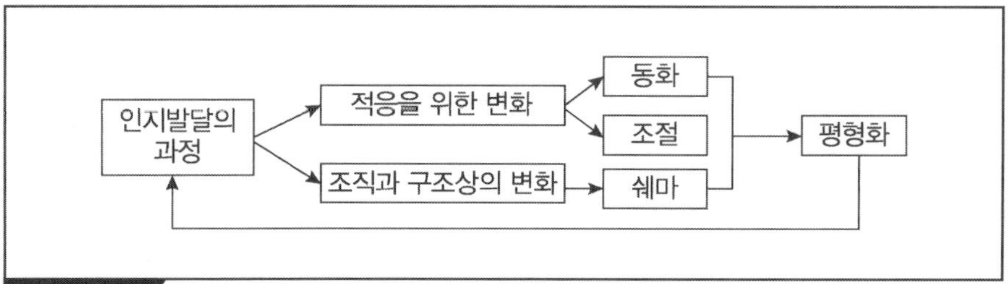

그림 2.2 인지구조의 발달에 영향을 미치는 요인 간의 관계(남승인 외, 2018, p. 92)

이러한 관점에서 본다면, 수학적 개념 형성은 아이의 인지발달 과정을 중시한 동화와 조절이라는 두 가지의 상보적인 평형화 과정을 통해서 이루어져야 한다. 동화는 기존 인지 체계에 의해 외부 자료를 해석하는 것을 의미하고, 조절은 외부 자료의 구조를 참작(이리저리 비추어 보아서 알맞게 고려함)하는 것을 말한다. 동화와 조절 기능의 어느 하나만 작용한다면 인지 작용은 제대로 일어날 수 없다. 이들 간에는 상보적인 작용에 의해 동시에 일어나게 하는 역동적인 평형화 과정이 필요한 것이다.

> 수학적 개념 형성은 동화와 조절이라는 두 가지의 상보적인 평형화 과정을 통해서 이루어져야 한다.

피아제에 따르면 반영적 추상화의 메커니즘은 반사와 반성이라는 상보적 과정이 나선적 교대에 의하여 진행된다. 반사는 전 단계에서 얻은 것을 보다 상위의 단계로 옮긴다는 의미하며, 행동을 의식하고 그 행동을 다른 행동과 결합할 수 있게 하는 내면화 과정으로부터 시작된다. 반사가 이루어진 상위 단계에서 반성이 이루어지기 위해서는 하위 단계에서 사고의 도구였던 것이 사고의 대상이 되어야 하는데, 피아제는 이를 주제화라고 하였다. 결국, 반사는 이전 단계의 행동이나 조작을 사고의 대상으로 만드는 주제화로 귀착되어서 상위 단계에서 반성을 가능하게 하는데, 반성에 의해 구성된 새로운 형식은 보다 정교해진 내용을 다시 반사할 수 있게 하므로 내면화와 주제화의 순환이 계속 반복되어 일어나게 된다는 것이다(홍진곤, 1999).

한편, 피아제는 인간의 지적 활동도 유기체적 발달을 거쳐 이루어진다고 보았는데, 인간의 인지 발달은 생물학적 성장에 따라 감각운동기, 전조작기, 구체적 조작기, 형식적 조작기를 거치면서 이루어진다고 한다. 이들 각 단계는 개인에 따라 시작되고 끝나는 시기가 다르지만, 이 순서를 지키며 각 단계를

> 인간의 인지 발달은 감각운동기, 전조작기, 구체적 조작기, 형식적 조작기를 거친다.

통과하면서 지적 발달 과정을 형성한다고 한다. 특히, 피아제는 보존성 개념을 통하여 구체적 조작기의 특성을 연구하였다. 보존성은 모양이 다른 컵에 물을 옮겨 담아도 양의 변화가 일어나지 않는다는 것을 아는 것으로, 이 단계에 도달하려면 조작의 가역성이 가능해야 된다. 조작의 가역성에 대한 심리학적 판단 기준이 보존성 개념인 것이다. 일반적으로 보존성은 수, 양, 무게, 부피의 순으로 발달한다.

2-4 부르너(Bruner)의 구조의 심리학

1950년대 말에 '지식의 구조'를 강조한 학교 교육과정 개선 움직임은 수학자, 과학자, 심리학자, 교육학자 34명이 열흘간의 Wood Hole 회의에서 구체화 되었다. 이 결과는 미국의 인지심리학자인 브루너(J. S. Bruner; 1915~2016)의 '교육의 과정(The Process of Education)'에 잘 나타나 있다. 그는 '지식의 구조'라는 개념을 통해 '수학교육 현대화 운동'의 이론적 배경을 제공하였으며, 피아제의 인지 발달 단계 이론에 기초하여 EIS 이론을 제시하였다. '교육의 과정'에는 구조의 중요성, 학습의 준비성, 직관적 사고와 분석적 사고, 학습 동기 등을 중시하며, '어떤 교과라도 지적 성격을 그대로 지닌 채, 어느 발달 단계에 있는 아이에게도 효과적으로 가르칠 수 있다.'라는 가설을 제시하고 있다.

◎ 지식의 구조란 각 학문의 기저를 이루고 있는 핵심적인 개념과 원리를 의미한다.

브루너는 학교 수학에서 지식의 구조를 지도할 것을 주장하는데, 지식의 구조란 '각 학문의 기저를 이루고 있는 핵심적인 개념과 원리'로, 초기의 학습 내용이 보다 기초적이고 기본적인 아이디어일수록 차후 학습에 적용성이 커지는 전이 효과가 있다는 것이다. 이 구조학습이 갖는 장점은 교육과정의 구성에 있어서 '나선형 구조'를 택하는 것이다. 따라서, 일단 학습한 내용은 차후에 계속되는 여러 수준의 수학 학습에서 확장되고 발전시켜 나가게 된다(남승인 외, 2018).

어떤 기본적인 구조들은 여러 개념들로 구성되어 있고, 그 개념들은 서로 연결되어 하나의 구조를 이룬다. 예를 들어, 도형에 관한 여러 개념들은 다이어그램으로 표현하면 관련된 도형의 기본 구조를 잘 이해할 수 있는 것이다. 즉, 상위 개념과 하위개념의 관계를 잘 표현하게 되어 그 관계를 쉽게 인식할 수 있는 것이다.

브루너는 아이들의 수학 학습에 교육적 전달을 강조하고 있는데, 이를 위해 아이들이 갖고 있는 사고 양식과 아이가 이해할 수 있는 표현 수단에 대응되는 적절한 형태로 전달될 수 있도록 해야 한다고 한다. 따라서, 전달 수단으로서 언어의 역할을 강조하고 있는데, 이러한 생각을 구현하기 위한 이론이 바로 EIS 이론이다.

브루너에 따르면 아이의 지능 발달은 활동적(enactive) 표현, 영상적(iconic) 표현, 상징적(symbolic) 표현의 순서로 이루어지는 표현 수단의 발달과 그 사이의 조정 능력의 발달을 의미한다. 활동적(enactive) 표현은 적절한 운동적 반응을 통하여 개념을 표현하는 것으로, 조작적인 활동이나 행동이 중심이 된다. 예를 들어, 바둑돌을 합치거나 분리하는 행동은 자연수의 덧셈과 뺄셈에 대한 활동적 표현으로 볼 수 있다.

◎ 지능의 발달은 활동적 표현, 영상적 표현, 상징적 표현의 순서로 이루어지는 표현 수단의 발달과 그 사이의 조정 능력의 발달을 의미한다.

영상적(iconic) 표현은 도식을 이용하여 개념을 표현하는 것으로, 수도(數圖)를 이용하여 수를 나타내는 것은 자연수에 대한 영상적 표현이며, 벤 다이어그램은 집합에 대한 영상적 표현이고, 여러 가지 함수의 그래프는 함수에 대한 영상적 표현이다. 상징적(symbolic) 표현은 언어 능력의 발달과 더불어 나타나는 것으로, 수학 기호를 사용하여 개념을 표현하는 것이다. 예를 들어, 숫자 표현은 자연수에 대한 상징적 표현이며, 덧셈식이나 뺄셈식은 덧셈과 뺄셈에 대한 상징적 표현이다. 상징적 표현은 추상화가 이루어진 단계이므로 수학화 되었다고 볼 수 있고, 기호를 사용한다는 특징이 있다.

한편, 브루너는 교수 이론이 처방적이고 규범적이어야 한다고 한다. 여기서 처방적이라는 것은 어떤 내용을 지도하든 그 내용의 지도 과정이 효과적이기 위한 원리를 포함(학습 목표 달성을 위한 교수 과정과 방법에 대한 처방을 준비)하고 있어야 한다는 것이고, 규범적이라는 것은 그 이론이 교수 학습 전략을 평가하거나 수정할 수 있는 기능(학습의 기준과 그 기준에 도달하기 위한 조건)을 갖추고 있어야 한다는 것을 의미한다.

브루너는 수학 지도를 위한 4가지 원리를 제시하고 있는데, 이것은 구성의 원리(construction theorem), 표기의 원리(notation theorem), 대조와 변경의 원리(contrast and variation theorem), 연결성의 원리(connectivity theorem)이다.

◎ 구성의 원리
표기의 원리
대조와 변경의 원리
연결성의 원리

- 구성의 원리: 아이가 어떤 개념을 형성하기 위하여 그 개념에 대체되는 구체적인 표현을 구성하는 과정을 거치는 것이 유용하다. 아이들은 자신의 힘으로 예를 만들 수 있을 때 그 개념을 쉽게 학습할 수 있기 때문에 수학의 원리나 규칙을 교사가 완성된 형태로 제시하기보다, 아이 스스로 규칙이나 원리를 구성하도록 하는 방법이 효과적이다. 예를 들어, 곱셈 구구를 완성된 형태로 제시하기보다, 아이들이 구구의 원리를 탐구하며 곱셈 구구를 완성하도록 하는 것이 더 유용하다.
- 표기의 원리: 수학적 개념이나 원리를 아이들의 인지 발달 수준에 적합하도록 제시하는 것이 아이들의 이해와 학습에 용이하다. 수학의 효과적인 표기 방법은 수학 원리를 이해하고 확장하는 데 도움을 준다. 예를 들어, 초등 학생들에게 미지수는 □로 표현되지만, 중등학생들에게는 문자를 도입하여 표기함으로써 좀 더 경제적으로 문제를 처리할 수 있다.
- 대조와 변경의 원리: 아이들은 어떤 개념이나 표현을 대조하고 변경함으로써 구체적이고 특수한 표현 형태에서 추상적이고 일반적인 표현 단계로 나아갈 수 있다. 개념의 일반화는 그 개념의 표현이나 구체적인 예를 다양하게 변화시킴으로써 이루어진다. 즉, 주어진 개념의 일반화는 그 개념의 표현이나 구체적인 예를 다양하게 변화시킴으로써 이루어질 수 있다. 예를 들어, 특정 평행사변형만을 제시하기보다, 다양한 평행사변형을 경험하도록 하는 것이 평행사변형 개념의 일반화에 도움을 준다.
- 연결성의 원리: 수학의 형식적 체계는 개념과 연산이 분리되어 있지 않고, 연결되어 있어 완전히 분리된 채로 존재하지 않는다. 예를 들어, 나눗셈을 지도할 때에는 곱셈과 나눗셈의 관계를 관련지어 지도하는 것이 두 개념 사이의 관계가 강조되어 학습이 쉬워진다.

읽기 자료

수학에서 아벨상

수학에는 노벨상이 없다. 그러나 수학자들도 노벨상에 버금가는 '아벨상'을 갖고 있다. 아벨상은 27세로 생을 마감한 수학자 아벨을 기념해 수학에서 뛰어난 업적을 이룬 수학자에게 수여하는 권위 있는 상이다. 그동안 필즈상은 4년에 한 번, 수상자 나이도 40세로 제한하였기 때문에 대중의 주목을 받지 못했다.

2-5 디엔에스(Dienes)의 수학 학습 심리학

디엔에스(Dienes, Z. P.)는 심리학의 연구 결과를 수업에 통합해야 한다고 주장하고, 수학 학습 과정에 구체적 자료와 게임을 이용할 것을 주장하였다. 특히, 피아제의 이론을 바탕으로 부르너와 함께 실험 프로젝트를 수행하였는데, 이는 1960년대 새수학 운동의 심리학적 배경이 되었다. 디엔에스는 서로 다른 진법을 구현할 수 있는 다진수 블록(multibase arithmetic blocks; MAB)과 속성블록(attribute blocks)과 같은 자료를 고안하였다. 이 절에서는 그의 이론을 수학적 개념의 형성 단계와 학습 원리를 중심으로 살펴보기로 한다.

(1) 수학적 개념의 학습 과정

◎ 자유 놀이 단계
게임 단계
공통성 탐구 단계
표현 단계
기호화 단계
형식화 단계

디엔에스는 수학적 개념의 학습 과정을 자유 놀이(free play) 단계, 게임(games) 단계, 공통성 탐구(searching for communalities) 단계, 표현(representation) 단계, 기호화(symbolization) 단계, 형식화(formalization) 단계로 제시하고 있다.

자유놀이 단계에서 아이들은 여러 가지 구체적인 자료를 이용하여 구조화되지 않은 조작이나 실험 같은 자유로운 놀이를 한다. 이 단계에서는 다양한 조작 활동이 가능하도록 아이들에게 여러 가지 구체물을 많이 제공한다. 아이들은 자유로운 놀이를 하는 가운데 새로운 개념에 대한 많은 경험을 하게 된다. 예를 들면, 패턴블록을 제공하여 다양한 놀이를 한다.

게임 단계에서 아이들은 자유롭게 놀이를 하는 가운데 점차로 어떤 규칙성이 있다는 느낌을 갖게 된다. 이 단계에서 아이들은 주어진 개념을 여러 가지 방법으로 표현한 다양한 게임들을 통하여 그 개념의 논리-수학적인 요소를 발견한다. 예를 들면, 패턴블록에서 어떤 모양은 각진 곳이 4개라는 것, 어떤 것은 각진 곳이 6개라는 것을 인식한다.

공통성 탐구 단계에서 아이들은 놀이의 소재인 구체물 속에 공통적으로 들어있는 어떤 특정한 수학적 개념의 구조를 파악하게 된다. 이러한 학습 능력을 갖추게 될 때 아이들은 주어진 특정 개념의 예와 반례를 분류할 수 있게 된다. 이 단계에서는 동시에 제시된 여러 가지 예의 분석을 통해 각각의 예로부터 공통된 성질을 찾아낼 수 있게 된다. 예를 들면, 여러 개의 패턴블록에서 네모 모양을 구분하고 그 특징을 파악하게 된다.

표현 단계에서 아이들은 추상화 과정을 통하여 파악한 개념의 공통성을 적절한 방법으로 표현하게 된다. 이때, 사용되는 표현은 간단한 그림 형태나 언어적인 방법, 전형적이거나 포괄적인 예 등과 같이 다양할 수 있다. 아이들은 주어진 개념을 다시 표현해 보는 과정을 통해 주어진 개념과 관련된 추상적인 수학적 구조를 쉽게 알 수 있다.

기호화 단계에서 아이들은 자신이 제시한 개념의 표현대신에 수학적 기호를 이용하여 표현하게 된다. 즉, 아이들이 자기 나름의 기호 체계를 개발하는 것도 중요하지만, 의사소통을 위하여 교과서에서 사용하는 방법과 같은 통일된 방법을 사용하도록 지도되어야 한다. 아이들은 상징적인 기호 체계의 사용이 수학을 하는데 가치가 있다는 것을 인식하여야 한다.

형식화 단계에서 아이들은 추상화한 수학적 개념이 가지고 있는 수학적 구조를 파악하고, 그 개념이 가지고 있는 여러 가지 성질을 체계화하게 된다. 즉, 발견한 개념으로부터 나오는 여러 성질 가운데 기본적으로 선정된 몇 개의 성질로부터 다른 성질에 도달하게 된다.

◎ 교육과정 성취기준

[4수02-10] 여러 가지 모양의 사각형에 대한 분류 활동을 통하여 직사각형, 정사각형, 사다리꼴, 평행사변형, 마름모를 알고, 그 성질을 이해한다.

사다리꼴의 성질을 알아봅시다.

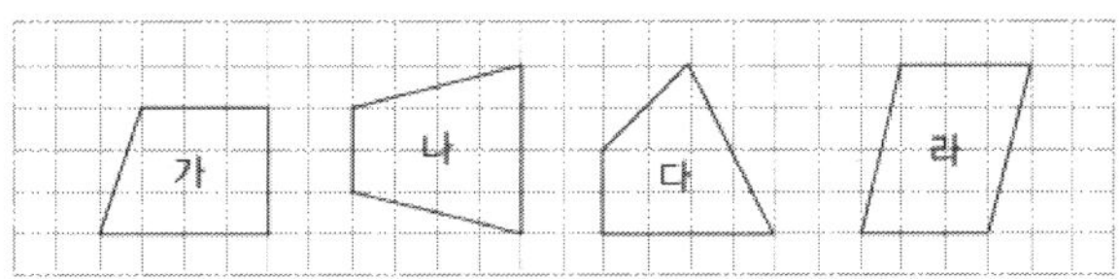

- 평행한 변이 있는 사각형을 찾아보세요.
- 알게 된 사다리꼴의 성질을 이야기해 보세요.

그림 2.3 사다리꼴의 성질 탐구(교육부, 2020d, p. 85)

(2) 수학적 개념 학습 원리

브루너와 더불어 수학학습의 실험적·이론적 연구를 추진해 온 디엔에스는 자신의 수학 학습 이론을 실행하기 위한 효과적인 개념 학습 원리를 4가지 제시하였는데, 이것은 다음과 같다(Dienes, 1960).

① 역동적 원리(dynamic principle)

② 구성의 원리(constructivity principle)

③ 수학적 다양성의 원리(mathematical variability principle)

④ 지각적 다양성의 원리(perceptual variability principle)

역동적 원리는 장래에 그것으로부터 수학적 개념을 구성해 낼 수 있는 다양한 활동을 해야 한다는 것이다. 이 활동은 목표가 불분명하지만 그 자체로 즐기는 예비 놀이 단계, 방향이 정해지면서 학습할 개념과 구조적으로 유사한 여러 가지 경험을 하는 구조화된 게임 단계, 형성된 개념을 고정하고 적용하는 실습 놀이 단계로 진행된다. 즉, 새로운 수학적 개념을 이해하기 위해서는 세 단계로 진행되는 일련의 역동적 정신 과정을 거쳐야 한다.

◎ 역동적 원리는 장래에 수학적 개념을 구성해 낼 수 있는 다양한 활동을 해야 한다는 것이다.

구성의 원리는 수학 학습에서는 구성이 분석에 선행되어야 한다는 원리이다. 구성이란 물체를 만들거나 전체를 파악하는 것이고, 분석이란 물체를 분해하거나 세부적인 것을 검토하는 일, 또는 어떤 근거를 묻는 것을 의미한다. 아이들은 분석적으로 사고하기 전에 구성적으로 사고할 수 있으며, 따라서 어린 아이들에게 분석적 사고보다 구성적 사고를 통해 이해하도록 학습 상황을 조직해야 하며, 새로운 개념은 이미 알고 있는 개념으로부터 구성되도록 하고 이 후에 논리적으로 분석하도록 한다.

◎ 구성의 원리는 구성이 분석에 선행되어야 한다는 원리이다.

수학적 다양성의 원리란 수학적 개념을 제시할 때 변화시킬 수 있는 것과 변화시킬 수 없는 것이 있는데, 변화시킬 수 있는 것은 가능한 다양하게 변화시켜서 제시해야 한다는 것이다. 이를테면, 평행사변형의 지도에서는 아래 그림과 같이 제시하여 변의 길이, 각, 위치 등 가변적인 요소에 따라 여러 가지로 변화시킨 것을 보여주어야 한다는 것이다.

◎ 수학적 다양성의 원리는 수학적 개념을 제시할 때 변화시킬 수 있는 것은 가능한 한 변화시켜서 다양하게 제시해야 한다는 것이다.

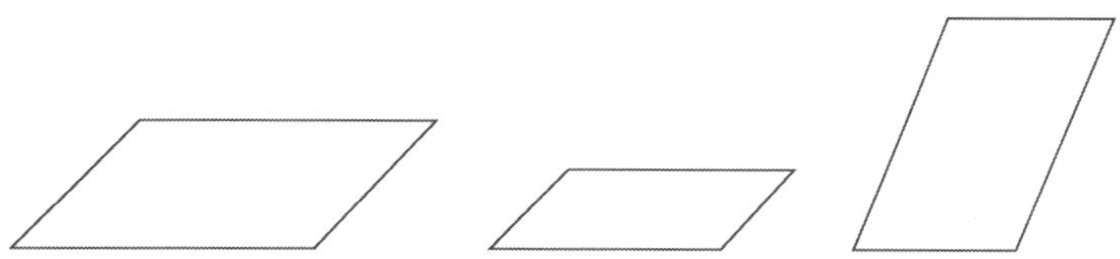

지각적 다양성의 원리는 수학적 개념 형성에 있어서는 그 개념을 가능한 한 다양한 구체물로 제시해야 한다는 것이다. 예를 들면, 평행사변형의 개념 형성 과정에서는 종이 위에 그려진 평행사변형, 대나무로 만든 평행사변형, 점판 위에 만들어진 평행사변형, 컴퓨터 모니터에 그려진 평행사변형 등을 제시하여 다양한 경험을 하는 것이 효과적이다.

◎ 지각적 다양성의 원리는 다양한 구체물로 개념을 제시해야 한다는 것이다.

탐구 과제: 마름모 탐구하기

마름모에 대한 개념학습을 위해 디엔에스의 개념학습 원리 4가지를 적용하여 실행할 방법을 이야기해 보세요.

2-6 스캠프(Skemp)의 수학 학습 심리학

스켐프(Skemp, R)는 영국의 수학교육학자로서, 수학 학습 심리와 수학교육 방법론에 관한 연구 업적을 남겼다. 스켐프는 영국의 옥스퍼드 대학에서 순수 수학을 전공하였으나, 대학을 졸업한 뒤에 수학교육 연구에 관심을 가지고 수학을 재미있게 지도하는 방법을 연구·개발하였다.

스켐프는 훌륭한 이론은 현장에서 나온다는 신념에 따라 교사 생활을 하면서도 다시 옥스퍼드, 맨체스터, 워릭 대학에서 심리학과 수학, 교육 심리학, 아동 심리학, 인지발달 심리학, 수학학습 심리학, 초등수학 교수법 등의 연구를 하여 수학과 교수·학습 이론을 체계화하는 업적을 남겼다. 그의 이론은 지능, 개념, 이해로 나누어 이해할 수 있다.

(1) 지능

◎ 지능이란 유능한 정신적 능력의 집합체이다.

스켐프에게 지능이란 '유능한 정신적 능력의 집합체'로, 우리 대부분의 행동을 목표 지향적인 것으로 보고 목표 지향적인 학습을 강조하였다. 이러한 목표 지향적인 학습으로서 지능은 '델타-1'과 '델타-2'라는 두 가지 지휘 체계로 구성되어 있다. 지휘 체계는 다음과 같이 나타난다. 출발점이 되는 현재 상태와

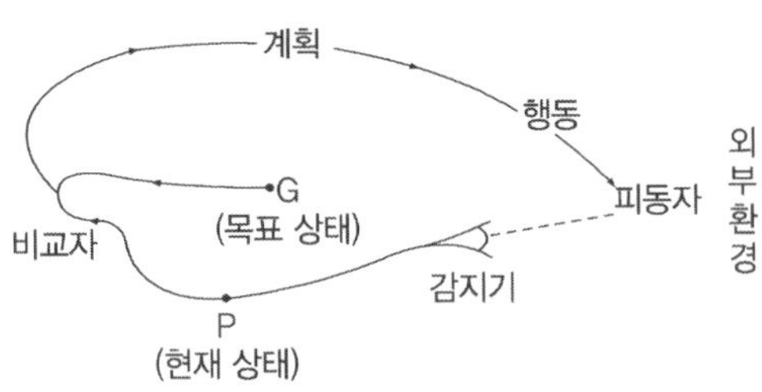

그림 2.4 지휘 체계의 작동 과정(Skemp, 1971)

목표 상태를 연결하는 비교자가 두 상태를 비교하여 계획으로 전송하고, 이에 따라 행동이 일어나게 된다.

지휘 체계는 델타-1과 델타-2로 나누어지는데, 델타-1은 물리적 환경에 대하여 작동하는 지휘 체계이다. 또, 델타-2는 델타-1을 피동자로 하는 이차적인 지휘 체계로서 델타-1이 보다 잘 작동될 수 있는 상태가 되도록 델타-1을 바꾸어 주는 역할을 한다. 델타-2의 중요한 목표 하나는 스키마 구성이며, 지능의 가장 중요한 기능으로 스키마 구성을 들고 있다.

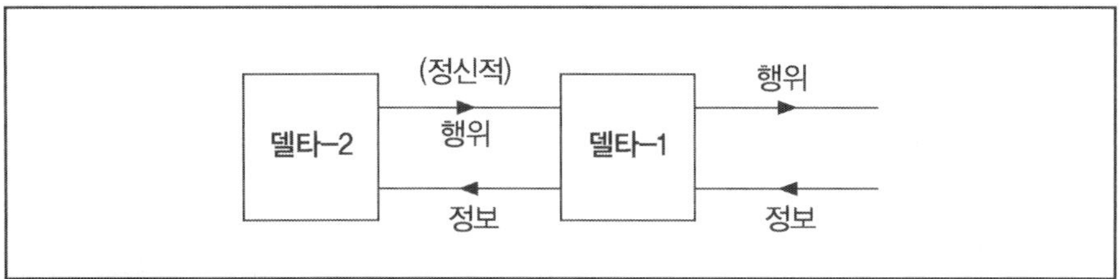

그림 2.5 지능의 두 지휘 체계(Skemp, 1989)

직관적 지능
반성적 지능

한편, 스켐프는 지능의 역할에 있어서 직관적 지능과 반성적 지능을 구분하여 제시하고 있다. 직관적 지능에서 우리는 외부에서 얻은 자료를 우리의 감각기를 통하여 인식하고, 아이가 갖고 있는 개념 구조에 의하여 이 자료들을 자동적으로 분류하고 다른 자료들과 연결하는 중재 사고 활동을 거치게 된다. 예를 들어, 자전거를 타며 이야기를 나눌 수 있는 것과 같이, 무의식적으로 일어날 수 있는 활동은 직관적 지능에 의한 것이다. 반성적 지능에서는 이러한 중재 사고 활동이 자기 반성적 인식의 대상이 되며, 여기에 필요한 정보는 우리의 외부 환경에서 찾을 수 있는 것이 아니라, 우리의 개념 체계에서 찾을 수 있다.

지적 활동의 직관적 지능에서는 의식이 델타-1의 중심에 있다. 반성적 지능에서는 의식이 델타-2의 중심에 있다. 따라서 '직관적'이란 델타-1안에서 자연 발생적인 과정으로, 델타-2가 전혀 수반되지 않거나 무의식적으로 포함된다. '반성적'이란 델타-1안의 델타-2에 의한 의식적인 활동을 의미하는 것이다.

(2) 개념

스켐프의 개념학습 원리에서 개념은 추상화 과정을 거쳐 형성되는 것으로, 추상화 과정의 산물을 개념으로 받아들이고 있다. 스켐프에게 지식은 개념과

지식은 개념과 스키마이며, 여러 개념을 적절히 결합한 결과인 개념적 구조를 스키마라고 한다.

스키마이며, 여러 개념을 적절히 결합한 결과인 개념적 구조를 스키마라고 한다.

개념과 스키마 학습은 아이들의 수학 학습을 이해하는데 중요한 부분이며, 사물의 공통 성질에 대한 정신적 표현이 개념이고, 개념 사이의 규칙을 발견하여 구조로 조직하는 것이 중요하다. 개념은 추상 수준에 따라 외부 세계의 감각적이고 직접적인 경험을 통해 이끌어내는 1차 개념과 다른 개념으로부터 추상화된 2차 개념으로 구분될 수 있다.

개념의 학습 지도 방법에는 설명과 예를 이용하는 방법이 있다. 설명은 아이들이 이미 알고 있는 개념과 같은 수준이거나 낮은 수준일 때 아이들이 이미 알고 있는 개념을 이용하여 서로 관련짓고 결합함으로써 새로운 개념을 형성하도록 해 주는 방법이다. 그렇지만, 높은 수준일 때에는 예를 제시하여 아이 스스로 개념을 추상화할 수 있도록 해 주어야 한다.

(3) 이해

이해는 새로운 상황을 이미 알고 있는 스키마에 동화시키는 것을 의미한다.

수학교육 심리학에서 '이해'라는 용어는 스캠프가 사용하기 시작함으로써 널리 사용되기 시작하였는데, 이해는 새로운 상황을 이미 알고 있는 스키마에 동화시키는 것을 의미한다. 그는 수학적 이해를 도구적 이해, 관계적 이해, 기호적 이해, 논리적 이해로 제시하고 있는데, 관심의 대상이 되는 것은 도구적 이해와 관계적 이해이다.

관계적 이해와 도구적 이해

수학 학습의 주요 과정은 관계적 이해와 도구적 이해로 알아볼 수 있다. 관계적 이해(relational understanding)란 문제해결 방법과 이유를 알고, 일반적인 수학적 관계로부터 특수한 규칙이나 절차를 연역할 수 있는 상태를 말한다. 도구적 이해(instrumental understanding)는 그 규칙이 왜 그렇게 되는지를 알지 못한 채, 기억된 규칙을 문제해결에 적용하는 상태를 말한다. 예를 들면, 삼각형의 넓이를 구하는 문제에서 첫째 날은 합동인 두 개의 삼각형으로 평행사변형을 만들어 삼각형의 넓이를 구하는 공식 '(밑변)×(높이)÷2'를 만들어 내는 수업을 한다. 둘째 날은 만들어 낸 공식을 이용하여 실제로 삼각형의 넓이를 구해 보게 한다.

이런 수업 과정에서 어떤 아이가 첫째 날 결석을 하고, 둘째 날 출석을 했다고 가정하자. 첫째 날에 결석한 아이는 평소에 곱셈과 나눗셈을 할 수 있다고 한다. 둘째 날 교사가 어제 학습한 삼각형의 넓이를 구하는 공식 '밑변×높이÷2'를 상기시키고 삼각형의 넓이를 구하는 문제를 제시했을 때, 첫째 날 결석한 아이도 곱셈과 나눗셈을 할 수 있기 때문에 공식에 수를 대입하여 삼각형의 넓이를 구하는 데는 어려움이 없이 문제를 해결할 수 있을 것이다. 이 경우, 결석했던 아이가 왜 그러한 공식이 성립하는지 알지 못하면서 공식만을 적용하여 삼각형의 넓이를 구할 수 있다면 그 아이는 도구적 이해는 하고 있지만, 관계적 이해는 못 했다고 볼 수 있다.

일반적으로 수학에서 이해라고 하면 관계적 이해를 말한다. 관계적 이해를 통한 유의미 학습이 수학교육에서 요구되는 학습이다. 그러나, 아이의 인지 수준이 낮아서 관계적 이해를 통한 학습이 어려운 경우에는 도구적으로 이해시키는 학습이 필요하다고 스캠프는 밝히고 있다. 관계적 이해와 도구적 이해에 의한 학습의 장점은 다음과 같다.

1) 관계적 이해의 장점

① 관계적 이해에 의한 학습은 새로운 과제해결에 적응하기가 쉽다.
② 관계적 이해에 의한 학습은 기억하기가 쉽다.
③ 관계적 이해 그 자체만으로도 하나의 목적으로 유효하다.

2) 도구적 이해의 장점

① 도구적 이해에 의한 학습은 정리하기 쉽고 빠르게 학습목표를 달성할 수 있다.
② 도구적 이해에 의한 학습 결과의 보상은 즉각적이고 가시적이다.
③ 도구적 이해에 의한 학습은 관계적 이해에 의한 학습보다 더 적은 단순한 지식이 관련되므로 때로는 관계적 이해보다 더 빠르고 정확하게 정답을 구할 수 있다.

그는 도구적 이해를 습관적 학습에, 관계적 이해를 지적 학습에 대응되는 용어로 보았다. 예를 들어, 긴 전화번호 목록을 외워야 한다면 어떤 전화번호 하나를 외워도 다음 전화번호를 외우는 데 전혀 도움을 주지 못한다. 이와 같이 전화번호를 암기하는 학습은 습관적 학습이다. 만일, 수열 4, 7, 10, 13,

16, 19, 22 … (100번째 항까지)으로 모든 항을 외워야 한다면, 4부터 시작하여 3씩 증가한다는 사실만 안다면 수열 전체를 찾아낼 수 있을 것이다. 이런 학습이 지적 학습이다. 지적 학습에서는 수열을 2배로 늘리더라도 기억의 부담은 거의 늘어나지 않는다. 지적 학습에서 과제를 의미 있게 하기 위해서는 다음과 같은 조건이 필요하다.

첫째, 학습 과제가 유의미해야 한다. 학습 과제가 아이의 인지구조와 의미 있게 관련지을 수 있어야 한다. 그러므로 학습 과제는 아이가 관계적 이해를 할 수 있는 인지발달 수준에 적합한 과제부터 출발하는 것이 의미 있게 학습하는 조건이 된다.

둘째, 아이가 주어진 과제와 관련을 맺을 수 있는 사전지식이 있어야 한다. 새로 경험하는 학습 과제를 어떤 형태로든지 받아들일 수 있는 인지구조가 있어야 한다.

셋째, 아이가 의미 있게 학습할 자세가 되어 있어야 한다. 학습이 시작되는 단계부터 학습하려는 자세를 갖도록 할 뿐만 아니라, 학습이 시작된 후에도 학습에 대한 동기가 계속되도록 조치가 취해져야 한다.

탐구 과제: 관계적 이해와 도구적 이해에 의한 학습

분수의 곱셈 $\frac{2}{3}\times\frac{4}{5}$에 대해 관계적 이해 수준에 있는 아이와 도구적 이해 수준에 있는 아이의 학습 활동에 대해 이야기해 보세요.

◎ 기호적 이해
논리적 이해

한편, 스캠프는 기호가 이해의 새로운 유형임을 알고, 기호적 이해(symbolic understanding)를 제시하고 있다. 기호적 이해는 수학 기호와 표현을 수학적 아이디어와 적절히 연결하고 논리적으로 추론하여 국소적으로 연역할 수 있는 형식적 이해와 같은 의미로 사용되고 있다.

또한, 논리적 이해(formal understanding)를 제시하고 있는데, 논리적 이해란 논리적 필요성에 따라 서술된 것을 나타낼 수 있는 능력, 그리고 주어진 전제와 함께 공리나 정리와 같이 이미 수립된 수학적 지식으로 받아들여지는 것들 가운데에서 적절히 선택된 것으로부터 연쇄적으로 추론할 수 있는 능력을 의미한다. 따라서, 논리적 이해는 관계적 이해와는 다르게 다른 사람까지 어떤 사실을 확신시킬 수 있는 능력을 의미한다.

2-7 반 힐레(van Hiele)의 기하학적 사고 수준 이론

1950년대에 반 힐레(van Hiele, P. M.)는 많은 아이들이 기하 학습에 어려움을 느끼고 있음을 발견하고, 이를 해결하기 위한 연구를 진행하였다. 그 결과, 수학학습 사고 수준 체계를 바탕으로 지도하는 것이 합리적인 해결 방안이라고 생각하고, 기하학적 사고 수준 이론을 제시하였다.

그는 종전의 기하 학습이 아이들의 사고 수준을 넘어서는 용어나 성질을 이해하도록 하고 있음을 발견하고, 학습 지도가 아이들의 사고 수준을 넘어서면 그 학습은 아이들에게 의미가 없음을 알아내었다. 반 힐레가 제시한 기하학적 사고 수준은 시각적 인식 수준(또는 통합적 수준), 분석적 수준, 비형식적 연역 수준, 형식적 연역 수준, 엄밀한 수준으로 구분된다. 이들 수준을 자세하게 살펴보면 다음과 같다.

시각적 인식 수준
분석적 수준
비형식적 연역 수준
형식적 연역 수준
엄밀한 수준

(1) 1[5]수준: 시각적 인식 수준(또는 통합적 수준)-인지, 인식

주변 대상을 모양이라는 측면에서 인식하고 파악하는 단계이다. 이 수준에 있는 아이들은 도형을 그 구성요소에 대한 명확한 고려 없이 시각적 외관에 의해 전체로서 판별한다. 예를 들면, 이 수준의 아이는 기하에 관한 용어를 배울 수 있으며, 구체화한 도형을 구별할 수 있고, 도형이 주어졌을 때 그것을 똑같이 그릴 수 있다. 또, 도형을 기하판이나 모눈종이에 그대로 옮길 수 있으며, 삼각형, 사각형, 육면체 등으로 도형의 이름을 말할 수도 있다. 그렇지만, 도형의 성질을 명확하게 파악하지는 못한다.

---

5) 반 힐레는 기하학적 사고 수준 5가지를 처음(1957)에는 0수준에서 4수준까지 구분하였으나, 그 후(1986)에 0수준으로 구분했던 학습의 출발점을 중시하기 위하여 1수준에서 5수준으로 바꾸었다.

(2) 2수준: 분석적 수준–분석

이 수준의 아이들은 도형의 성질에 주목하여 도형의 구성요소와 성질에 대한 비형식적 분석을 통해 도형을 파악한다. 즉, 관찰과 실험을 통해 도형의 특성을 찾아 식별한다. 이 수준의 아이들은 '직사각형'이라는 용어의 사용에 익숙하면서, '직사각형' 대신에 '모든 각이 직각인 네 변을 갖는 모양'으로 언급한다. 그렇지만, 이 수준의 아이들은 다른 도형의 성질과의 연관성을 파악하지 못한다. 예를 들면, '정사각형은 네 각이 직각이고 변들이 합동이다', '마름모의 네 변의 길이는 같다'라고 말할 수는 있지만, 정사각형과 마름모의 성질 사이에 어떤 관계가 있는지는 알지 못한다. 또한, 기하학적 정의나 수학적 증명도 잘 이해하지 못하며, 그 가치를 인식하지 못한다.

(3) 3수준: 비형식적 연역 수준–관계

이 수준의 아이들은 한 도형 내에서, 또는 다른 도형과의 성질에서 상호 관련성을 이해할 수 있다. 이 수준의 아이들은 도형과 그 성질 사이의 논리적 관계가 정의를 통해 확립되지만, 연역의 완전한 관계를 이해하지 못한다. 즉, 간단한 추론은 가능하지만, 증명은 이해하지 못한다. 예를 들면, 도형들 사이의 포함 관계를 이해할 수 있으며, '정사각형은 직사각형이다', '정사각형은 마름모이다'라고 말할 수는 있으나, 이러한 추론을 증명할 일련의 명제를 조직하지는 못한다.

(4) 4수준: 형식적 연역 수준–연역

이 수준에서는 명제가 대상이 되어 명제들 간의 논리적 관계를 통해 공리, 정리, 증명의 의미와 역할을 이해하고, 연역의 본질을 이해할 수 있다. 이 수준에 도달한 아이는 한 명제에서 다른 명제로 연역해 나가기 위해 명제들을 논리적으로 연결시킬 수 있고 어떤 명제가 참임을 증명할 수 있다. 또한, 이 수준의 아이들은 무정의 용어, 공리, 공준, 정의, 증명의 역할과 상호 관련성을 알 수 있으며, 증명을 단순 암기에 의해서가 아니라 구성할 수 있다. 필요조건과 충분조건의 상호관계를 이해하며, 명제와 그 역의 차이점을 알 수 있다.

(5) 5수준: 엄밀한 수준–공리

이 수준에서는 다양한 공리체계를 이해할 수 있으며 비교할 수도 있어서 비유클리드 기하와 같은 다양한 공리체계를 학습할 수 있다. 또한, 구체적인 대상(도형)이 없이도 이론을 전개할 수 있을 정도로 추상화가 발달되어 있다.

반 힐레는 처음 세 수준에 대해서 많은 관심을 가지고 연구를 했다고 한다. 일반적으로 기하교육의 목표는 아이들이 형식적 연역 수준에 도달하게 하는 것, 즉 증명의 의미를 이해할 수 있도록 하는 것이다. 반 힐레가 제시한 기하학적 사고 수준은 다음 도표로 나타낼 수 있다.

수준 / 고찰	1수준 시각적 인식 수준 (통합적 수준)	2수준 분석적 수준	3수준 비형식적 연역수준	4수준 형식적 연역수준	5수준 엄밀한 수준
대상	주변의 사물, 구체물	도형	성질	명제	논리
수단	도형	성질	명제	논리	추상화

1수준에서는 주변의 사물이나 구체물이 연구 대상이 되고, 도형은 그 수단이 된다. 2수준에서는 주변 사물이나 구체물의 정리 수단이었던 도형이 연구의 대상이 되어 도형의 구성요소와 성질에 대한 분석을 통해 도형을 파악한다. 3수준에서는 도형의 성질과 도형 사이의 관계가 연구의 대상이 되고, 명제가 그 정리 수단이 된다. 4수준에서는 명제가 연구의 대상이 되며, 명제 사이의 논리적 관계가 정리 수단으로 등장하여 공리, 정의, 정리, 증명의 의미와 역할을 이해하며, 전체 기하의 연역 체계를 파악한다. 마지막 5수준에서는 기하학 체계 그 자체가 연구의 대상이 되어 여러 가지 공리체계를 비교하고 그 성질을 이해한다.

탐구 과제: 기하학적 사고 수준 이론에 따른 사각형 지도

사각형 개념을 지도하는 과정을 예로 하여, 기하학적 사고 수준에 따른 지도 활동 내용을 이야기해 보세요.

기하학적 사고 수준 이론은 아이 사고의 층별화 보다는 교수를 위한 처방에 있다.

반 힐레의 기하학적 사고 수준 이론의 가치는 아이의 사고가 어떤 수준에 있는가 하는 아이 사고의 층별화보다는, 교수를 위한 처방에 있다(황혜정 외 5, 2004). 이를 위해 반 힐레는 각 수준 안에서 교수를 계열화하기 위한 교수학적 수단을 제시하였는데, 아이가 한 수준에서 다음 수준으로 발전하도록 교사가 어떻게 지도할 것인가에 대해 질의/안내 단계, 안내된 탐구 단계, 발전/명료화 단계, 자유 탐구 단계, 통합 단계의 다섯 단계로 이루어진 교수–학습 과정을 제시하고 있다(van Hiele, 1986).

- **1단계(질의/안내)**

질의/안내 단계에서는 교사와 아이 사이의 대화를 통해서 새로운 학습 목표를 확인하는 단계이다. 교사는 학습할 주제에 관한 아이의 선행지식이 무엇인지를 파악하여 아이가 새로운 주제를 이해하도록 도움을 주고 질문을 한다. 아이는 제시된 자료와 논의를 통해 탐구할 분야에 친숙해지기 위한 활동을 하면서 앞으로 공부할 과제가 무엇인지 배운다.

- **2단계(안내된 탐구)**

안내된 탐구 단계에서 아이는 신중하게 계열화된 활동을 통해 새로운 학습 주제의 특징에 익숙해진다. 아이는 교사가 제공하는 자료를 통해 학습 주제를 탐구하면서 그 진행 방향을 감지하고 탐구 분야의 구조를 점진적으로 파악한다. 교사는 학습 주제를 탐구하는 활동에 아이가 능동적으로 참여하도록 조심스럽게 설명해 나간다.

- **3단계(발전/명료화)**

발전/명료화 단계에서 아이는 교사의 개입이 최소인 상태에서 자신의 개념화와 어휘를 정련시킨다. 이 단계에서는 안내된 탐구 단계에서 익숙해진 새로운 과제를 표현하는 활동을 통하여 그것을 명확히 하며, 전문적인 용어를 학습한다. 아이는 예전의 경험과 교사로부터 얻은 최소한의 힌트를 토대로 탐구 분야의 구조에 대한 자신의 견해를 표현하며, 관계 체계를 형성하기 시작한다.

- **4단계(자유 탐구)**

자유 탐구 단계에서 아이는 문제해결 성격을 갖는 보다 복잡한 과제에 도전하게 되는데, 여러 가지 해결 방법을 찾아봄으로써 탐구 분야의 구조에 정통하게 된다. 또, 그 과제를 완성한 후에 공부한 그 영역 안에서 스스로 자신의 나아갈 바를 정해서 새로운 관련성을 찾는다.

- **5단계(통합)**

통합 단계에서 아이는 자신의 관찰을 재검토하고 요약하며, 대상과 관계의 새로운 그물망을 형성하기 위해 그 동안 배운 새로운 개념과 관련성을 통합한다. 결국 아이는 탐구 활동을 개관하여 전체를 조망하게 되면서 사고 수준의 비약에 이르게 된다.

이와 같은 교수·학습 단계를 통해 수준의 비약이 가능하도록 하기 위해서는 교사의 일방적인 설명이 아니라, 아이 스스로의 탐구 활동이 중요한 요인이라고 할 수 있다. 반 힐레의 교수–학습의 다섯 단계를 직접 교수에 적용하는데 있어서, 교사는 아이들의 필요에 따라 몇 시간 동안을 계속해서 특별한 단계에 머무를 수도 있고, 또한 여러 단계를 몇 번이고 되풀이할 수도 있다(황혜정 외 5, 2004).

2-8 프로이덴탈(Freudenthal)의 수학화 이론

프로이덴탈(Freudenthal, H.)은 기성 수학 지식의 전달이 아니라, 아이의 창조적 활동에 의한 수학화 과정을 중시하는 '만인을 위한 수학(mathematics for all)'을 주장하였다. 수학은 실제적인 문제 상황으로부터 출발하여, 그 정리 수단인 본질로 이행하는 점진적인 수학화 과정을 거쳐 구성되는 실제적인 지식이다. 따라서, 학교 수학도 현실적인 문맥으로부터 출발하여, 그에 대한 아이들의 실제적인 정신 활동인 비형식적인 상황적 지식으로 재구성되어 가는 '상식'으로 경험하고, 이에 대한 아이들의 상호 과정을 통한 반성적 사고를 거치면서 점진적인 수학화 과정을 이행하도록 해야 한다. 이것이 현실주의 수학교육

◎ 수학은 점진적인 수학화 과정을 거쳐 구성되는 실제적인 지식이다.

(Realistic Mathematics Education) 이론이다.

프로이덴탈은 수학적 사고 활동의 본질적 특성을 지속적으로 재조직화하는 과정으로 수학 학습을 보고 있는데, 이것을 수학화로 표현하였다. 트레퍼스(Treffers)는 수학화 과정을 수평적 수학화와 수직적 수학화로 구분하였는데, 수평적 수학화는 현실에서 수학적 내용을 끌어내는 과정이고, 수직적 수학화는 수학적으로 세련시키는 과정이다. 이를 이용한 수학화 과정을 나타낸 것이 아래 [그림 2.6]이다.

◎ 수평적 수학화
수직적 수학화

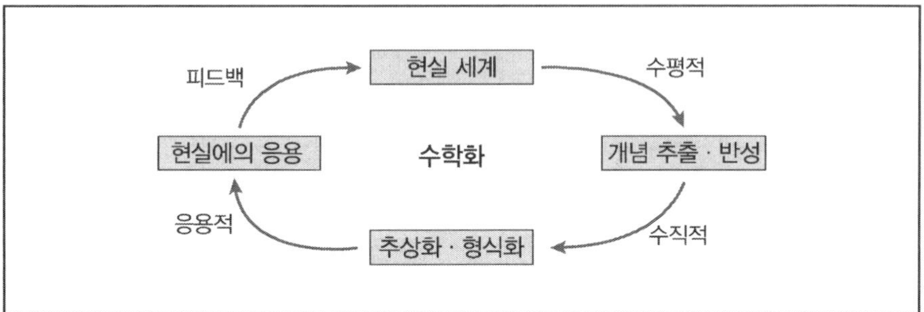

그림 2.6 수학 수업에서의 수학화 과정(De Lange & Verhage, 1987)

프로이덴탈이 강조하는 수학화에 의한 수학 학습 지도는 교사의 적절한 안내로 아이가 창조적 활동을 통해 기성의 수학을 재발명하는 것이다. 그는 점진적인 수학화를 통한 수학 학습 지도를 구현하기 위하여 안내된 재발명, 교수학적 현상학, 학습 수준 이론, 수학적 상황을 제시하였다.

(1) 안내된 재발명

프로이덴탈은 아이에게 수학적 활동의 재발명을 경험시키는 학습 지도 방법을 강조하였는데, 교사의 안내 하에 현실에서 수학화 활동을 통해 수학적 내용을 재발명할 것을 주장하였다. 재발명(reinvention)은 수학자들이 이미 발명했던 것을 아이가 발명자의 관점에서 다시 발명하는 것을 의미한다. 안내된(guided) 재발명은 재발명의 과정에서 아이들이 교사의 안내를 받는다는 것이다. 이러한 재발명을 위해서는 수학사나 아이들의 비형식적 지식과 전략이 도움이 될 수 있다. 특히, 수학의 역사 발생 과정을 염두에 두고, 가상적인 아이들을 상대로 가르치고 아이의 반응을 생각하며 대응 방안을 준비하는 '사고실험'을 할 것을 제안하였다.

◎ 교사의 안내 하에 현실에서부터 수학화 활동을 통해 수학적 내용을 재발명해야 한다.

(2) 교수학적 현상학

현상학이란 인간의 의식 활동과 현상과의 관계를 밝힘으로써 자아의 본질을 밝히는 학문이다. 이에 교수학적 현상학이란 현상과 그 정리 수단인 본질로서 수학의 관계를 교수학적 측면에서 다룸으로써 학교 수학의 본질을 밝히는 것을 의미한다. 수학교육에서 교수학적 현상학(didactical phenomenology)은 물리적, 사회적, 그리고 정신적 세계의 여러 현상과 수학적 개념, 구조, 또는 아이디어라고 하는 본질의 상대적인 관계를 교수학적 측면에서 설명하는 이론이다. 프로이덴탈은 수학의 교수·학습 과정에서 조직할 필요가 있는 현상으로부터 시작하여 학습자로 하여금 조직의 수단인 그 본질에 숙달하도록 해주어야 한다는 관점에서 교수학적 현상학을 도입했다. 여기서 '현상'이란 물리적, 사회적, 정신적, 세계, 수학적 현상 등을 의미하고, '본질'이란 수학적인 개념, 구조를 의미한다.

◎ 교수학적 현상학이란 현상과 그 정리 수단인 본질로서의 수학과의 관계를 교수학적 측면에서 다루는 것이다.

(3) 학습 수준 이론

수학의 발달 과정은 현상이 그것을 정리하는 수단인 본질로 조직되고, 그 본질이 다시 현상이 되어 새로운 본질로 조직되는 과정이며, 한 수준에서 그 위 수준으로의 비약이 일어나며 발전한다. 따라서, 수학 학습은 수학화 과정을 통해 수준의 비약이 일어나도록 적절한 조치를 취해가면서, 더 높은 개념으로 점진적으로 안내할 필요가 있다. 이때, 수준 상승의 원동력은 반성적 사고이며, 이것은 자신의 행동과 생각을 의식화하여 객관적으로 분석하는 사고이다.

◎ 수준 상승의 원동력은 반성적 사고이다.

(4) 수학적 상황

추상적인 수학을 곧 바로 도입하는 것은 수학화 과정이 없이 기성의 지식을 수동적으로 수용하기 때문에 수학의 진정한 이해가 어려우며, 수학의 유용성도 체험하지 못한다. 따라서, 아이들의 현실 상황을 수학화하는 경험으로부터 출발하여 아이 자신의 상상력을 발휘하여 실제(reality)로 느낄 수 있는 풍부한 문맥을 제공하여야 한다. 이러한 현실 상황으로 놀이, 게임, 이야기, 신문 등을 제시할 수도 있다.

2-9 구성주의 학습 이론

구성주의(constructivism)는 철학적인 배경에서부터 나온 인식론적 입장을 지닌 이론이다. 구성주의에서 보는 '지식' 개념은 그동안 객관주의 관점에서 가정하는 '지식' 개념과는 다르며, '실재' 혹은 '현실'을 인식자, 또는 관찰자가 자신의 현실에서 경험적, 인지적 활동을 통하여 구성하는 것이라고 본다. 따라서, 구성주의 관점에서는 지식이 외부적인 강화 또는 강요에 의하여 교사로부터 아이에게 전달되는 것이 아니라, 아이의 내면세계에서 자주적으로 구성되어진다는 관점을 가지고, 현대 교육의 핵심적인 원리인 학습자 중심 교육을 뒷받침한다.

◎ 아이의 내면세계에서 지식이 자주적으로 구성되어진다.

구성주의는 피아제의 조작적 구성주의, 폰 글레이저펠드(von Glaserfeld)의 급진적 구성주의(radical constructivism), 어니스트(Ernest)의 사회적 구성주의(social constructivism)로 구별할 수 있다. 피아제의 발생적 인식론에 기반한 조작적 구성주의는 모든 구성주의를 관통하는 원형으로 간주되며, 급진적, 사회적 구성주의의 바탕이 되고 있다.

(1) 조작적 구성주의

피아제의 '발생적 인식론'에 따르면, 지식의 발달은 보다 지적인 행동 양식, 사고 양식의 구성을 의미하며, 이는 인식 주체와 현실과의 보다 나은 균형을 위한 것이다(김응태, 박한식, 우정호, 1984). 조작적 구성주의는 피아제의 발생적 인식론의 중심 아이디어인 '조작'을 바탕으로 하는 구성주의이다. 조작은 대상에 대하여 행해지는 일종의 내면화된 행위이자 가역적 행위로, 논리적 구조를 구축하는 특별한 형태의 행위이며, 지식 발달에 있어 중심적 역할을 한다.

◎ 조작적 구성주의는 조작 활동을 바탕으로 지식을 구성해 간다는 것이다.

(2) 급진적 구성주의

급진적 구성주의는 진리에 대한 검증을 시도하는 것 자체가 하나의 앎의 행위이므로 그러한 시도는 주관적일 수밖에 없다고 보고, 형이상학적 실재론(metaphysical realism)을 거부하고 있다는 점에서 급진적인 성격을 띤다. 즉, 급진적 구성주의에서는 지식의 진리성(객관성) 검증에 대한 논의를 거부하고

◎ 급진적 구성주의는 지식의 진리성(객관성) 검증에 대한 논의를 거부한다.

진리성에 대한 관점의 변환을 시도하였다.

급진적 구성주의의 견해는 '자주적 구성의 원리', '생장 지향성의 원리', '비객관성의 원리'로 압축시킬 수 있다. 자주적 구성의 원리란 지식은 인식 주체가 대상에 대한 활동을 능동적으로 수행함으로써, 스스로의 내면세계 속에 구성해 나간다는 원리이다.

생장 지향성의 원리란, 인식 주체인 아이가 구성하는 지식은 생물계의 자연도태처럼 실제 세계에 적합하여 생장력이 있는 것은 살아남아 지속되고, 그렇지 못한 것은 도태된다는 것이다. 비객관성의 원리란, 지식은 인식 주체가 경험 세계를 조직, 정리한 결과로 획득하는 것이므로, 주관 독립적 의미에서 객관적 지식의 존재를 부정하는 것을 말한다.

(3) 사회적 구성주의

어니스트(Ernest)의 사회적 구성주의는 급진적 구성주의의 기본 원리를 출발점으로 하고 있으나, 급진적 구성주의의 기본 원리인 비객관성의 원리를 수정·보완하는 것에 주안점을 두고 있으며, 그 수정·보완의 근거를 사회적 입장에서 추구하고 있다.

어니스트에게 있어 수학적 지식의 기초는 사회적 구성물인 언어적 지식, 규약, 규칙이며, 주관적인 수학적 지식의 공표된 후에 수용될 수 있는 객관적인 수학적 지식으로 변모하기 위해서는 간 주관적, 즉 공통 주관적인 사회적 과정이 필요하다고 보았다[그림 2-7]. 따라서, 사회적 구성주의의 입장을 수학교육에 적용한다면, 수학 지식은 아이에 의해 주체적으로 구성되고, 또 이렇게

◎ 사회적 구성주의에서는 간 주관적, 공통 주관적인 사회적 과정이 필요하다고 보았다.

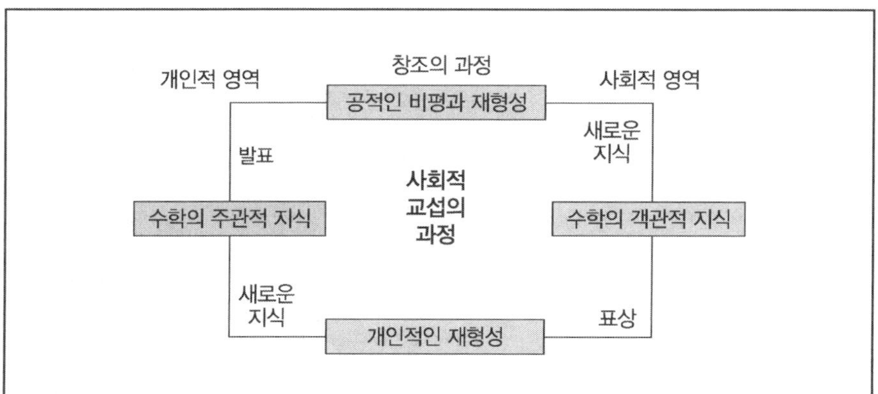

그림 2.7 사회적 구성주의의 지식의 구성 과정

구성된 지식은 학급에서 발표 및 친구들과의 토론을 통해 공통 주관적인 의미의 객관적 지식이 될 수 있다.

급진적 구성주의자인 폰 글레이저펠드와 사회적 구성주의자인 어니스트 모두 상대주의를 바탕으로 출발하고 있다. 그렇지만, 폰 글레이저펠드는 주관적 구성과 인지적 측면에서 논의를 전개하는데 반해, 어니스트는 사회적 구성과 철학적 측면에서 논의하고 있다는 차이가 있다.

(4) 사회문화적 관점

◎ 근접 발달 영역은 실제적 발달 수준과 잠재적 발달수준 간의 차를 의미한다.

비고스키(Vygotsky)는 지적 능력을 근접 발달 영역(ZPD; Zone of Proximal Development)이론으로 설명하고 있다. 근접 발달 영역(ZPD)은 아이가 현재 스스로 과제를 해결할 수 있는 실제적 발달 수준(level of actual development)과 자신보다 인지적으로 유능한 성인이나 또래의 도움을 받아 과제를 해결할 수 있을 것으로 기대되는 잠재적 발달 수준(level of potential development)간의 격차를 의미한다.

비고스키는 개인의 지적 발달은 사회, 문화적인 영향을 크게 받는 것으로 생각한다. 따라서, 아이는 성인의 도움을 받아 문화적 산물로서 지식을 내면화 함으로써 개인적인 인지 발달이 가능하게 된다. 즉, 아이의 지적발달은 내면화를 가능하게 하는 성인과의 사회적 상호작용을 통해 촉진된다. 이렇게 아이가 지적으로 성장하는데 도움을 주는 것을 발판화(scaffolding)라 하는데, 이는 아이가 스스로 문제를 해결할 수 있도록 도움을 주는 체제를 말한다.

오늘의 생각 문제

1. 다음 3개의 문제를 해결해 보고, 문제해결을 통해 알게 된 점을 이야기해 보세요.

(1) 그림에서 찾을 수 있는 모든 직사각형의 개수를 구하시오.

(2) 그림과 같이 6개의 점으로 만들 수 있는 모든 선분의 개수를 구하시오.

(3) 그림과 같이 6개의 반직선이 한 점에서 만나고 있다. 6개의 반직선으로 만들 수 있는 모든 예각의 개수를 구하시오.

2. 다음은 문제해결 방법을 활용한 수업의 일부이다. 물음에 답하시오(2013학년도 초등 임용시험 문제).

교사: 한 변의 길이가 1인 정삼각형의 변과 변을 이어 붙여 가면서 여러 가지 평면도형을 만들고, 둘레의 길이를 구해 보세요.

민수: (다음 그림과 같이 도형을 몇 개 만든 후) ㉠ 몇 개의 도형을 만들어 보았더니 정삼각형을 1개 붙일 때마다 둘레의 길이는 1씩 증가해요.

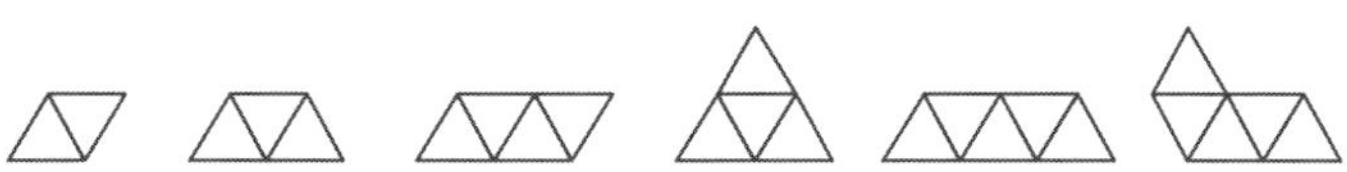

영호: (민수가 만든 도형을 가리키며) 정삼각형 1개를 붙일 때마다 ㉡ 새로운 변이 2개씩 추가되지만, 이어

오늘의 생각 문제

붙인 부분은 둘레의 길이에서 제외되기 때문에 만들어지는 도형의 둘레는 1씩 증가해요. 그래서 규칙을 만들어 보면 둘레의 길이는 (정삼각형의 개수)+2와 같아요.

교사: 그러면 정삼각형 6개를 이어 붙여 만든 도형의 둘레는 어떻게 될까요?

민수: (몇 개의 도형을 만들어 보인 후) 이런 경우에 모두 8이 되잖아요. 그래서 둘레의 길이는 8이라고 생각해요.

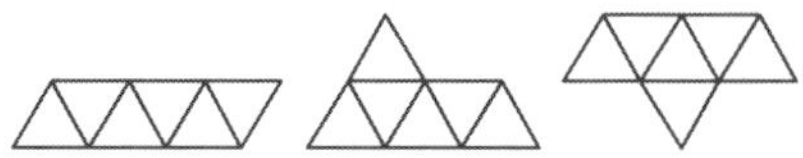

영호: 정삼각형 6개를 이어 붙이면 제가 말한 규칙에서 둘레의 길이는 8이맞아요. 아! 그런데 둘레의 길이가 8이 아닌 평면도형도 만들어져요.

교사: 맞아요. 어떤 도형인지 그려 보세요.

(중략)

교사: 이제 ⓒ 정삼각형 10개를 이어 붙였을 때 둘레의 길이가 최소가 되는 평면도형을 찾아봅시다.

(이하 생략)

(1) 기하 학습을 인지, 분석, 관계, 연역, 공리의 5개 수준으로 구분할 때, ㉠과 ㉡의 진술에 해당하는 수준과 이유를 각각 쓰시오.

(2) ⓒ에 알맞은 도형을 그리고, 그 둘레의 길이를 구하시오.

단원 내용 되돌아보기

01. 자극–반응 이론을 설명하고, 이에 대한 브라우넬(Brownell)의 비판 내용을 쓰세요.

02. 베르트하이머(Wertheimer)의 생산적 사고를 설명하고, 삼각형의 넓이를 구하는 문제 상황에 생산적 사고가 발현될 수 있는 수업 방안을 이야기해 보세요.

03. 피아제(Piaget)의 인지발달 이론이 수학교육에 끼친 영향을 쓰세요. 또, 덧셈식 5+4=9를 이용하여 조작을 설명해 보세요.

04. 브루너(Bruner)의 지식의 구조를 강조하는 수학 교수 방안을 도형 영역을 예로 하여 설명해 보세요.

05. Dienes의 수학학습 원리 4가지를 제시하고, 삼각형을 이용하여 이를 구현할 방안에 대해 설명해 보세요.

06. Skemp의 이해 이론을 초등 수학 내용의 한 가지 예시로 설명해 보세요.

07. 반힐레(van Hiele)의 기하학적 사고 수준을 설명하고, 다음 진술은 어느 단계에 해당하는지, 왜 그런지 이야기해 보세요.

(1) 민이는 삼각형의 내각의 크기의 합을 이용하여 사각형의 내각의 크기의 합을 구하였다.

(2) 가을이는 여러 개의 모양 타일에서 사각형 타일을 찾아내었다.

(3) 보미는 정삼각형이 이등변 삼각형임을 알 수 있다.

(4) 원이는 마름모의 변들을 맞대어 보고, 마름모의 모든 변의 길이가 같다는 것을 알아내었다.

(5) 정이는 삼각형의 합동조건을 이용하여 이등변삼각형의 두 밑각의 크기가 같다는 것을 정당화하였다.

08. 프로이덴탈(Freudenthal)의 수학화 이론을 적용하여 비율 수업을 진행하려고 한다. 이에 맞는 수업안을 구성하여 이야기해 보세요.

09. 수학 교실에서의 의사소통 강조의 배경을 구성주의 관점에서 이야기해 보세요.

10. 보미와 정이는 사다리꼴의 넓이가 (아랫변+윗변)×높이÷2를 알고, 주어진 사다리꼴의 넓이를 구할 수 있었다. 그런데 Skemp의 이해 수준에서 보미는 도구적 이해 수준에, 정이는 관계적 이해 수준에 있다고 한다. 두 아이의 이해 정도를 사다리꼴의 넓이 구하는 수업 상황으로 설명해 보세요.

3장 문제해결 지도

이 장을 시작하면서

다음과 같이 (두 자리 수)+(한 자리 수)의 계산에 대한 아이들의 반응을 살펴보고, 각각의 반응에 대하여 생각해 보는 시간을 갖도록 하자.

[문제] 연필 17자루를 가지고 있는데, 선물로 연필 6자루를 더 받았습니다. 연필이 모두 몇 자루인지 구하시오.

영수: 17이 있고 18부터 6을 이어세기 하면 18, 19, 20, 21, 22, 23이므로 23이 답입니다.
철수: 6을 3과 3으로 가르기하고, 17에 3을 먼저 더하면 20이 되고, 나머지 3을 더하면 23이 됩니다.
민수: 주어진 문제를 식으로 표현하면 17+6이므로 이것을 세로셈으로 바꾸어 표준 알고리즘을 적용하여 일의 자리부터 더하여 받아올림하여 구하면 23이 됩니다.

$$\begin{array}{r} 17 \\ +\quad 6 \\ \hline \end{array}$$

세 아이들이 사용한 문제해결 방법에 대해 탐구해 보아라. 받아올림이 있는 (두 자리 수)+(한 자리 수)의 계산에 아이들이 사용한 전략의 가치는 무엇일까? 민수의 방법만을 강조하게 되면 아이들의 문제해결 능력에 어떤 문제가 발생할까? 각 아이의 문제해결 방법에 대해 지도할 수 있는 내용을 생각해 보자.

함께 이야기해요

수학 문제해결은 수학의 역사와 함께 합니다. 즉, 수학의 역사는 문제해결의 역사이고, 문제해결 과정을 통해 수학은 발달해 왔습니다. 수학 교실에서 아이들에게 문제해결 경험을 충분히 제공하는 것과 수학 학습에서 문제해결력의 신장을 강조해야 하는 이유에 대해 이야기해 보세요.

함께 해결해봐요

다음 문제를 해결해 보세요. 그리고 이 문제와 유사한 문제를 만들어 해결해 보세요. 새로운 문제를 만드는 데 사용할 수는 어떤 특징을 가지는 것이 좋은지 탐구해 보세요.

- 문제: 크기와 색깔이 같은 9개의 유리구슬이 있다. 그중 한 개는 다른 8개 구슬보다 가볍다고 한다. 수평 저울을 이용하여 가벼운 구슬을 찾아낼 수 있는 최소한의 수를 구하시오.

3-1 수학 교과 역량으로서 문제해결

2022 개정 수학과 교육과정에서는 5가지 교과 역량을 제시하고 있다. 이 중에서 문제해결은 해결 방법을 알고 있지 않은 문제 상황에서 수학적 지식과 기능을 활용하여 해결 전략을 탐색하고 최적의 해결 방안을 선택하여 주어진 문제를 해결하는 것을 의미한다. 이에 대해 교육과정에서는 문제해결의 교수·학습 방법에 대해 다음과 같이 제시하고 있다(교육부, 2022, p. 44).

◎ 문제해결 역량을 위한 교수 학습 방법

> 다음과 같은 교수·학습 방법을 통해 문제해결 역량을 함양하게 한다.
>
> ㉠ 수학의 개념, 원리, 법칙을 이용하여 해결 가능한 문제를 학생에게 제시한다. 이때 다양한 방법으로 해결 가능한 문제, 여러 가지 해답이 나올 수 있는 문제 등을 활용할 수 있다.
>
> ㉡ 문제에 주어진 조건과 정보를 분석하고 적절한 문제해결 계획을 수립하고 실행하며 문제해결 과정을 반성하도록 구체적인 발문과 권고를 제시한다.
>
> ㉢ 문제해결 과정 및 결과의 의미를 재해석하여 주어진 문제를 변형하거나 새로운 문제를 만들어 해결하게 한다.
>
> ㉣ 성공적인 문제해결 경험을 바탕으로 적극적이고 자신감 있게 문제해결에 참여하게 하고, 단번에 답이 나오지 않는 문제라도 끈기 있게 도전하여 성취감을 느끼게 한다.

수학과 교수·학습 방법에서 제시하는 문제해결 능력의 하위 요소를 살펴보기로 한다. 먼저, ㉠에서는 아이들 수준에 맞는 문제를 제공하되, 다양한 방법으로 해결 가능한 문제, 여러 가지 해답이 나올 수 있는 문제인 '개방형 문제'를 활용하도록 제안하고 있다. 개방형 문제(open-ended problem)는 문제해결 과정이나 답이 다양하여 여러 수준의 수학적 능력을 가진 아이들이 자신의 수학적 능력에 따라 문제에 다양하게 반응할 수 있다. 따라서, 아이들이 자신의 수학적 능력을 충분히 발휘할 기회를 가질 수 있으며, 창의적인 문제해결을 통해 수학학습에 대한 긍정적인 신념을 형성할 수도 있다. 이런 면에서, 개방형 문제의 장점으로는 다음과 같은 것을 들 수 있다(Sawada, 1997).

◎ 개방형 문제

① 아이들은 문제해결에 적극적으로 참여하고, 자신들의 생각을 더욱 잘 표현한다.

② 아이들은 자신들의 지식과 기능을 광범위하게 사용할 기회를 더 많이

가진다.

③ 비록 부진아일지라도 문제에 대하여 자신에게 유의미한 방식으로 반응할 수 있다.

④ 아이들은 본질적으로 증명하도록 동기화된다.

⑤ 아이들은 발견하는 기쁨을 누리게 되고, 동료 학생들의 인정을 받게 된다(pp. 23–24).

개방형 문제는 과정이 열린 문제와 결과가 열린 문제로 구분할 수 있으며, 그 예는 다음과 같다.

- 열린 과정 문제: 17+6을 여러 가지 방법으로 구해 보세요.
- 열린 결과 문제: 4와 16의 공통점과 차이점을 말해보세요.

교육과정 성취기준
[2수01-05] 덧셈과 뺄셈이 이루어지는 실생활 상황과 연결하여 덧셈과 뺄셈의 의미를 이해한다.

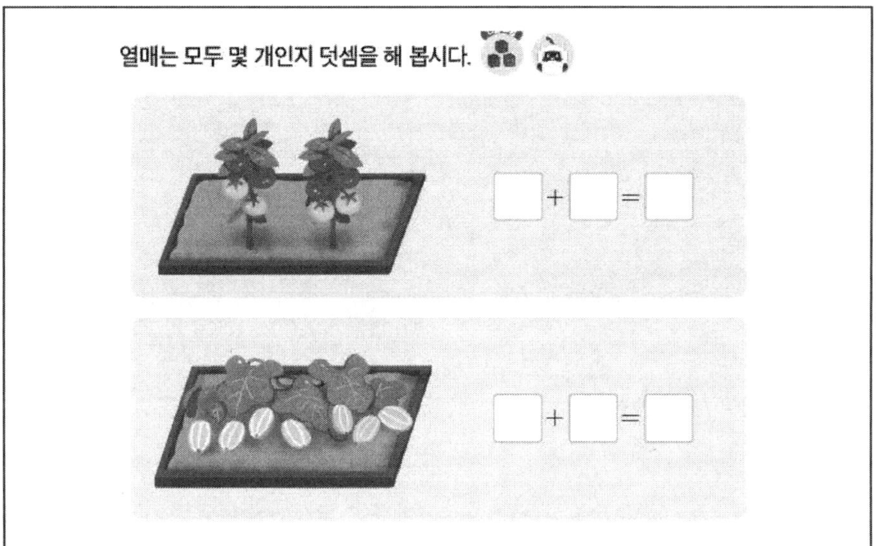

그림 3.1 교과서에 제시된 개방형 문제(교육부, 2024a, p. 69)

Polya의 문제해결 4단계

㉡에서는 문제 이해 및 계획 수립과 계획 실행 및 반성으로 구성되는 Polya의 문제해결 4단계를 구현한 것이다. [그림 3-2]는 교과서에 제시된 문제해결 단계에 관한 예시이다. 이 예시에서는 Polya의 문제해결 4단계에 따라 각각의 발문이 단계적으로 제시되어 있음을 확인할 수 있다.

문제만들기는 문제를 변형하거나 새로운 문제를 만들어 해결하는 것을 의미한다.

㉢에서는 주어진 문제를 변형하거나 새로운 문제를 만들어 해결하는 문제 만들기를 강조하고 있다. 문제 만들기는 아이 스스로 문제를 만들어 해결하는

어떤 건축가가 세계에서 가장 높은 건물을 짓고 싶어서, 처음 계획한 564m 보다 388m 더 높게 만들 계획을 세웠습니다. 이 건물이 완성되면 아랍 에미리트의 부르즈 할라파 보다 몇 m 더 높은지 구해 봅시다.

- 구하려는 것은 무엇인가요?
- 알고 있는 것은 무엇인가요?
- 어떤 방법으로 문제를 해결할 수 있나요?
- 생각한 방법으로 문제를 해결해 보세요.
- 문제를 바르게 해결했는지 확인해 보고, 문제를 해결한 방법을 친구들에게 이야기 해보세요.

그림 3.2 교과서에 제시된 문제해결(박만구 외, 2022a, p. 29)

◎ **교육과정 성취기준**
[4수01-03] 세 자리 수의 덧셈과 뺄셈의 계산 원리를 이해하고 그 계산을 할 수 있다.

것을 의미하며, 조건을 변형하거나 확장하여 문제를 만드는 활동을 한다. 문제 만들기는 문제를 해결하는 과정에서 새로운 문제를 만들어 봄으로써 원래의 문제를 재해석하게 되고 그 문제를 해결할 수 있는 단서를 발견하게 된다는 장점이 있다. 또한, 원래의 문제와는 다른 새로운 문제를 만들고 그것을 분석함으로써 원래 문제를 그렇게 풀게 된 이유나 폭넓은 일반화, 형태에 대한 통찰을 통해 그 문제의 의미를 충분히 이해할 수 있다는 장점이 있다.

Brown & Walter(1983)는 문제 만들기의 중요성을 강조하며, 체계적으로 문제를 만드는 방법으로 다음과 같은 What If Not 전략을 제안하였다.

◎ What if not 전략

① 속성 열거하기: 문제를 구성하고 있는 요소나 속성을 모두 열거해 본다.
② What If Not 수행하기(속성 부정하기): 전 단계에서 열거한 속성 중에서 '만약-그렇지 않다면 어떻게 될 것인가'라는 의문을 가져 본다.
③ 문제 만들기: 전 단계에서 생각한 의문을 기초로 새로운 문제를 만든다.
④ 만든 문제 분석하기: 새로 만든 문제를 분석하거나 해를 구한다.

Brown & Walter(1983)는 문제 만들기 활동 과정을 수용(accepting)과 도전(challenging)으로 나누어 제시하고 있다. 수용 단계는 주어진 문제를 이해하고 분석하는 단계로, 원 문제를 그대로 받아들이되 문제에서 요구하는 것보다 더

◎ **수용 단계는 주어진 문제를 이해하고 분석하는 단계이고, 도전 단계는 What If Not 전략으로 대표된다.**

많은 것을 탐구하게 된다. 도전 단계는 What If Not 전략으로 대표되며, 새로운 질문을 제기함으로써 새로운 속성을 창출하고, 역으로 새로운 속성은 새로운 질문을 만들어 낼 수 있게 된다.

㉣에서는 수학 문제해결에 적극적이고 자신감 있게 참여하고 끈기 있게 도전하여 성취감을 느끼는 문제해결 교육이 되도록 권고하고 있다. 수학에 대해 가지는 감정적이거나 정서적인 측면을 '정의(affect)'라고 하는데, 학습 과정에서 갖는 감정, 느낌, 흥미, 학습 태도, 신념, 동기 등을 종합적으로 의미한다고 할 수 있다(김선희, 김부미, 이종희, 2014). 아이들의 수학적 흥미도를 높이기 위해서는 적절한 수준의 문제를 선택하여 제공하고, 흥미롭게 도전할 수 있는 게임이나 놀이를 활용한 문제해결 방법에도 관심을 가질 필요가 있다.

탐구 과제: 성냥개비 문제

재미있는 성냥개비 문제를 해결해 보세요.

(1) 왼쪽 그림에서 3개의 성냥개비를 이동하여 정사각형 3개를 만들어 보세요.

(2) 오른쪽 그림에서 2개의 성냥개비를 이동하여 같은 크기의 정사각형 4개를 만들어 보세요.

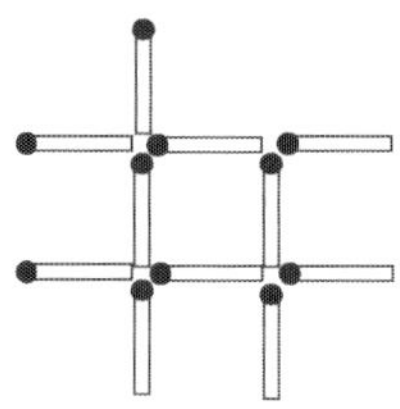

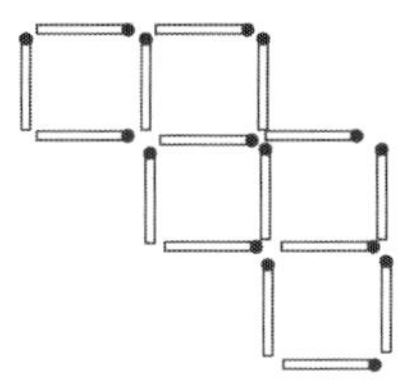

협력적 문제해결

이외에도 문제해결을 성공적으로 이끌기 위해서 협력적 문제해결이 필요하다. 협력적 문제해결은 주어진 문제에 대하여 혼자 해결하는 것보다 여러 친구와 함께 문제를 해결하는 것에 중점을 둔 요소로, 균형 있는 책임 분담과 상호작용을 통해 집단적으로 문제해결을 수행하는 능력이다. 또한, 협력적 문제해결을 통해 교육과정에서 강조하는 포용성도 기를 수 있을 것이다. 협력적 문제해결 과정을 통해 아이들은 서로의 방법을 설명하고 정당화하기, 질문하기, 비판하기, 의견 존중하고 조정하기, 의사결정하기, 토론하기, 제안하기, 종합하기 등의 기능을 구현할 수 있다. 또한, 아이들은 의사소통 과정을 통해 각자의 문제해결 방법을 공유하고, 서로의 방법을 이해하고 해결해 감으로써 서로 존중하고 이해하는 문화를 구성할 수 있을 것이다.

3-2 문제해결 지도의 의의

학교에서 수학을 지도하는 이유중 하나로 수학을 활용하여 생활에서 일어나는 여러 가지 문제를 해결하기 위한 것을 들 수 있다. 이를 '문제해결'이라는 용어로 표현할 수 있는데, 문제해결은 학교 수학에서 중요한 위치를 차지하고 있으며, 수학학습 자체를 문제해결이라고 생각하는 경향도 있다.

문제해결은 문제 상황을 이해하고, 여러 가지 해결 전략을 활용하여 해결 방법을 모색하고, 문제를 해결해 나가는 일련의 과정으로 볼 수 있다. 이를 위해 문제와 문제해결의 의미, 문제 유형을 살펴보기로 한다.

(1) 문제와 문제해결

아이들의 수학 문제해결력을 향상시키기 위한 수업에서 가장 중요한 것은 좋은 문제를 제공하는 것이다. '문제'에 대한 정의는 학자에 따라 여러 가지 의미로 사용되고 있다. 영어의 어원을 살펴보면, 문제(problem)는 pro(앞으로)와 ballein(던진다)이 합쳐진 단어로, '명료하지 않다. 알고 싶다. 해결하고 있다.' 등의 뜻을 가지고 있다. 일반적으로 문제와 관련하여, 문제(problem), 연습문제(exercise), 질문(question)과 같은 용어가 자주 거론되는데, 이들 용어는 다음과 같이 구분할 수 있다(이대현, 최승현, 2006).

◎ 문제(problem)
연습문제(exercise)
질문(question)

- 문제: 주어진 과제를 해결하기 위하여 학습한 내용을 종합하고 분석하는 주의 깊은 사고와 문제해결 전략이 요구되는 과제이다.
- 연습문제: 문제해결의 절차가 이미 알려져 있으며, 한 두 개의 알고리즘을 적용함으로써 쉽게 풀 수 있는 과제이다.
- 질문: 학습한 내용을 회상하도록 요구하는 물음으로, 학습한 내용을 올바르게 이해하고 기억하고 있는가를 확인하기 위한 과제이다.

◎ 문제와 연습문제의 구분은 아이에 따라 상대적이며, 개개인에게도 시간에 따라 상대적이다.

문제와 연습문제의 구분은 아이에 따라 상대적이며, 개개인의 아이에게도 문제를 다루는 시간에 따라 상대적이다. 예를 들어, 6명의 아이가 리그전으로 바둑대회를 한다고 할 때 전체 경기 수를 구하는 문제의 경우에 초등학교 아이들의 경우에는 그림그리기나 규칙 찾기 전략을 이용하여 다음과 같이 해결할 수 있다.

- 그림그리기: 6명의 아이를 점으로 나타내고, 각 점을 선으로 연결하여 나타내면, 선의 개수가 전체 경기 수가 된다.
- 규칙 찾기: 경기에 참여한 아이 수가 2명이면 1번의 경기가 이루어진다. 3명의 경우에는 3번, 4명의 경우에는 6번이 된다. 5명의 경우에는 10번이 된다. 이것은 경기 참여자 수가 늘어남에 따라 자연수만큼씩 순차적으로 늘어난다는 규칙이 있다. 따라서, 6명인 경우에는 전체 경기 수가 15번이 된다.

수학적으로 이 문제는 순서가 없는 경우의 수를 찾는 조합 문제이다. 따라서, 조합을 알고 있는 아이의 경우에는 ${}_6C_2$를 이용하여 15번의 경기가 이루어진다는 것을 쉽게 알 수 있다. 이와 같이, 동일한 문제일지라도 아이 수준에 따라 문제와 연습문제의 구분이 가능한 것이다.

수학 교실에서 다루어지는 대부분의 문제는 현실 세계를 반영하기보다 인위적으로 조작된 가공의 세계를 반영하며, 주로 문제해결의 경로가 정형화되고 문제해결 과정과 결과가 유일하다는 단점을 가지고 있다. Lenchner(1983)는 좋은 문제를 선택하기 위한 준거를 다음과 같이 제시하고 있다.

- 문제해결자가 문제 풀기를 원하도록 충분히 흥미 있고 도전적이어야 한다.
- 다양한 문제해결 전략을 통하여 해결할 수 있어야 한다.
- 제시된 문제는 다른 문제와 관련되어야 하며, 다양한 영역으로 확장 가능해야 한다.
- 문제해결자의 능력에 대한 적절한 기능 수준에 있어야 한다.
- 문제해결자 스스로 창안한 문제를 이용한다(p. 14).

이러한 조건에 맞는 문제의 예로 다음 문제를 들 수 있다. 각자 문제를 해결해 보고, 이 문제를 활용하여 새로운 문제를 만들어 보도록 하자.

문제 아래 그림과 같이, 각 모서리의 길이가 3cm인 정육면체의 겉면에 페인트를 칠한 후, 각 면을 1cm씩 잘라서 27개의 $1cm^3$ 정육면체로 나누었다. 어느 면에도 페인트가 칠해지지 않은 $1cm^3$ 정육면체의 개수를 구하여라(이대현, 최승현, 2006, pp. 6-7).

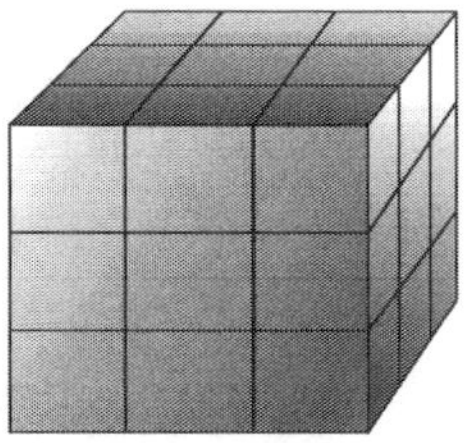

이 문제에서 어느 면에도 페인트가 칠해지지 않은 $1cm^3$ 정육면체는 한 개임을 알 수 있다. 그러면 이 문제를 다음과 같이 확장할 수 있다.

① 각 모서리가 4cm인 정육면체의 경우에 이 문제와 같은 조건에서 어느 면에도 페인트가 칠해지지 않은 $1cm^3$ 정육면체의 개수를 구하여라.
② 각 모서리가 5cm인 정육면체의 경우에 이 문제와 같은 조건에서 어느 면에도 페인트가 칠해지지 않은 $1cm^3$ 정육면체의 개수를 구하여라.
③ 각 모서리가 ncm인 정육면체의 경우에 이 문제와 같은 조건에서 어느 면에도 페인트가 칠해지지 않은 $1cm^3$ 정육면체의 개수를 구하여라.

문제의 의미와 같이 문제해결(problem solving)의 의미도 학자들에 따라 다양하게 제시되고 있다. 수학 학습과 관련하여 문제해결이란 아이들이 주어진 문제 장면에서 부딪치는 장애를 해결하기 위해 기지의 수학적 지식이나 기능, 경험 등을 활용하여 새로운 해결책을 발견하여 해를 산출하는 것이라고 할 수 있다.

◎ 문제해결(problem solving)

문제해결은 수학의 중요한 부분으로 오래 전부터 강조되어 왔으며, 특히 An Agenda for Action(NCTM, 1980)에서 '문제해결이 1980년대 학교 수학의 초점이 되어야 함'을 선언한 이래, 1980년대에는 문제해결의 시대라고 할 만큼 문제해결에 대한 다양하고 활발한 논의가 이루어졌다. 또한, NCTM(2000)에서도 문제해결을 강조하고 있는데, 문제해결이 모든 수학학습의 통합된 부분이어야 하며, 수학 교수 프로그램은 수학을 이해하는 중요한 요소로서 문제해결에 초점을 맞추어야 한다고 제시하고 있다.

문제해결 경험을 통하여 아이들은 기초적인 수학적 지식이나 기능을 확실하게 이해할 수 있게 되며, 고등 정신 기능을 신장시킬 수 있다. 또, 생활에서 부딪치는 문제를 해결하는 경험을 통해 수학의 유용성을 알게 하고, 수학에 대한 흥미와 태도를 개선하는 데에도 기여할 것이다.

(2) 문제 유형

문제를 분류하는 것은 문제를 체계적으로 해결해 나가는데 도움이 된다. 전통적으로 초등학교 수학에서 다루는 문제는 정형적인 문제(routine problem)와 비정형적인 문제(non-routine problem)로 나눌 수 있다. 정형적인 문제는 이미 제시된 알고리즘을 사용하여 해결할 수 있는 문제를 말한다. 정형적인 문제를 해결하기 위하여 아이들은 이미 학습한 수학적 개념, 원리, 법칙을 적용하여 결과를 산출할 수 있다.

비정형 문제는 문제를 해결하는 알고리즘이나 답을 얻는 방법을 모르는 상태에서 문제해결 전략이나 독자적인 해결 방법을 구안하여 풀어야 하는 문제를 말한다. 비정형 문제의 해결에서는 문제해결의 결과뿐 아니라, 문제를 해결하는 과정 그 자체가 중요하게 여겨진다. 비정형적인 문제는 문제를 해결하기 위하여 여러 가지 문제해결 전략을 적용하여 결과를 산출할 수 있다.

Charles & Lester(1982)는 수학 문제해결 연구에서 문제 유형을 해결 단계와 활용 정도에 따라 다음과 같이 여섯 가지로 구분하였다. 첫째, '반복 문제'는 알고리즘을 사용한 반복 연습의 기회를 주는 문제로, 주로 계산력을 신장시키는 데 도움이 된다. 둘째, '간단한 적용 문제'는 문장제를 수식으로 번안하는 것이 필요하지만, 하나의 연산을 포함하는 일단계 문제를 말한다. 셋째, '복잡한 적용 문제'는 문장제를 수식으로 번안하여 해를 구할 때 2개 이상의 연산이 요구되는 문장제를 말하며, 다단계 문제라고도 한다.

넷째, '과정 문제'는 단계적으로 사고하는 과정이 중시된 문제로, 몇 개의 연산을 이용하여서는 해결할 수 없고 구체적 해결 전략을 이용하여야만 해결할 수 있는 문제를 의미한다. 다섯째, '응용문제'는 수학적 지식과 사고력을 활용할 기회를 주는 문제로, 일상생활 문제 장면의 해결에서 수학의 가치와 유용성을 느끼게 한다. 여섯째, '퍼즐 문제'는 오락적인 문제이지만, 사고의 유연성이 중시되며 교육적인 게임도 이 문제의 유형에 포함된다.

탐구 과제: 사각수 탐구

정사각형 모양으로 배열된 점이 그려진 그림을 이용하여 다음 식의 값을 구하세요.

(1) $1+3+5+7+9+11+\cdots+(2n-1)$
(2) $1+2+3+\cdots+n+(n-1)+\cdots+3+2+1$
(3) $1\times4+3\times4+5\times4+\cdots+(2n-1)\times4$

3-3 Polya의 문제해결 4단계

Polya(1957)는 'How to solve it'에서 문제를 해결하기 위한 일반적인 전략으로 문제 이해, 계획 수립, 계획 실행, 반성의 4단계와 각 단계에 적절한 발문과 권고를 제시하였다. 이에 따르면, 교사는 아이의 문제해결 활동을 효과적으로 돕기 위해서 아이의 사고를 자극하고 이끌어 주는 적절한 수준의 발문과 권고를 사용해야 한다. Polya의 문제해결 4단계에 따라 문제해결의 각 단계의 중요 내용과 교사가 사용할 수 있는 발문과 권고에는 다음과 같은 것이 있다.

◎ 문제 이해, 계획 수립, 계획 실행, 반성의 4단계

① 문제 이해 단계

문제를 이해하는 단계로, 문제에서 구하려는 것과 주어진 것을 알고, 용어의 뜻을 파악하며, 문제를 분석하는 단계이다. 아이들은 문제가 무엇을 묻고 있는지, 문제에 제시된 조건이 무엇인지, 조건들 사이에는 어떤 관계가 있는지를 파악해야 문제에 대한 해결 방안이 떠오를 것이다. 특히, 문제를 이해하는데 수학의 외적 조건이 장애가 되지 않아야 하는데, 이를 위해 이 단계

◎ 문제 이해 단계는 문제에서 구하려는 것과 주어진 것을 알고, 용어의 뜻을 파악하며, 문제를 분석하는 단계이다.

에서는 문제에 포함된 언어와 관련된 장애를 확인하고 이를 교정해 주어야 한다. 다음과 같은 발문이 이 단계에서 유용할 것이다.

- 미지인 것은 무엇이고 주어진 것은 무엇인가?
- 자료와 조건은 무엇인가?
- 조건은 만족될 수 있는가?
- 조건은 미지의 것을 결정하기에 충분한가, 불충분한가, 아니면 과다한가?
- 그림을 그리거나 적절한 기호를 붙여 보아라.
- 조건을 여러 부분으로 분해해 보아라.

② 계획 수립 단계

계획 수립 단계는 문제해결 전략을 발견하는 단계이다.

문제가 이해되면 답을 구하기 위하여 어떻게 할 것인가에 대한 계획을 세워야 한다. 이 단계에서는 문제에서 주어진 것과 구하려는 것 사이의 관계를 파악하여 여러 가지 문제해결 전략(problem solving strategy)을 찾게 된다.

문제를 해결할 것으로 예상되는 방법은 점진적으로, 또는 갑자기 떠오르기도 하고, 해결 시도가 실패한 후에 이런 저런 생각을 하다가 떠오르기도 한다. 이를 위해서 주어진 문제와 관련된 수학적 지식이 있어야 하고, 과거의 문제해결 경험이 도움이 되기도 한다. 주어진 것과 구하려는 것 사이의 관련성을 즉각적으로 발견할 수 없을 때에는 보조문제를 생각해 보는 것도 좋다. 성공적인 문제해결 계획을 세우기 위해서는 이미 학습된 여러 개념들이 활성화되기 쉽도록 구조화되어야 하며, 좋은 정신적 습성과 집중력 등이 뒷받침되어야 한다. 다음과 같은 발문이 이 단계에서 유용할 것이다.

- 전에 이 문제를 본 적이 있는가? 약간 다른 형태로 된 문제를 본 적이 있는가?
- 관련된 문제를 알고 있거나, 도움이 될 것 같은 어떤 사실이나 정리를 알고 있는가?
- 친숙한 문제 중에 미지인 것이 같거나 유사한 문제를 생각해 보아라.
- 문제를 달리 진술할 수 있을까? 좀 더 다르게 진술할 수 있을까?
- 관련된 쉬운 문제를 생각해 낼 수 있을까?

- 문제를 보다 일반적인 형태나 특수한 문제로 변형할 수 있을까?
- 조건 가운데 일부분만 남기고 다른 것은 버려 보아라. 그렇게 하면 미지인 것은 어느 정도까지 정해지는가?
- 자료나 조건은 모두 사용했는가?
- 문제에 포함된 핵심적인 개념을 모두 고려했는가?

③ 계획 실행 단계

문제해결 계획에 따라 문제 풀이를 실행하는 단계이다. 계획 실행은 계획 수립에 연이어 이루어지며, 실행하는 동안 실수하지 않도록 하나하나를 주의 깊게 살펴야 한다. 아이들은 풀이의 각 단계가 옳다는 확신을 가져야 한다. 그러기 위해서는 왜 그런가를 스스로 물어보고 답을 할 수 있어야 한다.

계획 실행 단계는 문제해결 계획에 따라 문제 풀이를 실행하는 단계이다.

계획 실행 중에도 교사는 계속하여 아이에게 도움과 안내를 제시해야 하며, 계획된 문제해결 전략이 옳지 않은 경우에는 전략을 수정하도록 해야 한다. 다음과 같은 발문이 이 단계에서 유용할 것이다.

- 풀이의 각 단계를 조심스럽게 실행하여라.
- 각 단계가 올바른지 명확히 알 수 있는가?
- 그것이 옳다는 것을 설명할 수 있는가?

④ 반성 단계

이 단계에서 해야 할 일은 해결 과정을 검토하는 것과 더불어 다른 해결 방법을 찾아보고, 비슷한 문제를 만들어 해결해 보는 것이다. 즉, 아이들은 문제해결 과정을 처음부터 검토해 보고, 다른 방법으로 해결할 수는 없는지를 알아보고, 혹시 다른 방법이 있으면 어느 방법이 더 나은지를 생각해 보아야 한다. 또한, 주어진 문제의 확장 가능성을 고려해야 한다.

반성 단계는 문제해결 과정을 처음부터 검토해 보는 단계이다.

아이들은 문제를 해결하고 나서, 완성된 풀이 과정을 재검토함으로써 자신의 풀이에 확신을 가질 수 있으며, 획득된 지식을 확고하게 다질 수 있다. 또한, 다른 문제해결 전략으로 해결할 수 있는지 생각해 보는 것은 문제를 여러 측면에서 고려하게 되고, 사고력 향상에도 도움이 된다.

주어진 문제와 비슷한 문제나 조건을 약간 변형시킨 문제를 만들어 해결해 보는 것은 수학적 개념, 조건의 역할, 해결 전략 등을 확실히 다지는데 도움이 된다. 문제해결의 반성 과정은 매우 중요하며, 반드시 거치도록 지도해야 한다. 다음과 같은 발문이 이 단계에서 유용할 것이다.

- 결과를 점검할 수 있는가?
- 풀이 과정을 점검할 수 있는가?
- 결과를 다른 방법으로 이끌어 낼 수 있는가?
- 결과나 방법을 어떤 다른 문제에 활용할 수 있는가?
- 유사한 문제를 만들어 해결할 수 있는가?

탐구 과제: 그래프 해석하기

한 TV 기자가 아래 그래프를 보여주면서 다음과 같이 말하였다. "1998년과 1999년 사이에 연간 강도 사건 건수가 급격하게 증가하였습니다."

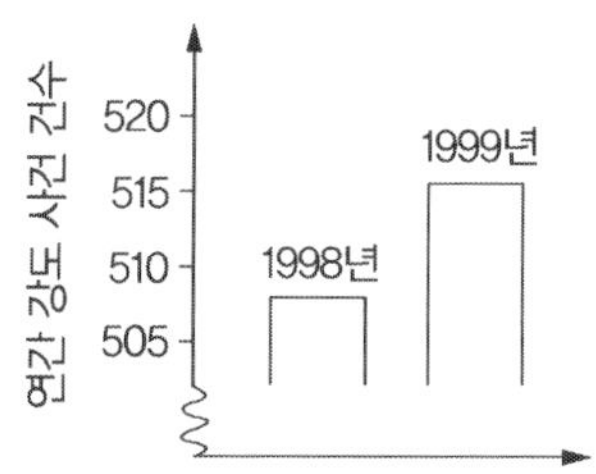

그래프에 대한 기자의 해석이 타당하다고 생각하는지 쓰시오. 제시한 답에 대한 이유를 설명하시오(이미경 외 2004).

3-4 문제해결 전략

◎ 문제해결 전략이란 문제를 해결하기 위한 기술이다.

문제해결 전략이란 문제를 해결하기 위한 기술로서, 문제해결에 도움이 되는 절차나 해법의 단서가 되는 생각, 발견의 단서를 얻는 기술을 의미한다. 문제해결 전략은 문제를 이해한 후에 아이들이 문제를 해결해 나가기 위해서 필요하다. 일반적으로 수학 문제해결에서 이용되는 문제해결 전략에는 다음과 같은 것이 있다.

(1) 실제로 해 보기

실제로 해 보기 전략은 문제 상황을 모델 또는 구체물로 나타내고, 조작 활동을 통하여 해결하는 전략이다. 즉, 문제 상황을 재현하는 조작 가능한 물리적 모델이나 구체물을 이용하여 실제로 해 보는 전략이다.

◎ 실제로 해 보기 전략은 문제 상황을 모델 또는 구체물로 나타내고 조작활동을 통하여 해결하는 전략이다.

문제 다음과 같은 칠교판의 4개의 작은 조각을 이용하여 직사각형을 만들어보세요.

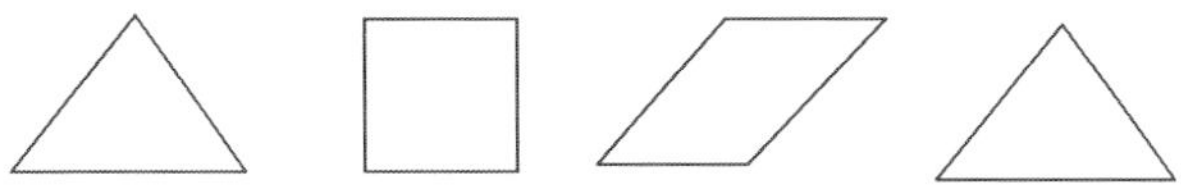

(2) 그림그리기

그림그리기 전략은 문제 상황을 그림으로 나타내어 문제에 주어진 정보를 명확히 파악하고 해결하는 전략이다. 이 전략을 이용할 때에는 자세한 그림보다는 문제에 포함된 정보를 정확하게 표현하는 필수적인 정보들을 그리도록 지도해야 한다.

◎ 그림그리기 전략은 문제 상황을 그림으로 나타내어 문제에 주어진 정보를 명확히 파악하고 해결하는 전략이다.

문제 1 같은 우표 3장을 우체국에서 살 때, 판매원이 우표 전지에서 3장의 우표를 낱장으로 떨어진 것이 없도록 연결되게 하여 우표를 찢어 줄 수 있는 방법의 수를 구하세요.

문제 2 같은 우표 4장을 우체국에서 살 때, 판매원이 우표 전지로부터 낱장으로 분리된 것이 없도록 연결되게 하거나, 모두 분리하거나, 또는 연결된 것과 분리된 것을 병행하여 준다고 한다. 판매원이 우표를 줄 수 있는 방법의 수를 구하세요.

(3) 식 만들기

식 만들기 전략은 문제 상황을 식으로 바꾸어 문제를 해결하는 전략이다. 수학에서 식의 이용은 양적인 수학적 대상 사이의 관계를 나타내는데 효과적인 방법이다. 일반적으로 미지의 양을 나타내기 위하여 □나 영어 알파벳을

◎ 식 만들기 전략은 문제 상황을 식으로 바꾸어 문제를 해결하는 전략이다.

주로 이용하며, 문제에 주어진 조건을 방정식이나 부등식으로 표현한다.

문제 연못에 오리가 7마리가 놀고 있는데, □마리가 더 놀러 왔습니다. 이제 연못에는 오리 13마리가 놀고 있습니다. 연못에 더 놀러 온 오리는 몇 마리인지 구하세요.

(4) 규칙 찾기

◎ 규칙 찾기 전략은 조건을 분석하여 어떤 규칙을 찾아내고, 이 규칙을 이용하여 문제를 해결하는 전략이다.

규칙 찾기 전략은 수학 문제해결 과정에서 많이 이용되는 전략 중 하나이다. 이 전략은 문제에 주어진 조건을 분석하여 어떤 규칙을 찾아내고, 이 규칙을 이용하여 문제를 해결하는 전략이다. 이 전략은 표를 만들고 난 후에 그 표에서 규칙을 찾는 것과 같이, 다른 문제해결 전략과 병행하여 이용되기도 한다.

문제 아래 그림의 도형에서 정사각형의 한 변은 한 개의 성냥개비로 만들어졌다. 15번째 도형에 쓰인 성냥개비의 수를 구하세요.

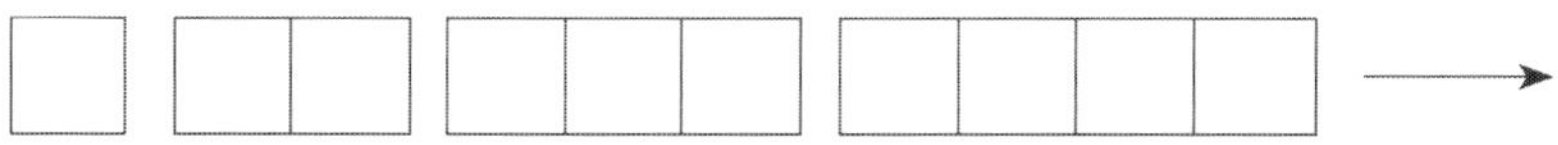

탐구 과제

바둑돌은 위, 아래, 혹은 대각선의 비어 있는 인접한 공간으로 움직일 수 있다고 한다. 아래 그림에 있는 20개의 검은색 바둑돌과 20개의 흰색 바둑돌을 서로 바꾸는데 필요한 최소한의 수를 구하세요.

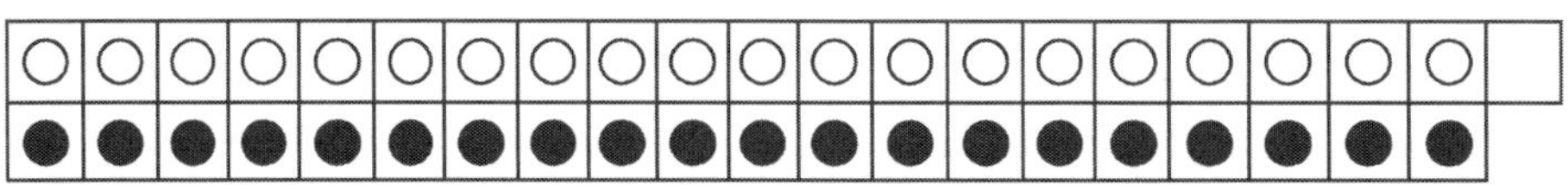

(5) 거꾸로 풀기

◎ 거꾸로 풀기 전략은 문제를 가정과 결론 부분으로 나누었을 때 구하고자 하는 부분이 가정에 있는 문제에 적용하는 전략이다.

거꾸로 풀기 전략은 문제를 가정과 결론 부분으로 나누었을 때 구하고자 하는 부분이 가정에 있는 문제에 적용하는 전략이다. 이런 유형의 문제를 효율적으로 해결하는 방법은 종점을 설정해 놓고 행동을 거꾸로 실행하는 것이다.

이 전략을 사용하여 해결할 수 있는 문제들은 보통 방정식을 세워 해결할 수 있지만, 초등 아이에게는 거꾸로 풀기 전략을 사용하여 해결하게 하는 경험을 제공해야 한다. 이런 경험은 문장으로 된 문제를 식으로 나타내는 과정을 이해하고, 방정식을 풀기 위한 역연산 기능을 익히는 데 도움이 된다.

특히, 주어진 문제의 풀이 방법을 발견하기 위한 발견술 가운데 거꾸로 풀기 전략으로 해를 구하는 방법인 분석법(analysis)이 있다. 분석법은 기원전 3세기 경의 수학자 Pappus에 의해 체계적으로 정리되었다. 분석법은 구하고 있는 것을 이미 찾은 것처럼, 증명해야 할 것을 참인 것처럼 가정하고 그로부터 선행하는 어떤 것으로부터 바라는 결과가 유도될 수 있는가를 묻고, 다시 그 선행자의 선행자는 무엇인지 묻기를 계속하여, 결국 이미 알려져 있거나 참인 것으로 가정되는 것에 이르게 하는 발견술을 말한다(우정호, 2000).

이와는 반대로, 분석법 과정을 거꾸로 하여 이미 알려져 있거나 참인 것으로 가정된 명제로부터 출발하여 분석 과정을 거꾸로 되밟아 감으로써 마지막에 요구하는 명제에 도달하는 연역 과정을 종합법(synthesis)이라고 한다. 즉, 분석법은 풀이 계획을 발견하는 과정이고, 종합법은 그 계획을 실행하는 과정이다.

문제 경민이는 몇 개의 귤을 가지고 있다. 경민이는 가지고 있는 귤의 전체의 반과 반개의 귤을 먹었다. 그러고 서헌이에게 남은 귤의 반과 반개의 귤을 주었다. 그리고 나서, 지윤이에게 남은 귤의 반과 반개의 귤을 주었다. 그러고 나자, 경민이가 가진 귤은 하나도 없었다. 처음에 경민이가 가지고 있던 귤의 수를 구하세요.

(6) 표 만들기

표 만들기 전략은 문제에 주어진 정보나 자료의 수가 많을 때 표를 이용하여 정보나 자료를 분류하여 질서 있게 배열하는 방법이다. 표 만들기 전략은 예상과 확인, 규칙성 찾기 등 다른 전략과 더불어 사용되기도 한다. 표 만들기 전략은 다음 문제와 같이 표 만들기 자체만 활용하는 경우와 다른 전략과 같이 활용하는 문제해결에 도움이 된다.

◎ 표 만들기 전략은 문제에 주어진 정보나 자료의 수가 많을 때 표를 이용하여 정보나 자료를 분류하여 질서 있게 배열하는 방법이다.

문제 1 한 자루에 600원인 연필과 한 개에 450원인 지우개를 합쳐서 10개를 사고 5100원을 지불하였다. 구입한 연필과 지우개의 수를 구하세요.

문제 2 영수, 민이, 현아는 흰색, 분홍색, 녹색 블라우스 중의 하나를 입고, 파랑색, 회색, 갈색 치마 중 하나를 입고 있다. 영수는 회색치마를 입지 않았고 녹색 블라우스도 입지 않았다. 현아는 흰색 블라우스와 파랑 치마를 입지 않았다. 민이는 녹색 블라우스를 입었으나 회색 치마를 입지 않았다. 흰색 블라우스를 입은 사람은 파랑 치마를 입고 있다. 각 아이들이 입고 있는 옷의 색깔을 쓰세요.[6]

(7) 예상하고 확인하기

예상하고 확인하기 전략은 문제를 해결할 때 답을 예상해 보고, 그것이 문제의 조건에 적절한지 체계적으로 확인해 보는 전략이다.

예상하고 확인하기 전략은 문제를 해결할 때 답을 예상해 보고, 그것이 문제의 조건에 적절한지 체계적으로 확인해 보는 전략이다. 만약, 처음의 예상이 틀리면 다시 예상하고 확인하도록 한다. 여기에서 예상하기는 맹목적이고 막연한 추측이 아니라, 아이들이 이전의 경험이나 기지의 지식을 기초로 하여 문제와 관계있는 것을 조직적으로 예상을 하는 것이고, 두 번째 예상을 할 때에는 처음 예상보다 더 크게 예상할 것인지, 더 작게 예상할 것인지를 판단해야 한다.

문제 환이는 4,800원을 가지고 볼펜과 공책을 합하여 10개를 사려고 한다. 볼펜은 360원, 공책은 560원인데, 환이는 되도록 공책을 많이 사고 싶었다. 각각 몇 개씩 사면 되는지 구하세요.

6) 이 문제는 제거 과정(the process of elimination) 전략으로 해결할 수 있으며, 제거 과정 전략은 모든 다른 조건이 제거된 사실에 기초하여 결론을 이끌어내는 전략이다.

(8) 문제를 단순화하기

문제를 단순화하기 전략은 주어진 문제를 보다 단순한 구조를 가진 문제로 바꾸어 해결하고, 이 해결 방법을 본 문제에 적용하는 방법이다. 문제를 단순화하기 전략에는 문제 구조를 간단히 하는 방법과 문제에 제시된 수보다 더 간단한 수로 바꾸는 방법이 있다.

◎ 문제를 단순화하기 전략은 문제를 보다 단순한 구조를 가진 문제로 바꾸어 해결하고, 이 해결 과정을 본 문제에 적용하는 방법이다.

문제 1 다음 도형의 선을 따라 직사각형을 그리면 모두 몇 개의 직사각형을 그릴 수 있는지 구하세요.

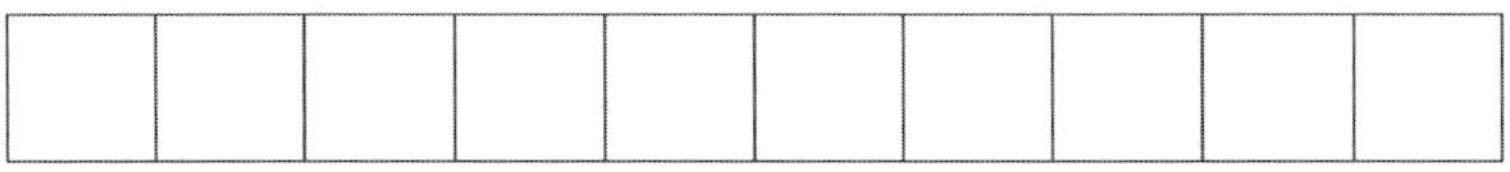

문제 2 1에서 150까지의 수들 중에서 7을 가지고 있는 수의 개수를 구하세요.

문제 3 1에서 150까지의 수들 중에서 1을 가지고 있는 수의 개수를 구하세요.

(9) 조직적인 목록 만들기

조직적인 목록 만들기 전략은 체계적인 방법으로 일어날 수 있는 모든 가능성을 확인하는 전략이다. 아이들은 여러 가지 가능성을 범주화하여 가능한 모든 방법의 수를 체계적으로 확인함으로써 가능한 경우를 누락시키거나 불필요한 반복을 피할 수 있다.

◎ 조직적인 목록 만들기 전략은 체계적인 방법으로 일어날 수 있는 모든 가능성을 확인하는 전략이다.

문제 1 1, 2, 3, 4점으로 이루어진 다트 판에 세 개의 다트를 던져 얻을 수 있는 모든 점수의 합을 구하세요.

문제 2 주머니 속에 2, 3, 5, 7, 10의 숫자가 쓰여 있는 구슬이 있다. 구슬을 3개 뽑아서 그 숫자들을 더했을 때 그 합이 19이거나 그 이상이 되는 방법의 수를 구하세요(단, 한번 뽑은 구슬을 다시 넣지 않는다.).

(10) 관점 바꾸기

관점 바꾸기 전략은 문제에 대한 관점을 바꾸어, 이전과는 다른 방식으로 접근하는 전략이다.

아이들이 문제를 해결할 때, 어떤 특정 관점이나 특정 가정에 얽매이는 경향이 있다. 이것은 문제를 해결할 때 해에 접근하기 위한 유일한 방법만을 생각하거나, 주어진 정보에 대해 부정확한 가정에 집착하는 '사고의 고착화(mental set)' 때문에 발생한다. 이 경우에 아이들은 문제에 대한 관점을 바꾸어 문제를 다시 읽고, 이전과는 다른 방식으로 접근할 필요가 있다.

문제 1 똑같은 길이의 막대 6개가 있다. 이 막대를 이용하여 4개의 정삼각형을 만들어 보세요. 단, 막대를 자르거나 구부리거나 겹쳐서는 안 된다.

문제 2 6시를 가리키는 시계가 5초 동안 종을 쳤다고 한다. 이 시계가 12시에 종을 치는 시간을 구하세요.

문제 3 빨대로 만들어진 직사각형이 있다. 이 사각형을 비스듬히 옆으로 눕히면 두 사각형의 넓이는 같은지 다른지와 그 답에 대한 이유를 쓰세요.

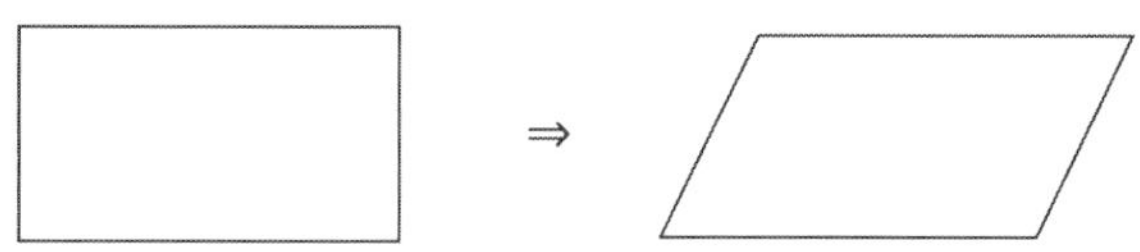

1. 방 청소를 민이가 혼자 하면 45분이 걸리고, 민이와 철이가 같이 하면 18분이 걸린다. 방 청소를 철이가 혼자 하면 몇 분이 걸리는지 구하세요.

2. 두 수도꼭지 A, B는 물을 채우고, 수도꼭지 C는 배출하는 수조가 있다. 이 수도꼭지가 다음 조건을 만족할 때 물음에 답하세요.

- 조건 1: 수도꼭지 A, B는 열고 배수구 C를 막으면 6분 만에 수조에 물이 가득 찬다.
- 조건 2: A, B, C를 모두 열어두면 9분 만에 수조에 물이 가득 찬다.
- 조건 3: 먼저 A, B는 열고 C는 막는다. 4분 후에 B를 잠그고 C를 열면 4분 만에 수조가 가득 찬다.

(1) 수조에 물이 가득 차 있을 때 A와 B는 잠그고 C를 열면 수조에 있는 물은 몇 분 만에 없어지는지 구하세요.

(2) B, C는 잠그고 A를 열면 얼마 만에 수조가 가득 차는지 구하세요.

3. 다음 그림의 열째에 해당하는 모양에서 '도형의 둘레'에 대한 '정육각형의 개수'의 비율을 구하세요 (2024학년도 초등 임용시험 문제).

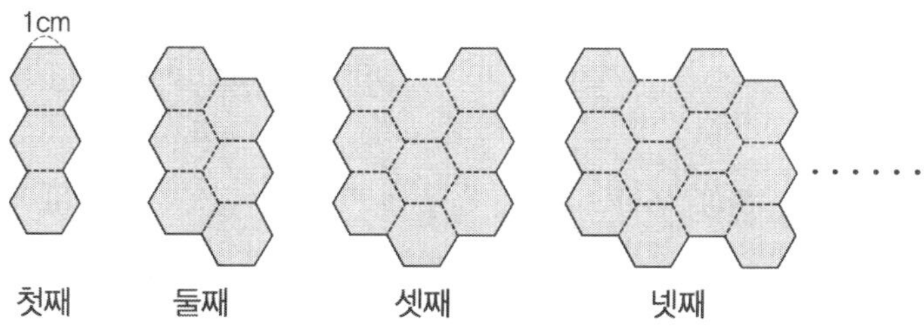

단원 내용 되돌아보기

01. 수학 교과 역량으로서 문제해결을 강조하기 위한 교수·학습 방법에 대해 이야기해 보세요.

02. 개방형 문제의 의미와 장점 및 단점에 대해 이야기해 보세요. 그리고 초등수학의 한 영역을 선택하고 개방형 문제를 만들어 보세요.

03. Polya의 문제해결 4단계를 제시하고, 각 단계에 적절한 발문을 제시해 보세요.

04. 초등수학에서 문제 만들기의 가치와 의의를 이야기하고, Brown과 Walter(1983)의 의견에 따라 문제 만들기 활동을 해 보세요.

05. 문제, 연습문제, 질문을 구분하고, 각각의 예를 들어보세요.

06. 수학 문제해결 전략을 각각 제시하고, 그 전략에 따라 해결할 문제를 예로 하여 문제를 해결해 보세요.

07. 박교사는 아이들이 (가) 문제를 해결하게 한 다음 (나) 문제를 제시하였다.

> (가) 토끼와 닭이 모두 10마리 있는데 토끼와 닭의 다리의 합은 30이었다. 토끼와 닭의 수를 구하시오.
> (나) 어느 목수가 다리 3개인 의자와 다리 4개인 탁자를 만들고 있었다. 목수가 그동안 만든 의자와 탁자의 다리의 수를 세어보니 31개였다. 이 목수가 만든 의자와 탁자는 각각 몇 개인가?

헌이는 (나) 문제를 해결하는 중에 '이와 비슷한 문제를 푼 적이 있는데, (나)는 (가)와 비슷하니까?'라고 생각하였다. 다음 물음에 답하세요.

(1) 헌이는 Polya의 문제해결 4단계 중 어느 단계에 있는지 쓰세요.

(2) 헌이의 생각과 가장 관계가 깊은 수학적 사고를 쓰세요.

(3) 문제(나)를 해결하세요.

08. 다음 (가)는 박교사가 아이들의 문제해결력을 기르기 위하여 구안한 문제이고, (나)는 그 문제를 해결하는 단계이다. 물음에 답하세요.

> (가) 생활에서 알아보기
> 오늘은 월요일이다. 오늘부터 100일 후가 운동회 날이라면 운동회 날은 무슨 요일인지 알아보아라.
>
> (나) 문제해결 단계
> - 1단계: 오늘부터 7일 후는 무슨 요일인가?
> - 2단계: 오늘부터 10일 후는 무슨 요일인가?
> - 3단계: 오늘부터 10일 후의 요일은 7일이 지난 뒤 며칠 후의 요일과 같은가?
> - 4단계: 1–3단계에서 찾아낸 방법으로, 오늘부터 100일 후인 운동회 날이 무슨 요일인지 알아보아라.

(1) 4단계의 풀이 과정의 수식과 정답을 쓰세요.

(2) (나)의 단계별 활동을 통하여 박교사가 지도하고자 하는 문제해결 전략을 1가지 쓰세요.

4장 자연수 지도

이 장을 시작하면서

고대 바빌로니아나 이집트 사람들이 수 개념을 가지고 수를 이용했듯이, 문화를 가진 사람들은 수를 고안하여 사용하였다. 수의 발생은 물건이나 가축의 수를 세어 나타내거나, 길이, 들이, 무게, 넓이, 부피와 같은 양을 나타낼 생활의 필요에 의해 이루어졌다. 수는 수학에서 다루는 대상 중에서 가장 기본적인 개념이며, 생활에서도 없어서는 안 될 중요한 도구이다.

우리가 현재 사용하고 있는 수는 인도-아라비아 숫자 체계의 수이며, 생활이나 수학적 필요에 의해 0, 음수, 유리수, 무리수로 확장되어, 16세기에는 복소수가 도입되었다. 그렇지만, 이 수들이 역사적으로 우리를 찾아온 시기는 학교에서 배우는 수 체계의 순서와 다르다는 면에서 흥미롭기도 하다.

학생들은 생활 속에서 다양한 수를 경험하며 수 개념을 형성해 가게 된다. 자신의 나이를 쓸 수 없어도 말할 수 있고, 4가 2보다 큰 수라는 것을 모르더라도 사탕 4개가 사탕 2개보다 많다는 것을 인식할 수 있다. 그렇기 때문에 수를 지도할 때에는 수에 대한 아이들의 일상적 경험을 바탕으로 추상화된 개념인 수를 지도하는 것이 바람직하다.

함께 이야기해요

우리가 사는 세상에 수가 없다면 어떤 일들이 일어날까요? 친구와 수를 사용하지 않고 이야기해 보세요. 얼마나 오랜동안 수를 사용하지 않고 이야기를 할 수 있나요? 생활 속에 수가 없다면 어떤 점이 불편할지 이야기하고 발표해 보세요.

함께 해결해봐요

자동차 번호판에 있는 네 자리 수를 살펴봅시다. 흥미로운 수로는 2345, 0123과 같이 수가 연달아 커지거나 6543, 3210과 같이 수가 연달아 작아지는 수도 있습니다. 또 2332, 7447과 같이 서로 대칭인 수도 있습니다. 이외에도 뭔가 특별한 수들을 발견할 수 있을 것입니다.

① 앞에 제시한 번호판 수들이 가지는 성질을 만족하는 수의 개수를 각각 구해 보세요.
② 자동차 번호의 수에 관한 문제를 스스로 만들어 해결해 보세요.

4-1 자연수의 지도 원리

(1) 수 개념 형성을 위한 초기 활동

아이들은 초등학교에 입학하여 형식적으로 수를 배우기 전이라도 일상에서 수를 다양하게 경험하게 된다. 아이들은 자기의 나이를 말하고, 사탕의 수를 세어왔듯이, 수는 아이들 주변 어느 곳에나 있다. 아이들이 일상에서 경험하는 수 경험의 대부분이 수 자체에 의존하는 것은 아니지만, 학교 교육을 통해 배우게 되는 수 개념 형성의 기초가 된다. 아이들이 형식적으로 수를 배우기 이전에, 일상에서 경험하는 수와 관련된 활동을 바탕으로 수 개념 형성에 도움을 주는 활동을 제공하는 것이 좋다(Reys et al., 2009).

1) 분류하기

분류는 실세계에 존재하는 사물을 대상으로 이루어지는 기본 학습활동으로, 수와 관계없이 이루어지거나 수를 이용하면서 수행될 수 있다. 예를 들어, 어린 아이들은 수와 관계없이 교실 친구들을 여학생과 남학생 모둠으로 분류할 수 있다. 교실에 여학생이 몇 명 있는지 알기를 원한다면 세기 전에 무엇을 셀 것인지 인식하여 남학생과 여학생을 분류할 수 있어야 한다.

분류하기는 어떠한 유의미한 수적 활동보다도 먼저 이루어져야 할 활동이다. 따라서, 다양한 구체물을 이용하여 분류하는 기회를 제공하는 것이 가치 있다.

탐구 과제: 기준을 정하여 분류하기

다음 그림을 보고 음표의 꼬리 수에 따라 분류해 보세요. 또 다른 분류 기준을 정하여 분류해 보세요.

교육과정 성취기준

[2수04-01] 여러 가지 사물을 정해진 기준 또는 자신이 정한 기준으로 분류하여 개수를 세어 보고, 기준에 따른 결과를 말할 수 있다.

2) 규칙 찾기

◎ 수학은 규칙성 탐구에 대한 학문이다.

수학은 규칙성을 탐구하는 학문이다. 규칙성은 기하학적 속성(모양, 성질), 관계적 속성(수열, 함수), 물리적 속성(색, 길이, 수), 또는 정서적 속성(좋아한다, 싫어한다)에 기초하여 탐구될 수 있다. 때로 규칙성은 여러 규칙성의 속성이 서로 결합하기도 한다. 예를 들어, 아이가 좋아하는 색의 목록은 물리적 속성(색)과 정서적 속성(좋아한다)에 관련된 규칙성을 제공한다.

탐구 과제: 배열의 규칙 찾기

다음 그림에 나열된 바둑돌의 배열과 규칙에 대해 이야기해 보세요.

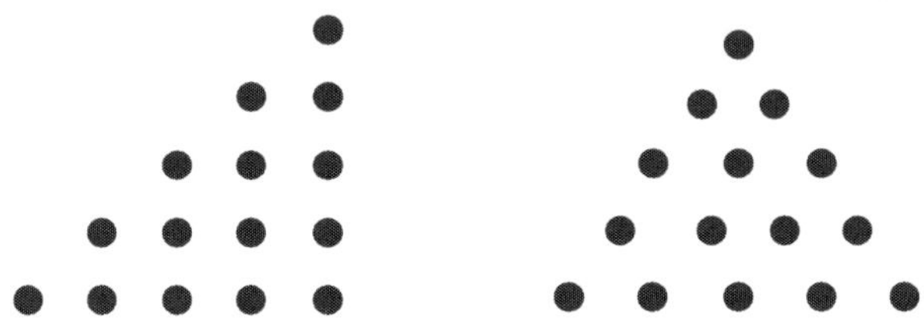

3) 하나씩 짝짓기와 비교하기

◎ 비교는 수 세기의 중요한 단계이고, 수 인식의 발달에도 필수적이다.

이산량을 이용한 비교는 수 세기의 중요한 단계이고, 수 인식의 발달에도 필수적이다. 아이들은 교실에서 이산량으로 이루어진 자료를 사용하여 비교의 기회를 가질 수 있다. 수 세기는 접시 위에 놓인 과자를 비교할 때 사용될 수 있다. 과자가 일렬로 배열되어 있다면 직접 비교할 수 있고, 수를 세지 않고도 질문에 답할 수 있다. 비교할 때 아이들은 중요한 속성과 관련 없는 속성을 구별할 수 있어야 한다.

4) 묶음 짓기

◎ 대상을 묶음으로 인식하는 것은 수 개념 형성에 도움을 준다.

아이들은 학교에 들어가기 전에 수 세기 기능을 사용하지 않고 서로 단지 보는 것만으로 세 개 이하의 양을 인식할 수 있다고 한다. 대상을 묶음으로 인식하는 것은 여러 가지 이유에서 수 개념 형성에 도움을 준다.

① 시간을 절약한다. 작은 묶음으로 수를 인식하는 것은 그 묶음에 속하는 낱개를 일일이 세는 것보다 훨씬 더 빠르다.

② 수에 대한 강력한 아이디어의 기초이다. 작은 묶음의 이름을 부를 수 있는

아이는 3이 2보다 크고, 1이 4보다 작다는 순서 관계를 알 수 있다. 어떤 아이는 3이 2의 묶음과 1의 묶음으로 되어 있다는 것까지도 알아낼 수 있다.

③ 더 복잡한 수 세기 기능을 발달시킨다. 작은 묶음에 있는 수를 인식하는 아이는 그때부터 세기를 더 빨리 시작할 수 있다.

④ 덧셈과 뺄셈의 발달을 가속화한다. 이러한 연산과 관련된 초기 활동은 사물의 조작과 관련되어 있다. 작은 묶음으로 양을 인식할 수 있는 것은 결합하거나 분리된 작은 양의 수 세기에 대한 부담에서 아이를 자유롭게 하고, 그들로 하여금 연산 활동에 집중하게 한다.

아이들이 성장함에 따라 양을 인식하는 능력은 계속 발달하지만, 여전히 매우 제한적이다. 6이나 8개 이상을 묶었을 때 성인들도 시각을 통해 이를 즉각적으로 인식하기는 어렵다. 수를 세거나 몇 개의 부분집합으로 만들지 않은 체, 더 큰 묶음을 인식하는 것은 훨씬 더 어렵다. 그럼에도 불구하고, 작은 묶음을 인식하는 것은 큰 묶음을 세는 데 강력한 보조수단이 된다.

(2) 수와 숫자

수는 일상생활에서 필요하고 수학에서 중요하기 때문에 아이들이 제일 먼저 배우는 개념이다. 특히, 학교에 들어오기 전에 아이들은 가정이나 사회에서 경험적으로, 비형식적으로, 직관적으로 수를 배우게 된다.

3은 어떤 의미인가? 아래 그림에서 아이들은 물건의 종류, 모양, 크기, 색깔 등과 관계없이 그 개수만을 비교하고 그 개수가 같다는 것을 추상화하게 되는데, 이것이 추상화된 수 개념으로 셋이다. 이와 같이, 양을 나타내는 아이디어, 또는 추상된 개념을 수(number)라 한다.

◎ 양을 나타내는 아이디어 또는 추상된 개념을 수(number)라 한다.

한편, 아이에게 세 개의 사과를 보여주고 이를 기호로 나타내도록 하면,

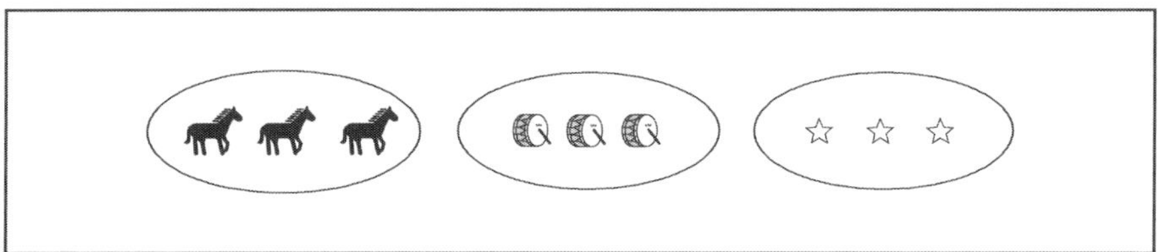

그림 4.1 수 3의 표현

아이들의 수준에 따라 손가락 세 개를 보이거나 3, Ⅲ, 三 등과 같은 기호를 제시할 것이다. 이와 같이, 추상적인 양의 크기인 수를 나타내는 기호를 숫자(numeral)라 한다.

◎ 추상적인 양의 크기인 수를 나타내는 기호를 숫자(numeral)라 한다.

우리가 사용하고 있는 자연수에는 여러 가지 의미가 있다. '이번 시험에서 우리 반 35명 중 2등을 했다.'라고 할 때 수 35와 2는 그 의미가 다르다. 일반적으로 자연수의 의미로는 집합수(cardinal number), 순서수(ordinal number), 이름수(nominal number), 측정수(measuring number)가 있다.

집합수는 어느 집합에 속하는 원소의 개수를 말한다. 집합수를 지도할 때에는 사물의 개수를 셀 때 사물 하나하나에 수를 부여하도록 하고, 여러 방향으로 세도록 하며, 빠트리지 않고 세도록 해야 한다. 그리고, 세어진 마지막 대상이 집합수가 아니라, 세는 대상 전체에 속하는 원소의 개수가 집합수임을 알려주도록 한다.

순서수는 사물을 특정 관점에 따라 늘여 놓았을 때 그 차례를 나타내는 수이며, 이름수는 사물의 이름 대신 사용하는 수를 말한다. 측정수는 측정 결과를 나타내는 수로, 길이, 들이, 무게, 넓이, 부피 등의 측정에서는 세어서 수를 나타내는 것이 아니라, 재어서 수를 나타낸다.

◎ **교육과정 성취기준**
[2수01-01] 수의 필요성을 인식하면서 0과 100까지의 수 개념을 이해하고, 수를 세고 읽고 쓸 수 있다.

그림 4.2 순서수의 이해(교육과학기술부, 2012, p. 10)[7]

예 '우리 반 학생 수는 35명이다.'에서 35는 집합수이다. '내가 3번째로 등교했어.'에서 3은 순서수이다. '우리 집은 102동 1104호야.'에서 102와 1104는 이름수이다.

(3) 수 세기와 수 감각

수 세기란 아이들이 이름으로 수 값을 부르는 것이다. 학령 전부터 아이들은 일상생활을 통해 수 세기 활동을 비형식적으로 경험하며, 초등학교에 입학하면서 1부터 시작하여 형식적으로 수를 세기 시작한다. 수 세기 과정에서 아이들은 '하나'에서 시작해서 수의 이름을 순서대로 말해야 하고, 각 수의 이름을 부를 때마다 다른 사물을 지적해야 한다. 아이를 관찰해 보면 수 세기 전략이 얼마나 다양한지, 그리고 그 전략이 수년간 계속해서 발달해 가는 과정이라는 것을 알 수 있다. 올바른 수 세기 활동을 위한 다섯 가지 중요 원리는 다음과 같다(Gelman & Gallistel, 1986; Reys et al., 2009).

◎ 수 세기란 아이들이 이름으로 수 값을 부르는 것이다.

① **일대일 대응의 원리(the one-one principle)**: 세어야 할 각 항목에 대해 수 이름이 한 개씩만 대응되어야 한다는 것을 의미한다. 일대일 대응의 원리를 적용하지 못할 경우에 물체 하나에 수 이름을 두 번 대응시키거나, 어떤 물체에 대해서는 수 이름을 대응시키지 않을 수 있다.

② **안정된 순서의 원리(the stable-order principle)**: 어떤 대상을 세더라도 수 이름은 동일한 순서로 말해야 한다는 것을 의미한다. 즉, 어떤 대상을 세더라도 '일(1)' 다음이 '이(2)', '이(2)' 다음이 '삼(3)', '삼(3)' 다음이 '사(4)'라는 것을 알고 세어야 한다는 것이다.

③ **기수의 원리(the cardinal principle)**: 어떤 집합에 포함된 대상의 수를 셀 때 마지막 항목에 해당하는 수 이름이 그 집합의 전체 개수라는 것을 의미한다. 즉, 어떤 집합을 하나, 둘, 셋이라고 센다면 마지막 수 이름인 셋이 이 집합의 개수가 된다.

④ **추상화의 원리(the abstraction principle)**: 외적으로 보이는 모습에 관계

---

7) 2022 개정 수학과 교육과정의 '성취기준 적용 시 고려 사항': 저학년 학생들의 한글 학습 정도를 고려하여 수를 '여덟', '마흔아홉', '칠십육', '첫째' 등과 같이 한글로 쓰게 하는 것은 지양한다.

없이 어떠한 물체라도 수 세기의 대상이 될 수 있다는 것을 의미한다. 수 세기의 대상이 되는 집합은 동일 종류이거나 여러 종류가 혼합되어 있거나 휴일의 수와 같이 무형일 수도 있다.

⑤ **순서 무관의 원리**(the order-irrelevance principle): 어떤 집합에 포함된 항목 수를 셀 때 어떤 순서로 세어도 그 결과는 같다는 것을 의미한다. 즉, 일렬로 나열된 대상을 왼쪽부터 세든, 오른쪽부터 세든 전체 수는 같다는 것을 아는 것이 중요하다.

수 감각은 수에 대한 직관적 느낌을 의미하며, 다양하게 수를 사용하고 해석할 수 있는 능력을 나타낸다.

수 감각(number sense)은 수에 대한 직관적 느낌을 의미하며, 다양하게 수를 사용하고 해석할 수 있는 능력을 나타낸다. 또한, 수 감각은 정확하고 효율적으로 계산하고, 실수를 감지하고, 합리적으로 결과를 인지하는 능력을 포함한다. NCTM(1989, p. 38)의 Curriculum and Evaluation Standards for School Mathematics에서는 훌륭한 수 감각을 가진 아이는 다음과 같은 특징을 나타낸다고 하였다.

- 수의 의미를 분명히 이해한다.
- 수들 사이의 여러 가지 관계가 발달한다.
- 수의 상대적 크기를 인식한다.
- 수에 작용하는 연산의 상대적 효과를 안다.
- 주변의 일상적 사물과 상황의 측정을 위해서 기준을 개발한다.

탐구 과제: 수에 대응하는 참조물 찾기

자신이 선호하는 한 자리 수, 두 자리 수, 세 자리 수, 네 자리 수를 제시하세요. 그리고 초등학교 아이들 수준에서 그 수를 이용하여 그 수가 나타낼 수 있는 주변의 참조물을 찾아 이야기해 보세요.

(4) 기수법

임의의 수를 일정한 숫자나 기호로 나타내는 방법을 기수법이라고 한다.

임의의 수를 정해진 숫자나 기호로 나타내는 방법을 기수법이라고 한다. 기수법에는 이집트 숫자나 로마 숫자와 같이 숫자의 위치가 어디에 있든 항상 같은 수를 나타내는 절대적 기수법과 인도-아라비아 숫자와 같이, 숫자가 어느 자리에 있는가에 따라 그 크기가 달라지는 위치적 기수법이 있다.

기수법 중에서 가장 원시적인 방법은 덧셈 원리에 의한 기수법이다. 이것을 가법적 기수법이라 하는데, 대표적인 것이 로마 숫자이다. 또한, 곱셈 원리에 의한 승법적 기수법(더 정확히 말하면 덧셈과 곱셈의 원리를 이용)이 있는데, 그 예로는 한 숫자(漢 數字)가 있다. 가법적 기수법과 승법적 기수법에서 나타내어지는 숫자는 위치가 어디에 있든 언제나 같은 수를 나타내는 절대적 기수법이고, 인도-아라비아 숫자는 숫자가 어느 자리에 있는가에 따라 그 크기가 달라지는 위치적 기수법인 것이다.

◎ 가법적 기수법
승법적 기수법
위치적 기수법

읽기 자료

수에 의미 부여

5-6세기경 보에티우스는 '수론'이라는 책을 썼는데, 수에 신비성을 부여하여 1은 신, 2는 선과 악, 3은 삼위일체를 의미한다고 하였다. 신이 창조한 것은 6일 동안 이루어졌고, 6의 약수는 1, 2, 3으로 이들의 합인 6은 완전수이다. 노아의 홍수 때 방주에 들어간 사람은 노아 부부와 세 아들 부부를 합하여 8명인데, 8의 약수는 1, 2, 4로 이들의 합인 7은 8보다 작으므로 부족수이고, 이때부터 인간은 부족한 존재가 되었다고 해석하기도 한다.

한편, 옛날에 이용되었던 수를 표현하는 숫자와 현재 이용되는 기수법에는 다음과 같은 것들이 있다.

1) 이집트 숫자

B. C. 2500년경에서 600년경 사이의 이집트에 수학이 존재했다는 증거가 발견되고 있다. 이집트인들은 물건의 개수를 셀 때 작은 돌을 사용하여, 물건 하나에 돌 하나씩을 대응시키다가 10개가 모이면 한 단위를 올리는 십진법 체계를 사용하였다고 한다. 십진법을 사용하게 된 이유로는 인간의 손가락이 10개라는데 있을 것으로 추측된다. 이집트 숫자는 파피루스라는 갈대로 만든 종이에 나타내었고, **[그림 4.3]**과 같이 사물의 모양을 본떠서 숫자로 사용하였다.

이집트 숫자는 가장 원시적인 기수법인 가법적 기수법을 사용하였는데, 이것은 기록된 숫자의 합으로 수를 나타내는 상형문자식 기수법 체계를 가지고 있다. 이집트 숫자의 특징은 완전하지는 않으나 십진기수법 체계를 이루고 있고, 자릿값 개념이나 0의 개념이 없고, 반복의 원리와 덧셈의 원리가 있다. 그렇지만, 가법적 기수법의 가장 큰 결점인 큰 수를 표현할 때 많은 개수의 숫자를 기록해야 하는 불편함이 있다.

◎ 이집트의 숫자는 가장 원시적인 기수법인 가법적 기수법을 사용한다.

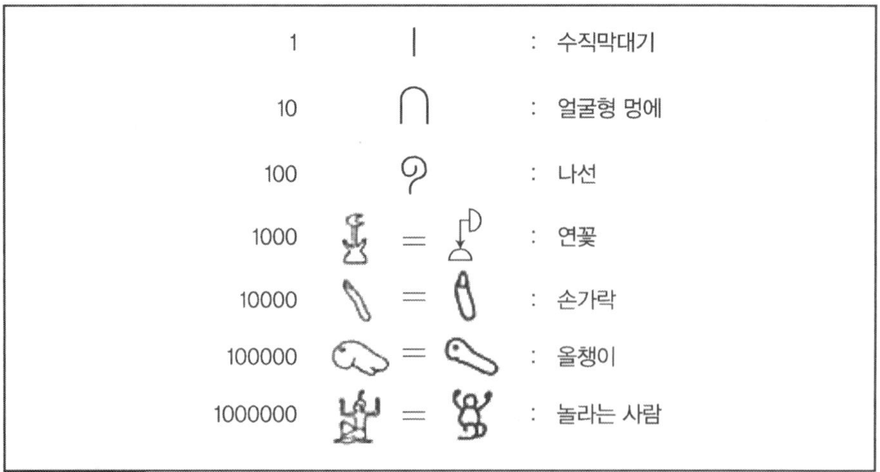

그림 4.3 고대 이집트 숫자

2) 바빌로니아 숫자

바빌로니아인들은 60진법을 이용한 바빌로니아 숫자를 사용하였는데, 그들은 1에서 59까지 숫자에 대하여 각각 새로운 기호를 사용하지 않고 두 개의 기호만을 사용하였다. [그림 4.4]는 이러한 문자로 표현된 1에서 59까지의 수를 나타내고 있다. 이 숫자는 모양이 쐐기(나무를 고정시킬 때 막는 뾰족한 모양의 물체)와 비슷하다고 해서 '쐐기문자'라고 이름이 붙여졌다.

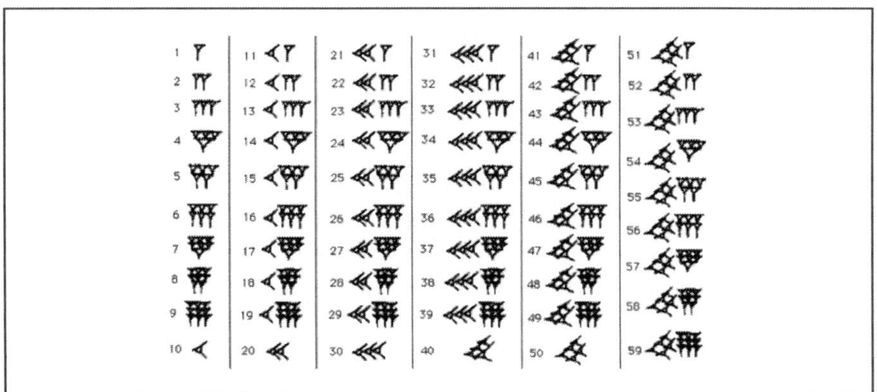

그림 4.4 바빌로니아 숫자

탐구 과제: 바빌로니아 수 탐구

바빌로니아 숫자로 60, 61, 70, 76, 365, 450을 나타내어 보세요. 그리고 바빌로니아 숫자로 2를 나타낼 때 61로 읽을 수도 있는데, 왜 그런지 말해 보고, 바빌로니아 숫자의 장점과 단점을 써보세요.

3) 로마 숫자

로마 숫자는 밑수로 10을 사용하였는데, 1, 10, 100, 1000에 대한 기본적인 기호인 Ⅰ, Ⅹ, C, M 이외에도 5, 50, 500에 대하여 Ⅴ, L, D가 추가로 제시되어 있다. 또한, 작은 단위의 기호를 보다 큰 단위의 기호 앞에 놓아, 그 단위의 차로 수를 나타내는 뺄셈 원리가 이용되기도 하였다. 이 숫자들의 짜임은 다음과 같다.

Ⅳ	4
Ⅸ	9
XL	40
XC	90
CD	400
CM	900

I	1
V	5
X	10
L	50
C	100
D	500
M	1000

Ⅵ	6
Ⅺ	11
LX	60
CX	110
DC	600
MC	1100

탐구 과제: 로마 숫자 탐구

다음의 예시와 같이 로마 숫자에 맞는 수를 구하세요.

예시: MCMXLⅣ=1000+900+40+4=1944

① MCVⅢ

② CCLXXXI

③ CCXLIX

④ 위 문제를 해결하면서 느낀 점을 말해 보세요.

4) 중국 숫자

중국 숫자인 한 숫자(漢 數字)는 위치적 십진기수법에 가까운 기수법으로 다음과 같다.

一, 二, 三, 四, 五, 六, 七, 八, 九, 十; 千, 萬, 十萬, 百萬,
千萬, 億, 十億, 百億, 千億, 兆…

한 숫자의 성질도 자릿값의 원리나 0에 의한 자리잡기의 원리 등이 없다. 이는 로마 숫자, 이집트 숫자와 비슷하나, 가법의 원리가 있으며 동시에 승법의

◎ 한 숫자는 가법의 원리와 승법의 원리가 적용된다.

원리가 적용되고 있는 특징이 있다. 즉, 가법적 기수법에다 배(倍) 개념을 도입한 것이다.

1983 =	一千		九百		八十		三
	= 1×1000	+	9×100	+	8×10	+	3(가법·승법의 원리)

6752는 한 숫자로 六千七百五十二로 나타내는데, 六千은 六과 千이 아니고, 六의 千배, 즉 6×1000을 나타내는 것이다. 七百도 七과 百이 아니라 7×100을 나타낸다.

5) 위치적 기수법

◎ 위치적 기수법은 위치에 따라 숫자가 나타내는 자릿값이 달라지는 기수법이다.

우리가 사용하는 인도–아라비아 숫자와 같이, 위치에 따라 숫자의 자릿값이 달라지는 기수법을 '위치적 기수법'이라고 한다. 이것은 천, 백, 십, 일 등의 묶음을 나타내는 독자적인 기호를 쓰지 않고, 숫자가 놓인 위치에 따라 자릿값을 나타내는 것이 특징이다.

4	3	6	8
↑	↑	↑	↑
천의 자리	백의 자리	십의 자리	일의 자리

위치적 기수법 체계는 다음과 같은 특징을 가진다.

① **자릿값**: 숫자의 위치는 그 값을 나타낸다. 예컨대, 23에서 2는 '이십'을 나타내며, 32에서 2와는 다른 의미를 갖는다.

② **십진법의 밑**: '밑'이라는 용어는 모임을 의미하는데, 우리의 수 체계에서는 10이 새로운 모임을 결정한다. 우리의 수 체계는 0에서 9까지 10개의 숫자를 가지고 있다.

③ **0의 사용**: 아무 것도 없음을 상징적으로 나타내는 영을 나타내는 기호가 존재한다. 예컨대, 309는 백과 일은 있지만 십은 없음을 나타낸다. 우리가 사용하는 기수법이 자릿값의 원리를 쓸 수 있게 된 데는 빈자리를 나타내는 기호인 0이 결정적인 역할을 하였다.

④ **가법성**: 수를 자릿값에 대해 더할 수 있다. 예컨대, 123은 100+20+3

이라는 수의 이름이다.

(5) 명수법

명수법은 기수법에서 수의 계열에 수의 이름(number name)을 붙여주는 방법을 말한다. 수를 읽을 때에 천진법과 만진법은 큰 수를 셀 때 1천 또는 1만을 단위로 하여 세는 방법을 말한다. 수를 읽을 때 우리나라와 일본, 중국은 만진법(萬進法)을 사용하고 있으며, 유럽과 미국 등에서는 천진법(千進法)을 사용하고 있다.

명수법은 기수법에서 수의 계열에 수의 이름을 붙여주는 방법을 말한다.

숫자	1	2	3	4	5	6	7	8	9	10	11
한국	일	이	삼	사	오	육	칠	팔	구	십	십일
	하나	둘	셋	넷	다섯	여섯	일곱	여덟	아홉	열	열하나
미국	one	two	three	four	five	six	seven	eight	nine	ten	eleven

우리나라에는 일상생활에서 수를 읽을 때 우리말로 읽는 경우와 한자말로 읽는 경우가 있으며, 100이상의 수에서는 우리말과 한자말을 섞어서 읽는다. 세는 대상이 이산량인 경우에는 하나, 둘, 셋, …과 같이 우리말로 읽는다. 예를 들어, 종이 3장은 종이 '세장'이고, 사과 65개는 사과 '예순다섯개'다. 또 100이상의 이산량은 사과 235개를 사과 '이백서른다섯개'와 같이 한자말과 우리말을 섞어서 읽는다.

그러나 세는 대상이 연속량이거나 이름수인 경우에는 한자말로 읽는다. 예를 들어, 몸무게 45kg은 '사십오키로그램,' 아파트 906호는 아파트 '구백육호'이다. '243번'에서 번이 횟수를 나타내면 '이백마흔세번'으로, 번호를 뜻하는 경우라면 '이백사십삼번'으로 읽는다. 시간의 경우에는 한 시간, 한 시 등과 같이 우리말로 읽는다.

한편, 순서수의 경우에는 우리말과 한자말을 모두 이용할 수 있다. 대상의 순서를 나타낼 때 쓰는 '째'는 우리말과 함께 쓰는데, 첫째(예외), 둘째, 셋째, 넷째, 다섯째 등으로 나타내며 두 자리 수 이상이 되면 다시 '열 첫째'가 아닌 '열한째', '열둘째'가 아닌 '열두째'로 읽는 것이 옳다. 그런데, 한자말을 쓰는 경우에는 '제일, 제이, 제삼, 제사, 제오……'와 같이 쓴다.

앞서 제시한 대로 연속량의 경우에 한자말로 읽지만, 한글 단위인 '자'인 경우에는 '아홉자장롱'과 같이 우리말과 함께 쓰이며, 나이를 표현할 때 쓰는 '세 살'과 '삼세(歲)'도 단위와 상황에 따라 달라진다. 측정수의 경우에 미터법 단위에는 한자말이 맞지만, 척관법 단위에는 고기 다섯근, 열자장롱과 같이 우리말이 적절하다. 따라서, 명수법에서는 명확한 구분보다는 상황과 단위에 따라 적절한 명수법을 쓸 필요가 있다.

4-2 자연수의 지도 내용과 방법

1–2학년군에서는 네 자리 수 이하의 수를 다룬다. 3–4학년군에서는 다섯 자리 이상의 수를 다룬다. 5–6학년군에서는 약수와 배수, 수의 범위와 올림, 버림, 반올림을 다룬다. 각 학년군별 핵심 아이디어와 내용 요소별 지도 내용은 다음과 같다(교육부, 2022, p. 7).

<table>
<tr><td>핵심 아이디어</td><td colspan="3">• 사물의 양은 자연수, 분수, 소수 등으로 표현되며, 수는 자연수에서 정수, 유리수, 실수로 확장된다.
• 사칙계산은 자연수에 대해 정의되며 정수, 유리수, 실수의 사칙계산으로 확장되고 이때 연산의 성질이 일관되게 성립한다.
• 수와 사칙계산은 수학 학습의 기본이 되며, 실생활 문제를 포함한 다양한 문제를 해결하는 데 유용하게 활용된다.</td></tr>
<tr><td rowspan="3">구분 / 범주</td><td colspan="3">내용 요소</td></tr>
<tr><td colspan="3">초등학교</td></tr>
<tr><td>1–2학년</td><td>3–4학년</td><td>5–6학년</td></tr>
<tr><td>지식·이해</td><td>• 네 자리 이하의 수</td><td>• 다섯 자리 이상의 수</td><td>• 약수와 배수
• 수의 범위와 올림, 버림, 반올림</td></tr>
<tr><td>과정·기능</td><td colspan="3">• 자연수, 분수, 소수 등 수 관련 개념과 원리를 탐구하기
• 수를 세고 읽고 쓰기
• 자연수, 분수, 소수의 크기를 비교하고 그 방법을 설명하기
• 수의 범위와 올림, 버림, 반올림한 어림값을 실생활과 연결하기
• 자연수, 분수, 소수, 사칙계산을 실생활 및 타 교과와 연결하여 문제해결하기</td></tr>
<tr><td>가치·태도</td><td colspan="3">• 자연수, 분수, 소수의 필요성 인식
• 수와 연산 관련 문제해결에서 비판적으로 사고하는 태도</td></tr>
</table>

(1) 네 자리 이하의 수 개념

성취기준

[2수01-01] 수의 필요성을 인식하면서 0과 100까지의 수 개념을 이해하고, 수를 세고 읽고 쓸 수 있다.
[2수01-02] 일, 십, 백, 천의 자릿값과 위치적 기수법을 이해하고, 네 자리 이하의 수를 읽고 쓸 수 있다.
[2수01-03] 네 자리 이하의 수의 범위에서 수의 계열을 이해하고, 수의 크기를 비교할 수 있다.

(가) 성취기준 해설: 없음

(나) 성취기준 적용 시 고려 사항

- '수와 연산' 영역에서는 용어와 기호로 '덧셈, 뺄셈, 곱셈, 짝수, 홀수, +, −, ×, =, >, <'를 다룬다.
- 자연수가 개수, 순서, 이름 등을 나타내는 경우가 있음을 알고, 실생활에서 수가 사용되는 사례를 통하여 네 자리 이하의 수의 필요성을 인식하게 한다.
- 두 자리 수를 10개씩 묶음과 낱개로 나타내게 함으로써 위치적 기수법의 기초 개념을 형성하게 한다.
- 저학년 학생들의 한글 학습 정도를 고려하여 수를 '여덟', '마흔아홉', '칠십육', '첫째' 등과 같이 한글로 쓰게 하는 것은 지양한다.
- 수 세기가 필요한 장면에서 묶어 세기, 뛰어 세기의 방법으로 수를 세어 보게 한다.
- 짝수와 홀수는 20 이하의 수의 범위에서 다루고, 실생활 상황에서 둘씩 묶어 보는 활동을 통하여 짝수와 홀수를 직관적으로 이해하게 한다.
- 십의 자리 수가 0인 세 자리 수, 백의 자리 수나 십의 자리 수가 0인 네 자리 수를 활용하여 자릿값을 이해하게 할 수 있다.
- '수와 연산' 영역의 문제 상황에 적합한 문제해결 전략을 지도하여 문제해결 역량을 기르게 한다.

1) 0과 1에서 9까지 수 개념

◎ 아이들은 학교에 입학하기 전부터 실생활에서 수를 접하고 수 세기 활동을 경험한다.

자연수는 아이들이 형식적인 학교 교육을 통해 처음으로 배우는 수 개념이다. 따라서, 자연수를 지도할 때는 아이들이 학교에 입학하기 전부터 수를 접하며 수 세기를 한 경험을 바탕으로 수를 형식화하고 확장할 수 있게 한다. 자연수는 아이들이 장차 배우게 될 분수, 소수, 유리수, 무리수, 실수, 복소수 개념을 형성하는데 기본이 되기 때문에 아이들은 자연수를 배워야 한다.

또한, 자연수는 사칙계산을 구성하는 요소이다. 수를 합성하고 분해하는 것은 자연수의 덧셈, 뺄셈과 관계가 있다. 수의 발달에서 0의 발견으로 큰 수를 표현할 수 있게 되었으며, 수의 완전하고 계통적인 발전을 이루게 되었다. 자연수를 지도할 때에는 '수'라는 추상적인 아이디어와 '숫자'라는 기호, 이를 부르는 '수 이름'을 관련지어 이해할 수 있도록 해야 한다.

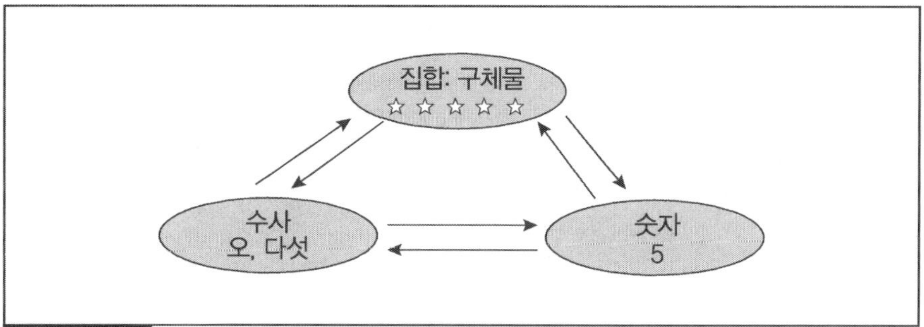

그림 4.5 수 지도의 관계 구조

자연수 지도에서는 1에서 9까지 수를 먼저 지도하고, 0을 지도한다. 초기에 수는 '집합수'에서 '순서수'로 도입한다. 먼저, 개수가 같은 여러 집합에서 일대일 방법으로 자연수를 추상화한다. 이 과정에서 1에서 9가지의 수 개념을 형성하기 위해 다음과 같은 과정으로 지도한다.

◎ 수의 초기 도입은 집합수의 개념에서 순서수로 도입하고 있다.

① 1에서 9까지의 수를 세고 읽고 쓰기
② 1에서 9까지의 순서수 알기
③ 1만큼 더 큰 수와 더 작은 수
④ 아무것도 없는 것을 0으로 나타내기
⑤ 1에서 9까지의 수의 크기 비교하기

0은 공집합 Ø의 집합수에 해당한다. 그러나, 0을 아무것도 없는 수로 인정하여 공집합으로 지도하기는 어렵다. 따라서, 구체물을 가지고 한 수에서 시작하여 점차로 하나씩 없애는 활동을 통하여 0을 지도한다. 0에는 '아무 것도 없음(There is nothing)'과 '자리 지기(place holder)'의 의미가 있다.

◎ 0에는 '아무 것도 없음'과 '자리지기'의 의미가 있다.

◎ **교육과정 성취기준**
[2수01-01] 수의 필요성을 인식하면서 0과 100까지의 수 개념을 이해하고, 수를 세고 읽고 쓸 수 있다.

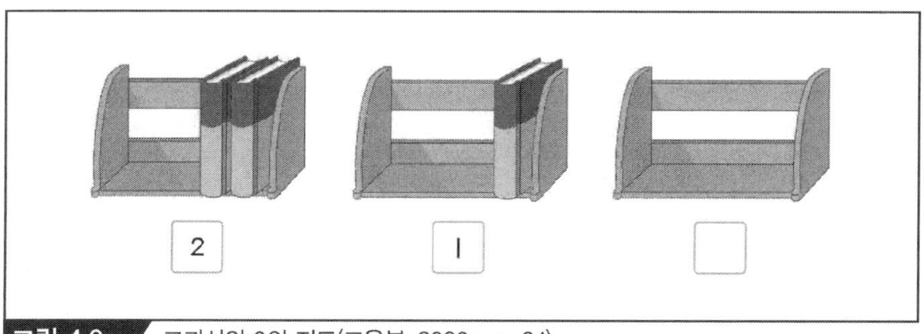

그림 4.6 교과서의 0의 지도(교육부, 2020a, p. 24)

다섯(5) 여섯(6)

수의 크기 비교는 수 세기를 바탕으로 한다. 왼쪽 그림과 같이 두 모임 중에서 어느 것이 많은지를 알아보기 위하여 수를 센다. 양을 말할 때는 '많다', '적다'라고 하지만, 수의 크기를 비교할 때에는 '크다', '작다'라고 하고, 이를 기호로 >, <으로 나타낸다는 것을 알도록 지도한다.

2) 두 자리 수 개념

두 자리 수의 지도를 위해 '10이 되면 묶는' 십진기수법의 원리를 알아야 한다. 십진기수법의 원리를 이해하기 위해서는 10개씩 묶어 보는 활동이 중요하며, 10개씩 묶음과 낱개의 개수로 두 자리 수를 이해할 수 있도록 지도해야 한다. 묶어서 세면 쉽고 편리하게 셀 수 있다는 것을 인식시키기 위하여 [그림 4.7]과 같이 흩어져 있는 대상을 어떻게 세는 것이 좋을지 이야기해 보고, 직접 세어보도록 한다.

◎ **교육과정 성취기준**

[2수01-01] 수의 필요성을 인식하면서 0과 100까지의 수 개념을 이해하고, 수를 세고 읽고 쓸 수 있다.

그림 4.7 10개씩 묶어 세기(교육부, 2024a, p. 120)

두 자리 수의 지도에서는 다음과 같은 과정으로 지도하도록 한다.[8]

① 9 다음의 수로 10 알기

② 십몇을 알기

③ 몇십(20, 30, 40, …, 80, 90) 알기

---

8) 교과서에서 두 자리 수의 지도는 50까지의 수와 100까지 수로 나누어 1학년 1학기와 1학년 2학기에 각각 지도하고 있다. 모형을 이용하여 수를 나타낼 때 두 자리 수까지는 십 모형과 낱개 모형으로 표현하고, 세 자리 수부터는 백 모형, 십 모형, 일 모형으로 표현하고 있다.

④ 99까지의 수를 세어 읽고 쓰기(몇십 몇 알기)

⑤ 99까지 수의 순서 알기

⑥ 99까지 수의 크기 비교하기

◎ 교육과정 성취기준

[2수01-01] 수의 필요성을 인식하면서 0과 100까지의 수 개념을 이해하고, 수를 세고 읽고 쓸 수 있다.

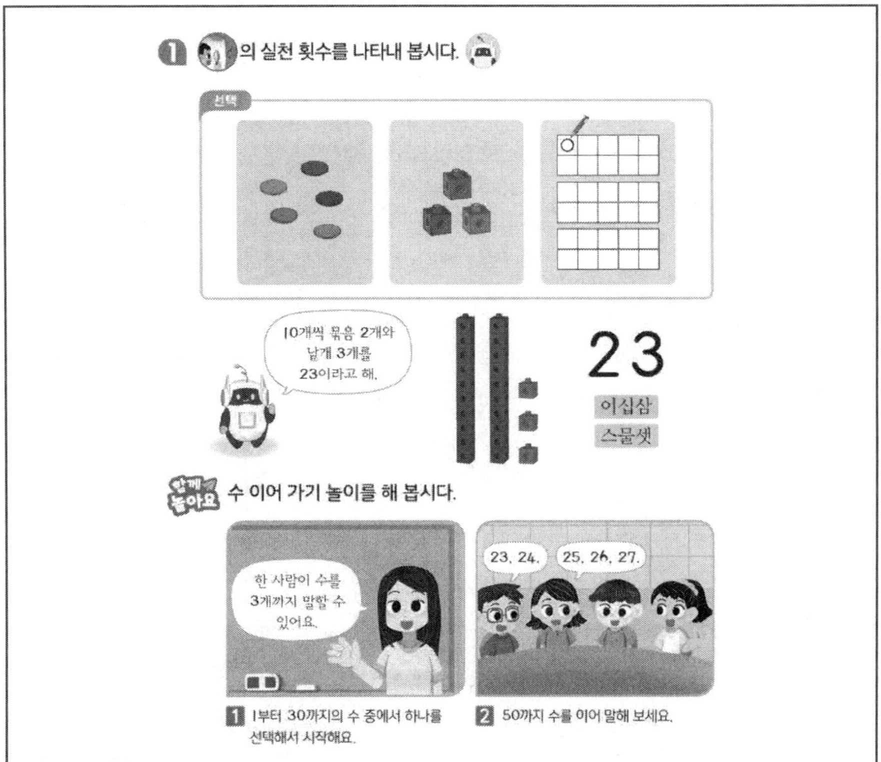

그림 4.8 두 자리 수 지도(교육부, 2024a, p. 124, 129)

3) 세 자리 수 개념

세 자리 수의 지도를 위해 '100까지의 수'에서 100을 99 다음의 수로 도입한 것을 바탕으로, 10개씩 10 묶음인 집합수로 도입한다. 이외에도 1이 100인 수, 99보다 1 큰 수, 90보다 10 큰 수 등 여러 가지 방법으로 표현하게 하여 세 자리 수에 대한 수 감각을 개발하도록 한다.

수의 지도는 이전 학년에 학습한 수에 대한 이해를 바탕으로 수의 범위를 확장해 가도록 한다. 일반적으로 수의 지도 단원의 학습 계열을 세 자리 수의 지도를 예로 제시하면 다음과 같은 절차를 따른다.

① 백의 도입: 90보다 10 큰 수, 10이 10(열)인 수, 99보다 1 큰 수 등

◎ 교육과정 성취기준

[2수01-02] 일, 십, 백, 천의 자릿값과 위치적 기수법을 이해하고, 네 자리 이하의 수를 읽고 쓸 수 있다.

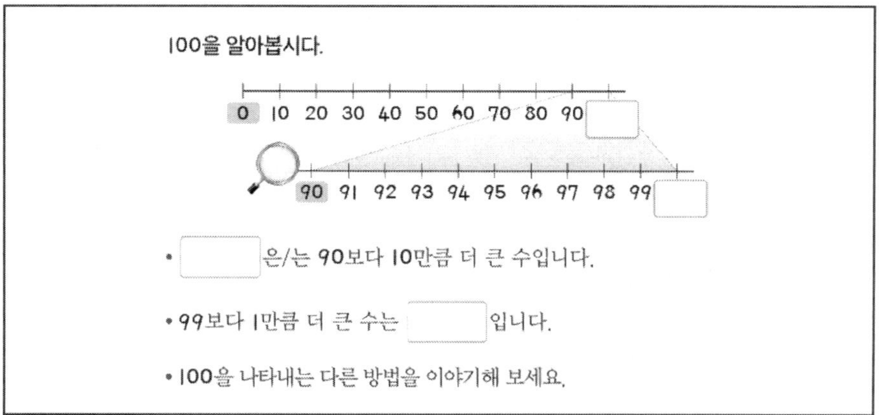

그림 4.9 100의 의미 알기(교육부, 2024c, p. 17)

② 몇 백의 이해: 100개씩 묶어 세기, 몇 백을 읽고 쓰기

③ 세 자리 수의 이해: 십진기수법의 원리 이해, 세 자리 수를 읽고 쓰기

④ 자릿값 알기: 각 자리의 숫자와 자릿값 알기

⑤ 뛰어 세기: 세 자리 수의 계열 알기, 999 다음의 수로서 1000을 알기

⑥ 세 자리 수의 크기 비교

◎ 교육과정 성취기준

[2수01-02] 일, 십, 백, 천의 자릿값과 위치적 기수법을 이해하고, 네 자리 이하의 수를 읽고 쓸 수 있다.

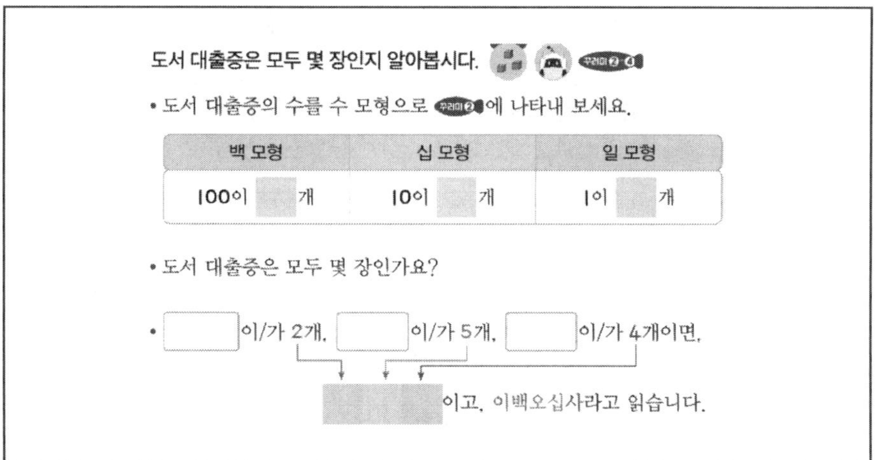

그림 4.10 세 자리수의 지도(교육부, 2024c, p. 20)

4) 네 자리 수 개념

네 자리 수의 지도를 위해 '세 자리 수'에서 1000을 999 다음의 수로 도입한 것을 바탕으로, 100개씩 10 묶음인 집합수로 도입한다. 이외에도 1이 1000인 수, 990보다 10 큰 수, 900보다 100 큰 수 등 여러 가지 방법으로 표현하게 하여 네 자리 수에 대한 수 감각을 개발하도록 한다. 네 자리 수의 지도는

세 자리 수의 지도 방법과 유사하게 할 수 있다.

> **교육과정 성취기준**
> [2수01-02] 일, 십, 백, 천의 자릿값과 위치적 기수법을 이해하고, 네 자리 이하의 수를 읽고 쓸 수 있다.

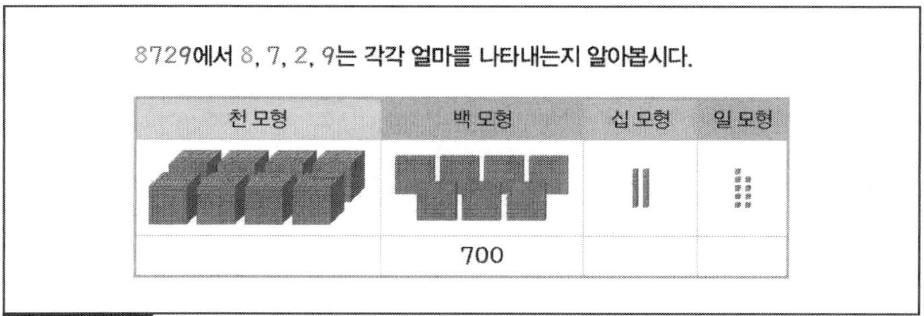

그림 4.11 네 자리수의 자릿값 지도(교육부, 2024d, p. 22)

(2) 큰 수 개념

성취기준

[4수01-01] 큰 수의 필요성을 인식하면서 10000 이상의 큰 수에 대한 자릿값과 위치적 기수법을 이해하고, 수를 읽고 쓸 수 있다.
[4수01-02] 다섯 자리 이상의 수의 범위에서 수의 계열을 이해하고, 수의 크기를 비교하며 그 방법을 설명할 수 있다.

(가) 성취기준 해설: 없음

(나) 성취기준 적용 시 고려 사항

- 뉴스, 광고 등 여러 가지 매체를 활용해 자료를 조사하는 활동을 통하여 실생활에서 다섯 자리 이상의 큰 수가 쓰이는 경우를 찾아보게 한다. 조사한 결과를 바탕으로 큰 수와 관련하여 이야기하는 활동을 통하여 큰 수에 대한 필요성을 인식하고 양감을 기르게 한다.
- '수와 연산' 영역의 문제 상황에 적합한 문제해결 전략을 지도하고, 문제해결 과정을 설명하게 하여 문제해결 역량을 기르게 한다.
- '수와 연산' 영역에서 문제해결 과정을 설명할 때 다른 친구의 의견을 존중하고 경청하는 태도로 참여하게 한다.

다섯 자리 이상의 큰 수의 지도에서는 이전 학년군에서 학습한 네 자리 이하의 수에 대한 이해를 바탕으로 만, 억, 조까지의 수에 대한 위치적 기수법과 자릿값의 원리를 이해하고, 명수법을 익혀 수를 읽고 쓰며 십진법의 전개식으로 나타낼 수 있게 한다. 큰 수의 지도에서는 실생활에서 이러한 수들이 사용되는 경우를 찾아보고, 큰 수와 관련하여 이야기하는 활동을 통하여 큰 수의 필요성과 큰 수에 대한 양감을 기르게 한다.

큰 수는 구체물로 나타내기가 어렵기 때문에 네 자리 수의 개념을 바탕으로 십진기수법에 의한 자리잡기의 원리를 이용하여 확장하도록 한다. 즉, 1000이상의 큰 수를 학습할 수준이면 십진기수법의 원리나 기본 개념을 어느 정도 이해했다고 볼 수 있고, 10000 이상의 큰 수는 구체물로 나타내기가 어렵기 때문에 비비례적 모델을 이용하거나, 네 자리 수의 개념을 바탕으로 십진기수법에 의한 자리잡기의 원리를 이용하여 확장하도록 한다. 즉, 1000이 10이면 10000이고, 10000은 9999보다 1 큰 수, 9900보다 100 큰 수 등으로 10000을 도입한다. 그리고 10000이 5개이면 50000, 8개이면 80000 등으로 학습한다.

우리나라의 명수법은 일, 십, 백, 천이 기본이 되어 되풀이되며, 4자리마다 새로운 단위를 도입한다. 따라서, 4자리마다 끊어 읽도록 한다.

3 4 5, 4 7 5 3, 3 4 5 2 ⇒ 3 4 5, 4 7 5 3, 3 4 5 2
억 만 일

◎ 교육과정 성취기준
[4수01-01] 큰 수의 필요성을 인식하면서 10000 이상의 큰 수에 대한 자릿값과 위치적 기수법을 이해하고, 수를 읽고 쓸 수 있다.

조를 알아봅시다.

- 1000억이 10개인 수를 알아보세요.

1000억이 10개인 수를 1000000000000 또는 1조라 쓰고, 조 또는 일조라고 읽습니다.
1조가 2348개이면 2348000000000000 또는 2348조라 쓰고, 이천삼백사십팔조라고 읽습니다.

- 2348000000000000는 얼마만큼의 수인지 알아보세요.

2	3	4	8	0	0	0	0	0	0	0	0	0	0	0	0
천	백	십	일	천	백	십	일	천	백	십	일	천	백	십	일
			조				억				만				일

그림 4.12 조의 지도(교육부, 2018c, p. 18)

탐구 과제: 큰 수 이용 사례

생활에서 억이나 조를 이용하거나 경험한 사례를 들어 보고, 아이들에게 큰 수를 지도하기 위해 활용할 수 있는 예나 아이디어를 제시해 보시오.

(3) 수 개념 지도를 위한 모델

추상화된 수 개념과 이를 이용한 계산 방법을 지도하기 위하여 수를 구체적으로 나타낸 모델을 이용하는 것이 유용하다. 모델은 수의 양만큼을 나타내는 비례적 모델(proportional model)과 크기와 상관없이 색깔이나 위치로 수의 크기를 나타내는 비비례적 모델(non-proportional model)로 구분할 수 있다.

비례적 모델로는 산가지같은 분리형과 퀴즈네어 막대같은 고정형이 있다. 분리형에서는 한 개씩 분리되어 있어 10이 되면 묶거나, 묶음을 풀어 낱개로 만들 수 있다. 묶어서 받아올림이나 받아내림을 하는 것을 다시묶기(regrouping)라고 한다. 그렇지만, 고정형은 10이 되면 10을 나타내는 모델과 교환하고, 10 모델을 낱개 10개와 바꾸는 교환하기(trading)를 해야 한다. 십진기수법의 수를 나타내기 위한 비례적 모델로 수모형을 주로 이용하는데, 수모형은 낱개(일) 모형, 십 모형, 백 모형, 천 모형 등으로 구성되어 있다.

비비례적 모델은 모의 화폐나 주판 등과 같은 모델을 의미하며, 비례적 모델보다 더 추상적이다. 수 개념을 형성할 때에는 비례적 모델을 먼저 사용하고, 비비례적 모델을 사용하는 것이 좋다.

그림 4.13 여러 가지 수 모델

(4) 가르기와 모으기

성취기준

[2수01-04] 하나의 수를 두 수로 분해하고 두 수를 하나의 수로 합성하는 활동을 통하여 수 감각을 기른다.

(가) 성취기준 해설: 없음

(나) 성취기준 적용 시 고려 사항

• 수를 분해하고 합성하는 활동은 20 이하의 수의 범위에서 한다.

◎ 수의 모으기와 가르기는 수 감각을 기르고, 덧셈과 뺄셈을 지도하는 데 필수적이다.

수의 가르기와 모으기는 수 감각을 기르고, 덧셈과 뺄셈을 지도하는 데 필요하다. 구체물을 이용하여 여러 가지 방법으로 하나의 수를 두 수로 가르거나, 두 수를 모아서 하나의 수를 만들어봄으로써 주어진 수에 대한 보수 관계를 이해할 수 있고, 이를 통해 유연한 수 감각을 개발할 수 있다. 또한, 이러한 활동은 덧셈과 뺄셈을 지도하는 데 바탕이 된다. 예를 들어, 수 6을 그 자체로 인식하는 것보다, 두 수를 모아 6으로 만드는 활동을 하거나, 6을 두 수로 나누는 활동은 덧셈과 뺄셈을 위한 기초 활동이 된다. 또한, 6을 세 개의 같은 수로 모으거나, 똑같이 셋으로 나누는 활동은 곱셈과 나눗셈을 위한 선행 학습으로 유익하다.

◎ 교육과정 성취기준

[2수01-04] 하나의 수를 두 수로 분해하고 두 수를 하나의 수로 합성하는 활동을 통하여 수 감각을 기른다.

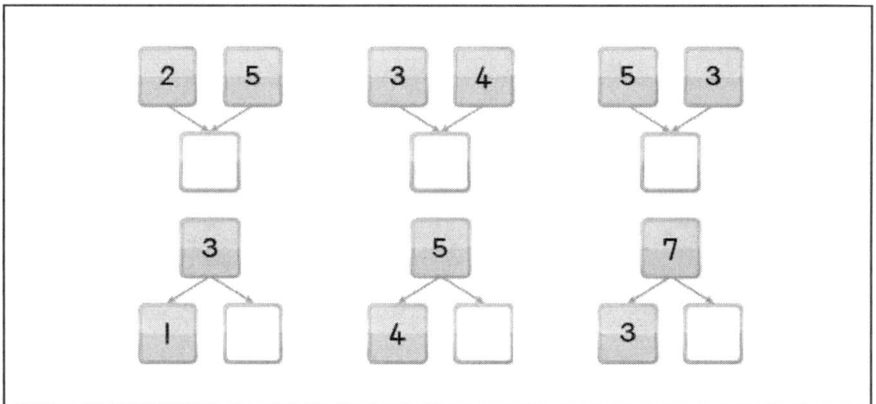

그림 4.14 모으기와 가르기(교육부, 2024a, p. 63)

탐구 과제: 합이 10이 되는 덧셈식 만들기

아래 그림에 합이 10이 되는 만들기를 해보고(교육부, 2024b. p. 49), 10의 중요성을 가르기와 모으기 활동에 비추어 이야기해 보세요.

수 카드		덧셈식
예 3	7	3+7=10

(5) 약수와 배수

성취기준

[6수01-04] 약수, 공약수, 최대공약수를 이해하고 구할 수 있다.
[6수01-05] 배수, 공배수, 최소공배수를 이해하고 구할 수 있다.

(가) 성취기준 해설: 없음

(나) 성취기준 적용 시 고려 사항

- 약수와 배수는 실생활에서 활용되는 경우를 찾아 자연수 범위에서 다룬다.
- 약수와 배수를 학습하는 과정에서 약수와 배수의 관계를 이해하게 한다.
- 최대공약수와 최소공배수는 두 수에 대하여 약수와 배수를 각각 나열하여 공통된 약수와 배수를 찾는 방법으로 그 의미를 이해하게 하고, 평가에서 소인수의 곱으로 나타내어 구하는 방법은 다루지 않는다.

약수와 배수는 실생활에서 활용되는 경우를 찾아 자연수 범위에서 다룬다. 그리고 곱셈식을 보고 약수와 배수 사이의 관계를 이해하게 한다. 두 수의 공통된 약수로서 공약수를 이해하고 구하며, 공약수 중 가장 큰 공약수를 최대공약수로 이해하고 최대공약수를 구하게 한다. 또, 두 수의 공통된 배수로서 공배수를 이해하고 구하며, 공배수 중 가장 작은 공배수로 최소공배수를 이해하고 최소공배수를 구하게 한다.

초등학교 수학에서 최대공약수와 최소공배수는 두 수에 대해서 구하게 한다. 구체적으로 자연수 중 어떤 쌍(즉, 3과 17, 4와 9, 15와 16)들은 공약수로 1만을 갖는다. 다른 것들은 적어도 두 개의 공약수를 갖는다. 최대공약수(약자로 GCF)는 2나 그 이상의 자연수 중 가장 큰 공약수이다. 예를 들어, 12와 16의 최대공약수는 4이다. 2개 이상의 자연수의 최대공약수는 각각의 수를 나눌 수 있는 가장 큰 자연수이다.

자연수에서 2이상의 수들은 공배수를 가지고 있다. 최소공배수(약자로 LCM)는 2이상의 자연수에서 가장 작은 공배수이다. 예를 들어, 6은 2와 3의 최소공배수이다. 즉, 2개 이상의 자연수의 최소공배수는 둘 다에 의해 나누어질 수 있는 가장 작은 자연수이다.

아이들은 최대공약수와 최소공배수란 용어 때문에 두 개념을 혼동하기도 한다. 예를 들어, 형용사 '가장 큰'이라는 용어 때문에 아이들은 최대공약수가 주어진 자연수보다 더 클 것이라고 생각하고, 최소공배수로 대답하기도 한다. 마찬가지로, 형용사 '가장 작은'이라는 용어 때문에 아이들은 최소공배수가 주어진 자연수보다 더 작을 것이라 생각하고 최대공약수로 대답하기도 한다. 개념을 잘못 이해하고 있는 아이들은 24를 4와 6의 최소공배수라고 생각하는 것과 같이, 최소공배수가 항상 주어진 자연수의 곱이 될 거라고 생각하기도 한다.

◎ **교육과정 성취기준**
약수와 배수를 학습하는 과정에서 약수와 배수의 관계를 이해하게 한다.

그림 4.15 약수와 배수(교육부, 2020e, p. 31)

읽기 자료

수학에서 증명 노력

수학은 엄밀한 계산과 증명을 중시한다. 따라서, 수학자들은 수학적 사실을 형식적인 증명 과정을 통해 옳다는 것을 보이려고 노력해 왔다. 그렇지만, '페르마의 마지막 정리'가 무려 360년이 지난 후에 증명된 것과 같이, 어떤 수학적 사실이 옳다는 것을 보이는 데에는 오랜 시간 걸리거나, 지금도 미해결인 문제로 남아있는 경우가 있다. 예를 들면, '골드바흐의 추측(2보다 큰 모든 짝수는 두 소수의 합으로 나타낼 수 있다.)'은 많은 예들을 통해 틀림이 없을 것이라 생각되지만, 아직도 일반적인 증명을 찾지 못하고 있다.

◎ **자연수의 성질에 대한 탐구는 수에 대한 풍부한 이해를 제공한다는 면에서 도전적인 탐구 자료가 된다.**

자연수의 성질에 대한 탐구는 수에 대한 풍부한 이해를 제공한다는 면에서 도전적인 탐구 자료가 된다. 먼저, 배수판정법에 대해 알아보자. 하나의 수가 다른 수에 의해 나누어떨어진다는 것을 아는 것이 유용한 예는 학교와 일상생활 속에 많이 있다. 예를 들어, 하나의 수가 소수인지 아닌지 결정하거나, $\frac{45}{80}$와 같은 분수를 약분하기 위해 이 성질을 사용할 수 있다.

아이들은 하나의 수가 다른 수에 의해 나누어떨어지는지를 확인하기 위하여 계산기를 사용할 수 있다. 물론, 계산기를 항상 사용할 수 있는 것은 아니다. 어떤 경우에는 계산기를 사용하는 것보다 나누어떨어질 조건을 사용하는 것이 더 효과적이기도 하다. 수가 어떤 수로 나누어떨어질 조건은 다음과 같다.

- 마지막 자리의 수가 짝수이면, 그 수는 2로 나누어떨어진다.
- 각 자리의 수의 합이 3으로 나누어떨어지면, 그 수는 3으로 나누어떨어진다.
- 십의 자리와 일의 자리로 된 수가 4로 나누이떨어지면, 그 수는 4로 나누어떨어진다.
- 일의 자리가 0 혹은 5이면 그 수는 5로 나누어떨어진다.
- 백의 자리, 십의 자리, 일의 자리로 구성된 수가 8로 나누어떨어지면, 그 수는 8로 나누어떨어진다.
- 각 자리 수의 합이 9로 나누어떨어지면, 그 수는 9로 나누어떨어진다.

탐구 과제: 수에 대한 탐구

수에 대한 연구는 고대인들의 수의 탐구 시기까지 거슬러 올라갈 수 있다. 피타고라스학파 사람들은 짝수를 여성다운 특성과 결부시켰다고 한다. 수에는 회문수(palindromic numbers)가 있는데, 회문수는 25352처럼 앞뒤 어느 쪽으로 읽어도 같은 수가 되는 수를 말한다. 한 자리 수를 제외하고 가장 작은 회문수는 무엇이고, 제곱수 중 회문수는 무엇인지 구해 보세요.

(6) 수의 범위와 어림

성취기준

[6수01-02] 실생활과 연결하여 이상, 이하, 초과, 미만의 의미와 쓰임을 알고, 이를 활용하여 수의 범위를 나타낼 수 있다.
[6수01-03] 어림값을 구하기 위한 방법으로 올림, 버림, 반올림의 의미와 필요성을 알고, 이를 실생활에 활용함으로써 수학의 유용성을 인식할 수 있다.

(가) 성취기준 해설: 없음

(나) 성취기준 적용 시 고려 사항

- 수의 범위와 올림, 버림, 반올림은 측정 상황과 같이 수나 양의 어림이 필요한 여러 가지 실생활 사례를 통하여 그 의미를 알게 한다.
- '수와 연산' 영역의 문제 상황에서 문제해결 전략 비교하기, 주어진 문제에서 필요 없는 정보나 부족한 정보 찾기, 조건을 바꾸어 새로운 문제 만들기, 문제해결 과정의 타당성 검토하기 등을 통하여 문제해결 역량을

기르게 한다.

- '수와 연산' 영역에서 자신의 문제해결 과정을 논리적으로 설명하고 다른 친구의 문제해결 과정과 비교함으로써 비판적으로 사고하는 태도를 기르게 한다.

1) 수의 범위

이상, 이하, 초과, 미만

우리는 놀이 기구를 탈 때나 텔레비전 프로그램을 시청할 때와 같이, 생활 속에서 수의 범위에 대해 자주 접하게 된다. 이와 같이, 수의 크기를 기준으로 삼는 아이디어를 수학에 도입한 것이 이상과 이하, 초과와 미만의 개념이다(배종수, 2011). 이상은 '같거나 크다'를 나타내는 개념으로 'a는 b 이상이다.'를 $a \geq b$로 나타내고, 이하는 '같거나 작다'를 나타내는 개념으로 'a는 b 이하이다.'를 $a \leq b$로 나타낸다. 또, 초과는 '~보다 크다'를 나타내는 개념으로 'a는 b를 초과한다.'를 $a > b$로 나타내고, 미만은 '~보다 작다'를 나타내는 개념으로 'a는 b 미만이다'를 $a < b$로 나타낸다. 또 수의 범위를 표현하기 위해서 수직선을 이용하여 나타내기도 한다.

탐구 과제: 수의 범위 이용하기

수의 범위를 나타내는 이상과 이하, 초과와 미만을 이용하는 실세계 사례를 들어 이야기해 보세요.

2) 수의 어림

반올림은 연속량의 크기를 측정할 때 이용한다.

어림하는 대표적인 방법으로 반올림, 올림, 버림이 있다. 반올림은 연속량의 크기를 측정할 때 이용한다. [그림 4.16]에서 눈금을 10의 자리까지 나타내려면 53은 60보다 50에 가깝기 때문에 50으로 나타내는 것이 자연스럽다. 그리고 67은 60보다 70에 가깝기 때문에 70으로 나타내는 것이 자연스럽다. 이러한 생각을 바탕으로 반올림에서는 논의하는 자리의 숫자가 0, 1, 2, 3, 4이면 0으로 생각하고, 5, 6, 7, 8, 9이면 10으로 생각하여 나타내게 된다.

그렇지만, 5는 [그림 4.16]에서 보듯이, 0과 10사이의 가운데에 있기 때문에 5대신에 0이나 10을 생각할 수 있다. 그런데, 5를 10으로 생각한 이유는 무엇일까? 그것은 수직선에서 일의 자리 수를 생각해 보면 0부터 시작하여 10보다

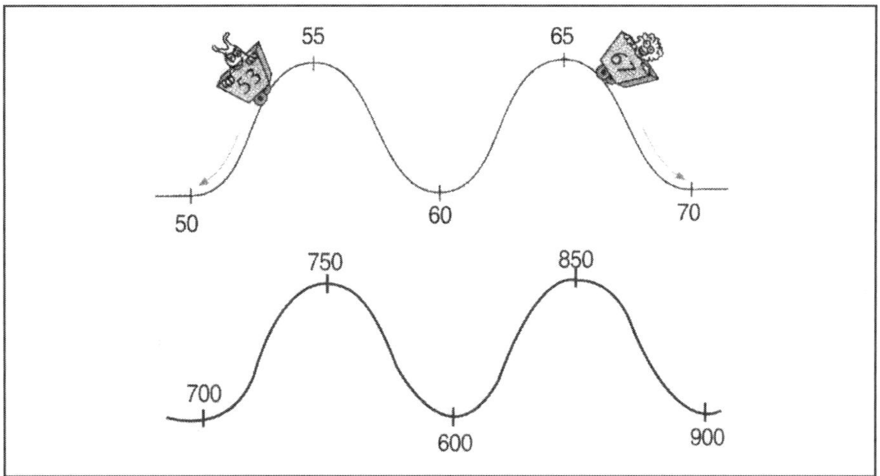

그림 4.16 반올림 모델

작은 수가 되는데, 이 경우에 5는 엄격하게 구별하면 가운데 수가 아니라, 오른쪽으로 치우친 수임을 알 수 있다. 따라서, 5를 반올림할 때 10으로 생각하는 것이다.

올림과 버림은 측정값을 나타낼 때가 아니라, 다른 상황에서 이용하는 어림 전략이다. 먼저, 버림이 적용되는 예를 살펴보자. 버림은 담을 양이 정해진 상자에 물건을 넣을 때 최대로 넣을 수 있는 개수를 구하는 상황에 이용하는 어림이다. 예를 들어, 사과가 26개 있다면 10개씩 사과를 담을 수 있는 상자에 20개만 2상자에 담을 수 있는 것이다. 따라서, 버림에서는 1, 2, 3, 4, 5, 6, 7, 8, 9를 0으로 생각하고 나타내게 된다.

◎ 버림은 담을 양이 정해진 상자에 물건을 넣을 때 최대로 넣을 수 있는 개수를 구하는 상황에 이용하는 어림이다.

버림과 유사한 개념으로 올림을 생각할 수 있다. 올림은 목표로 하는 양을 충족시키기 위하여 선택해야 할 최소의 양을 구하는 상황에 이용하는 어림이다. 예를 들어, 100원 동전만을 가지고 있을 때 350원인 연필을 사기 위해서는 400원이 있어야 한다. 따라서, 올림에서는 1, 2, 3, 4, 5, 6, 7, 8, 9를 10으로 생각하고 나타내게 된다. 이와 같이 필요에 따라 반올림, 올림, 버림으로 어림한다는 것을 이해하고 일상생활에서 반올림, 올림, 버림을 활용하게 한다.

◎ 올림은 목표로 하는 양을 충족시키기 위하여 선택해야 할 최소의 양을 구하는 상황에 이용하는 어림이다.

어림이라는 측면에서 학교 수학은 정확한 값이 필요할 때와 대략적인 값이 필요할 때를 알고 적용하도록 지도해야 한다. 어림은 특별한 목적을 위해 정확한 크기, 양, 수에 대한 근사적인 판단하는 것으로, 실생활과 관련된 양을 직접적으로 판단하기 위한 기술이다. 우리는 생활 속에서 어림을 많이 하게 되는데, 어림을 하게 되는 이유는 다음과 같다(교육부, 2014).

- 값이 알려져 있지 않기 때문이다: 알려고 하는 값이 알려져 있지 않아 어림하는 경우로, 미래에 대해 예측하는 경우가 이에 속한다.
- 값이 다양하기 때문이다: 알려고 하는 값이 측정할 때마다 매번 다르게 나타나기 때문에 어림하는 경우로, 온도, 기압, 타이핑 속도의 결과 등이 이 경우에 속한다.
- 측정의 한계 때문이다: 물리적인 측정의 경우에 물체의 길이와 같이 정확하지 않고, 측정기구가 완전하지 않기 때문에 어림하는 경우이다.
- 제한된 영역 때문이다: 어떤 값이 자연수로만 의미를 갖기 때문이다. 예를 들어, 3개에 1000원인 과자의 한 개의 가격은 대략 330원이라고 할 수 있다.
- 안전상의 한계 때문이다: 오류에 대한 한계가 어림을 하게 한다. 예를 들어 엘리베이터의 최대 용량은 엘리베이터가 실을 수 있는 최대 양보다 적게 어림한다.
- 어림한 것을 다시 어림하게 한다: 어떤 값을 어림하고 그것으로부터 다른 계산을 어림하게 된다.
- 알고리즘의 제한 때문이다: 원주율 π를 3.14로 간주하고 계산하는 것과 같이, 어떤 수의 계산의 편의를 위해 어림하는 경우이다.
- 편리성 때문이다: 32×9를 30×10으로 계산하는 것과 같이, 계산을 간략화하거나 좀 더 효과적으로 하기 위한 목적으로 사용한다.

탐구 과제: 수 어림하기

다음 조건에 맞게 수를 어림하고, 그 이유를 이야기해 보세요.

① 125를 일의 자리에서 반올림
② 1002를 십의 자리에서 올림
③ 12.05를 소수 첫째 자리에서 버림

오늘의 생각 문제

1. 다음 문제를 여러 가지 방법으로 해결해 보세요.

[문제 1] 원이는 가지고 있는 구슬 중 $\frac{1}{3}$을 민이에게 주고, 나머지 중에서 $\frac{1}{4}$을 환이에게 주었더니 24개의 구슬이 남았다. 원이가 처음 가지고 있던 구슬의 수를 구하세요.

[문제 2] 민이가 물 $\frac{4}{5}$L를 빈 통에 담아 보니 통의 $\frac{2}{3}$가 채워졌다. 한 통을 가득 채울 수 있는 물의 양은 몇 L인지 구하세요.

2. 2015 개정 수학과 교육과정에 따른 교과서 분석을 주제로 한 교사협의회에서 교사들이 나눈 대화의 일부이다. 물음에 답하시오(2021학년도 초등 임용시험 문제).

교사 A: 오늘 협의를 통해 교수학적 변환 과정에서 '교육과정-교과서-수업'이 일관성이 매우 중요하다는 것을 다시 한 번 깨닫게 됩니다. 이번 시간에는 '수와 연산' 영역의 내용이나 전개 방식에 대해 생각한 점을 이야기해 볼까요?

교사 B: 저는 3학년 '나눗셈' 단원의 검산 활동에 대해 생각해 봤어요. 16을 5로 나누어 몫 3, 나머지 1을 얻었을 때, 이 계산이 맞는지 확인하기 위해 왜 5×3=15, 15+1=16과 같이 곱셈식과 덧셈식의 두 단계로 나타낸 걸까요? 수학적으로 동치이긴 하지만, 5×3+1=16과 같이 하나의 식으로 가르쳤었는데요.

교사 C: 교육과정 중 내용 체계의 변화가 반영된 한 가지 사례에 해당합니다. 구체적으로, 2015 개정 수학과 교육과정에서는 (㉠) 때문이죠. 학년군에 따른 학습 내용의 범위를 준수하기 위해 식 표현의 변화가 불가피한 부분이에요.

교사 B: 그렇군요. 나눗셈 알고리즘은 몫을 정할 때 어림을 잘해야 하고 계산 과정도 복잡하기 때문에 계산을 맞게 했는지 확인해 보는 것이 중요한데, 나머지가 있는 나눗셈의 검산 식을 쓸 때 주의해야겠네요.

교사 A: 저는 1학년 '수와 연산' 영역의 한 차시를 살펴보다가 새로운 내용 요소가 구현되었다는 것을 파악했어요. 10을 만들어 더하기 차시에 도입된 덧셈의 성질입니다. 만약 학생들이 이 덧셈의 성질을 모르는 상태라면, 2+6+4를 계산할 때 10을 만들어 더하기 위해 뒤의 두 수인 6과 4를 먼저 더하도록 하는 것이 학생들에게 비약적이라고 생각했어요. 왜냐하면 ㉡ 이미 배운 세 수의 덧셈 방법과 다르기 때문이에요.

교사 C: 그러면 ㉢ 그 덧셈의 성질을 어떤 방식으로 지도하게 되는 거지요?

교사 A: 2+6+4의 효과적인 계산을 위해서 10을 만들어 더하는 방법을 도입하기 전에 [그림]을 제시하여

오늘의 생각 문제

그 덧셈의 성질을 파악하도록 하는 거죠.

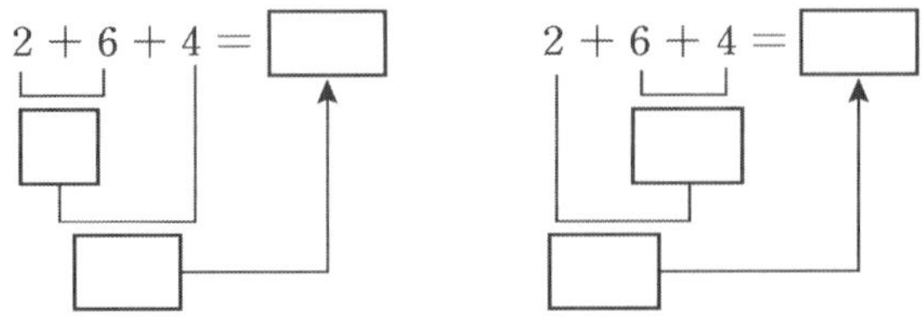

[그림]

교사 C: 아, 그렇게 하면 10을 만들어 더하는 방법을 가르칠 때 주어진 식에 따라 효과적인 방법을 선택하여 계산할 수 있겠네요. 이제 나눗셈의 몫이 무한소수일 때 어림하는 방법에 대해 얘기해 보면 좋겠어요. 반드시 반올림으로 어림해야 할까요?

교사 B: ㉣ 수학 내적 맥락에서는 보통 반올림하지만 실생활 맥락에서는 상황에 맞게 올림과 버림도 이용할 수 있다고 생각합니다. 학생들에게 문제 상황과 연관 지어 어떤 어림 방법을 이용하는 게 적절한지 토론해 보는 기회를 제공하는 것이 좋을 것 같아요.

(1) ㉠에 들어갈 알맞은 이유를 2015 개정 수학과 교육과정에서 내용 체계의 변화에 근거하여 쓰시오.

(2) ㉡을 설명하고, [그림]을 참조하여 ㉢을 세 수 a, b, c를 이용하여 식으로 나타내시오.

(3) ㉣과 관련하여, 다음 문제에서 구한 몫을 상황에 적절하게 어림하여 소수 셋째 자리까지 나타내시오.

[문제] 백신 실험을 위해 천연 항생 물질 26.3mL가 필요하다. 추출기는 일일 추출량과 기간을 설정하여 매일 똑같은 양을 추출하도록 설계되어 있다. 13일 동안 추출하여 실험에 차질이 없으려면 하루 추출액을 적어도 몇 mL로 설정해야 하는가?

단원 내용 되돌아보기

01. 수를 배우기 시작하는 시기에 수 개념 형성을 위해 아이들과 함께 할 수 있는 활동에 대해 이야기해 보세요.

02. 수와 숫자를 구별하고, 0의 의미를 예와 함께 제시해 보세요.

03. 수 세기의 원리를 조사하고, 각 원리에 따라 아이들에게 수 세기를 지도할 방안에 대해 이야기해 보세요.

04. 다음 규칙으로 수를 나타내려고 한다. 물음에 답하세요(2004학년도 초등 임용시험 문제).

〈규칙 1〉 ─은 1, |은 10을 나타낸다.
〈규칙 2〉 30이면 묶어 나타낸다.
〈규칙 3〉 기호의 위치가 위로 올라갈수록 자릿값이 커진다.

(1) 위 규칙에 따라 수를 나타낸 예는 다음과 같다. 같은 방법으로 298515를 나타내세요.

예	문제
24 → ‖ ─ ─ ─ ─ 34 → ─ (위) ─ ─ ─ (아래)	298515 →

(2) 위의 규칙으로 수를 나타낼 때 발생하는 가장 중요한 결함을 보완하기 위해 다음 규칙을 추가하였다. (　　)에 알맞은 수와 그 역할을 2가지 쓰세요.

〈규칙 4〉 ▽는 (　　　　)을/를 나타낸다.

수: ____________ 역할: ① ____________ ② ____________

05. 고대 사람들이 사용한 숫자를 조사하고, 십진법의 수 2024를 이용하여 고대 사람들이 사용한 숫자로 나타내 보세요.

06. 여러 가지 실세계 예를 들어 수를 읽는 방법을 제시해 보세요.

07. 자연수를 지도하는 과정을 세 자리 수를 예로 하여 설명해 보세요.

08. 수 개념 지도에 활용할 수 있는 모델을 조사하고, 이를 이용하여 수 개념을 지도할 수 있는 방법에 대해 이야기해 보세요.

09. 수의 여러 가지 성질을 탐구할 수 있는 수론 내용을 조사해 보세요. 예를 들어, 짝수와 홀수, 삼각수와 사각수와 같은 도형수, 소수 등이 있습니다.

10. 일상생활에서 수의 범위와 어림을 사용하는 사례를 제시하고, 각각의 과정에서 사용 방법에 대해 이야기해 보세요.

5장 분수와 소수

이 장을 시작하면서

분수는 자연수로 표현할 수 없는 상황의 양을 표현하기 위해 나타났는데, 역사적으로 단위량으로 측정할 수 없는 양을 나타내야 하는 측정 상황과 어떤 양을 똑같이 분배하는 상황에서 나타났다고 한다. 예를 들어, 종전에는 자연수를 사용하여 사물의 개수를 나타내는데 어려움이 없었지만, 병에 남은 물이 반일 때 이것을 나타내기 위해서는 분수가 필요했던 것이다. 기원전 1650년경 고대 이집트인들은 단위분수를 체계적으로 사용했다는 흔적을 린드 파피루스(Rhind Papyrus)에 남기고 있는데, 예를 들어, $\frac{2}{5}$를 $\frac{1}{3}+\frac{1}{15}$로 나타낼 수 있는 것이다.

한편, 소수는 분수가 나타난 지 3000년이 지난 16세기 후반에 분수 계산의 어려움을 극복하려는 노력으로 나타났다. 소수가 나타남으로써 분수를 위치적 기수법인 십진기수법으로 나타낼 수 있게 된 것이다.

함께 이야기해요

다음 두 그림을 분수로 나타내고, 어느 분수가 큰지 이야기해 보세요.

함께 해결해봐요

아이들은 일상 경험을 바탕으로 균등 분배(equal sharing) 문제를 해결할 수 있다(Empson & Levi, 2011). 다음 문제에 대하여 분수를 배우지 않은 아이들이 어떻게 문제를 해결할 수 있을지 생각해 보고, 그 방법대로 문제를 해결해 보세요. 각각의 문제는 어떤 면에서 해결하기가 쉬운지, 어려운지, 아이들이 나타낼 수 있는 오류는 어떤 것이 있을 것인지 예상해 보고 이야기해 보세요.

① 빵 5개를 4명이 똑같이 나누어 먹으려고 합니다. 한 사람이 먹는 빵은 얼마만큼인지 구하시오.

② 빵 5개를 3명이 똑같이 나누어 먹으려고 합니다. 한 사람이 먹는 빵은 얼마만큼인지 구하시오.

5-1 분수와 소수의 지도 원리

(1) 분수 개념의 발생

분수는 단위 또는 전체와 부분사이의 관계를 표현하는 기호의 필요에서 나타났다.

분수는 기원전 2000년경부터 바빌로니아에서 사용되기 시작하였는데, 농업과 상업, 문명의 발달과 더불어 토지조사, 물물교환, 세금 징수 등의 상황에서 분수 개념이 필요하게 된 것이다. 즉, 1보다 큰 사물의 개수는 자연수로 표현 방법이 해결되었지만, 1보다 작은 조각을 나타내는 경우에는 '단위' 또는 '전체'와 '부분' 사이의 관계를 나타내는 기호가 필요했던 것이다.[9] 이러한 실용적이고 실제적인 요구를 충족시키기 위하여 분수가 만들어졌다(Baroody & Coslick, 1998).

수학사에서 다루어지는 분수에 대한 기록은 이집트인들이 사용한 분수에 관한 것이다. 이집트에서 분수를 사용한 증거는 기원전 1700년 경에 쓰인 린드 파피루스(Rhind Papyrus)에 나타난다. 이집트인들은 주로 단위분수를 이용하였는데, 이것은 분수를 단위분수로 나타냄으로써 계산의 어려움을 피하고자 한 것으로 보인다(Lenchner, 1983). 린드 파피루스에는 n이 5에서 101까지인 분수 $\frac{2}{n}$(단, n은 홀수)를 서로 다른 단위분수의 합으로 나타내고 있는데, 다음에는 그 몇 가지 예이다.

$$\frac{2}{5}=\frac{1}{3}+\frac{1}{15}$$
$$\frac{2}{7}=\frac{1}{4}+\frac{1}{28}$$
$$\frac{2}{11}=\frac{1}{6}+\frac{1}{66}$$

탐구 과제: 유추적 사고로 해결하기

분수 $\frac{9}{10}$에 대하여 다음과 같은 단위분수의 합으로 나타내어 보세요.

(1) 서로 다른 3개의 단위분수의 합
(2) 서로 다른 4개의 단위분수의 합

9) 단위는 수학에서 여러 의미로 사용되지만, 여기서는 '하나의 집단 조직 등을 구성하는 기본적인 한 덩어리'의 측면에서 사용되며, 어떤 양의 전체는 고정되지만, 단위는 기본이 되는 한 덩어리를 무엇으로 설정하는가에 따라 여러 가지로 나타날 수 있다. 예를 들어, 사과 6개가 있을 때 전체는 사과 6개가 되며, 단위는 1개, 2개, 3개, 6개로 설정할 수 있다.

이집트에서 이용된 단위분수는 그리스에 전해졌고, 이것은 아라비아에 전해지며 다시 유럽에 전해져 이용되었다. 초기의 분수 표현은 분수 막대가 없이 분모 위에 분자를 쓰는 방식을 택하였지만, 아랍인들은 1000년경 처음으로 분수의 막대 표기($\frac{a}{b}$)를 도입하였다고 한다(Baroody & Coslick, 1998).

수학은 현실 세계의 경험으로부터 발생하였다.

수학적 개념·원리·법칙·정리 등이 현실 세계의 경험으로부터 발생하였다는 면에서 분수를 살펴보면 먼저, 분수는 측정 상황에서 분수를 이용해야 하는 상황으로부터 유도되었다고 볼 수 있다(서동엽, 2005; 안재구, 2000). 측정의 기본 아이디어는 단위를 이용하여 기본 단위의 몇 배에 해당하는가를 할당하는 것인데, 주어진 단위의 자연수 배가 되지 않는 경우에 어려움이 발생하며, 이 문제를 해결하기 위하여 분수가 필요했던 것이다. 다음으로 분수가 필요한 다른 상황은 균등 분배 상황에서 자연수로 나누어 떨어지지 않는 양을 나타내기 위해 분수가 필요했던 것이다.

역사적으로 추정해 볼 때 사람들은 존재하지 않는 새로운 표현을 생각하기보다는 기존의 표현 방법을 활용하고자 했을 것이고, 따라서 주어진 단위를 더 작은 단위로 바꾸어 자연수로 나타내고자 했을 것이다. 그러나, 어느 때부터 그러한 방식의 불편함을 해소시키기 위하여 새로운 표현인 지금의 분수를 고안하기에 이르렀을 것이다(서동엽, 2005).

(2) 분수의 여러 가지 의미

분수를 다룰 때 제기되는 개념이 유리수(rational number)와 분수 사이의 관계이다. 분수는 두 수의 순서쌍 $(a, b) = \frac{a}{b}$로 표현되고 a를 분자, b를 분모라고 한다.[10] 분수가 유리수 표현과 같은 양식을 가지고 있지만,[11] 유리수와 분수가 같은 것을 나타내지는 않는다. 유리수는 양의 크기를 나타내는 수

---

10) 두 수 a, b에 대하여 분자가 0이거나 분모가 0인 꼴인 일례로, $\frac{0}{6}$이나 $\frac{6}{0}$도 분수인가에 대해서는 논란의 여지가 있을 수 있다. 유리수 정의에 의해 $\frac{0}{6}$은 유리수이며, 또한 기약분수가 아닌 분수이다. 그렇지만 $\frac{6}{0}$은 유리수의 정의에 따라 유리수가 아니며, 또한 분수의 여러 가지 하위 개념 중 비의 의미에서 기준량이 0인 경우를 나타낼 수 있기 때문에 분수 표현으로는 문제가 없으나, 혹자들은 기준량이 없이 양을 비교하는 상황은 바람직하지 않다고 한다. 따라서, 수학적으로는 다루지 않는 것이 통례이다.

11) 앞 주석의 해석과 같이, 분수가 유리수의 부분집합이 되지는 않는다. 그렇지만, 우리가 다루는 일반적인 분수 표현은 유리수의 형태를 가지고 있는 것이다.

(number)이고, 분수를 유리수를 기호로 나타낸 수의 이름(numeral)이다. 예를 들어, 유리수 $\frac{1}{2}$은 어떤 양의 '반'이라는 양의 크기가 되며, 이 양의 크기를 여러 가지 기호로 나타낸 수의 이름($\frac{1}{2}$, $\frac{2}{4}$, $\frac{3}{6}$, …)이 분수이다. 따라서, 유리수 $\frac{1}{2}$과 동치인 분수는 여러 개가 존재하며, 수 개념으로 볼 때 $\frac{1}{2}$, $\frac{2}{4}$, $\frac{3}{6}$, …은 같은 수를 나타내지만, 분수로 볼 때는 다른 상황을 나타내는 것이다. 즉, 유리수는 수 개념의 하나로 다루어지는 것이고, 분수는 양을 나타내는 기호인 것이다.

이제 분수의 여러 가지 의미에 대해 살펴보기로 한다. 분수의 여러 의미는 추상화 과정을 통해 얻은 분수의 개념적 측면과 이를 나타내는 모델적 측면으로 구분할 수도 있지만, 일반적으로 이를 포괄하여 분수의 여러 가지 의미로 나타내기로 한다. 이런 면에서 강흥규(2005)는 분수 개념으로 나눗셈, 비, 작용소를 제시하였고, 모델로 분배, 전체-부분, 측정 활동, 비교, 측정수로 구분하여 제시하였다. 또 Reys et al.(2009)는 분수의 의미를 부분-전체의 의미, 몫의 의미, 비의 의미와 같이 3가지로 제시하고 있으며, Baroody & Coslick(1998)은 전체에 대한 부분, 몫, 비, 연산자의 의미로 제시하고 있다. 여기서는 분수의 의미를 전체-부분의 의미, 양의 의미, 몫의 의미, 비의 의미, 연산자의 의미와 같이 5가지 의미로 알아본다.

1) 전체-부분의 의미[12)]

분수라는 용어는 라틴어 fractio(쪼개다; break)라는 의미를 가진 frangere의 파생어)에서 유래된 것인데, 전체를 몇 개의 조각으로 나눈다는 의미를 가지고 있다. 이런 의미에서 분수는 전체를 똑같은 크기의 부분으로 나눈(등분할) 것에서 전체(분모)에 대한 부분의 수(분자)를 의미한다. 예를 들면, 분수 $\frac{3}{5}$은 전체를 똑같이 5등분하고, 그 중에서 3개를 취한다는 의미이다. 이 분수는 아래와 같은 영역 모델로 나타낼 수 있다. 전체-부분의 의미에서 전체와 부분의 관계를 인식하는데 기초인 '등분할' 개념의 이해와 활동이 중요하며, 학생들은

◎ 분수는 똑같은 크기의 부분으로 나눈 전체에 대한 부분의 수를 의미하는 등분할의 의미가 있다.

12) 영어 표현으로는 'part-whole' 개념이라고 하는데, 영어에서 분수를 읽는 방법이 분자(기수)를 먼저 읽고 분모(서수)로 읽는 것에 기인하며, 같은 의미에서 우리말은 분모를 먼저 읽고 분자의 순으로 읽기 때문에 전체-부분의 의미로 표현한다.

다양한 대상을 등분할하는 경험을 하는 것이 중요하다. 전체-부분 의미의 분수를 지도하는 모델로는 영역, 길이, 집합, 넓이 모델이 있다.

① 영역: 이 모델은 가장 구체적이고 아이들이 다루기가 쉽다. 영역은 전체이면서 단위이고, 그것을 등분할한 부분들은 같은 크기와 모양을 갖는다. 영역 모델은 원, 정삼각형, 직사각형 등 어떤 형태도 가능하다. 영역 모델을 다룰 때는 원 모델만을 다루어 분수가 '파이의 한 부분'이라는 생각에 편중되지 않도록 주의해야 한다.

교육과정 성취기준

[4수01-09] 양의 등분할을 통하여 분수의 필요성을 인식하고, 분수를 이해하고 읽고 쓸 수 있다.

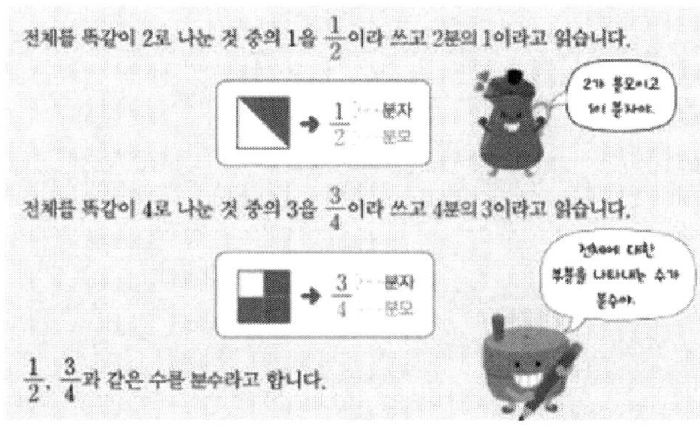

그림 5.1 분수의 영역 모델(박만구 외, 2022a, p. 117)

② 길이: 임의의 단위길이는 등분할 수 있는데, 가는 종이띠를 자르는 활동을 한 후에 수직선 위의 점에 대응시키는 활동으로 길이 모델을 유도한다.

교육과정 성취기준

[4수01-09] 양의 등분할을 통하여 분수의 필요성을 인식하고, 분수를 이해하고 읽고 쓸 수 있다.

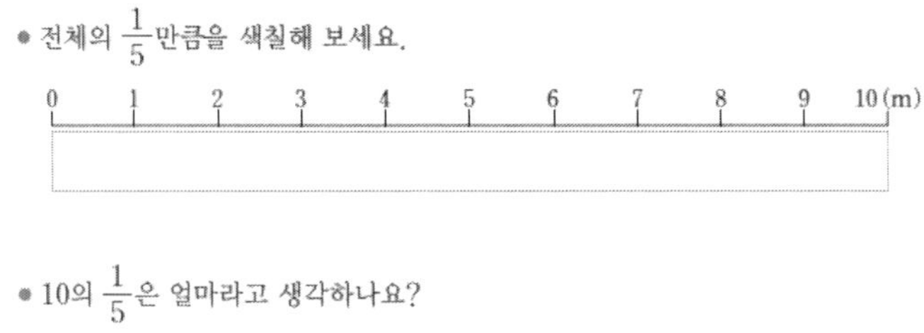

그림 5.2 분수의 길이 모델(교육부, 2020b, p. 82)

③ 집합: 집합 모델은 사물의 한 집합을 전체(집합)로 사용한다. 이 모델은 아이들이 하나의 단위를 나누는 활동으로 분수를 경험했기 때문에 사물 전체를 하나의 단위로 인식하는데 어려움을 유발한다.

집합 모델은 사물의 한 집합을 전체로 사용한다.

교육과정 성취기준

[4수01-09] 양의 등분할을 통하여 분수의 필요성을 인식하고, 분수를 이해하고 읽고 쓸 수 있다.

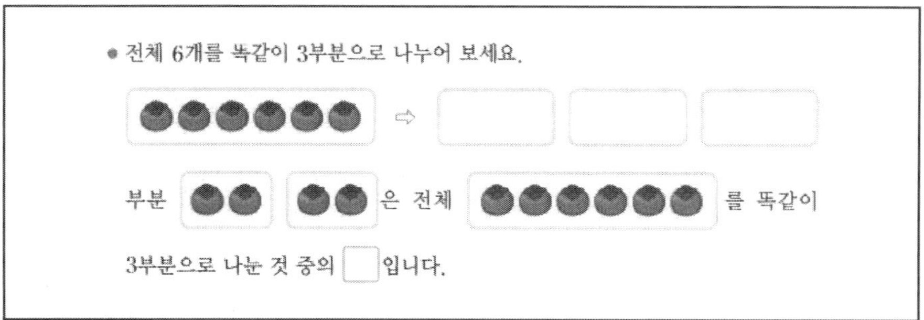

그림 5.3 분수의 집합 모델(교육부, 2020b, p. 78)

④ 넓이: 넓이 모델은 영역 모델과 비슷하나, 영역 모델이 각 부분의 크기와 모양이 같다는 조건이 있는 반면에, 단지 넓이만 같으면 된다.

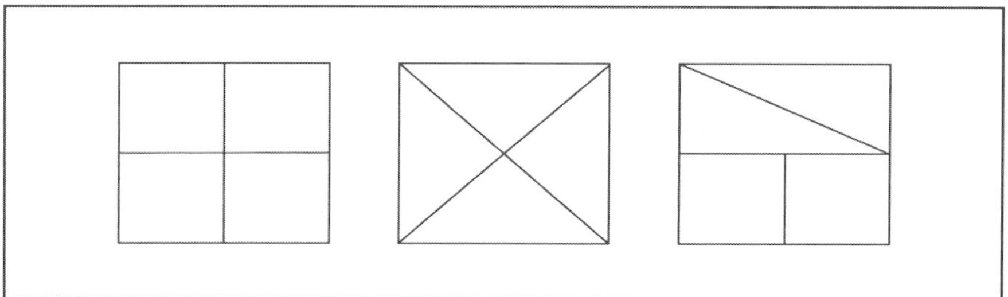

그림 5.4 분수의 넓이 모델

2) 측정의 의미

어떤 양을 측정하는 과정에서 주어진 단위의 자연수 배가 아닌 길이를 잴 때 처음 단위를 세분하여 더 작은 단위를 만듦으로써 보다 정교한 측정을 할 수 있다. 이 경우에 발생하는 측정값을 나타내는 분수가 측정의 의미이다. 단위의 크기를 작게 하는 것은 분모가 점점 커지는 분수를 만들어 보다 정확한 측정값을 얻을 수 있는 것이다.

분수 단위로 측정하는 방법에는 단위를 등분할하여 측정하는 방법과 재고자 하는 부분을 등분할하여 단위와 비교하는 방법이 있다(강지형 외, 2008). 먼저, 단위를 등분할하여 측정하는 방법은 측정하고자 하는 부분이 처음의 단위(1차 단위, 예를 들면 자연수)로 측정할 수 없을 때 처음 단위를 세분하여 새로운 단위(2차 단위, 예를 들면 $\frac{1}{2}$)를 만들어 측정하고, 다시 남는 부분이 발생하면 다시 단위(3차 단위, 예를 들면 $\frac{1}{4}$)를 만들어 측정한다. 이와 같은 과정을 반복하면 측정하고자 하는 길이 $1+\frac{1}{2}+\frac{1}{4}$을 얻을 수 있다. 동양에서는 단위로 재고 남는 부분을 재기 위하여 단위를 10등분하고, 이것으로 잴 수 없는 부분은 100등분하여 측정하였다(강지형 외, 2008).

다음으로 재고자 하는 부분을 등분할하여 단위와 비교하는 방법은 측정하고자 하는 부분을 2, 3, 4, …으로 등분할하여 단위와 비교하는 방법이다. 예를 들면, 측정하고자 하는 부분을 2등분하여, 그 중 한 부분으로 단위를 측정하여 정확하게 자연수 배가 되지 않으면, 다시 3등분하여 그 중 한 부분으로 단위를 측정하여 정확하게 자연수 배가 될 수 있는가를 조사한다. 이러한 과정을 계속하여 측정하고자 하는 부분을 n등분할하여 단위를 측정하여 정확하게 자연수 배가 될 때 단위를 이루는 전체 수와 측정하고자 하는 길이를 비교하여 측정값을 얻을 수 있다.

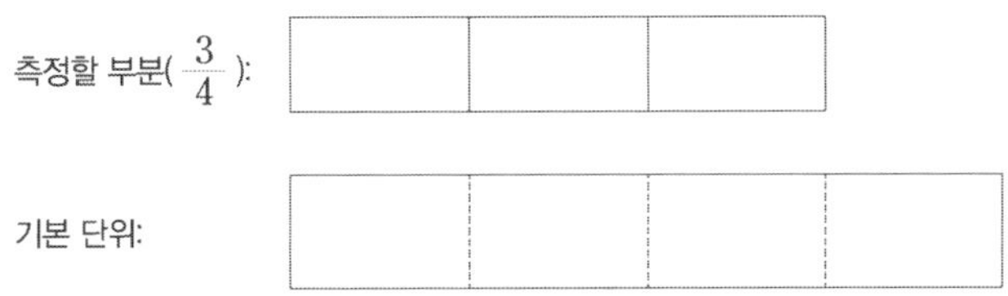

3) 몫의 의미

◎ **분수는 나눗셈의 몫을 의미한다.**

분수는 나눗셈의 몫을 의미한다. 예를 들면, 분수 $\frac{3}{5}$은 3÷5의 몫으로 생각할 수 있다. 이것은 균등 분배 상황으로부터 발생하는데, 분수 $\frac{3}{5}$은 과자 3개를 5명이 똑같이 나누어 먹을 때 한 사람이 차지하는 몫을 의미한다.

◎ **교육과정 성취기준**

[6수01-10] '(자연수)÷(자연수)'에서 나눗셈의 몫을 분수로 나타낼 수 있다.

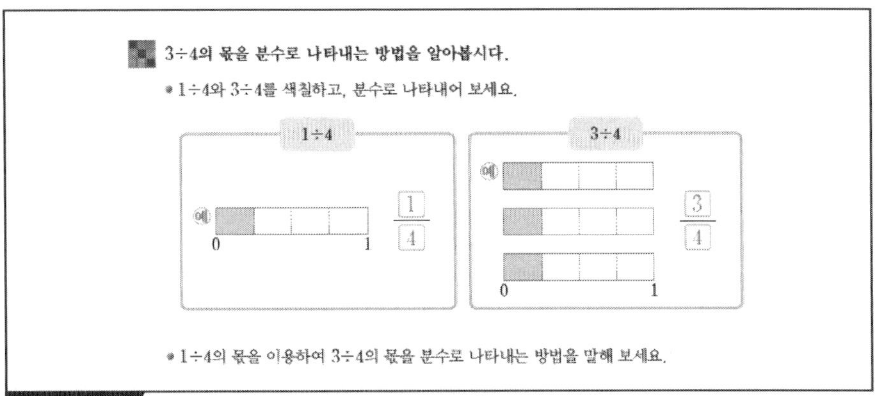

그림 5.5 몫으로서 분수(교육부, 2020g, p. 12)

탐구 과제: 균등 분배 문제(equal sharing problem)해결하기

사과 3개를 5명이 똑같이 나누어 먹으려고 한다. 한 사람이 먹게 될 사과의 양을 여러 가지 방법으로 나타내 보세요.

4) 비의 의미

분수는 비를 나타낼 수 있다. 예를 들어, 비 3 : 5를 분수 $\frac{3}{5}$ 으로 나타낼 수 있다. 비는 두 양 사이의 관계를 나타내는데, 전체에 대한 부분의 관계인 경우와 부분과 부분의 관계인 경우로 나눌 수 있다. 예를 들면, 구슬 5개 중 파란 구슬 3개(전체에 대한 부분의 관계인 경우)와 흰 구슬 5개에 대한 검은 구슬 3개(부분과 부분의 관계인 경우)의 경우이다. 전자의 경우에 분수는 전체와 부분이 같을 경우를 제외하고는 항상 1보다 작고 가역적이지 못하다. 그렇지만, 후자는 분수가 1보다 크거나, 같거나, 작을 수 있으며, 분수를 약분하여 1이외의 자연수가 될 수 있으며, 가역적이다(강지형 외, 2008).

◎ 분수는 비를 나타낼 수 있다.

◎ 교육과정 성취기준

[6수02-03] 비율을 이해하고, 비율을 분수, 소수, 백분율로 나타낼 수 있다.

• 처음 도넛 수와 판매한 도넛 수만큼 ○를 색칠해 보세요.

처음 도넛 수	●●●●●	●●●●●	●●●●●	●●●●●
판매한 도넛 수	●●●●●	●●●●●	○○○○○	○○○○○

• 처음 도넛 수에 대한 판매한 도넛 수의 비를 써 보세요. 10 : 20

• 판매한 도넛 수는 처음 도넛 수의 몇 배인지 분수와 소수로 각각 나타내어 보세요.

그림 5.6 비로서 분수(교육부, 2020g, p. 78)

두 분수 $\frac{2}{3}$ 와 $\frac{4}{6}$ 의 경우에 등분할의 의미에서는 서로 다른 상황을 나타내지만, 두 양의 상대적인 크기를 나타내는 비의 의미에서는 같은 상황을 나타낸다. 또, 서로 다른 크기에서도 전체에 대한 부분의 관계가 $\frac{2}{3}$ 와 같다는 것을 알았을 때 비의 개념을 이해했다고 볼 수 있다. 따라서, 분수의 본질적인 개념을 이해하기 위해서는 상대적인 크기를 나타내는 비의 의미를 이해해야 한다.

5) 연산자(operator)의 의미

분수의 연산자의 의미는 하나의 양에 분수를 곱하여 새로운 양을 산출하는 작용소 역할로서 분수를 의미한다. 예를 들어, 도형을 $\frac{2}{3}$ 배만큼 축소하거나

$\frac{4}{3}$ 배만큼 확대시키는 작용소로서, 또는 원소의 개수를 $\frac{4}{3}$ 배만큼 늘이거나 $\frac{2}{3}$ 배만큼 줄이는 작용소로서 분수를 생각할 수 있다. 연속량에서 연산자의 의미는 도형의 닮음을 이해하는데 중요하다. 예를 들면, 6cm의 $\frac{4}{3}$ 를 그리는 것은 3cm에 대하여 4cm를 그리는 것을 의미하므로 8cm가 됨(확대)을 알 수 있다. 반대로 6cm의 $\frac{2}{3}$ 를 그리는 것은 3cm에 대하여 2cm를 그리는 것을 의미하므로 4cm가 됨(축소)을 알 수 있다. 이것은 이산량에서도 똑같이 적용된다.

(3) 분수 학습의 어려움

◎ 분수는 아이들이 어려워하는 학습 내용 중 하나이다.

분수는 아이들이 어려워하는 학습 내용 중 하나인데, 그 이유를 분수 내적인 측면과 외적인 측면으로 나누어 생각해 볼 수 있다(김수환 외 7, 2009). 분수의 내적인 측면으로는 분수가 여러 가지 의미를 가지고 있고, 분수를 다룰 때 분모와 분자의 관계를 고려해야 한다는 것을 들 수 있다. 또한, 이미 학습한 자연수와 그 연산이 분수 개념과 그 연산에 영향을 끼치기 때문이며, 분수를 수직선에 나타내기도 어렵고 여러 가지 절차가 요구되기 때문이다.

분수의 외적인 측면으로는 첫째, 현행 분수 학습의 내용 구성이 분수의 생성 배경이 제대로 반영되지 않았다는 것과 일상에서 경험하는 비형식적 지식을 충분히 활용하지 못한다는 것, 분수의 필요성과 본질이 충분히 부각되지 못하고 있다는 것을 들 수 있다. 또, 분수의 하위 개념 간의 통합이 되지 못하고 있으며, 전체-부분의 의미에 편중된다는 것을 들 수 있다. 둘째, 학습 자료 면에서는 아이들이 접하는 소재를 활용하지 못하고 주로 도형(영역 모델)에 치중하는 것, 아이들의 활동과 조작이 제한되고 있으며, 주로 연속량을 다룬다는 것을 들 수 있다. 셋째, 지도 방법 면에서는 분수의 양적인 측면을 충분히 고려하지 못하고, 아이들이 경험한 비형식적 지식과 일상 경험을 활용하지 못한다는 것을 들 수 있다.

이러한 이유로 아이들은 분수를 배우는데 어려움을 가지고 있으며, 다양한 오류를 보이기도 한다. 예를 들면, 다음 그림에서 색칠한 부분은 전체의 얼마

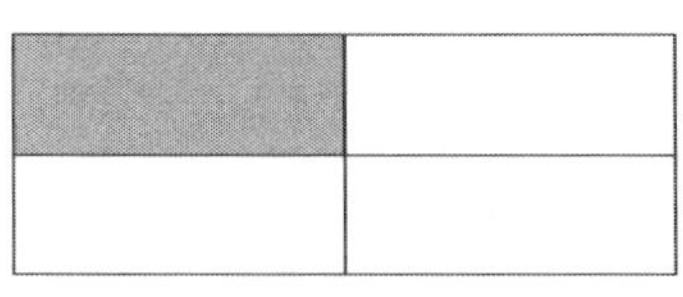

인가? 아이들은 비교해야 할 부분이 전체에 포함되어 있어 전체의 부분으로 조각을 구분하는데 힘들어 한다. 따라서, $\frac{1}{3}$이라고 답하는 경우가 있다.

분수의 연산과 관련해서는 분모가 같지 않은 분수의 덧셈 시간에 다음과 같은 상황이 있기도 하다.

> '$\frac{2}{3}+\frac{3}{4}=\frac{5}{7}$입니다. 왜냐하면 3개의 슛을 하여 2개가 골인하였고 4개의 슛을 하여 3개가 골인하였다면, 전체적으로 7개의 슛을 하여 5개가 골인하였기 때문입니다.'

이 경우에 어떻게 대처하여야 할까? 분수의 대소 비교나 연산은 원래의 전체 크기에 좌우된다. 즉, 분수의 대소 비교나 연산에 이용되는 분수는 부분의 전체가 되는 양을 동일하게 생각해야만 한다. 따라서, 원래의 크기가 다른 2개의 분수를 더하는 것은 잘못된 것이다.

한편, 분수의 곱셈 $\frac{1}{3}\times\frac{3}{4}=\frac{1\times3}{3\times4}=\frac{1}{4}$ 과 같이 분수의 나눗셈에서도 이와 같은 원리가 성립할까? 예를 들어 $\frac{2}{5}\div\frac{3}{4}=\frac{2\div3}{5\div4}$ 이 성립하는가? 일반적으로 '분수÷분수'는 제수의 분모와 분자를 바꾸어 곱하여야 한다. 그렇지만, 실제로 $\frac{2}{5}\div\frac{3}{4}=\frac{2\div3}{5\div4}$ 이라고 해도 맞게 된다. 즉, 분수의 나눗셈이라는 면에서는 도움이 별로 되지 않지만, 등식으로서는 맞는 것이다.

읽기 자료

분수 나눗셈의 원리

분수 나눗셈의 알고리즘을 도출하는 방법으로 분수의 곱셈으로부터 유추하는 방식을 생각할 수 있다. 이 방식은 분수의 곱셈에서 분모는 분모끼리, 분자는 분자끼리 곱한 것처럼, 나눗셈에서도 분모끼리 나누고, 분자끼리 나누면 된다고 유추하는 것이다. 다음의 예를 살펴보자.

$$\frac{2}{3}\div\frac{4}{5}=\frac{2\times4\times5}{3\times4\times5}\div\frac{4}{5}=\frac{2\times4\times5\div4}{3\times4\times5\div5}=\frac{2\times5}{3\times4}=\frac{2}{3}\times\frac{5}{4}$$

위 식에서 알 수 있는 것과 같이, 분수 나눗셈은 분모끼리 나누고, 분자끼리 나누어서 제수의 역수를 곱하는 결과를 얻게 된다. 이 방식은 역수를 곱하는 의미가 나타나지 않으며, 초등학교 수학에서 다루지도 않는다.

⑷ 소수 발생의 역사

소수는 분모가 10^n이 되는 분수의 다른 표현으로 생각하게 된 것이다.

소수의 발생은 역사적으로 볼 때 분수보다 늦었다. 고대 이집트, 바빌로니아, 그리스의 분수는 12진법, 60진법을 택하여 천문학에 관한 계산을 하는데 이용되어 왔다. 이들 분수 중에서 분모가 10^n이 되는 분수의 다른 표현인 소수를 생각하게 된 것은 분수를 아라비아 숫자의 표기 방법인 십진기수법과 관계를 맺으려는데 있다.

소수에 관한 이론 체계를 처음으로 발표한 사람은 스테빈(Stevin, 1548~1620)이었다. 그는 1585년 소수에 관한 논문을 발표하였는데, 이는 기존의 60진법적 분수의 생각과 아라비아 기수법에서의 자리잡기의 원리를 관계지려는데 있다. 스테빈은 소수의 성격에 대한 논술에서

⑴ 소수는 십진법으로 전개한다.
⑵ 기수법은 보통 아라비아 기수법에 따른다.
⑶ 소수를 사용할 때에는 분수의 도움 없이 어떤 수라도 기록할 수 있다.
⑷ 소수를 사용할 때에는 실제 어떤 계산을 하는데 있어서 분수의 도움 없이 계산할 수 있다.

는 것을 제시하고 있으며, 또 소수의 표기법에 대하여도

⑴ 정수부분의 첫째 자리를 ⓪의 기호로 표시한다.
⑵ 소수부분의 첫째 자리를 ①의 기호로, 둘째 자리를 ②의 기호로 표시하고, 이하 마찬가지 방법으로 표기한다. 라고 약속하고 있다(강시중, 1992).

오늘날과 같이 소수점을 찍어 표기하는 방법은 1952년 뷔르기(Bürgi)가 처음으로 시도하였다. 소수의 도입 방법은 분모가 10^n인 분수에서 도입하는 방법과 십진기수법에 따라 도입하는 방법이 있다. 분모가 10^n인 분수에서 소수를 도입하는 방법은 분수와 소수를 수직선상에 대응시켜

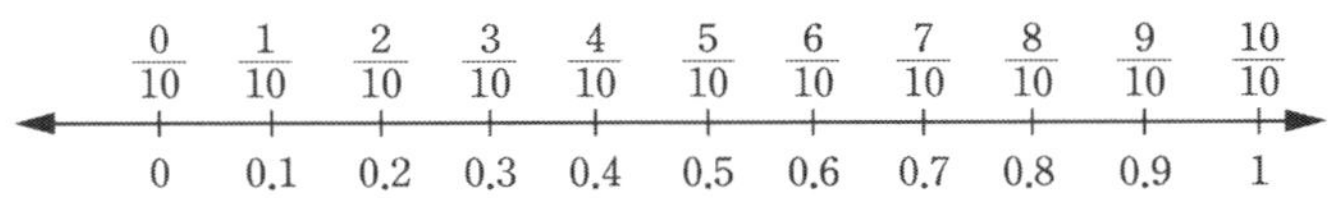

와 같이 표현하는 방법이다. 또, 십진기수법에 따라 도입하는 방법은 일상 생활경험을 통하여 나타나는 측정 장면에서 복명수를 단명수로 고치는 경우,

예를 들어, 1cm 2mm=1.2cm, 3m 20cm=3.2m, 3kg 750g=3.75kg 등에서 소수를 도입하는 방법이다.

소수를 지도할 때에는 소수와 분수의 관계를 명확히 하는 것이 필요하다. 또, 소수의 사칙연산 형식은 정수의 사칙연산 형식에 따르고 있으며, 소수의 대소 비교는 분수에 비하여 간편하다는 것을 알아야 한다. 한편, 중등 과정에서는 유리수뿐만 아니라, 무리수를 소수로 표기하는 방법 등 다양하게 소수를 활용할 수 있다는 점을 아는 것이 필요하며, 소수의 전개 방법도 정수의 전개 방법과 같이 십진기수법을 따르고 있다는 점을 알아야 한다. 예를 들어,

$$0.123 = \frac{1}{10} + \frac{2}{100} + \frac{3}{1000}$$

$0.123 = 1\times10^{-1}+2\times10^{-2}+3\times10^{-3}$ 이다.

5-2 분수와 소수의 지도 내용과 방법

분수와 소수는 3–4학년군부터 다루기 시작한다. 3–4학년군에서는 분수, 소수를 다루고, 5–6학년군에서는 분수와 소수의 관계를 다룬다. 각 학년별 상세한 지도 내용과 방법은 다음과 같다(교육부, 2022, p. 7).

핵심 아이디어	• 사물의 양은 자연수, 분수, 소수 등으로 표현되며, 수는 자연수에서 정수, 유리수, 실수로 확장된다. • 사칙계산은 자연수에 대해 정의되며 정수, 유리수, 실수의 사칙계산으로 확장되고 이때 연산의 성질이 일관되게 성립한다. • 수와 사칙계산은 수학 학습의 기본이 되며, 실생활 문제를 포함한 다양한 문제를 해결하는 데 유용하게 활용된다.		
구분 / 범주	내용 요소		
	초등학교		
	1–2학년	3–4학년	5–6학년
지식·이해		• 분수 • 소수	
과정·기능	• 자연수, 분수, 소수 등 수 관련 개념과 원리를 탐구하기 • 자연수, 분수, 소수의 크기를 비교하고 그 방법을 설명하기 • 수 감각과 연산 감각 기르기 • 연산 사이의 관계, 분수와 소수의 관계를 탐구하기 • 자연수, 분수, 소수, 사칙계산을 실생활 및 타 교과와 연결하여 문제해결하기		
가치·태도	• 자연수, 분수, 소수의 필요성 인식 • 분수 표현의 편리함 인식 • 수와 연산 관련 문제해결에서 비판적으로 사고하는 태도		

(1) 분수 개념

성취기준

[4수01-09] 양의 등분할을 통하여 분수의 필요성을 인식하고, 분수를 이해하고 읽고 쓸 수 있다.

(가) 성취기준 해설

• [4수01-09] 1보다 작은 양을 나타내는 경우를 통하여 분수의 필요성이나 그 표현의 편리함을 인식하게 할 수 있다. 양의 등분할을 통하여 분수를 도입할 때 부분과 전체를 파악하게 하고, '분모', '분자'를 사용한다.

(나) 성취기준 적용 시 고려 사항

• 수와 연산' 영역에서는 용어와 기호로 '나눗셈, 몫, 나머지, 나누어떨어진다, 분수, 분모, 분자, 단위분수, 진분수, 가분수, 대분수, 자연수, 소수, 소수점(.), '를 다룬다.

- '수와 연산' 영역의 문제 상황에 적합한 문제해결 전략을 지도하고, 문제해결 과정을 설명하게 하여 문제해결 역량을 기르게 한다.
- '수와 연산' 영역에서 문제해결 과정을 설명할 때 다른 친구의 의견을 존중하고 경청하는 태도로 참여하게 한다.

분수의 다양한 의미에도 불구하고, 분수는 연속량의 등분할을 통해 도입한다. 연속량의 등분할은 사과나 빵과 같은 구체물을 등분할하거나, 색종이 접기와 같은 조작 활동을 통하여 등분할한다. 등분할을 지도할 때에는 등분할이 아닌 경우를 함께 제시하여 등분할의 개념을 정확하게 가지도록 지도할 필요가 있다. 등분할의 의미를 바탕으로 전체와 부분의 관계를 이해하게 하고, 부분을 나타내고 읽고 쓸 수 있게 한다. 또, 부분을 분수로 나타내는 활동에 익숙해지면 쉽게 등분할 수 있는 연속량을 제시하여 주어진 분수만큼 나타내게 한다. 그리고 분수를 도입할 때 '분자', '분모'를 사용하도록 한다. 분수는 다음과 같은 순서로 도입하여 지도한다.

◎ 등분할→세기→용어와 기호→모형그리기

① **등분할**: 전체-부분 개념의 기초는 전체에 대한 각 부분의 의미를 아는 것이다. 따라서, 먼저 전체를 명백하게 해야 하는데, 전체란 어느 것이든 단위로 규정된 것을 말한다. 아이들은 전체를 균등한 부분으로 분할해 보고, 각각의 부분을 기술할 수 있어야 한다.

② **세기**: 아이가 분수와 관련하여 부분이란 용어에 익숙해지면 등분할된 각각의 부분을 세기 시작한다.

③ **용어와 기호**: 등분할 개념이 발달하고 전체와 부분의 관계를 인식했다면 이를 이분의 일, 삼분의 이와 같은 용어를 기호와 함께 도입한다.[13] 그리고 기호와 용어의 학습은 아이가 용어와 기호의 의미를 이해할 때까지 번갈아 사용되어야 한다.

④ **모형그리기**: 아이들에게 그림 모델을 주기보다는 아이들이 분수 모델을 만들어 보게 하는 것이다. 이러한 활동은 분수 개념에 대한 이해를 깊게 하며, 분수 개념을 심화하는 데에도 도움이 된다.

---

13) 분수를 쓸 때는 먼저 평행 막대를 긋고, 다음에 분모, 마지막에 분자를 쓴다.

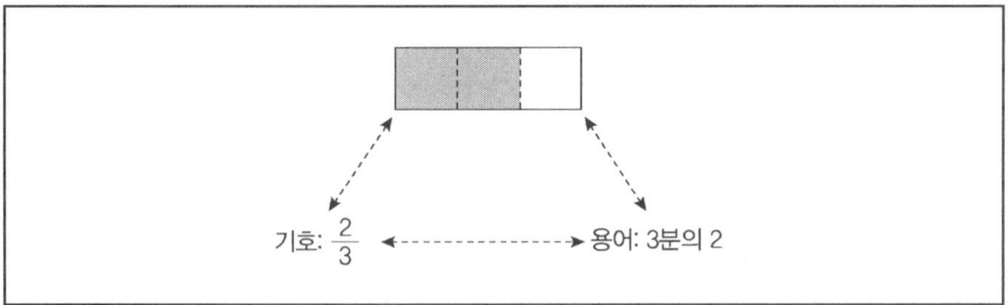

그림 5.7 분수의 모델, 기호, 용어 사이의 관계

이산량 분수에서는 이산량을 등분할하고, 등분할된 양을 분수로 나타내게 한다. 등분할된 양을 분수로 나타낼 때 전체와 부분 사이의 관계에 중점을 두게 한다. 또, 분수에 대한 이해를 돕기 위해 실생활에서 이산량으로서 분수가 사용되는 경우를 찾아볼 수도 있다.

교육과정 성취기준
[4수01-09] 양의 등분할을 통하여 분수의 필요성을 인식하고, 분수를 이해하고 읽고 쓸 수 있다.

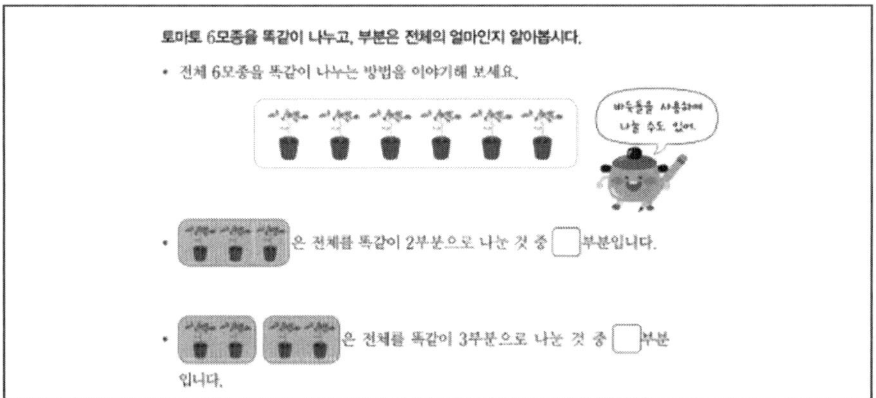

그림 5.8 이산량의 등분할(박만구 외, 2022b, p. 78)

교육과정 성취기준
[4수01-09] 양의 등분할을 통하여 분수의 필요성을 인식하고, 분수를 이해하고 읽고 쓸 수 있다.

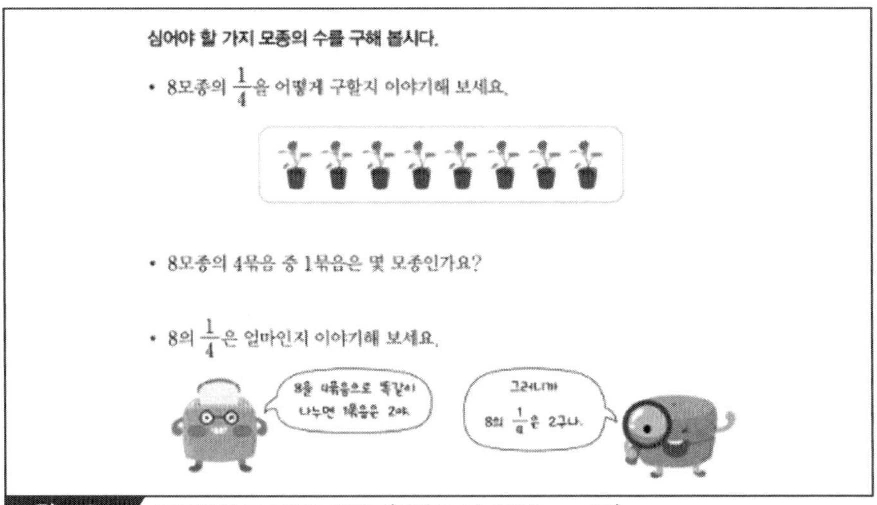

그림 5.9 이산량의 분수만큼 구하기(박만구 외, 2022b, p. 80)

이산량의 분수만큼을 알도록 하기 위해 주어진 양을 분수의 분모만큼 등분할하고, 그 중에서 분자만큼을 선택하는 과정을 통하여 결과를 찾도록 한다.

(2) 여러 가지 분수

성취기준

[4수01-09] 양의 등분할을 통하여 분수의 필요성을 인식하고, 분수를 이해하고 읽고 쓸 수 있다.

(가) 성취기준 해설: 없음

(나) 성취기준 적용 시 고려 사항

- '수와 연산' 영역에서는 용어와 기호로 '나눗셈, 몫, 나머지, 나누어떨어진다, 분수, 분모, 분자, 단위분수, 진분수, 가분수, 대분수, 자연수, 소수, 소수점(.), ÷'를 다룬다.

분모와 분자의 크기를 비교하여 분수를 단위분수, 진분수, 가분수로 구분하고, 대분수의 의미를 알도록 한다. 단위분수는 분자가 1인 분수로, 고대 이집트에서는 분배 상황을 편리하게 다루기 위하여 자주 사용하였다고 한다. 예를 들어, 빵 3개를 4명이 똑같이 나누어 갖는 경우에 빵 3개를 각각 4부분으로 나누어 한 조각씩 나누어 가지면 쉽게 해결할 수 있는 것이다.

진분수는 분자가 분모보다 작은 분수이고, 가분수는 분자가 분모보다 크거나 같은 분수를 의미한다. 또, 가분수와 대분수 사이의 관계를 알고, 가분수를 대분수로, 대분수를 가분수로 고치게 한다.

> **교육과정 성취기준**
> [4수01-11] 단위분수, 진분수, 가분수, 대분수를 알고, 그 관계를 이해한다.

$\frac{1}{4}$, $\frac{2}{4}$, $\frac{3}{4}$과 같이 분자가 분모보다 작은 분수를 진분수라고 합니다.

$\frac{4}{4}$, $\frac{5}{4}$와 같이 분자가 분모와 같거나 분모보다 큰 분수를 가분수라고 합니다.

$\frac{4}{4}$는 1과 같습니다. 1, 2, 3과 같은 수를 자연수라고 합니다.

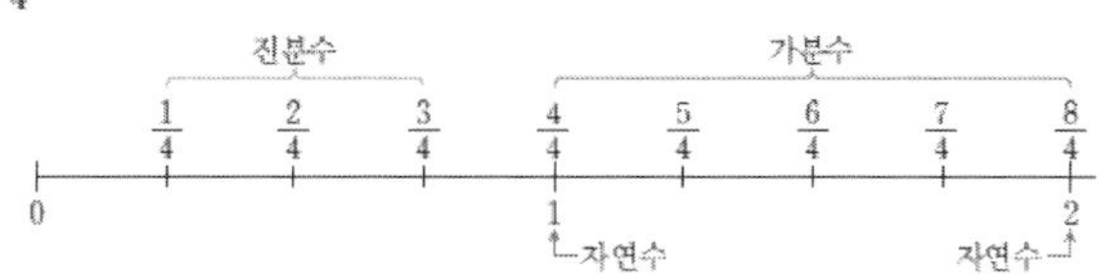

그림 5.10 여러 가지 분수(교육부, 2020b, p. 85)

여러 가지 분수를 수직선에 나타내어 분수의 계열을 이해하게 한다. 분수의 분류에서는 이들을 수직선을 이용하여 [그림 5.10]과 같이 제시할 수 있다.

대분수 $2\frac{1}{4}$을 2와 $\frac{1}{4}$로 정의하는 방법과 $2+\frac{1}{4}$로 도입하는 방법이 있다.

대분수와 가분수도 분수 모형을 통하여 도입할 수 있다. 예를 들어, [그림 5.11]은 대분수 $2\frac{1}{4}$을 나타낸다. $2\frac{1}{4}$과 $\frac{9}{4}$는 등분할된 모델을 통해 동치라는 것을 이해할 수 있는데, 먼저 영역 모델을 통해 직관적으로 '2와 $\frac{1}{4}$'임을 인식할 수 있다. 그리고 2와 $\frac{1}{4}$은 '$2+\frac{1}{4}$'과 같다는 것과 $2\frac{1}{4}$이 $2+\frac{1}{4}$을 표기하기로 정한 상징적인 기호임을 알려줄 필요가 있다(Van De Walle, Karp, & Bay-Williams, 2004). 그런 후에 원을 4등분하면 각각의 원에 $\frac{1}{4}$이 4개씩 있고, 따라서 $\frac{9}{4}$가 된다는 것을 알 수 있는 것이다.

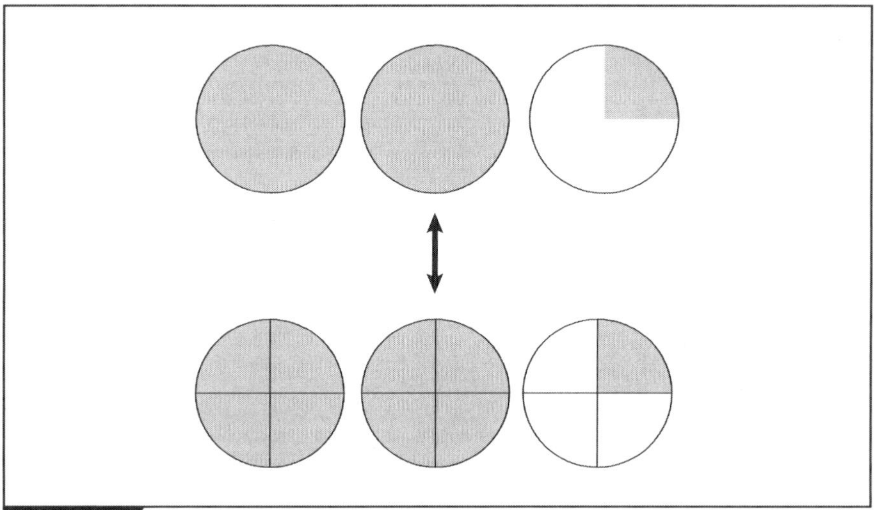

그림 5.11 대분수와 가분수의 변환 과정

대분수를 도입하는 과정에서 $2\frac{1}{4}$을 '2와 $\frac{1}{4}$'과 같이 도입하는 방식의 장점은 대분수와 가분수의 상호 변환 과정에서 자연수를 분모와 곱해 분자에 더한다는 규칙이나, 분자를 분모로 나누어야 한다는 규칙을 명시적으로 가르칠 필요가 없다는 것이다. 즉, 가능한 많은 모델을 사용하여 대분수와 가분수를 변환하는 경험을 통하여 이러한 규칙이 익숙해지게 되면 구체화된 모델을 사용하지 않고서도 서로 다른 형태로 바꾸는 것이 가능해지게 된다(Reys et al., 2009).

그렇지만, 대분수의 원래 의미가 '$2+\frac{1}{4}$'이라는 형식적인 개념의 의미를 직접 사용하지 않고 암묵적으로만 자연수와 진분수의 합으로 이루어진 분수라는 사실로 도입될 수 있다는 단점이 나타날 수도 있다. 그럴 경우에는 아이들이 대분수가 '자연수와 진분수의 합'으로 구성된 수라는 것을 이해하는데 어려움을 가질 가능성도 있다. 따라서, 대분수의 도입은 두 가지 측면에서 대분수의 '개념적 이해'를 위한 도입과 대분수의 '형식적 개념'을 이해할 수 있도록 제시할 필요가 있다.

탐구 과제: 대분수와 가분수의 변환

학교 수학에서는 대분수를 정의하는 방식에 따라 대분수와 가분수의 변환 방법이 달라질 수 있다. 대분수 $2\frac{2}{3}$를 가분수로 변환하는 방법을 두 가지로 설명해 보세요.

(3) 분수의 크기 비교

성취기준

[4수01-11] 분모가 같은 분수끼리, 단위분수끼리 크기를 비교하고 그 방법을 설명할 수 있다.

(가) 성취기준 해설: 없음

(나) 성취기준 적용 시 고려 사항

- '수와 연산' 영역의 문제 상황에 적합한 문제해결 전략을 지도하고, 문제해결 과정을 설명하게 하여 문제해결 역량을 기르게 한다.
- '수와 연산' 영역에서 문제해결 과정을 설명할 때 다른 친구의 의견을 존중하고 경청하는 태도로 참여하게 한다.

성취기준

[6수01-06] 크기가 같은 분수를 만드는 방법을 이해하고, 분수를 약분, 통분할 수 있다.
[6수01-07] 분모가 다른 분수의 크기를 비교하고 그 방법을 설명할 수 있다.

(가) 성취기준 해설: 없음

(나) 성취기준 적용 시 고려 사항

- 구체물이나 그림 등을 이용하여 크기가 같은 분수를 만든 후 분모는 분모끼리, 분자는 분자끼리 비교하는 활동을 통해 크기가 같은 분수를 만드는

방법을 이해하게 한다.

- 분모가 다른 분수의 크기를 비교할 때 수 감각을 이용하여 추론하고 토론하는 활동을 하게 한다.
- 분수를 통분할 때는 공통분모로 최소공배수뿐만 아니라 분모의 곱과 같은 공배수도 이용하게 할 수 있다.

분수도 수이기 때문에 크기를 비교할 수 있다는 것을 아는 것은 중요하다. 구체적 모형은 분수를 크기순으로 배열하여 분수의 크기를 비교하는데 도움이 된다. 예를 들면, 분수 띠와 같은 그림 모형으로 분수의 크기를 비교할 수 있다. 분수로 표현된 다양한 분수의 크기를 비교하기 위하여 아이들은 동치분수를 찾는 방법에 익숙해져야 한다.

교육과정 성취기준
[4수01-11] 분모가 같은 분수끼리, 단위분수끼리 크기를 비교하고 그 방법을 설명할 수 있다.

종이띠로 다양한 작품을 만들고 있습니다. 조각의 길이를 비교해 봅시다. 준비물 2

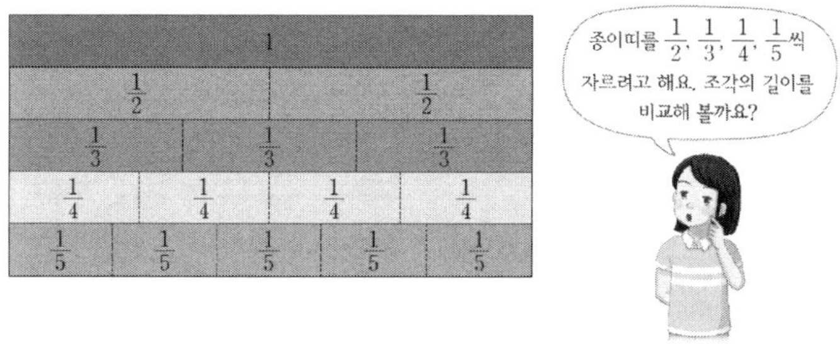

- 조각의 길이를 어떻게 비교할지 생각해 보고 말해 보세요.
- $\frac{1}{2}$과 $\frac{1}{3}$ 중에서 어느 분수가 더 큰지 띠를 이용하여 알아보세요.

그림 5.12 분수 띠로 만든 분수 모형(교육부, 2020a, p. 120)

일반적으로 분수의 크기 비교는 '동분모 분수의 크기 비교 ⇒ 단위분수의 크기 비교 ⇒ 이분모 분수의 크기 비교' 순으로 다루도록 한다.

1) 동분모 분수의 크기 비교

동분모 분수의 크기를 비교하기 위해서 주어진 분수를 단위분수의 몇 배에 해당하는지를 지도한다. 그리고, 단위분수의 몇 배인가를 서로 비교하여 대소를 판정한다. 이것은 자연수의 크기 비교를 일반화한 것이다.

• $\frac{3}{4}$은 $\frac{1}{4}$이 몇 개인지 색칠해서 알아보세요.

• $\frac{2}{4}$는 $\frac{1}{4}$이 몇 개인지 색칠해서 알아보세요.

• 두 분수의 크기를 비교하여 ○ 안에 >, =, <를 알맞게 써넣으세요.

$$\frac{3}{4} \bigcirc \frac{2}{4}$$

그림 5.13 동분모 분수의 크기 비교(교육부, 2020a, p. 119)

◎ **교육과정 성취기준**

[4수01-11] 분모가 같은 분수끼리, 단위분수끼리 크기를 비교하고 그 방법을 설명할 수 있다.

2) 단위분수의 크기 비교

단위분수의 크기 비교는 [그림 5.12]와 같은 분수 띠를 이용하여 비교할 수 있다. 단위분수에서는 분모가 작을수록 크다. 그 이유는 사과 한 개를 2명이 똑같이 나누어 먹는 것과 3명이 똑같이 나누어 먹는 상황을 비교하면 이해할 수 있다. 이와 같은 균등 분배 문제를 이용하여 단위분수의 크기를 쉽게 비교할 수 있을 것이다.

3) 이분모 분수의 크기 비교

이분모 분수의 크기를 비교하기 위해서는 동치분수에 대한 이해가 필요하다. 이분모 분수의 크기 비교에서는 모형으로 동치분수를 구하는 방법과 통분하는 방법으로 이분모 분수를 동분모 분수로 바꾸어 크기를 비교하도록 지도한다.

먼저, 동치분수를 구하기 위하여 구체물 조작 활동을 통하여 크기가 같은 분수의 성질, 즉 분수의 분모와 분자에 0이 아닌 같은 수를 곱하거나 나누어도 분수의 크기는 변하지 않는다는 성질을 이해하게 한다. 예를 들어, $\frac{3}{4}$의 동치분수를 구하는 방법은 다음과 같다.

① 종이 한 장을 4등분하여 $\frac{3}{4}$ 모형을 만들고, 다른 방향에서 반으로 접는다.

② 종이가 반으로 접혔을 때 4등분된 부분은 어떻게 분할되었는지 알아본다.

③ 똑같은 부분들을 두 배로 만들면(4×2), 칠해진 부분의 개수도 두 배(3×2)가 된다는 것을 알 수 있다.

㉣ 이 모형을 기호로 나타내면 $\frac{3\times 2}{4\times 2}=\frac{6}{8}$이 된다.

이와 같은 예들을 더 많이 다룬 후에, 아이들은 분자, 분모에 0이 아닌 같은 수를 곱해도 그 결과는 같다는 것을 일반화할 수 있게 된다. 역으로, 8개의 부분 조각 모형에서 시작하여 어떻게 4개의 부분 조각을 얻게 되는지를 설명할 수도 있다. 이 경우에, 8개의 부분에서 시작하여 그들을 2씩 묶으면 4가 된다. 역시 색칠한 부분의 개수를 2씩 묶는다. 따라서,

$$\frac{6}{8}=\frac{6\div 2}{8\div 2}=\frac{3}{4}$$

이 된다. 이런 예를 통하여 분자, 분모를 0이 아닌 같은 수로 나누어 같은 크기를 갖는 분수를 구할 수 있다는 것을 일반화할 수 있게 된다.

동치분수를 구하는 활동을 통하여 분모와 분자에 0이 아닌 수를 곱하면 항상 동치분수가 된다는 것을 이용하여 비형식적으로 통분하도록 한다. 또 다른 방법으로 두 분모를 곱하면 공통 분모가 되지만, 두 분모의 곱이 언제나 최소

교육과정 성취기준

[6수01-06] 크기가 같은 분수를 만드는 방법을 이해하고, 분수를 약분, 통분할 수 있다.

• $\frac{2}{3}$, $\frac{3}{4}$과 각각 크기가 같은 분수를 분모가 작은 것부터 차례로 7개씩 써 보세요.

$\frac{2}{3}$ ($\frac{4}{6}$, $\frac{6}{9}$, $\frac{8}{12}$, $\frac{10}{15}$, $\frac{12}{18}$, $\frac{14}{21}$, $\frac{16}{24}$)

$\frac{3}{4}$ ($\frac{6}{8}$, $\frac{9}{12}$, $\frac{12}{16}$, $\frac{15}{20}$, $\frac{18}{24}$, $\frac{21}{28}$, $\frac{24}{32}$)

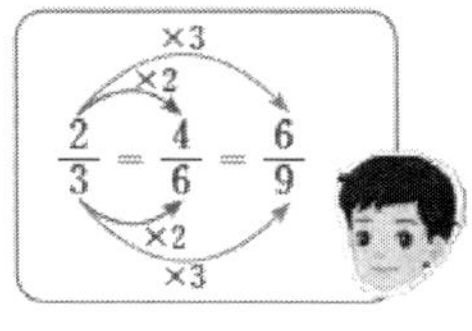

그림 5.14 통분(교육부, 2020e, p. 72)

공통분모는 아니다. 최소 공통분모는 최소공배수를 구하면 된다. 그러나 최소공배수를 이용하여 공통 분모를 구하는 방법을 강요하지는 말아야 한다.

탐구 과제: 분수의 크기 비교

학교 수학에서 분수의 크기 비교는 통분을 하는 방법을 주로 제시하고 있다. 그렇지만, 아이들은 일상의 경험에 바탕을 두고 통분하는 방법 외에도 다양한 방법을 이용하여 분수의 크기를 비교할 수 있다. 아이들이 이용할 수 있는 분수의 크기를 비교할 수 있는 방법을 이야기해 보세요.

(4) 소수의 개념 도입

성취기준

[4수01-12] 분모가 10인 진분수와 연결하여 소수 한 자리 수를 이해하고 읽고 쓸 수 있다.
[4수01-13] 자릿값의 원리를 바탕으로 소수 두 자리 수와 소수 세 자리 수를 이해하고 읽고 쓸 수 있다.

(가) 성취기준 해설: 없음

(나) 성취기준 적용 시 고려 사항

- 실생활에서 소수를 활용한 사례를 통해 소수의 필요성을 인식하게 한다.

소수의 도입은 분모가 10인 분수의 다른 표현으로 도입한다. 분모가 10인 십진분수와 관련하여 소수 한 자리 수를 읽고 쓰며, 크기를 비교하게 한다. 이때 구체물이나 수직선을 이용하여 소수를 시각화할 수 있다.

분모가 100, 1000인 분수로부터 소수 두 자리 수, 소수 세 자리 수를 도입한다. 특히, 대분수가 자연수와 분수의 합으로 이루어진 수라는 점을 이용하여 분모가 10, 100, 1000인 대분수를 혼소수로 나타내게 한다. 또, 0.1, 0.01, 0.001 사이의 배 관계를 이용하여 소수의 구조와 자릿값의 원리를 이해하고, 소수가 자연수와 자릿값의 원리가 같다는 점을 인식하게 한다. 소수 두 자리 수와 소수 세 자리 수에서 각 자리의 자릿값을 알고, 이를 이용하여 소수를 읽고 쓸 수 있게 한다.

소수를 도입할 때에는 소수 이해에 바탕이 되는 십진분수나 자릿값과 같은 지식과 연결시켜야 한다. 십진 분수는 소수 첫째 자리, 소수 둘째 자리 등에 대한 또 다른 표기이기 때문에 소수에 대한 기초는 이들 소수 몇 째 자리를 이해하는 데 있다.

◎ 교육과정 성취기준
[4수01-12] 분모가 10인 진분수와 연결하여 소수 한 자리 수를 이해하고 읽고 쓸 수 있다.

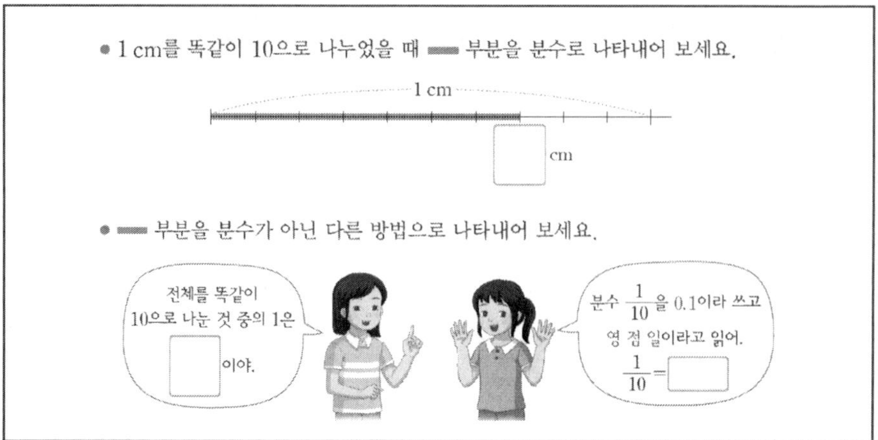

그림 5.15 소수의 도입(교육부, 2020a, p. 123)

$\frac{1}{10}$에 대한 소수 표기를 도입하기 전에, 아이들이 분수에 대한 배경 지식으로부터 $\frac{1}{10}$에 관하여 얼마나 알고 있는지 파악하여야 한다. 아이들은 0.3이 $\frac{3}{10}$에 대한 새로운 기호라는 것을 학습하고, 자릿값의 개념을 새로운 표기법과 연결해야 한다.

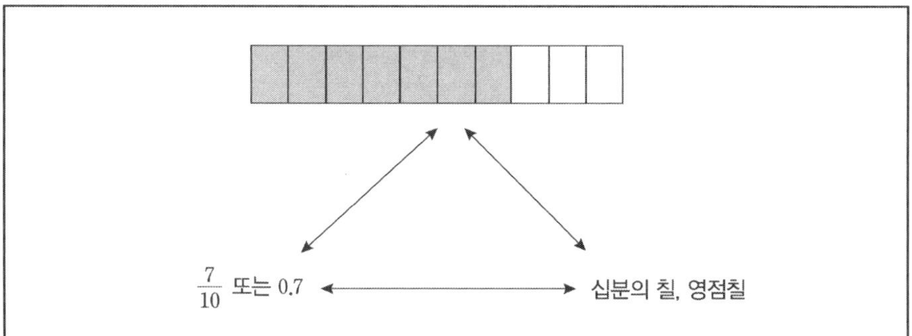

그림 5.16 소수의 모델, 기호, 용어 사이의 관계

소수 둘째 자리까지 확장하기 위해 $\frac{1}{100}$ 모형이나 모눈종이 등을 이용한다. 한 단위는 1이고, 각각의 작은 정사각형은 $\frac{1}{100}$임을 확인시킨 후에 그 모형으로 $\frac{1}{100}$, $\frac{7}{100}$, $\frac{10}{100}$, $\frac{21}{100}$ 등을 나타내게 한다.

한편, 아이들은 소수 첫째 자리 수와 소수 둘째 자리 수에 대한 능력을 가지고 있지만, 소수 셋째 자리 수나 그보다 더 작은 소수에 대해서는 능력이 덜

발달되어 있다. 이러한 결과는 부분적으로 이들 소수를 덜 강조했기 때문이기도 하지만, 교사들은 아이가 소수 둘째 자리 수까지 배우면 그 외의 모든 소수도 일반화시킬 것이라고 기대하기 때문이다. 더 작은 소수들을 다루는 학습은 근본적으로 자릿값으로 설명되어야 한다.

1.573은 일 점 오칠삼이라고 읽습니다.

일의 자리		소수 첫째 자리	소수 둘째 자리	소수 셋째 자리
1	.			
0	.	5		
0	.	0	7	
0	.	0	0	3

그림 5.17 소수의 자릿값(교육부, 2020d, p. 56)

◎ 교육과정 성취기준

[4수01-13] 자릿값의 원리를 바탕으로 소수 두 자리 수와 소수 세 자리 수를 이해하고 읽고 쓸 수 있다.

소수에서 자릿값 개념을 도입할 때, 일의 자리를 단위로 시작한다. 10개로 묶는 대신, $\frac{1}{10}$의 새로운 단위를 만들기 위하여 1의 $\frac{1}{10}$을 취한다. 이 새로운 단위를 자릿값 체계에 나타내기 위하여, 1의 자리 뒤에 소수점을 사용한다. 아이들은 10개의 $\frac{1}{10}$이 1이 된다는 것을 알아야 한다. 또한, 아이들은 어떤 수에서 $\frac{1}{10}$의 자리를 알 수 있어야 한다.

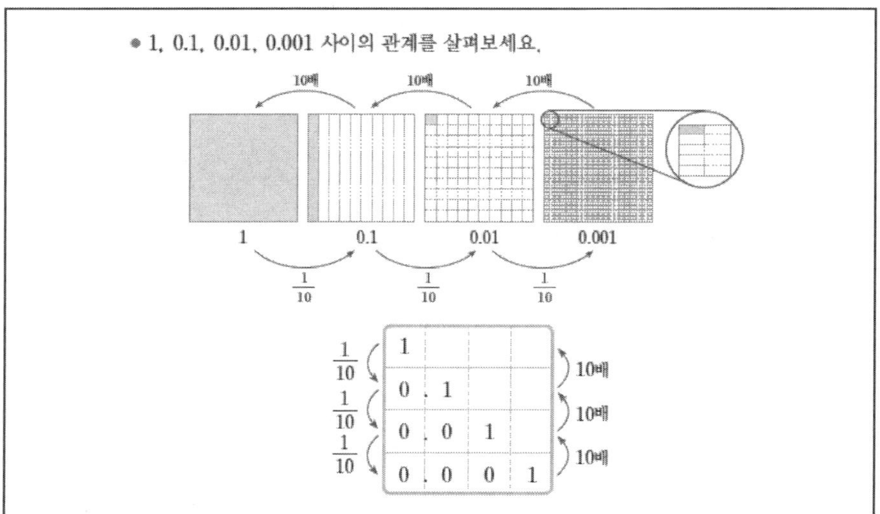

그림 5.18 소수 사이의 관계(교육부, 2020d, p. 61)

◎ 교육과정 성취기준

[4수01-13] 자릿값의 원리를 바탕으로 소수 두 자리 수와 소수 세 자리 수를 이해하고 읽고 쓸 수 있다.

(5) 소수의 크기 비교

성취기준

[4수01-14] 소수의 크기를 비교하고 그 방법을 설명할 수 있다.

(가) 성취기준 해설: 없음

(나) 성취기준 적용 시 고려 사항

- '수와 연산' 영역의 문제 상황에 적합한 문제해결 전략을 지도하고, 문제해결 과정을 설명하게 하여 문제해결 역량을 기르게 한다.
- '수와 연산' 영역에서 문제해결 과정을 설명할 때 다른 친구의 의견을 존중하고 경청하는 태도로 참여하게 한다.

성취기준

[6수01-12] 분수와 소수의 관계를 이해하고 크기를 비교하며 그 방법을 설명할 수 있다.

(가) 성취기준 해설: 없음

(나) 성취기준 적용 시 고려 사항

- '수와 연산' 영역의 문제 상황에서 문제해결 전략 비교하기, 주어진 문제에서 필요 없는 정보나 부족한 정보 찾기, 조건을 바꾸어 새로운 문제 만들기, 문제해결 과정의 타당성 검토하기 등을 통하여 문제해결 역량을 기르게 한다.
- '수와 연산' 영역에서 자신의 문제해결 과정을 논리적으로 설명하고 다른 친구의 문제해결 과정과 비교함으로써 비판적으로 사고하는 태도를 기르게 한다.

소수의 크기 비교에서는 소수 자릿값의 원리나 수직선에서 소수의 상대적인 위치를 이용하여 소수의 크기를 비교하게 한다. 아이들은 소수를 자릿값으로 설명할 수 있고, 0.2와 0.20 또는 0.200이 같다고 생각할 수 있어야 한다.

소수의 크기를 비교할 때에는 모눈종이 위에 소수만큼 색칠해 보거나, 수직선 위에 소수를 나타내어 직관적으로 크기를 비교할 수 있다. 그리고 논리적으로는 0.1이나 0.01과 같은 소수의 몇 배인지를 통해 크기를 비교할 수 있다.

두 소수의 크기를 비교해 봅시다.

● 전체 크기가 1인 모눈종이에 색칠된 부분을 소수로 나타내어 보세요.

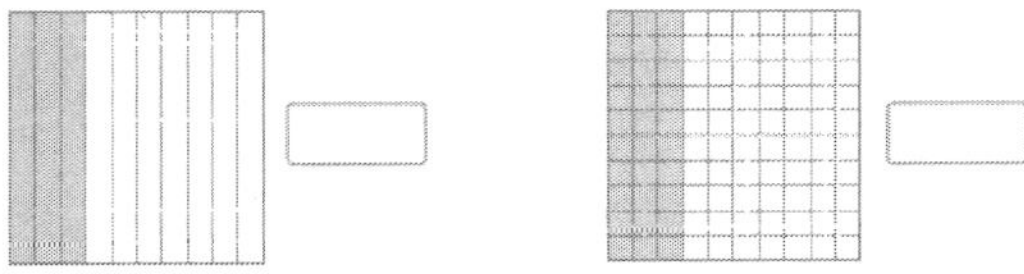

● 두 소수 중 어느 것이 더 큰가요?

0.3과 0.30은 같은 수입니다. 필요한 경우 소수의 오른쪽 끝자리에 0을 붙여서 나타낼 수 있습니다. 0.3=0.30

그림 5.19 소수의 크기 비교(교육부, 2020d, p. 58)

◎ **교육과정 성취기준**

[6수01-12] 분수와 소수의 관계를 이해하고 크기를 비교하며 그 방법을 설명할 수 있다.

마지막으로 소수와 분수의 상호 관계를 이해하게 한다. 분수를 소수로 나타낼 때에는 주어진 분수를 분모가 10, 100, 1000, …인 크기가 같은 분수로 나타낸 후 소수로 고치게 한다. 또, 소수를 분수로 나타낼 때에는 소수점 아래 자리 수에 따라 분모가 10, 100, 1000, …인 분수로 고친 후 약분을 하여 기약분수로 나타내게 한다. 소수와 분수의 크기 비교는 소수를 분수로 고치거나 분수를 소수로 고쳐서 분수끼리 또는 소수끼리 크기를 비교하게 한다.

읽기 자료

소수의 크기와 유효숫자

소수의 크기를 비교할 때 0.2와 0.20은 같은 크기를 가진다. 그렇지만, 측정값을 정확하게 나타내기 위해 사용하는 유효숫자라는 면에서는 0.2와 0.20이 다른 의미를 가진다. 유효숫자는 측정된 값의 정확도를 나타내는데 사용되며, 측정값의 오차를 고려하여 유효숫자를 사용하면, 더욱 정확한 측정값에 대한 정보를 얻을 수 있다. 유효숫자를 나타내는 몇 가지 예는 다음과 같다.

① 0이 아닌 정수는 유효숫자이다.
　예) 1, 2, 3, 9는 모두 유효숫자이다.
② 숫자 앞에 오는 0은 유효숫자가 아니다.
　예) 0.085에서 앞에 있는 2개의 0은 유효숫자가 아니고, 유효숫자는 8과 5뿐이다.
③ 숫자 중간에 있는 0은 유효숫자이다.
　예) 0.504에서 5와 4사이에 있는 0은 유효숫자이다.
④ 끝에 있는 0은 소숫점이 있을 때만 유효숫자이고, 그 외는 아니다.
　예) 520의 유효숫자는 2개, 520.의 유효숫자는 3개, 5.20×10^3의 유효숫자는 3개이다.

오늘의 생각 문제

1. 분수 $\frac{2}{5}$를 다음과 같은 과정을 통해 연속되는 분수로 표현할 수 있다. 다음 분수를 연속되는 분수로 표현해 보세요.

$$\frac{2}{5}=\frac{1}{\frac{5}{2}}=\frac{1}{2+\frac{1}{2}}$$

(1) $\frac{3}{7}$ (2) $\frac{13}{30}$

2. $\frac{1}{n}=\frac{1}{n+1}+\frac{1}{n\times(n+1)}$이 성립하는가를 $\frac{1}{2}$과 $\frac{1}{3}$을 이용하여 확인해 보세요.

단원 내용 되돌아보기

01. 분수의 여러 가지 의미에 대해 조사하고, 분수 개념의 발생적 맥락에 가까운 의미를 찾아 수업 운영 방안을 이야기해 보세요.

02. 소수가 활용되는 일상의 예를 들어 보세요.

03. 등분할을 위한 구체물과 모형의 예를 들고, 각각을 이용하여 분수를 지도할 방안에 대해 이야기해 보세요.

04. 여러 가지 분수 개념의 예를 각각 들고, 그들 사이의 관계에 대해 탐구해 보세요.

05. 분수의 크기를 비교할 수 있는 여러 가지 방법을 제시해 보세요.

06. 소수의 크기 비교 방법을 자연수 크기 비교에서 유추하여 비교할 수 있는 방법을 이야기해 보세요.

6장 자연수의 연산

이 장을 시작하면서

초등수학에서 사칙연산은 수와 더불어 가장 기본적인 학습 내용이다. 계산 기능의 숙달은 수학 학습에 도움을 주지만, 계산 기능의 숙달뿐만이 아니라, 연산의 의미, 문제해결 능력, 어림 능력, 암산 능력, 수 감각 등도 강조해야 한다.

아이들은 실생활에서 연산을 효과적으로 사용하기 위해 덧셈, 뺄셈, 곱셈, 나눗셈의 여러 가지 의미와 관계를 알아야 한다. 특히, 연산에서는 수 감각을 바탕으로 연산 감각을 길러주어, 생활 속에서 연산을 활용할 수 있도록 해 주어야 한다. 즉, 수 사이의 관계는 기본 셈 숙달에 중요한 역할을 하므로 수들 사이의 관계에 대한 이해를 바탕으로 효율적인 계산 전략을 구사하는 연산 감각을 길러주어야 한다. 예를 들어, 7×6은 7을 하나씩 세어 42를 찾는 것보다, 7×5를 한 다음에 7을 더하는 것이 더 효율적이다(Van De Walle, Karp, & Bay-Williams, 2004).

계산이 필요할 때는 먼저 정확한 값이 필요한지? 대략적인 값이 필요한지를 판단하고, 적절한 계산 방법을 선택하여 실행하는 것이 바람직하다. 따라서, 생활에 필요한 적절한 상황 제시와 이용할 수 있는 도구를 적절히 활용하도록 지도하는 것은 연산 지도에서 중요하다.

함께 이야기해요

우리는 하루를 생활하는 동안 계산 상황에 많이 직면하게 된다. 때로는 정확한 결과를 필요로 하기도 하고, 때로는 대략적인 답만으로도 만족스러운 결과를 얻을 수 있다. 여러분이 오늘 아침부터 계산이 필요했던 상황은 무엇이었고, 어떤 방법으로 그 상황의 문제를 해결했는지 서로 이야기하고 발표해 보세요.

함께 해결해봐요

다음 세 계산식을 살펴보고, 세 식을 각각 여러 가지 방법으로 계산해 보세요. 그리고, 세 식의 해결 방법에서 공통점과 차이점에 대해 탐구해 보세요.

$$13\times4,\quad 1.3\times4,\quad 1\frac{2}{3}\times2$$

6-1 자연수 연산의 지도 원리

(1) 연산의 의미

연산(operation)이란 조작을 의미하고, 계산(computation)이란 그 조작에 의하여 결과를 얻는 것을 의미한다. 즉, 두 대상 a, b가 있을 때 a, b를 결합하여 제3의 대상 c를 만들어 내는 조작을 연산이라고 한다. 특히, 덧셈과 뺄셈, 곱셈과 나눗셈을 사칙연산이라고 하며, 집합 A에서 정의역이 $A \times A$이며, 공변역이 A인 함수 f, 즉 $f: A \times A \rightarrow A$가 존재하면 이 함수 f를 이항연산(binary operation)이라고 한다. 연산을 나타내는 기호로는 사칙연산인 +, −, ×, ÷가 있으며, $\frac{d}{dx}$, $\sqrt{\ }$ 등도 있다.

연산이란 조작을 말하고, 계산이란 그 조작에 의하여 결과를 얻는 것을 의미한다.

연산은 집합과 함께 다루어져야 한다. 예를 들면, 자연수 집합에서 덧셈과 곱셈은 연산이 가능하지만, 뺄셈과 나눗셈은 연산이 불가능해진다. 연산 영역은 다른 영역에 비해 비중이 크므로 많은 지도가 필요하며, 아이들은 문장제 해결에 어려움을 많이 느낀다고 한다. 따라서, 연산 지도에서는 계산과 연산의 의미를 이해하고, 사칙연산에 대한 기초 개념을 명확히 하고 구조화하도록 해야 한다. 한편, 연산의 성질인 교환법칙, 결합법칙, 분배법칙을 이해하고 계산에 이용하도록 해야 한다.

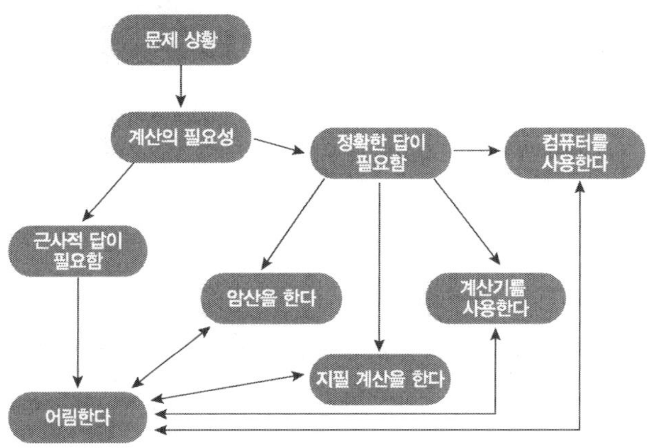

그림 6.1 상황에 맞는 계산 방법의 선택(NCTM, 1989, p. 9)

계산에서 중요한 것은 알고리즘(algorithm)의 개발로, 알고리즘이란 '계산에서 답을 발견하는데 이용되는 조직적이고 단계적인 절차'를 의미한다. 알고리즘이란 말은 아라비아 수학자 알 콰리즈미의 이름에서 유래되었다. 그는 어떤

알고리즘이란 계산에서 답을 발견하는데 이용되는 조직적이고 단계적인 절차를 의미한다.

종류의 질문을 해결하기 위하여 단계적인 과정인 알고리즘을 개발하였다.

읽기 자료

수학자 알 콰르즈미와 알고리즘

수학자 Mohammed ibn-Musa al-Khwarizmi(A.D. 825-???)는 두 개의 중요한 수학 교과서를 집필하였다. 첫 번째 저서는 대수 이름의 근원(aldjabr)이 되게 한 Hisab aldjabr waal Muqabala(방정식의 과학, 또는 환원과 소거의 과학)이고, 두 번째 저서는 인도의 숫자 체계를 설명하고 있는 Algorithmid de Numero Indorum이다. 알 콰르즈미는 두 번째 책에서 인도의 숫자 체계의 기원을 강조했지만, 후대 사람들은 알 콰르즈미에 기여를 돌렸고, 이 숫자들을 사용한 방식을 '알고리즘(alKhwarizmi의 이름의 변조)'이라고 부르게 되었다(Anderson, 1997).

연산에는 지필 계산(필산), 암산, 어림산, 계산기산 등이 있다.

연산에는 지필 계산(필산), 암산, 어림산, 계산기산 등이 있다. 지필 계산(paper and pencil calculation)은 종이와 연필을 이용하여 계산하는 셈을 말한다. 학교 수학에서 다루는 계산의 대부분은 지필 계산이며, 지필 계산은 큰 수나 복잡한 수의 계산을 체계적으로 할 수 있다는 장점이 있다. 그러나, 무의미한 계산을 반복 수행하게 되면 계산 결과에 대한 수 감각을 느낄 수 없게 되며, 실제로 무엇을 했는지 거의 느끼지 못하고 기계적으로 계산하는 경향이 있을 수 있다.

암산(mental math)은 외부의 조력 장치가 없이 머리만으로 계산하는 셈을 말한다. 암산은 우리의 삶 속에서 실제적으로 이용하는 기능이며, 쉽고 편리하게 계산할 수 있다는 장점이 있다. 예를 들면, 97+36의 경우에 97은 100보다 3이 적기 때문에 136에서 3이 적은 수인 133을 쉽게 찾을 수 있다. 암산의 주요 전략으로는 큰 수부터 더하기, 잘라서 더하거나 빼기(67+34는 67+30=97이고, 97+4=101이므로 합은 101이다.), 몇 십으로 만들어 더하거나 빼기(67+34는 70+31로 하여 101이 된다.), 100이 되는 수끼리 있는 경우에 보수 이용하기 등이 있다.

어림산(computational estimation)은 계산의 결과를 어림해 보는 셈을 말한다. 어림산은 계산으로 인해 오류가 없는가를 판단하는 하나의 방법으로 적절하다. 또한, 어림산은 종이와 연필로 계산하는 복잡함을 벗어나, 머리로 빠르게 계산할 수 있다. 어림산은 정확한 값보다는 일상생활의 근삿값을 구하는 과정으로 어떤 중요한 결정을 내릴 때 정확한 계산에 소비되는 시간을 절약할 수 있다는 장점이 있다. 어림을 하는 주요 전략으로는 큰 수부터 계산하기(368+248+357을 어림하면 백의 자리를 어림하면 800, 십의 자리를 어림하면

150이므로 약 950이다.), 계산하기 좋은 수끼리 묶기(23+38+63+79는 23+79가 약 100이고, 38+63이 약 100이므로 약 200이 된다.), 평균 이용하기, 반올림하기 등이 있다.

계산기산(calculator computation)은 계산기를 이용하여 계산하는 셈을 말한다. 계산기산은 계산에 소비되는 시간과 노력을 절약할 수 있으며, 계산 결과가 옳은지 틀렸는지를 확인할 수 있다는 장점이 있다. 또한, 평균과 같은 개념 학습에서 계산의 어려움으로 인해 평균 개념의 이해에 방해를 받을 때 계산기를 이용하게 되면 계산의 부담에서 벗어나, 평균 개념의 이해에 집중할 수 있다.

(2) 사칙연산의 의미와 유형

1) 덧셈

덧셈식 $a+b=c$에서 $a+b$를 'a 더하기 b'라고 읽고, c를 합(sum)이라 한다. 또, a를 $a+b$의 피가수, b를 $a+b$의 가수라고 한다.

- 첨가: 하나의 부분에 다른 부분을 추가해서 전체를 만드는 유형이다. 이 상황에는 물리적인 활동이 포함되어 있다. 즉, 몇 개의 대상에 몇 개가 더 해져 양을 더 크게 변화시키는 것이다.

◎ 첨가 유형은 하나의 부분에 다른 부분을 추가해서 전체를 만드는 유형이다.

◎ 교육과정 성취기준

[2수01-05] 덧셈과 뺄셈이 이루어지는 실생활 상황과 연결하여 덧셈과 뺄셈의 의미를 이해한다.

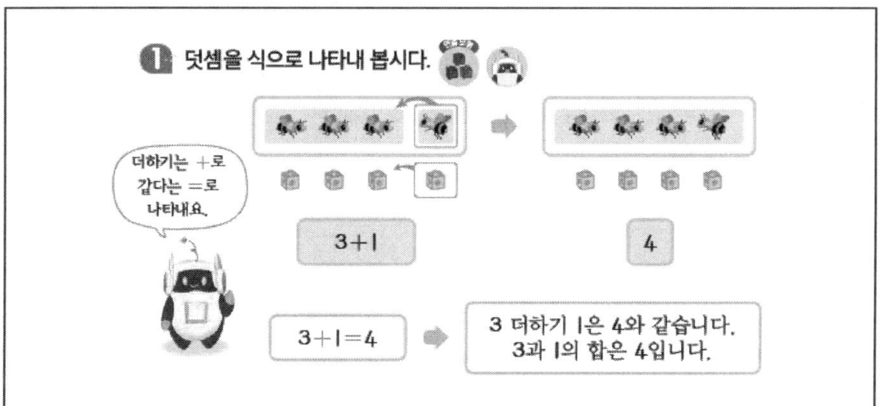

그림 6.2 첨가 상황과 덧셈 도입(교육부, 2024a, p. 66)

- 합병: 두 부분이 동시에 있는 것을 하나로 합해서 전체를 구하는 것이다. 즉, 한 대상의 무리를 두 부분(또는 그 이상)으로 나누면 전체는 이 두 부분의 합이 되는 것으로, 물리적인 활동이 포함되지 않는 상황이다.

◎ 합병 유형은 두 부분이 동시에 있는 것을 하나로 합해서 전체를 구하는 것이다.

◎ 교육과정 성취기준
[2수01-05] 덧셈과 뺄셈이 이루어지는 실생활 상황을 통하여 덧셈과 뺄셈의 의미를 이해한다.

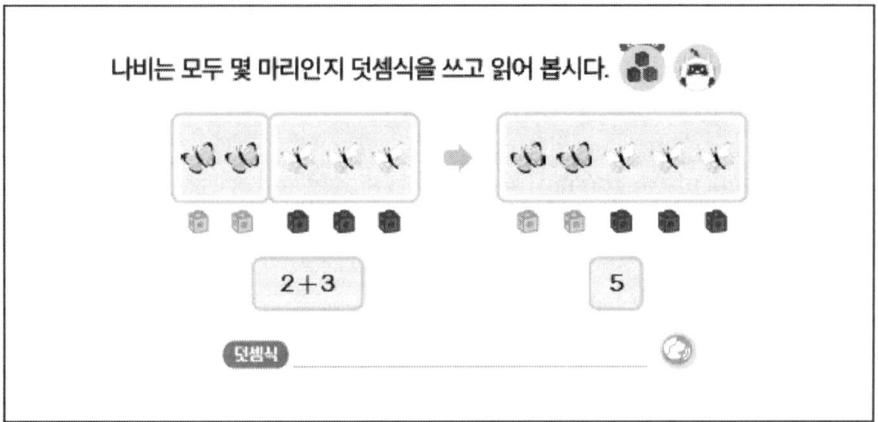

그림 6.3 합병 상황 문제(교육부, 2024a, p. 67)

2) 뺄셈

뺄셈식 $a-b=c$에서 $a-b$를 'a 빼기 b'라고 하고, c를 차(difference)라고 한다. 또, a를 $a-b$의 피감수, b를 $a-b$의 감수라고 한다.

◎ 구잔 유형은 전체에서 부분을 덜어내고 난 나머지를 구하는 것이다.

- 구잔: 전체에서 부분을 덜어내고 난 나머지를 구하는 것이다. 즉, 어떤 상황의 대상 중 몇 개를 없애고 난 후 남은 양을 구하는 것으로, 나머지를 구하는 상황은 '뺀다.'의 의미를 가지고 있다.

◎ 교육과정 성취기준
[2수01-05] 덧셈과 뺄셈이 이루어지는 실생활 상황을 통하여 덧셈과 뺄셈의 의미를 이해한다.

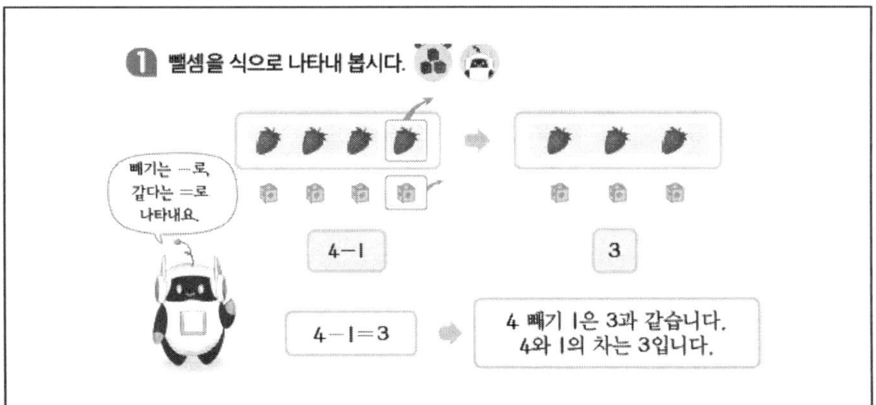

그림 6.4 구잔 상황과 덧셈 도입(교육부, 2024a, p. 72)

◎ 구차 유형은 두 양사이의 차를 알아보는 것이다.

- 구차: 두 양의 크기를 비교하여 어느 것이 얼마나 많은지, 적은지를 알아보는 것이다. 즉, 두 양사이의 차가 얼마인지를 결정하는데 초점을 맞추는 상황으로 '비교한다.'는 의미를 가지고 있다.

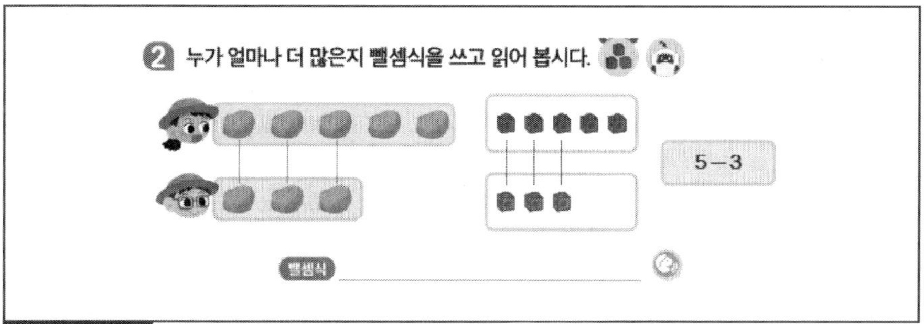

그림 6.5 구차 상황 문제(교육부, 2024a, p. 73)

◎ **교육과정 성취기준**
[2수01-05] 덧셈과 뺄셈이 이루어지는 실생활 상황을 통하여 덧셈과 뺄셈의 의미를 이해한다.

- 등화: 두 양 사이의 차를 없애서 두 양을 갖게 하려는데 얼마의 양이 필요한지를 묻는 상황이다. 즉, 더 많은 양과 같게 만들기 위해서 적은 양에 얼마를 더해 주어야 하는지, 또는 적은 양과 같게 만들기 위해서 많은 양에서 얼마를 빼야 하는지를 결정하는 상황이다.

◎ **등화 유형은 두 양을 갖게 하려는데 얼마의 양이 필요한지를 묻는 상황이다.**

예 민이와 환이가 축구 경기를 하는데 민이는 2골을 넣었고, 환이는 5골을 넣었다. 민이는 몇 골을 더 넣어야 환이와 득점이 같아지는가?

덧셈과 뺄셈의 5가지 유형을 결과를 모르는 경우, 변화량을 모르는 경우, 처음량을 모르는 경우로 나누면 모두 15가지 문장제를 만들 수 있을 것이다.

탐구 과제: 문장제 만들기

의미론적 측면에서 덧셈과 뺄셈의 5가지 유형을 구분하고, 각각에서 결과를 모르는 경우, 변화량을 모르는 경우, 처음량을 모르는 경우로 나누어 문장제를 만들어 이야기해 보세요.

3) 곱셈

곱셈식 $a \times b = c$에서 $a \times b$를 'a 곱하기 b'라고 하고, c를 곱(product)이라고 한다. 또, a를 $a \times b$의 피승수, b를 $a \times b$의 승수라고 한다. 또한, 곱 $a \times b$를 간단히 $a \cdot b$ 또는 ab로 쓸 수 있다.

- 곱집합: 곱집합 유형은 집합에 의한 정의 방식으로, 두 집합 A, B에서 $a=n(A)$, $b=n(B)$일 때 두 수 a, b의 곱은 두 집합의 순서쌍으로 나타나는

곱집합의 원소의 수와 같다. 즉 $a \times b = n(A \times B)$이다. 집합에 의한 정의는 자연수일 때만 가능하고, 유리수와 실수인 경우로 확장할 수 없다.

예 아이 2명이 3가지 색깔의 모자를 쓸 수 있는 방법의 수를 구하여라.

- 동수누가: 동수누가 유형은 페아노 공리에 따른 정의이다. 페아노 공리에 따라 정의하면 $a \times 1 = a$, $a \times b' = a \times b + a$(단, a, b는 자연수, b'은 b 다음의 수인 $b+1$을 의미)에서 두 번째 정의가 동수누가를 의미하는데, 자연수일 때만 가능하다. 이것은 (한 묶음의 수)×(묶음의 수)=(전체의 수)를 나타낸다.

예 사과가 3개씩 들어 있는 상자가 모두 4개 있다. 사과의 수를 구하여라.
$3 \times 4 = 12$
$3 \times 4 = 3 \times 3' = 3 \times 2' + 3 = 3 \times 1' + 3 + 3 = 3 \times 1 + 3 + 3 + 3 = 3 + 3 + 3 + 3 = 12$

- 양과 양의 곱(비율): 항목의 수와 비율이 주어졌을 때 전체의 값을 구하는 상황이다. 따라서, (단위당 양)×(단위 수)=(전체 량)으로 생활 장면에서 직관적으로 분리량으로 도입한다.

예 토끼의 다리는 4개이다. 토끼 3마리의 모든 다리의 수를 구하여라.

- 배(비교): 두 집합의 크기를 비교하는 상황으로, A 집합의 크기가 B 집합의 몇 배라고 했을 때 A 집합의 크기를 구하는 상황이다. 곱셈의 본질적 의미는 (기준량)×(배)=(전체량)을 의미하는 배의 개념이다. 배의 개념으로 곱셈을 도입하는 것은 곱셈의 본질적인 의미에 접근하게 되며, 곱셈 개념의 역사적 발생과 흐름을 같이한다고 볼 수 있다.

예 사과 3개의 4배는 몇 개인가?
5km의 4배는 얼마인가?

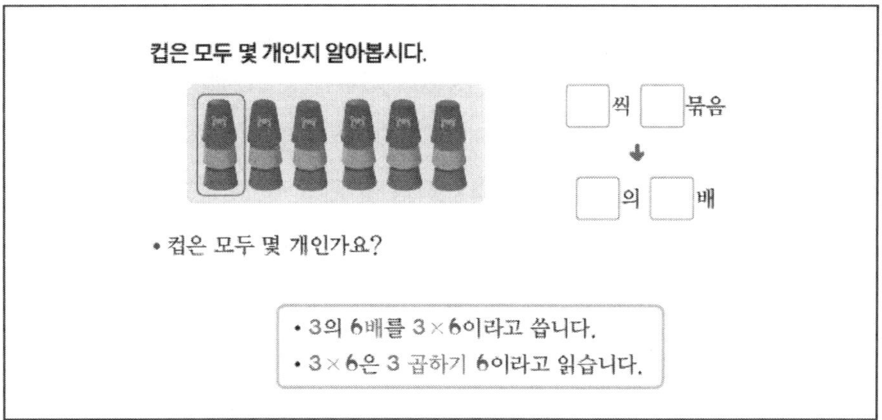

그림 6.6 곱의 정의(교육부, 2024c, p. 148)

> ◎ **교육과정 성취기준**
> [2수01-10] 곱셈이 이루어지는 실생활 상황과 연결하여 곱셈의 의미를 이해한다.

4) 나눗셈

나눗셈식 $a \div b = c$에서 $a \div b$를 'a 나누기 b'라고 하고 c를 몫(quotient)라고 한다. 또, a를 의 피제수(dividend), b를 $a \div b$의 제수(divisor)라고 한다. 나눗셈은 똑같이 나누는 상황에서 발생하며, 일상에서 나눗셈이 이루어지는 경우는 두 가지가 있다.

- 포함제(division): 포함제는 양의 크기를 일정한 단위로 측정하였을 때 얼마나 되는가를 묻는 것이다. 따라서, 포함제는 같은 양끼리 나누는 것이다.

> ◎ **포함제는 양의 크기를 일정한 단위로 측정하였을 때 얼마나 되는가를 묻는 것이다.**

예 사과 12개가 있다. 4개씩 묶어 선물 꾸러미를 만들면 몇 개의 선물 꾸러미를 만들 수 있는가?

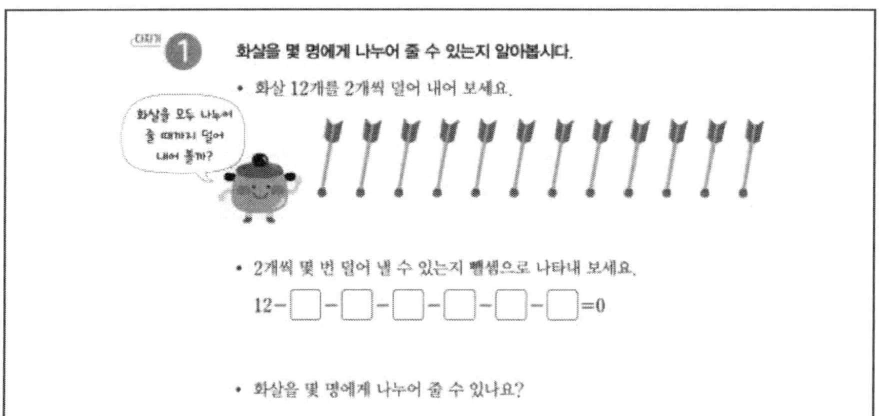

그림 6.7 포함제 상황(박만구 외, 2022a, p. 58)

> ◎ **교육과정 성취기준**
> [4수01-05] 나눗셈이 이루어지는 실생활 상황과 연결하여 나눗셈의 의미를 알고, 곱셈과 나눗셈의 관계를 이해한다.

> 등분제는 똑같이 나누어 주었을 때 몫이 얼마인가를 묻는 것이다.

• 등분제(partition): 등분제는 똑같이 나누어 주었을 때 몫이 얼마인가를 묻는 것이다. 따라서, 등분제는 다른 양끼리 나누는 것이다.

예 사과 12개가 있다. 4명에게 사과를 똑같이 나누어 준다면 한 사람이 갖게 되는 사과의 수는 몇 개인가?

> **교육과정 성취기준**
> [4수01-05] 나눗셈이 이루어지는 실생활 상황과 연결하여 나눗셈의 의미를 알고, 곱셈과 나눗셈의 관계를 이해한다.

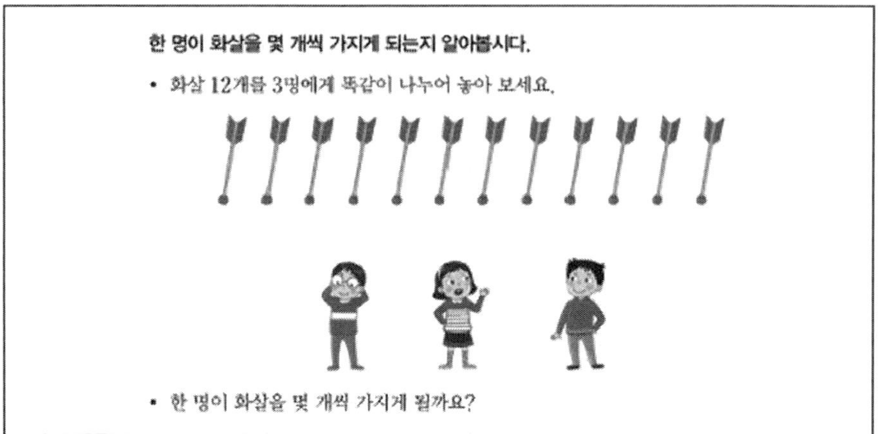

그림 6.8 등분제 상황(박만구 외, 2022a, p. 56)

5) 덧셈과 곱셈의 성질

덧셈의 성질에는 교환법칙, 결합법칙, 항등원이 있다. 교환법칙을 위해서는 덧셈에서 더하는 순서를 바꾸어도 결과가 같다는 것을 알도록 한다. 교환법칙은 8+3을 쉽게 계산하지만, 3+8을 어려워하는 아이들이 교환법칙의 성질을 이용하면 쉽게 계산할 수 있기 때문에 중요하다.

> **교육과정 성취기준**
> [2수01-06] 두 자리 수의 범위에서 덧셈과 뺄셈의 계산 원리를 이해하고 그 계산을 할 수 있다.

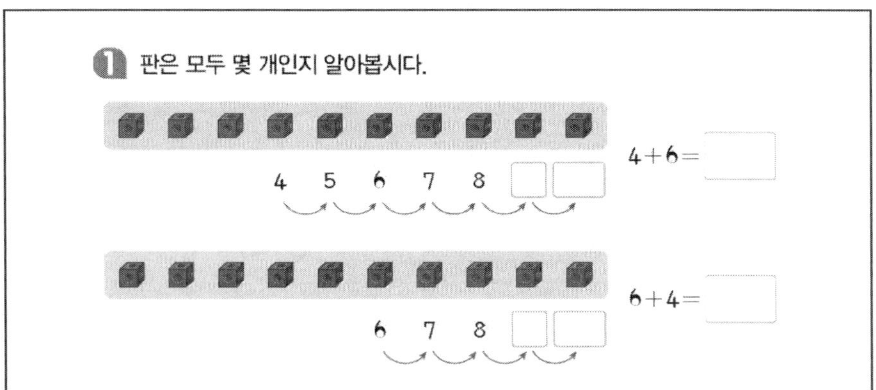

그림 6.9 덧셈의 교환법칙(교육부, 2024b, p. 46)

결합법칙은 셋 이상의 수를 더할 때 더하는 순서를 바꾸어도 결과는 같다는 것을 알도록 한다. 결합법칙은 아이들이 38+7+3을 순서대로 계산하는 것 보다, 38+(7+3)을 계산하는 것이 쉽기 때문에 중요하다.

어떤 수에 0을 더하면 그 자신의 수가 된다. 즉, 0을 더하면 결과는 변하지 않는다. 0을 덧셈의 항등원이라고 한다.

곱셈의 성질에는 교환법칙, 결합법칙, 항등원, 분배법칙이 있다. 교환법칙을 위해서는 곱셈에서 곱하는 순서를 바꾸어도 결과가 같다는 것을 알도록 한다. 교환법칙은 3×25보다 25×3을 쉽게 계산할 수 있기 때문에 중요하다.

결합법칙은 셋 이상의 수를 곱할 때 곱하는 순서를 바꾸어도 결과는 같다는 것을 알도록 한다. 어떤 수에 1을 곱하면 그 자신의 수가 된다. 즉, 1을 곱하면 결과는 변하지 않는다. 1을 곱셈의 항등원이라고 한다.

분배법칙은 곱셈의 알고리즘을 이해하는데 유용하다. 분배법칙을 이용하면 6×13=6×(10+3)=6×10+6×3과 같이 계산을 유용하게 할 수 있다.

탐구 과제: 연산의 성질 활용하기

덧셈이나 곱셈이 가지는 연산의 성질을 이용하여 계산을 쉽게 할 수 있는 예를 들어 이야기해 보세요.

(3) 사칙연산의 구구

1) 사칙연산 구구

덧셈과 뺄셈 구구에 대한 발달은 유치원이나 초등학교 1학년부터 시작되며, 곱셈과 나눗셈 구구가 발달하고 연습될 때에도 계속된다. 많은 아이들은 몇 가지 구구를 알고 학교에 입학한다. 예를 들어, '1 더하기 1은 2', '2 더하기 2는 4'라든지, 심지어는 '5 더하기 5는 10'이라는 말을 들을 기회가 많다. 이 아이들은 둘에 하나가 더 있으면 셋이고, 8에 아무 것도 더하지 않으면 여전히 8이라는 것을 안다.

그러나, 그들은 6+7=13이라는 것은 모를 것이다. 왜냐하면, 그들은 '+' 나 '='와 같은 기호의 의미에 대한 분명한 개념을 갖고 있지 않기 때문이다. 즉, 아이들은 구구를 포함하는 간단한 문제는 풀 수 있어도 그 구구를 인식하거나 쓸 줄은 모를 수 있다. 따라서, 교사는 아이들이 알고 있는 지식을 조직하여 비형식적 지식과 형식적 지식 간의 간극을 메우도록 하는 학습을 구성하며, 학습 과정 중에 의미를 개발하도록 도와주어야 한다.

◎ 구구에서 다양한 사고 전략은 구구에 대한 답을 결정하는 데 효율적인 방법이 된다.

학습에서 다양한 사고 전략은 구구에 대한 답을 결정하는 데 효율적인 방법이 된다. 전략이 효율적일수록 아이는 두 수의 합, 차, 곱, 몫에 대한 정확한 답을 더 빨리 알아낼 수 있고, 결과적으로 이 구구를 기억하여 재빨리 회상해 낼 수 있다. 다음은 두 수의 합, 차, 곱, 몫의 구구에 활용할 수 있는 전략이다.

① 덧셈구구를 위한 전략

덧셈구구에 사용될 수 있는 전략에는 교환법칙, 0과 1을 더하기, 두 배하기, 연속적으로 수 세기, 10을 더하기 등이 있다. 또한, 덧셈구구에 하나 이상의 전략이 적절하게 사용될 수 있다.

탐구 과제: 덧셈구구 만들기

[그림 6.10]과 같은 표를 사용하여 덧셈구구를 순차적으로 완성해 보세요. 덧셈구구를 완성하는데 연산의 어떤 성질을 이용하면 편리한지 이야기해 보세요.

② 뺄셈구구를 위한 전략

덧셈구구는 뺄셈 구구를 배우고 회상하는 데 주된 전략이며, 덧셈구구에 대한 각각의 전략에 대응하는 뺄셈구구가 있다. 또한, 뺄셈구구를 찾는 다른 전략에는 0과 1을 빼기, 두 배 이용, 거꾸로 세기, 계속 세기 등이 있다.

③ 곱셈구구를 위한 전략

곱셈은 더하는 수가 모두 같은 덧셈의 특별한 경우로 볼 수 있다. 곱셈 문제의 풀이는 덧셈과 수 세기에서 얻을 수 있지만, 곱셈은 이보다 빨리 해 주기 때문에 사용된다. 곱셉구구 전략에는 교환법칙, 1과 0을 사용하기, 뛰어 세기, 동수누가, 알고 있는 부분이나 모양으로 나누기 등이 있다.

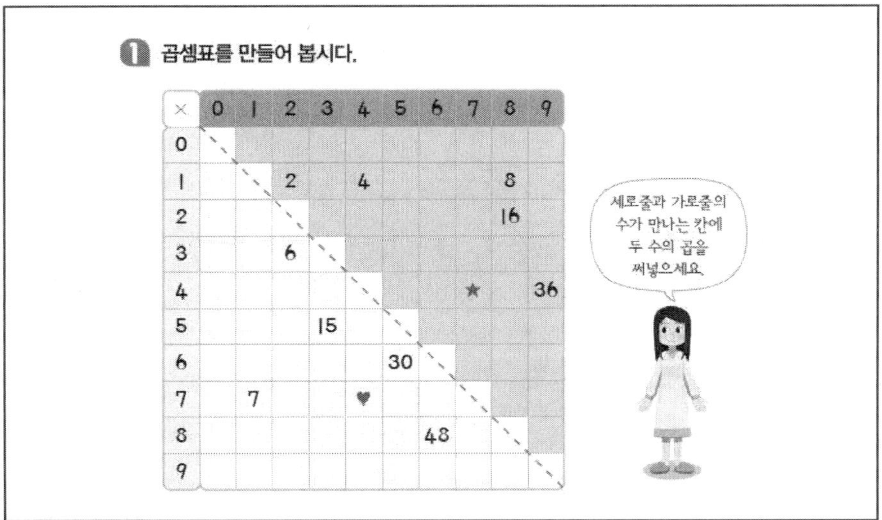

그림 6.10 곱셈구구의 완성(교육부, 2024d, p. 54)

◎ **교육과정 성취기준**

[2수01-11] 곱셈구구를 이해하고, 한 자리 수의 곱셈을 할 수 있다.

④ 나눗셈구구를 위한 전략

초등학교에서 나눗셈을 가르치는 데 시간을 많이 소비하지만, 계산기 사용이 증가하고 있고 계산에 드는 노력을 줄이려는 경향이 늘고 있다. 그럼에도 불구하고, 아이들은 나눗셈구구와 나눗셈에 대한 이해를 해야 한다. 곱셈구구는 나눗셈구구를 이해하고 회상하는데 도움을 주는 기본적인 전략을 이룬다.

나눗셈구구를 위한 전략은 다른 연산을 위한 전략보다 훨씬 어렵다. 예를 들어, 뛰어 세기를 할 때 거꾸로 세어 내려가고자 할 때라도 아이는 어떤 수가 곱해진 횟수를 알아야 한다. 그러므로 나눗셈구구를 위한 주된 노력은 곱셈구구를 익숙하게 하고, 이를 이용하는 데에 두어야 한다.

탐구 과제: 덧셈구구 만들기

덧셈구구, 뺄셈구구, 곱셈구구, 나눗셈구구를 완성하기 위하여 여러 가지 전략을 이용할 수 있다. 여러 가지 전략을 이용하여 덧셈구구, 뺄셈구구, 곱셈구구, 나눗셈구구를 완성해 보세요.

6-2 자연수 연산의 지도 내용과 방법

1-2학년군에서는 두 자리 수 범위의 덧셈과 뺄셈, 곱셈을 다룬다. 3-4학년군에서는 세 자리 수의 덧셈과 뺄셈, 자연수의 곱셈과 나눗셈을 다룬다. 5-6학년군에서는 자연수의 혼합 계산을 다룬다. 각 학년별 상세한 지도 내용과 방법은 다음과 같다(교육부, 2022, p. 7).

핵심 아이디어	• 사물의 양은 자연수, 분수, 소수 등으로 표현되며, 수는 자연수에서 정수, 유리수, 실수로 확장된다. • 사칙계산은 자연수에 대해 정의되며 정수, 유리수, 실수의 사칙계산으로 확장되고 이때 연산의 성질이 일관되게 성립한다. • 수와 사칙계산은 수학 학습의 기본이 되며, 실생활 문제를 포함한 다양한 문제를 해결하는 데 유용하게 활용된다.		
구분 / 범주	내용 요소		
	초등학교		
	1-2학년	3-4학년	5-6학년
지식·이해	• 두 자리 수 범위의 덧셈과 뺄셈 • 한 자리 수의 곱셈	• 세 자리 수의 덧셈과 뺄셈 • 자연수의 곱셈과 나눗셈	• 자연수의 혼합 계산
과정·기능	• 사칙계산의 의미와 계산 원리를 탐구하고 계산하기 • 수 감각과 연산 감각 기르기 • 연산 사이의 관계, 분수와 소수의 관계를 탐구하기 • 수의 범위와 올림, 버림, 반올림한 어림값을 실생활과 연결하기 • 자연수, 분수, 소수, 사칙계산을 실생활 및 타 교과와 연결하여 문제해결하기		
가치·태도	• 사칙계산, 어림의 유용성 인식 • 수와 연산 관련 문제해결에서 비판적으로 사고하는 태도		

(1) 두 자리 수 범위의 덧셈과 뺄셈

성취기준

[2수01-05] 덧셈과 뺄셈이 이루어지는 실생활 상황과 연결하여 덧셈과 뺄셈의 의미를 이해한다.
[2수01-06] 두 자리 수의 범위에서 덧셈과 뺄셈의 계산 원리를 이해하고 그 계산을 할 수 있다.
[2수01-07] 덧셈과 뺄셈의 관계를 이해한다.
[2수01-08] 두 자리 수의 범위에서 세 수의 덧셈과 뺄셈을 할 수 있다.
[2수01-09] □가 사용된 덧셈식과 뺄셈식을 만들고, □의 값을 구할 수 있다.

(가) 성취기준 해설

• [2수01-06] 덧셈은 두 자리 수의 범위에서 다루되, 합이 세 자리 수인 경우도 포함한다.

(나) 성취기준 적용 시 고려 사항

- '수와 연산' 영역에서는 용어와 기호로 '덧셈, 뺄셈, 곱셈, 짝수, 홀수, +, −, ×, =, >, <'를 다룬다.
- 수를 분해하고 합성하는 활동은 20 이하의 수의 범위에서 한다.
- '~보다 ~만큼 더 큰 수', '~보다 ~만큼 더 작은 수', '더한다', '합한다', '뺀다', '덜어 낸다', '합', '차' 등의 일상용어를 사용하여 덧셈과 뺄셈의 의미에 친숙하게 한다.
- 한 자리 수인 두 수를 바꾸어 더해 보고 그 결과를 비교하는 활동을 통하여 덧셈의 교환법칙을 직관적으로 이해하게 한다.
- 덧셈과 뺄셈을 여러 가지 방법으로 계산하는 활동을 통하여 연산 감각을 기르게 하되, 이를 지나치게 형식화하여 다루지 않는다.
- 학생들에게 친근한 실생활 상황을 이용하여 덧셈과 뺄셈에 관련된 문제를 만들고 해결하게 한다.
- 덧셈식, 뺄셈식, 곱셈식에서 등호(=)의 양쪽에 있는 양이 서로 같음을 이해하게 한다.
- 한 가지 상황을 간단한 덧셈식과 뺄셈식으로 나타내는 활동을 통하여 덧셈과 뺄셈의 관계를 이해하게 한다.
- 세 수의 덧셈에서는 세 수를 앞에서부터 순서대로 더한 결과와 합이 10이 되는 두 수를 먼저 더하고 나머지 수를 더한 결과를 비교하는 활동을 통하여 덧셈의 결합법칙을 직관적으로 이해하게 한다.
- □가 사용된 덧셈식과 뺄셈식은 □의 값을 직관적으로 구할 수 있는 수준으로 다룬다.
- '수와 연산' 영역의 문제 상황에 적합한 문제해결 전략을 지도하여 문제해결 역량을 기르게 한다.

학교 수학에서는 '알고리즘'이라 일컫는 지필 계산 과정에 의한 계산 기능을 오랫동안 강조하여 왔다. 이것은 제시된 알고리즘을 보고 따라 하는데 치중하여, 아이들 스스로 계산 방법과 절차를 발견하고 수행하는 과정이 부족할 수 있다는 비판을 받아왔다. 그러나, 최근에는 교사가 제시하는 계산 과정을 단순히 기억하기보다는, 정답에 이르는 자신의 방법을 발견하게 하고 계산기를 이용하여 계산 부담을 완화시키는 방안도 모색하고 있다. 그렇지만, 알고리즘을 사용하는 능력은 여전히 중요한 것도 사실이다.

NCTM(1989)은 아이들이 "특별한 문제에 적합한 계산 기법을 선택하고 사용하며, 그 결과가 합리적인가를 결정해야 할" 필요성을 강조한다(p. 44). 그와 같은 향상된 능력을 개발하기 위해, 계산 지도의 개선 지침으로 다음과 같은 것이 포함되어야 한다(p. 35).

- 간단한 계산의 명확한 이해와 숙달의 육성
- 보다 나은 수학 탐구를 위해, 지필 알고리즘 사용에 의한 지루한 계산 지도의 지양
- 서로 다른 수학적 상황에 적합한–빠른 암산으로부터 컴퓨터의 사용까지 – 광범위한 계산과 어림 기법 사용의 촉진
- 적절한 공학 기술 활용에 필요한 기능 및 계산 결과를 문제 상황으로 전환하는 능력의 개발
- 학생들에게 계산의 타당성 여부의 확인 방법 제공(수와 알고리즘 감각, 어림기능)

아이들은 일상에서 기본적인 덧셈과 뺄셈을 활용하면서도 형식적인 알고리즘에 의한 받아올림/받아내림에 어려움을 겪는다. 따라서, 아이들에게 다양한 학습 교구와 조작 활동을 충분히 제공하여 아이들이 스스로 계산 방법이나 알고리즘을 발견하도록 해야 한다. 이것은 아이들 스스로 발명했기에 재발명(reinvention)이라고 한다. 즉, 수학학습에서 강조하는 것은 계산 절차가 아니라, 아이 스스로 계산 절차를 창안할 수 있는 힘을 길러주는 것이어야 한다.

◎ 수학학습에서 강조하는 것은 계산 절차가 아니라, 아이 스스로 계산 절차를 고안할 수 있는 힘을 길러주는 것이다.

1) 한 자리 수의 덧셈과 뺄셈

덧셈과 뺄셈을 도입하는 초기에는 생활 장면에서 덧셈과 뺄셈이 이루어지는 경우를 알아보고, 구체적 상황(첨가, 합병, 구잔, 구차, 등화 상황)을 제시하여 덧셈과 뺄셈의 의미를 이해하게 한다. 덧셈과 뺄셈을 도입하기 전에는 모으기와 가르기를 통하여 수를 하나로 합하고 둘로 나누는 활동을 제시한다.

그림 6.11 모으기와 가르기(교육부, 2024a, p. 60)

◎ **교육과정 성취기준**

[2수01-04] 하나의 수를 두 수로 분해하고 두 수를 하나의 수로 합성하는 활동을 통하여 수 감각을 기른다.

한 자리 수끼리의 덧셈은 더하는 수가 10보다 작은 두 수의 덧셈을 다룬다. 합이 10 미만인 덧셈에서는 문제 상황을 덧셈식으로 나타내고, 구체물을 이용하거나 세어서 그 결과를 구하도록 한다.

그림 6.12 뺄셈하는 방법(교육부, 2024a, p. 75)

◎ **교육과정 성취기준**

[2수01-06] 두 자리 수의 범위에서 덧셈과 뺄셈의 계산 원리를 이해하고 그 계산을 할 수 있다.

합이 10 이상인 덧셈은 수의 가르기와 모으기를 바탕으로 10을 만들어 계산하도록 한다. 이를 위해 10에 대한 보수(합이 10이 되는 두 수)를 능숙하게 이해하고 있어야 한다. 뺄셈에서는 교구를 이용하거나 빼기 편리한 수로 가르기하여 빼도록 한다. 예를 들어, 14−4는 4를 먼저 빼고, 14−7은 4를 먼저 빼고 남은 3을 빼도록 할 수 있다. 이 두 가지 계산은 이후에 배우게 될 두 자리 수의 뺄셈의 기본이 된다.

교육과정 성취기준

[2수01-06] 두 자리 수의 범위에서 덧셈과 뺄셈의 계산 원리를 이해하고 그 계산을 할 수 있다.

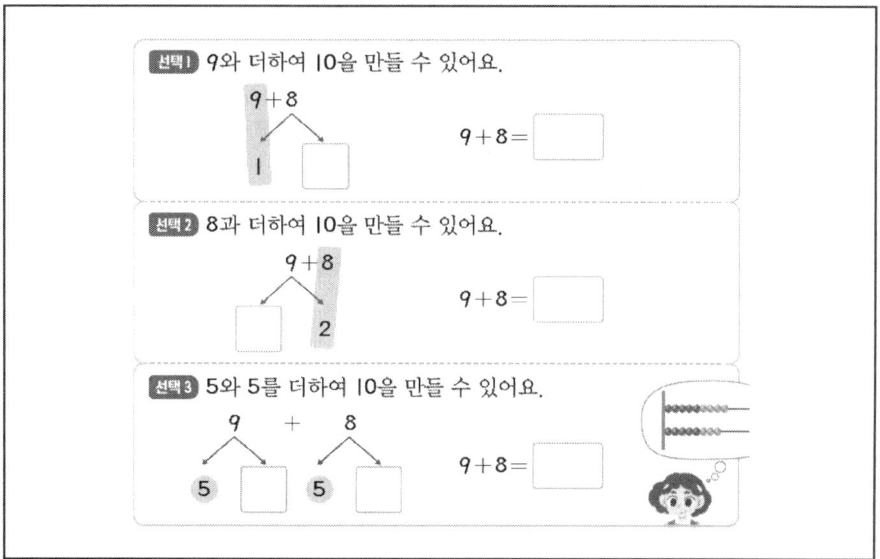

그림 6.13 한 자리 수의 덧셈(교육부, 2024b, p. 90)

2) 세 수의 덧셈과 뺄셈

세 수의 덧셈과 뺄셈은 두 개의 한 자리 수의 덧셈과 뺄셈을 바탕으로 앞에서부터 차례대로 계산하게 한다. 그러나, 덧셈끼리 이루어진 식의 경우에는 앞에서부터 차례대로 계산하지 않고 10이 되는 수를 만들어 계산할 수 있다. 이와같이, 세 수의 덧셈과 뺄셈은 여러 가지 방법으로 계산할 수도 있다. 세 수의 덧셈과 뺄셈에서는 다음의 과정을 따라 지도할 수 있다.

① 세 수의 덧셈(예: 4+3+1)

② 세 수의 뺄셈(예: 9−2−3)

③ 10이 되는 더하기(예: 6+4, 2+8 등)

④ 10에서 빼기(예: 10−3, 10−5 등)

⑤ 10을 만들어 더하기(예: 4+6+2, 7+3+5, 4+7+3 등)

세 개의 한 자리 수의 계산에서는 덧셈끼리, 뺄셈끼리만 하도록 하고, 세 개의 두 자리 수의 계산에서는 덧셈과 뺄셈이 혼합된 문제를 제공한다. 그렇지만, 혼합 계산의 원리와 방법을 배우지 않았기 때문에 덧셈과 뺄셈이 혼합된 문제에서는 앞에서부터 차례로 계산하도록 지도한다.

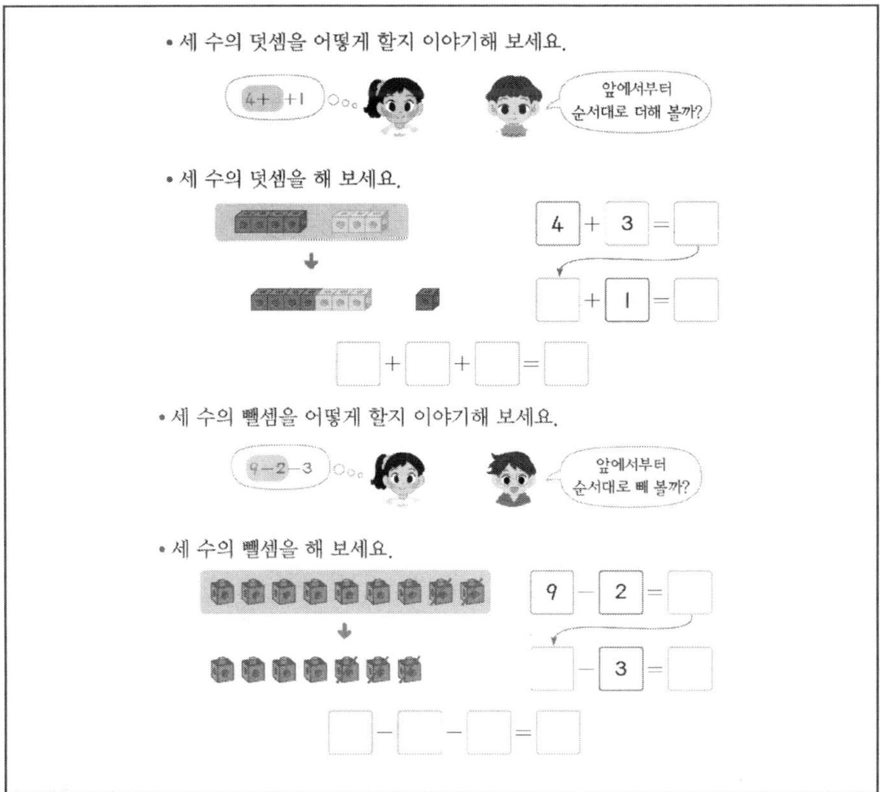

그림 6.14 세 수의 덧셈과 뺄셈(교육부, 2024b, p. 43; p. 45)

탐구 과제: 혼합 계산으로서 세 수의 덧셈과 뺄셈

세 수의 덧셈과 뺄셈은 궁극적으로 혼합 계산의 한 유형이라고 할 수 있다. 1–2학년군에서 다루어지는 세 수의 덧셈과 뺄셈과 5–6학년군에서 다루어지는 혼합 계산과의 유사점과 차이점을 비교하여 보세요.

3) 두 자리 수의 덧셈과 뺄셈

두 자리 수의 덧셈과 뺄셈은 받아올림과 받아내림을 적용하여 계산하는 첫 관문이다. 알고리즘을 적용한 계산 원리를 탐구하는 수업 모형에 따라 수업 과정은 '문제 상황 제시 → 수학적 모델로 나타내기 → 조작 활동 → 발표 및 형식화' 과정을 거칠 수 있다. 그렇지만, 여러 가지 방법으로 계산하는 과정을 강조하는 교수 이론에 비추어 계산 도구의 다양화와 계산 방법의 다양화 과정을 거쳐 알고리즘을 발견하도록 지도할 수 있다. 학습 내용의 제시 순서는 다음과 같은 과정으로 제시한다.

- 덧셈 수식: 17+6 ⇨ 27+16 ⇨ 64+53 ⇨ 76+47
- 빼셈 수식: 34−8 ⇨ 40−17 ⇨ 42−16

교육과정 성취기준
[2수01-06] 두 자리 수의 범위에서 덧셈과 뺄셈의 계산 원리를 이해하고 그 계산을 할 수 있다.

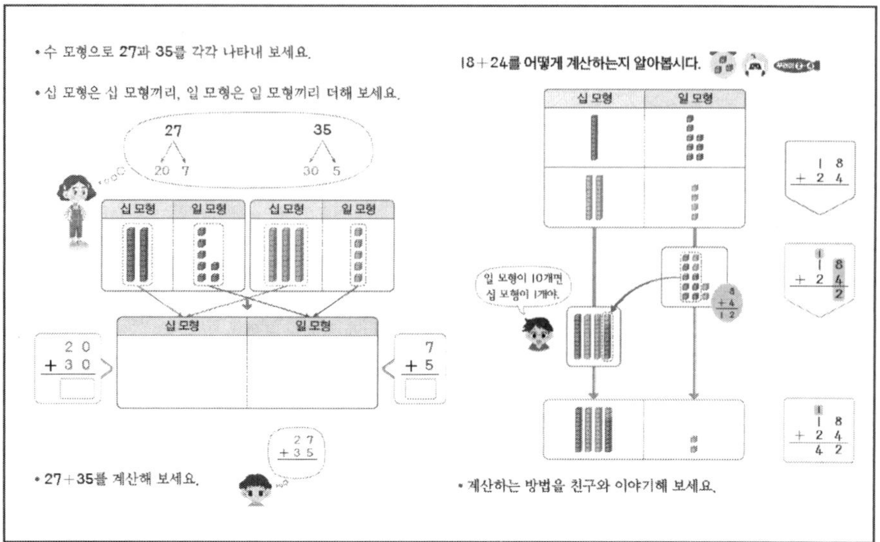

그림 6.15 두 자리 수의 덧셈 방법(교육부, 2024c, pp. 68–69)

탐구 과제: 뺄셈 방법 찾기

다음의 식은 미진이가 (두 자리 수)−(한 자리 수)의 받아내림이 있는 뺄셈을 계산한 것이다. 미진이는 어떤 방법으로 뺄셈을 한 것인지 이야기해 보세요.

52	32	32	42
− 7	− 9	−19	−18
⑤	⑦	⑦	⑥
50	30	20	30
45	23	13	24

(2) 세 자리 수의 덧셈과 뺄셈

성취기준

[4수01-03] 세 자리 수의 덧셈과 뺄셈의 계산 원리를 이해하고 그 계산을 할 수 있다.

(가) 성취기준 해설

- [4수01-03] 덧셈은 세 자리 수의 범위에서 다루되, 합이 네 자리 수인 경우도 포함한다.

(나) 성취기준 적용 시 고려 사항

- 자연수의 덧셈, 뺄셈, 곱셈, 나눗셈을 하기 전에 계산 결과를 어림하기, 어림한 값을 이용하여 계산 결과가 타당한지 확인하기, 어림셈이 필요한 실생활 상황의 문제를 해결하기 등을 다룰 수 있다.
- 친근한 실생활 상황을 이용하여 자연수의 덧셈, 뺄셈, 곱셈, 나눗셈에 관련된 문제를 만들어 해결하게 하고, 사칙계산의 유용성을 인식하게 한다.
- '수와 연산' 영역의 문제 상황에 적합한 문제해결 전략을 지도하고, 문제해결 과정을 설명하게 하여 문제해결 역량을 기르게 한다.
- '수와 연산' 영역에서 문제해결 과정을 설명할 때 다른 친구의 의견을 존중하고 경청하는 태도로 참여하게 한다.

세 자리 수의 덧셈과 뺄셈은 덧셈과 뺄셈을 완성하는 단계로, 세 자리 수의 범위에서 덧셈과 뺄셈 학습을 기반으로 하여 받아올림과 받아내림이 없는 덧셈과 뺄셈, 받아올림과 받아내림이 있는 덧셈과 뺄셈을 지도한다. 세 자리 수의 덧셈과 뺄셈에서는 계산 원리의 형식화뿐 아니라, 어림하는 활동을 통해 수 감각을 기를 수 있도록 한다. 다음은 세 자리 수의 덧셈과 뺄셈에 이용되는 수의 유형이다.

- 받아올림이 없는 (세 자리수)+(세 자리 수)
- 받아올림이 1번 있는 (세 자리수)+(세 자리 수)
- 받아올림이 2번, 3번 있는 (세 자리수)+(세 자리 수)

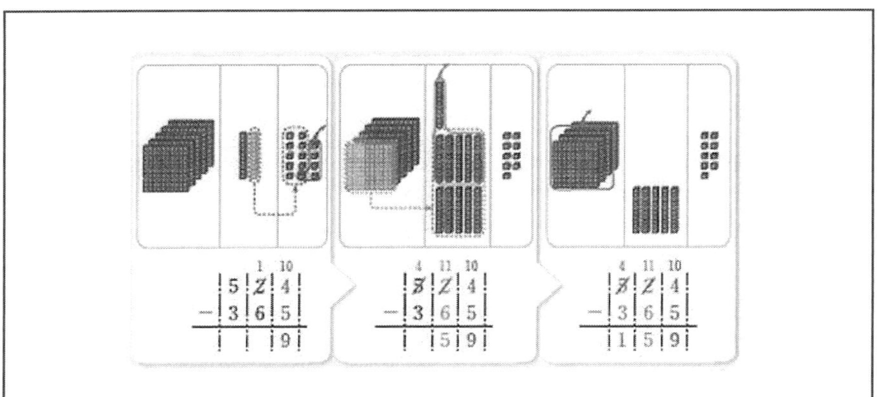

그림 6.16 세 자리 수의 뺄셈 방법(교육부, 2020c, p. 15)

교육과정 성취기준
[4수01-03] 세 자리 수의 덧셈과 뺄셈의 계산 원리를 이해하고 그 계산을 할 수 있다.

• 받아내림이 없는 (세 자리수)−(세 자리 수)

• 받아내림이 1번 있는 (세 자리수)−(세 자리 수)

• 받아내림이 2번 있는 (세 자리수)−(세 자리 수)

(3) 덧셈과 뺄셈의 관계

◎ **덧셈과 뺄셈은 서로 역연산 관계이다.**

덧셈과 뺄셈은 서로 역연산 관계이다. 구체물을 더하고 빼는 활동을 통하여 덧셈식 $a+b=c$는 뺄셈식 $a=c-b$ 또는 $b=c-a$로 나타낼 수 있고, 뺄셈식 $a-b=c$는 덧셈식 $a=b+c$로 나타낼 수 있음을 이해하게 한다.

덧셈과 뺄셈의 관계 지도에서는 한 가지 상황을 간단한 덧셈식과 뺄셈식으로 나타내고, 덧셈과 뺄셈 사이의 관계를 탐구할 수 있도록 한다. 특히, 세 수의 양적인 관계를 생각하며 뺄셈식을 덧셈식으로 나타내게 하고, 전체에서 부분을 나타내는 뺄셈식에서 부분과 부분의 합이 전체임을 인식하게 한다. 또, 덧셈과 뺄셈 기호의 의미와 등호의 의미를 파악하게 하고, 덧셈식과 뺄셈식의 관계에서 수학적 표현의 상호 연관성을 파악하게 한다.

◎ **교육과정 성취기준**
[2수01-07] 덧셈과 뺄셈의 관계를 이해한다.

뺄셈식을 덧셈식으로 나타내 봅시다.

• 물에 들어간 펭귄은 몇 마리인지 뺄셈식으로 나타내 보세요.

• 펭귄은 모두 몇 마리인지 덧셈식으로 나타내 보세요.

• 뺄셈식을 덧셈식으로 나타내 보세요.

뺄셈식 12−5=7 < ______ / ______

그림 6.17 덧셈과 뺄셈의 관계(교육부, 2024c, p. 83)

(4) □의 의미와 미지수 구하기

수량이나 구체물 사이의 관계에서 어떤 수가 미지수인 □를 이용하여 표현한 경우에 덧셈식과 뺄셈식을 이용하여 지도한다. 이때, 실물이나 교구를 이용하여 표현하게 하고, 수량 사이의 관계를 '말이나 글'로 설명해 보게 하고, 말이나 글보다 '식'을 이용하여 표현하는 것이 더 간결하고 정확하다는 것을 알고, 식의 필요성을 인식하게 한다. 식의 필요성을 인식하면 수량과 그들 사이의 관계를 식으로 표현하는 경험하도록 한다.

이를 위해 일상적 용이로 표현된 문장제를 수학 용어를 사용한 문장으로, 다시 수학적 기호를 사용한 식으로 표현하게 한다.

흰 구슬 3개와 파란 구슬 5개가 있습니다. 구슬은 모두 몇 개 입니까?	⇒	3과 5의 합	⇒	3+5
[문장제]		[수학 용어]		[식]

① 덧셈식에서 미지수 구하기

□를 사용한 덧셈식은 더하는 수(가수)가 미지수인 경우와 더해지는 수(피가수)가 미지수인 경우로 나눌 수 있다.

[그림 6.18]은 5+□=9를 구하는 상황으로, 이런 문제에서 미지수를 구하는 방법은 여러 가지 수 세기 방법이나 교구를 이용하는 방법 등이 있다.

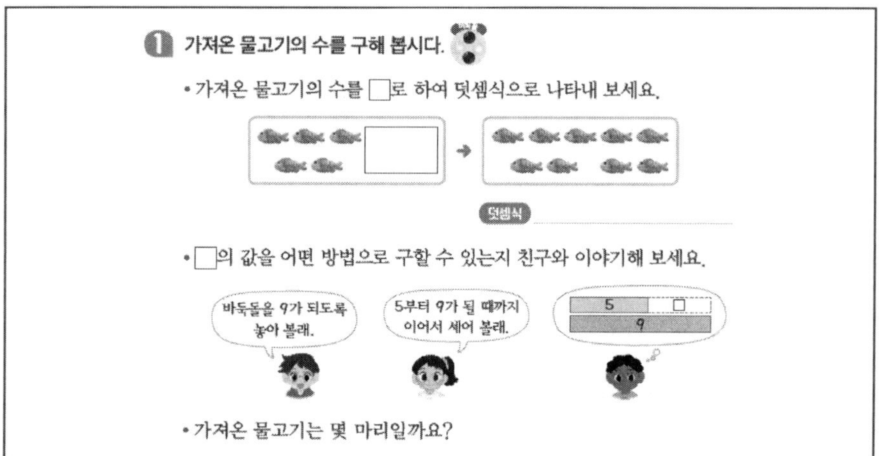

그림 6.18 덧셈식에서 미지수 구하기(교육부, 2024c, p. 84)

◎ 교육과정 성취기준

[2수01-09] □가 사용된 덧셈식과 뺄셈식을 만들고, □의 값을 구할 수 있다.

② 뺄셈식에서 미지수 구하기

□를 사용한 뺄셈식은 빼는 수(감수)가 미지수인 경우와 빼어지는 수(피감수)가 미지수인 경우로 나눌 수 있다.

[그림 6.19]은 12−□=9를 구하는 상황으로, 문제 상황을 식으로 나타내면

미지수를 구해야 하는데, 미지수를 구하는 방법은 역연산을 이용하거나 거꾸로 수 세기를 이용할 수 있다.

◎ 교육과정 성취기준
[2수01-09] □가 사용된 덧셈식과 뺄셈식을 만들고, □의 값을 구할 수 있다.

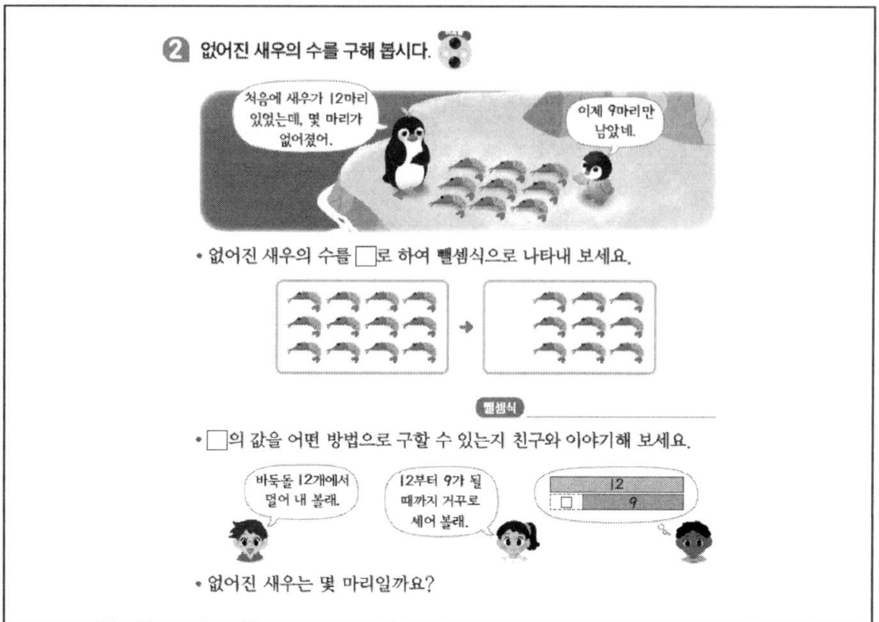

그림 6.19 뺄셈식에서 미지수 구하기(교육부, 2024c, p. 85)

(5) 한 자리 수의 곱셈

성취기준

[2수01-10] 곱셈이 이루어지는 실생활 상황과 연결하여 곱셈의 의미를 이해한다.
[2수01-11] 곱셈구구를 이해하고, 한 자리 수의 곱셈을 할 수 있다.

(가) 성취기준 해설: 없음

(나) 성취기준 적용 시 고려 사항

- 곱셈의 의미는 배의 개념과 동수누가를 통하여 다루고, 1의 곱과 0의 곱은 실생활과 관련지어 다룬다.
- 곱셈표를 이용해서 두 수를 바꾸어 곱해도 곱이 같음을 비교하는 활동을 통하여 곱셈의 교환법칙을 직관적으로 이해하게 한다.
- '수와 연산' 영역의 문제 상황에 적합한 문제해결 전략을 지도하여 문제해결 역량을 기르게 한다.

곱셈을 처음 도입할 때 '몇씩 몇 묶음' 상황이나 '뛰어 세기' 상황을 '몇의 몇 배'와 연결하여 곱셈식을 도입할 수 있다. 동수누가는 합성 단위를 반복하는 것이지만,[14] 배의 의미는 두 양 사이의 관계로 확대나 축소 상황과 관련된다. 곱셈을 동수누가로만 이해하는 것은 승수가 분수나 소수인 상황에서는 적용할 수 없기 때문에 이 경우에 주어진 상황을 왜 곱셈식으로 표현하는지 이해하기 어렵다.

◎ **곱셈의 본질적인 의미는 배의 개념이다.**

• 연결 모형의 수는 3씩 몇 묶음인가요?

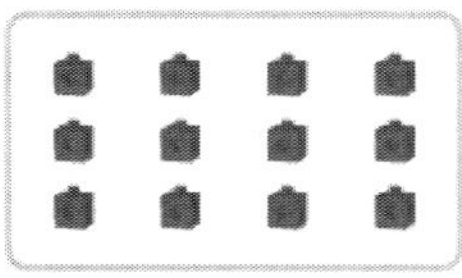

3씩 □ 묶음

• 연결 모형의 수는 3의 몇 배인가요? 3의 □ 배

그림 6.20 묶음과 배의 연결(교육부, 2024c, p. 145)

◎ **교육과정 성취기준**

[2수01-10] 곱셈이 이루어지는 실생활 상황과 연결하여 곱셈의 의미를 이해한다.

곱셈식에 나타난 수는 덧셈식에 나타난 수와 의미가 다른데, 덧셈식 4+3=7에 포함된 세 수 4, 3, 7은 이산량에 기초한 기수 개념으로 생각할 수 있고, 바둑돌과 같은 구체물이나 도표를 이용하여 나타낼 수 있다. 그렇지만 4×3=12에서 4와 12는 기수 개념이지만, 승수인 3은 '묶음', '횟수', 혹은 '배' 개념이다. 여기에 제시된 3은 덧셈식의 '3'과 다르며, 1과 3의 관계, 2와 6의 관계, 3과 9의 관계, … 등으로 나타내는 것이 되며, 피승수의 배가 된다.

예를 들어, '사과 2개의 3배는 사과 6개가 되고, 여기에는 이산량을 나타내는 기수 개념(2개와 6개)과 두 이산량 사이의 관계를 나타내는 추상적인 수준의 배의 개념(3배)이 포함되어 있다. 배의 개념으로서 '3'은 사과 3개에서의 3과는 다른 것이다. 마찬가지로 측정의 맥락에서 보면, 기수 개념은 절대 단위로 해석되고, 배의 개념은 상대 단위를 통한 측정에서 한다. 예를 들어, 1개라는 절대 단위를 기준으로 측정한다면 사과 6개의 수 값은 언제나 6이 된다. 그렇지만, 상대 단위를 기준으로 측정한다면 사과 6개는 사과 2개를 단위로 하면 3,

14) 합성 단위란 단위 몇 개로 구성된 단위로, 8의 경우에 1개(단위)가 2번 반복된 단위의 단위인 하나의 묶음이 합성 단위가 되고, 이것이 4묶음인 전체로 8을 구할 수 있다.

사과 3개를 단위로 하면 2, 사과 6개를 단위로 하면 1이 될 수 있다. 즉, 단위를 다양하게 선택함으로써 하나의 양을 나타내는 수 값이 다양하게 변하게 되는데, 이것이 배의 개념의 본질이다.

두 수나 두 양 사이의 배 관계라는 관점은 이산량에만 한정되는 것이 아니라, 1시간에 3km씩 걸을 때 2시간 동안 걸은 거리를 구하는 경우와 같이 연속량에 대해서도 동일하게 성립한다. 이런 면에서 '배'라는 관계의 의미를 좀 더 효과적으로 지도하기 위해서는 이산량뿐만 아니라, 연속량에 대해서도 다루어야 한다. 그렇지만, 2학년 아이들에게는 연속량으로 배의 개념을 지도하는 것이 어렵다는 의견도 존재한다. 따라서, 배의 개념을 지도할 때에는 이산량을 이용하여 직관적으로 이해하도록 하며, 연속량을 활용하는 것도 고려하여 배의 개념에 대한 이해를 촉진할 필요가 있다. 이를 위해 생활 장면에서 접할 수 있는 문제를 구체물을 사용하여 해결하게 함으로써 곱셈의 기초 활동을 경험하도록 한다.

◎ 교육과정 성취기준
[2수01-11] 곱셈구구를 이해하고, 한 자리 수의 곱셈을 할 수 있다.

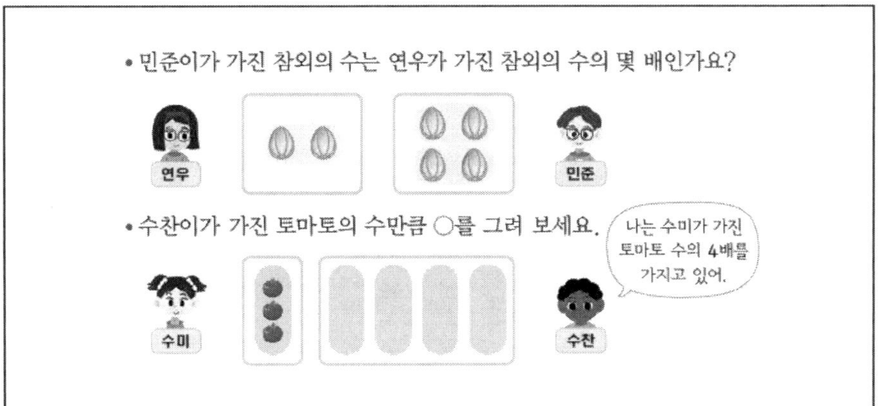

그림 6.21 몇의 몇 배로 표현(교육부, 2024c, p. 146)

한편, 배의 개념으로 도입한 곱셈에서 곱한 결과인 곱을 알기 위하여 반복 덧셈인 동수누가를 제시하지만, 반복 덧셈을 지나치게 강조하지 말고 그 결과를 찾아내는 수준으로 지도하도록 한다. 곱셈에 대한 이해가 이루어지면 곱셈구구의 구성 원리를 이해하고 완성하며, 곱셈구구를 이용하여 (한 자리 수)×(한 자리 수)의 곱을 구하게 한다. 1의 단 곱셈구구와 0의 곱은 실생활과 관련지어 다루는 것이 유용하다.

곱셈구구의 학습에서는 곱셈에 대한 기초 경험을 바탕으로 2, 5, 3–6, 4–8, 7,

9, 1, 0의 순으로 순차적으로 지도하도록 한다. 각 단의 구구의 지도에서는 각 구구의 의미, 각 단의 구구의 계산 방법, 그리고 구구의 완성 과정으로 지도한다. 예를 들어, 3단에서는 3×4가 3×3보다 얼마나 커지는가를 살펴봄으로써 승수가 1씩 커질 때마다 피승수인 3만큼씩 커진다는 것을 알게 하고, [그림 6.22]와 같이 3×6을 여러 가지 방법으로 계산하여 그 결과를 찾아보도록 한다.

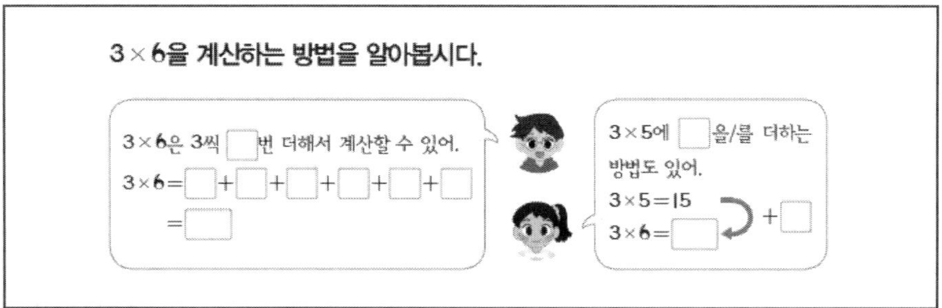

그림 6.22 3×6의 계산 방법(교육부, 2024d, p. 41)

◎ 교육과정 성취기준

[2수01-10] 곱셈이 이루어지는 실생활 상황과 연결하여 곱셈의 의미를 이해한다.

탐구 과제: 3단과 6단을 관련짓기

교과서에서는 3단과 6단, 4단과 8단은 함께 지도하면서 두 단 사이의 관계를 파악하도록 의도하고 있다. 6×4와 3×8을 관련지어 아이들에게 탐구하도록 할 수 있는 내용을 이야기해 보세요.

(6) 세 자리 수 범위의 곱셈

성취기준

[4수01-04] 곱하는 수가 한 자리 수 또는 두 자리 수인 곱셈의 계산 원리를 이해하고 그 계산을 할 수 있다.

(가) 성취기준 해설

- [4수01-04] 곱셈은 '(두 자리 수)×(한 자리 수)', '(세 자리 수)×(한 자리 수)', '(두 자리 수)×(두 자리 수)', '(세 자리 수)×(두 자리 수)'를 다룬다.

(나) 성취기준 적용 시 고려 사항

- 한 가지 상황을 곱셈식과 나눗셈식으로 나타내는 활동을 통하여 곱셈과 나눗셈의 관계를 이해하게 한다.
- 자연수의 덧셈, 뺄셈, 곱셈, 나눗셈을 하기 전에 계산 결과를 어림하기,

어림한 값을 이용하여 계산 결과가 타당한지 확인하기, 어림셈이 필요한 실생활 상황의 문제를 해결하기 등을 다룰 수 있다.

- 친근한 실생활 상황을 이용하여 자연수의 덧셈, 뺄셈, 곱셈, 나눗셈에 관련된 문제를 만들어 해결하게 하고, 사칙계산의 유용성을 인식하게 한다.
- '수와 연산' 영역의 문제 상황에 적합한 문제해결 전략을 지도하고, 문제해결 과정을 설명하게 하여 문제해결 역량을 기르게 한다.
- '수와 연산' 영역에서 문제해결 과정을 설명할 때 다른 친구의 의견을 존중하고 경청하는 태도로 참여하게 한다.

'(두 자리 수)×(한 자리 수)'의 계산은 실생활에서 곱셈이 이루어지는 장면에서 도입하고, 구체적인 조작 활동을 통하여 원리를 이해하게 한다. 또, 곱셈을 활용하여 여러 가지 실생활 문제를 다양한 방법으로 해결할 수 있게 한다. '(두 자리 수)×(한 자리 수)'의 계산에서는 받아올림의 정도나 위치에 따라 다음과 같은 순으로 지도한다.

- (몇십)×(몇) (예) 20×4
- 받아올림이 없는 (두 자리 수)×(한 자리 수) (예) 12×4
- 십의 자리에서 받아올림이 있는 (두 자리 수)×(한 자리 수) (예) 32×4
- 일의 자리에서 받아올림이 있는 (두 자리 수)×(한 자리 수) (예) 16×4
- 십의 자리와 일의 자리에서 받아올림이 있는 (두 자리 수)×(한 자리 수) (예) 56×4

두 자리 수 이상의 곱셈에서는 (세 자리 수)×(한 자리 수)를 받아올림의 정도나 위치에 따라 다루고, (몇십)×(몇십), (몇십 몇)×(몇십), (몇)×(몇십 몇), (몇십 몇)×(몇십 몇) 등을 다루도록 한다. 이때, 수모형이나 모눈종이 등을 이용하여 계산 원리를 알고, 표준 알고리즘을 발견하도록 지도한다.

25×13을 어떻게 계산하는지 알아봅시다.

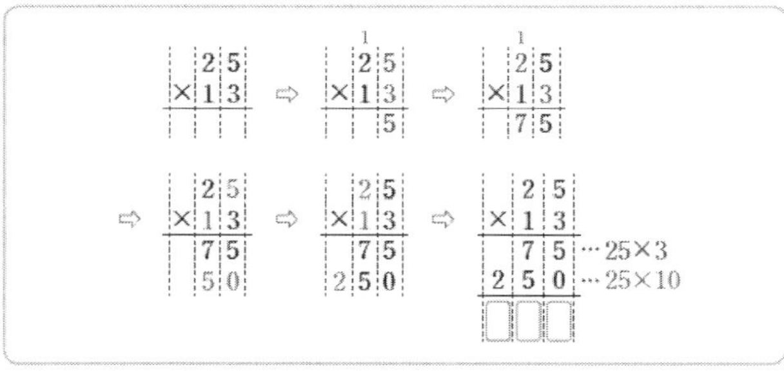

● 25×13을 계산하는 방법을 이야기해 보세요.

그림 6.23 두 자리 수끼리의 곱셈(교육부, 2020b, p. 21)

◎ 교육과정 성취기준

[4수01-04] 곱하는 수가 한 자리 수 또는 두 자리 수인 곱셈의 계산 원리를 이해하고 그 계산을 할 수 있다.

한편, 고대인들이 사용한 곱셈 방법도 흥미 있는 소재인데, 다음과 같은 방법들이 있다.

① 고대 이집트인들의 방법(2배만 이용)

◎ 고대 이집트인의 곱셈 방법

34×23 ⇒ 34×1=34 *

34×2=68 *

34×4=136 *

34×8=272

34×16=544 * ⇒ 승수의 16+4+2+1=23이므로 각 계산의 합으로 결과를 구한다.

② 러시아의 전통적인 방법(2배와 반을 이용)

◎ 러시아의 전통적인 곱셈 방법

23×34

46×17 23×34=46×17

92×8 =92×8+46

184×4 =184×4+46

368×2 =368×2+46

736×1 =736×1+46=782이다.

◎ 격자 이용 곱셈 방법

③ 격자 이용 방법: 격자를 만들어 각각의 곱을 쓴 다음, 오른쪽 위에서 왼쪽 아래 대각선 방향으로 있는 수를 더한다. 10이 되면 받아올림을 한다.

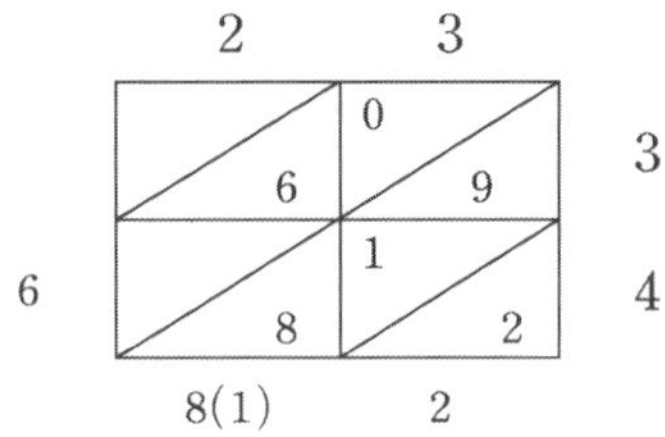

(7) 나눗셈

성취기준

[4수01-05] 나눗셈이 이루어지는 실생활 상황과 연결하여 나눗셈의 의미를 알고, 곱셈과 나눗셈의 관계를 이해한다.
[4수01-06] 나누는 수가 한 자리 수인 나눗셈의 계산 원리를 이해하고 그 계산을 할 수 있으며, 나눗셈에서 몫과 나머지의 의미를 안다.
[4수01-07] 나누는 수가 두 자리 수인 나눗셈의 계산 원리를 이해하고 그 계산을 할 수 있다.

(가) 성취기준 해설

- [4수01-06] 나눗셈에서 '(두 자리 수)÷(한 자리 수)'는 나누어떨어지는 경우와 나누어떨어지지 않는 경우를 포함하여 몫과 나머지를 이해하게 한다.
- [4수01-07] 나누는 수가 두 자리 수인 나눗셈에서는 '(두 자리 수)÷(두 자리 수)', '(세 자리 수)÷(두 자리 수)'를 다룬다.

(나) 성취기준 적용 시 고려 사항

- 나눗셈에 대한 검산에서는 나눗셈식을 보고 곱셈식으로 나타내는 것보다 검산의 목적과 필요성을 이해하는 데 초점을 둔다.
- 자연수의 덧셈, 뺄셈, 곱셈, 나눗셈을 하기 전에 계산 결과를 어림하기, 어림한 값을 이용하여 계산 결과가 타당한지 확인하기, 어림셈이 필요한 실생활 상황의 문제를 해결하기 등을 다룰 수 있다.
- 친근한 실생활 상황을 이용하여 자연수의 덧셈, 뺄셈, 곱셈, 나눗셈에 관련된 문제를 만들어 해결하게 하고, 사칙계산의 유용성을 인식하게 한다.
- 계산 기능을 숙달하는 것이 목적이 아닌 경우에는 계산기를 사용하게 할 수 있다.

- '수와 연산' 영역의 문제 상황에 적합한 문제해결 전략을 지도하고, 문제해결 과정을 설명하게 하여 문제해결 역량을 기르게 한다.
- '수와 연산' 영역에서 문제해결 과정을 설명할 때 다른 친구의 의견을 존중하고 경청하는 태도로 참여하게 한다.

나눗셈은 사칙연산 중에서 아이들이 숙달하기에 가장 어려워하는 계산인데, 그 이유는 다음과 같다.

- 다른 연산에 비해 나눗셈 알고리즘은 왼쪽에서부터 시작한다.
- 나눗셈 알고리즘은 나눗셈구구뿐만 아니라, 뺄셈과 곱셈도 수반한다.
- 알고리즘에 많은 상호작용이 있지만, 그 규칙은 가변적이다.
- 어림에 의한 가정 몫을 이용해야 하는데, 첫 어림에서 꼭 성공하는 것은 아니며, 두 번째 어림에서 실패하는 경우도 있다.

탐구 과제: 나눗셈 순서 탐구하기

나눗셈 알고리즘은 다른 연산에 비해 큰 수인 왼쪽부터 계산한다. 그 이유는 무엇일지 생각해 보고, 이야기해 보세요.

나눗셈은 나눗셈이 이루어지는 상황을 제시하여 나눗셈의 의미를 이해하게 하면서 도입하는데, 생활 장면에서 나눗셈이 이루어지는 상황은 포함제(Division, Measurement division) 상황과 등분제(Partition, Partitive division) 상황으로 구분할 수 있다. 포함제와 등분제는 서로 다른 의미를 가지고 있지만, 계산이라는 측면에서 결국 같은 나눗셈으로 통합된다.

포함제는 기준(제수)이 되는 양이 주어진 양(피제수)에 몇 번 들어 있는가(포함)를 구하는 것으로, 제수에 해당하는 수를 몇 번 뺄 수 있는가(동수누감)를 구하는 것과 같다. 등분제는 몇으로 똑같이 나누었을 때(등분) 한 몫의 크기를 구하는 것으로, 똑같은 양으로 여러 곳에 나눌 때 한 곳에 할당되는 양을 구하는 것과 같다. 이러한 상황을 나눗셈 8÷2를 이용하여 아래 그림과 같이 나타낼 수 있다.

◎ 교육과정 성취기준

[4수01-05] 나눗셈이 이루어지는 실생활 상황과 연결하여 나눗셈의 의미를 알고, 곱셈과 나눗셈의 관계를 이해한다.

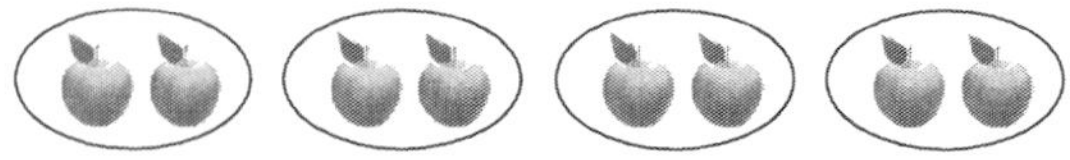

[포함제 상황]

[등분제 상황]

포함제와 등분제를 측정 상황으로 해석하면 포함제는 전체량(피제수)과 단위량(제수)이 주어지고 측정값을 구하는 것이고, 등분제는 전체량(피제수)과 측정값(제수)이 주어지고 단위량을 구하는 것이다.

예를 들면, 8÷2=4의 경우에 포함제의 상황에서는 사과 8개(전체량)를 2개씩(단위량) 묶으면(측정) 모두 4묶음(측정값)이 된다. 또, 등분제 상황에서는 사과 8개(전체량)를 두 모둠(측정값)에 나누어 주면 한 모둠은 4개(단위량)씩 가지게 된다.

자연수의 나눗셈 지도에서는 제수가 한 자리인 나눗셈의 몫과 나머지의 의미를 이해하게 한다. 또, 제수가 두 자리 수인 나눗셈의 계산 원리를 이해하게 한다. 아울러 나눗셈을 계산하기 전에 답을 어림해 보게 하고, 계산 결과와 차이가 큰 경우 곱셈과 나눗셈이 역연산 관계임을 활용하여 검산으로 계산 결과를 확인하게 한다.

1) 제수가 한 자리 수인 나눗셈

아이들은 알고리즘을 이용하여 나눗셈을 할 때 자릿값에 대해 명확히 이해하고 있어야 하며, 덧셈에 관한 곱셈의 분배법칙의 이해도 요구된다. 나눗셈을 지도할 때는 다른 연산과 마찬가지로 자릿값 표와 다양한 조작 자료를 함께 이용하여 활동하는 것이 중요하다. 아이들은 문제 상황을 마음속에 지니고 있어야 하며, 단순히 알고리즘에 따라 혼자 활동할 것이 아니라, 과정에 대한 관심을 다른 아이와 공유해야 한다.

나눗셈의 도입은 포함제와 등분제의 개념을 바르게 이해하고, 나눗셈의 몫을 포함제와 등분제로 나누어 알아본다. 나눗셈의 몫을 구하기 위하여 곱셈과 나눗셈의 관계를 먼저 학습하고, 이를 기초로 나눗셈의 몫을 구하는 방법을 이해하도록 한다.

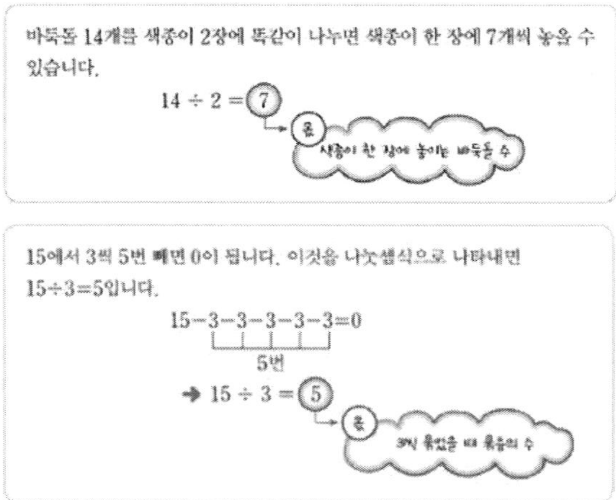

그림 6.24 등분제와 포함제 상황의 나눗셈(박만구 외, 2022a, p. 57; 59)

공깃돌 42개를 6명이 똑같이 나누면 한 명이 몇 개씩 가질 수 있는지 구해 봅시다.

- 한 명이 공깃돌을 몇 개씩 가질 수 있는지 나눗셈식으로 나타내 보세요.

  42÷□=□

- 나눗셈의 몫을 구할 수 있는 곱셈식을 써 보세요.

  □×□=42

- 나눗셈의 몫을 곱셈식으로 구해 보세요.

- 나눗셈의 몫을 곱셈식으로 구하는 방법을 이야기해 보세요.

그림 6.25 나눗셈의 몫을 곱셈식으로 구하기(박만구 외, 2022a, p. 63)

◎ 교육과정 성취기준

[4수01-05] 나눗셈이 이루어지는 실생활 상황과 연결하여 나눗셈의 의미를 알고, 곱셈과 나눗셈의 관계를 이해한다.

◎ 교육과정 성취기준

[4수01-08] 나누는 수가 한 자리 수인 나눗셈의 계산 원리를 이해하고 그 계산을 할 수 있으며, 나눗셈에서 몫과 나머지의 의미를 안다.

(두 자리 수)÷(한 자리 수)에서는 (몇십)÷(몇)은 십의 자리에서 나누어떨어지는 경우와 일의 자리에서 나누어떨어지는 경우로 나누어 지도할 수 있다. (몇십몇)÷(몇)에서는 나누어떨어지는 경우와 나머지가 있는 경우로 나누어 지도할 수 있다. 이때, 수모형과 같은 구체적 조작물을 이용하여 계산 원리를 발견하도록 한다. 마찬가지로, (세 자리 수)÷(한 자리 수)에서도 나누어떨어지는 경우와 나머지가 있는 경우로 나누어 지도할 수 있다.

◎ 교육과정 성취기준

[4수01-08] 나누는 수가 한 자리 수인 나눗셈의 계산 원리를 이해하고 그 계산을 할 수 있으며, 나눗셈에서 몫과 나머지의 의미를 안다.

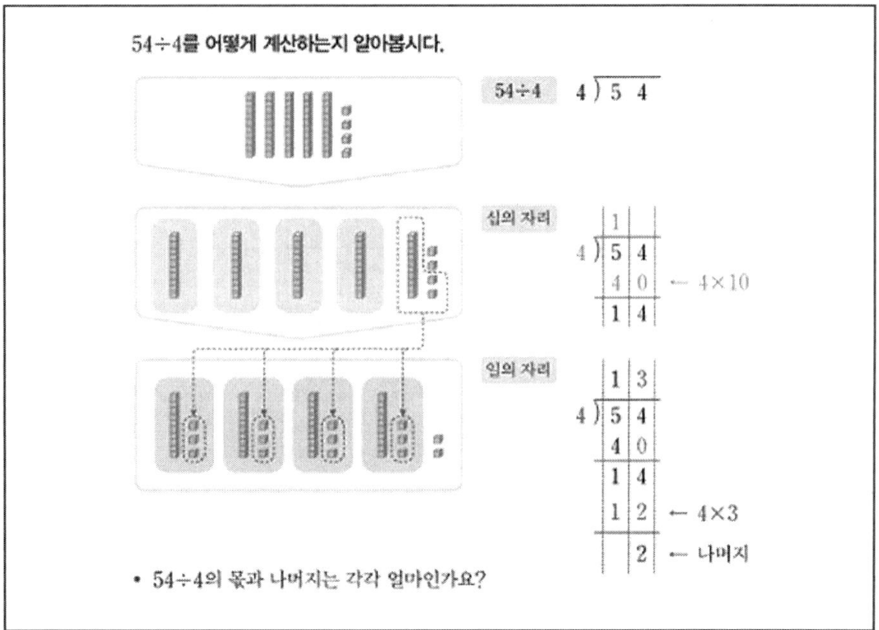

그림 6.26 나눗셈의 몫과 나머지 구하기(박만구 외, 2022b, p. 45)

2) 제수가 두 자리 수인 나눗셈

나누는 수가 두 자리인 나눗셈에서는 계산 방법을 기계적으로 연습하는 데 중점을 두기보다는, 계산 전에 여러 가지 방법으로 결과를 어림해 보고 계산기를 사용해서 결과를 확인해 봄으로써 수 감각을 개발하고 계산 결과의 타당성을 확인할 수 있게 한다. 제수가 두 자리 수인 나눗셈을 하는 데에는 몫을 찾기 위하여 버리기 방법과 반올림 방법을 이용할 수 있다.

- 버리기 방법: 제수의 첫(왼쪽) 수만을 가상 제수로 사용하여 몇십으로 몫을 어림하는 방법이다.
- 반올림 방법: 두 자리 수인 제수의 일의 자리 수가 4 이하인 경우에는 버리기 방법과 동일하며, 5 이상의 수일 때는 이를 반올림하여 십의 자리가 1 증가한 몇십을 가상 제수로 사용한다.

한편, 계산하기 전에 답을 어림해 보는 것이 중요한 것처럼, 계산한 후에 검산하는 것도 중요하다 덧셈과 뺄셈이 서로를 검산하기 위해 사용되듯이, 곱셈과 나눗셈도 서로를 검산하기 위해 사용된다. 아이들도 검산 목적을 반드시

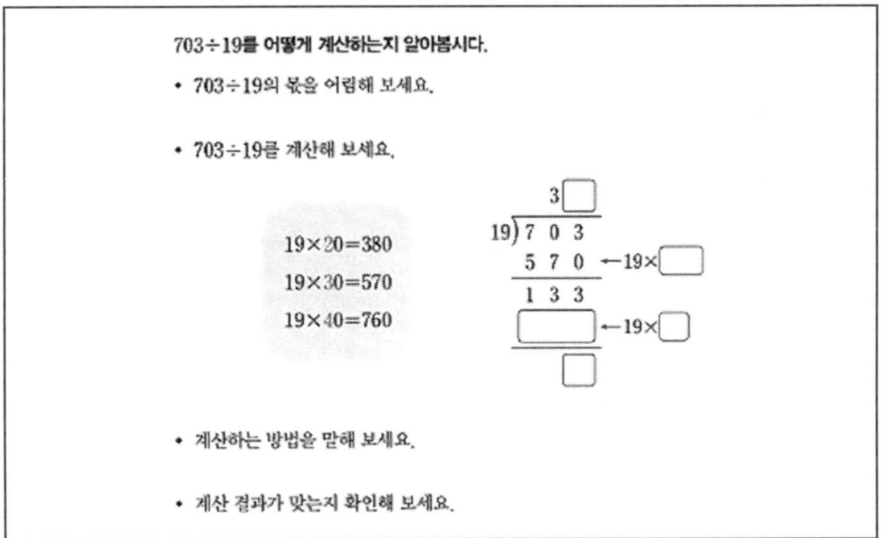
703÷19를 어떻게 계산하는지 알아봅시다.

• 703÷19의 몫을 어림해 보세요.

• 703÷19를 계산해 보세요.

19×20=380
19×30=570
19×40=760

• 계산하는 방법을 말해 보세요.

• 계산 결과가 맞는지 확인해 보세요.

그림 6.27 제수가 두 자리 수인 나눗셈(박만구 외, 2022c, p. 71)

> ◎ 교육과정 성취기준
> [4수01-07] 나누는 수가 두 자리 수인 나눗셈의 계산 원리를 이해하고 그 계산을 할 수 있다.

이해해야 하며, 만약 검산 결과의 해가 원래의 해와 일치하지 않을 경우 아이들은 무엇을 해야 하는가에 대해서도 이해해야 한다.

검산을 하는 방법으로 구거법(九去法)이 있다. 구거법은 각 자리의 수를 더하고 9를 뺀 값들의 양변을 비교하여 계산 결과를 확인하는 방법이다.

탐구 과제: 구거법 이용하기

구거법의 원리를 생각해 보고, 다음 계산이 맞는지 구거법을 이용하여 검산해 보세요.

- 357+564=911
- 938÷67=13

(8) 혼합 계산

성취기준

[6수01-01] 덧셈, 뺄셈, 곱셈, 나눗셈의 혼합 계산에서 계산하는 순서를 알고, 혼합 계산을 할 수 있다.

(가) 성취기준 해설: 없음

(나) 성취기준 적용 시 고려 사항

- 자연수의 혼합 계산은 계산 순서에 중점을 두고, 지나치게 복잡한 혼합 계산은 다루지 않는다.

혼합 계산에서는 덧셈, 뺄셈, 곱셈, 나눗셈이 섞여 있는 혼합 계산이나 ( )가 있는 혼합 계산에서 계산 순서를 알고, 그 순서에 따라 계산하게 한다. 이때, 수가 너무 크거나 연산의 개수가 많아서 계산이 복잡한 경우는 가능한 한 지양하고 간단한 수를 제시하여 계산 순서를 익히는 데 중점을 두도록 한다.

혼합 계산에서는 자연수의 사칙계산에 대한 이해를 바탕으로 여러 단계로 나타나는 문제 상황을 식으로 표현하고, 식의 계산 순서에 따라 문제를 해결할 수 있는 능력을 길러주는 데 초점을 두어야 한다. 따라서, 아이들은 무엇보다도 실생활 문제 상황을 수식으로 적절하게 표현할 수 있어야 하고, 혼합 계산을 이루는 각 연산 개념을 알아야 하며, 계산 순서를 이해해야 한다.

혼합 계산 지도와 관련하여 혼합계산식의 계산 순서가 어떤 근거로 정해졌는가를 생각해 볼 수 있다. 만약, 계산 순서가 정해지지 않았다면 하나의 식에 대해 서로 다른 답이 산출될 수 있으며, 이것은 수학의 논리에 맞지 않게 된다. 따라서, 계산 결과를 일의적으로 결정하기 위해 계산 순서가 정해졌을 것이다.

지금과 같은 계산 순서가 정해진 것에 대한 근거가 역사 자료에 의해서는 명확하게 확인되지 않으며, 대수적 성질과 대수 전개의 편의성을 도모하기 위하여 정해진 것으로 볼 수 있다. 이것은 혼합 계산의 순서가 수학적 진리나 논리의 문제라기보다는 표기에 관한 관습의 문제로 보는 이유이다(고정화, 2012).

◎ 혼합 계산의 순서는 수학적 진리나 논리의 문제라기보다는 표기에 관한 관습의 문제로 본다.

탐구 과제: 계산기의 계산 순서

일반 계산기와 공학용 계산기를 사용하여 $3+4\times5$를 계산해 보세요. 그 결과가 어떤지, 그 이유는 무엇인지 이야기해 보세요.

혼합 계산을 할 때 아이들은 계산을 먼저 수행하는 과정을 나타내기 위하여 괄호를 무조건 이용하는 경향이 있기도 하다. 즉, 괄호가 없어도 계산식의 순서에 따라 계산을 할 수 있음에도 불구하고, 아이들은 우선 수행할 부분을 나타내기 위하여 식에 괄호를 사용하기도 한다. 괄호 사용의 문제는 괄호가 있을 때와 없을 때의 식의 차이를 비교하고, 그 결과가 다르다는 것을 이해할 수 있도록 해야 한다. 따라서 교과서 전개에서는 괄호가 있는 상황과 없는 상황을 각각 식으로 표현하고 두 식의 계산 결과가 다르다는 것을 비교해 보도록 전개하는 것이 적절하다.

중괄호{ }를 사용하는 실생활 맥락은 중괄호 사용을 위해 인위적으로 만들어진 상황이 대부분이다. 따라서, 실세계 상황을 제시하기보다는 하나의 약속으로 정하고, 계산 기능을 익히는 데 초점을 두는 것이 바람직하다. 이에 초등학교 수학에서 중괄호와 대괄호 사용을 보류하는 것을 생각할 수 있을 것이다. 이것은 중학교 수학에서 정수나 유리수의 계산에서 중괄호{ }와 대괄호 [ ]를 이용한 복잡한 식의 계산을 다루고 있기 때문이기도 하다.

오늘의 생각 문제

1. 주사위 세 개를 던져 나온 눈의 수와 +, −, ×, ÷, ( )를 이용하여 1부터 10까지 수를 가능한 많이 만들려고 한다. 조건은 주사위를 던져 나온 3개의 눈의 수를 모두 이용하여야 하고, 수의 순서는 고려하지 않는다. 주사위를 던져서 나온 눈의 수가 2, 3, 6일 때, 가능한 많은 수를 만들어 보세요. 어떤 수를 만들 수 있고, 만들 수 없는지 이야기해 보세요.

2. 앞 1번 문제에서 1부터 10까지 수를 모두 지울 수 없다면 주사위를 다시 던진다. 다시 던져서 나온 눈의 수가 1, 3, 5일 때, 아직 만들지 못한 수를 만들어 보세요.

참고 Lulli(1989)는 1989년에 그 해의 수인 1989와 수학기호를 이용하여 1부터 100까지 수를 모두 만들었다(1, 9, 8, 9의 순서를 유지함). 물론, 초등학교 수학에서 다루어지는 수학기호만을 이용한 것은 아니다. 여러분 스스로 1989와 수학기호를 이용하여 1부터 100까지 수를 만들어 보세요.

단원 내용 되돌아보기

01. 연산과 계산의 차이를 구분하여 설명해 보세요.

02. 계산이 필요한 각각의 상황을 제시하고, 각각의 경우에 필요한 계산 방법에 대해 이야기해 보세요.

03. 덧셈의 의미론적 측면에 따른 문장제를 제시하세요.

04. 뺄셈의 의미론적 측면에 따른 문장제를 제시하세요.

05. 곱셈의 의미론적 측면에 따른 문장제를 제시하세요.

06. 나눗셈의 의미론적 측면에 따른 문장제를 제시하세요.

07. 한 자리 수의 여러 가지 덧셈과 뺄셈 유형을 수식으로 들고, 이를 지도할 수 있는 방안을 이야기해 보세요.

08. □를 사용한 덧셈식과 뺄셈식에서 처음량을 모르는 경우, 변화량을 모르는 경우로 나누어 문장제를 만들고, 아이들 수준에서 □를 구하는 방법에 대해 이야기해 보세요.

09. 곱셈구구를 의미있게 지도할 수 있는 방법에 대해 이야기해 보세요.

10. 모형을 이용하여 나눗셈의 계산 원리를 지도할 수 있는 방안에 대해 이야기해 보세요.

11. 혼합 계산에서는 계산 순서가 중요하다. 이를 보여줄 수 있는 상황을 이용하여 계산 순서를 이야기해 보세요.

12. (가)와 (나)는 수학 3-가 단계의 내용이다. 물음에 답하시오(2007학년도 초등 임용시험 문제).

(가)

㉠ 우리 반 친구들은 30명입니다. 6모둠으로 똑같이 나누어 역할극을 하려면 한 모둠을 몇 명으로 하면 됩니까?

㉡ 진수는 카드 8장을 보내려고 우표 16장을 사 왔습니다. 봉투에 우표를 똑같이 붙여야 한다면, 봉투 한 장에는 우표를 몇 장씩 붙여야 합니까?

㉢ 공이 36개 있습니다. 공을 한 바구니에 똑같이 6개씩 나누어 담으려고 합니다. 바구니는 몇 개 필요합니까?

㉣ 공책 20권을 5명의 학생에게 똑같이 나누어 주려고 합니다. 한 사람에게 몇 권씩 주면 됩니까?

(나)

㉠ 사과 한 개를 반으로 똑같이 나누어 보시오.

㉡ 직사각형 모양의 종이를 똑같이 넷으로 나누어 보시오.

㉢ 원 모양의 종이가 똑같이 셋으로 나누어졌는지 알아보고 그 중의 둘을 색칠하시오.

(1) 다음 ①과 ②에 알맞은 말을 쓰시오.
(가)는 (①)의 의미를 이해시키기 위해 활용 가능한 문제이고, (나)는 (②)의 개념을 도입하기 위한 구체적인 활동이다.

(2) (가)의 4개 문제 중 나머지 3개와 구별되는 하나를 골라 기호를 쓰고, 그 문제를 나머지 셋과 같은 유형으로 고치시오.

(3) 다음은 (가)의 내용에 대한 이해를 돕기 위하여 제시한 그림이다. 이 그림을 이용하여 가르치려고 하는 식을 쓰시오.

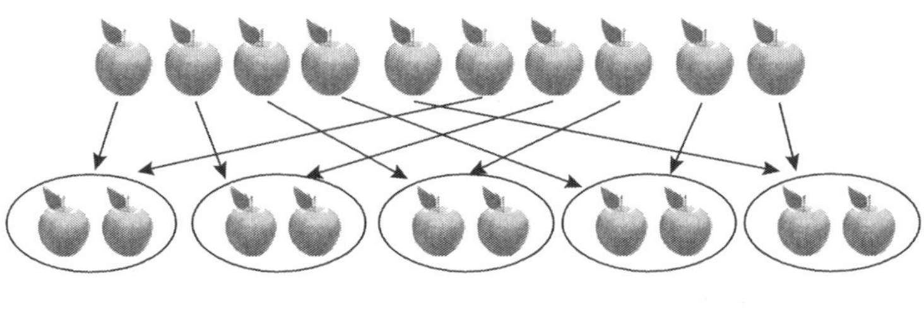

13. 2015 개정 수학과 교육과정에 따른 교과서 분석을 주제로 한 교사 협의회에서 교사들이 나눈 대화의 일부이다. 물음에 답하시오(2021학년도 초등 임용시험 문제).

교사 A: 오늘 협의를 통해 교수학적 변환 과정에서 '교육과정–교과서–수업'의 일관성이 매우 중요하다는 것을 다시 한번 깨닫게 됩니다. 이번 시간에는 '수와 연산' 영역의 내용이나 전개 방식에 대해 생각한 점을 이야기해 볼까요?

교사 B: 저는 3학년 '나눗셈' 단원의 검산 활동에 대해 생각해 봤어요. 16을 5로 나누어 몫 3, 나머지 1을 얻었을 때, 이 계산이 맞는지 확인하기 위해 왜 5×3=15, 15+1=16과 같이 곱셈식과 덧셈식의 두 단계로 나타낸 걸까요? 수학적으로 동치이긴 하지만, 5×3+1=16과 같이 하나의 식으로 가르쳤었는데요.

교사 C: 교육과정 중 내용 체계의 변화가 반영된 한 가지 사례에 해당합니다. 구체적으로, 2015 개정 수학과 교육과정에서는 (㉠) 때문이죠. 학년군에 따른 학습 내용의 범위를 준수하기 위해 식 표현의 변화가 불가피한 부분이에요.

교사 B: 그렇군요. 나눗셈 알고리즘은 몫을 정할 때 어림을 잘해야 하고 계산 과정도 복잡하기 때문에 계산을 맞게 했는지 확인해 보는 것이 중요한데, 나머지가 있는 나눗셈의 검산 식을 쓸 때 주의해야겠네요.

교사 A: 저는 1학년 '수와 연산' 영역의 한 차시를 살펴보다가 새로운 내용 요소가 구현되었다는 것을 파악했어요. 10을 만들어 더하기 차시에 도입된 덧셈의 성질입니다. 만약 학생들이 이 덧셈의 성질을 모르는 상태라면, 2+6+4를 계산할 때 10을 만들어 더하기 위해 뒤의 두 수인 6과 4를 먼저 더하도록 하는 것이 학생들에게 비약적이라고 생각했어요. 왜냐하면 ㉡ 이미 배운 세 수의 덧셈 방법과 다르기 때문이에요.

교사 C: 그러면 ㉢ 그 덧셈의 성질을 어떤 방식으로 지도하게 되는 거지요?

교사 A: 2+6+4의 효과적인 계산을 위해서 10을 만들어 더하는 방법을 도입하기 전에 [그림]을 제시하여 그 덧셈의 성질을 파악하도록 하는 거죠.

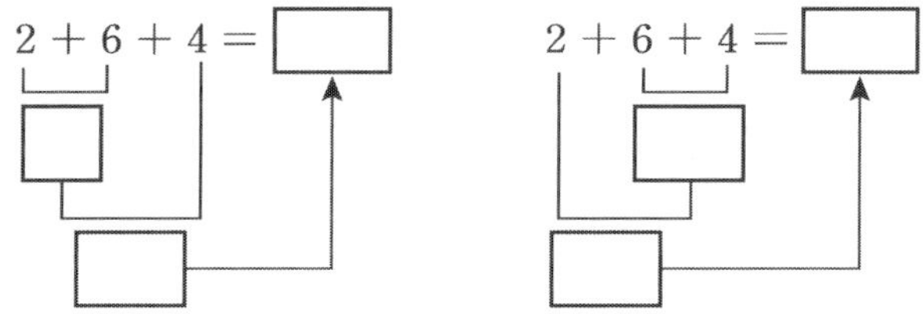

[그림]

교사 C: 아, 그렇게 하면 10을 만들어 더하는 방법을 가르칠 때 주어진 식에 따라 효과적인 방법을 선택하여 계산할 수 있겠네요. 이제 나눗셈의 몫이 무한소수일 때 어림하는 방법에 대해 얘기해 보면 좋겠어요. 반드시 반올림으로 어림해야 할까요?

교사 B: ㉣ 수학 내적 맥락에서는 보통 반올림하지만 실생활 맥락에서는 상황에 맞게 올림과 버림도 이용할 수 있다고 생각합니다. 학생들에게 문제 상황과 연관 지어 어떤 어림 방법을 이용하는 게 적절한지 토론해 보는 기회를 제공하는 것이 좋을 것 같아요.

(1) ㉠에 들어갈 알맞은 이유를 2015 개정 수학과 교육과정에서 내용 체계의 변화에 근거하여 쓰시오.

(2) ㉡을 설명하고, [그림]을 참조하여 ㉢을 세 수 a, b, c를 이용하여 식으로 나타내시오.

(3) ㉣과 관련하여, 다음 문제에서 구한 몫을 상황에 적절하게 어림하여 소수 셋째 자리까지 나타내시오.

[문제] 백신 실험을 위해 천연 항생 물질 26.3mL가 필요하다. 추출기는 일일 추출량과 기간을 설정하여 매일 똑같은 양을 추출하도록 설계되어 있다. 13일 동안 추출하여 실험에 차질이 없으려면 하루 추출액을 적어도 몇 mL로 설정해야 하는가?

7장 분수의 연산

이 장을 시작하면서

분수도 자연수와 같이 사칙계산이 가능하다. 분수에서 두 양을 합하는 것이 가능하고, 한 양에서 얼마만큼을 제거한 후에 남는 양을 구하는 것도 가능하다. 마찬가지로, 분수로 표현된 양끼리 곱하거나 나누는 것도 가능하다.

그렇지만, 자연수에서 다룬 계산의 의미가 분수의 계산에도 그대로 유지되는 것은 아니다. 예를 들어, 자연수의 곱셈에서 성립하는 동수누가의 의미가 분수의 곱셈에서는 성립하지 않는다. 또, 자연수 나눗셈의 결과는 제수가 1보다 크기 때문에 피제수보다 항상 작아지지만, 분수 나눗셈에서 제수가 1보다 작은 경우에는 그 결과가 커지게 된다. 다음에 제시된 자연수와 분수 계산에 대한 문장제를 살펴보고, 문장제 사이에 같은 점과 차이점은 어떤 것인지 이야기해 보도록 하자.

- 사과 5개가 있는데, 사과 3개를 더 받았습니다. 사과는 모두 몇 개입니까?
- 물 $\frac{1}{2}\ell$가 있는데 과자를 만드는데 $\frac{1}{3}\ell$가 더 필요합니다. 과자를 만드는데 필요한 물의 양을 구하시오.
- 사과가 6개씩 2묶음이 있습니다. 사과의 개수를 구하시오.
- 사과 6개의 $\frac{1}{3}$배는 얼마만큼인지 구하시오.
- 사과 12개를 3개씩 봉지로 나누면 몇 봉지가 되는지 구하시오.
- 노끈 12m를 $\frac{1}{2}$m씩 자르면 몇 도막이 되는지 구하시오.

함께 이야기해요

다음 두 문제를 해결해 보세요. 이 문제를 해결하기 위해 필요한 수학 내용은 무엇이고, 아이들이 일상의 경험을 바탕으로 해결할 수 있는 방법은 무엇이 있을지 이야기 해 보세요.

[문제 1] 사과 3개를 2명이 똑같이 나누어 먹을 때 한 사람이 갖게 되는 사과의 양을 구하시오.

[문제 2] 사과 5개를 3명이 똑같이 나누어 먹을 때 한 사람이 갖게 되는 사과의 양을 구하시오.

함께 해결해봐요

분수의 곱셈 $2\frac{1}{3}\times 3$ 을 해결하는 전형적인 방법은 표준 알고리즘을 이용하여 대분수를 가분수로 변형한 후에 승수인 3 을 피승수의 분자에 곱하는 방법이다. 표준 알고리즘을 이용하지 않고, 분수에 대한 개념적 이해와 계산의 기본 성질을 이용하여 해결할 수 있는 방법에 대해 이야기해 보세요.

7-1 분수 연산의 지도 원리

(1) 분수의 사칙계산

분수 계산을 이해하기 위해서는 분수 개념에 대한 지식이 바탕이 되어야 한다. 특히, 분수의 덧셈과 뺄셈을 위해서는 동치분수 개념을 명확히 알아야 하고, 분수의 곱셈과 나눗셈에서도 구체적 모델로 분수를 표현할 수 있는 지식이 필요하다.

분수 계산을 이해하기 위해서는 동치분수와 구체적 모델로 분수를 표현할 수 있는 지식이 필요하다.

이런 지식을 바탕으로 분수 계산에 대한 문제 상황을 수식으로 표현하고, 이를 적절한 방법으로 해결하도록 해야 한다. 이때, 자연수 계산 상황이나 의미가 분수 계산으로 확장되도록 연결 짓는 것이 중요하지만, 자연수 계산의 의미가 분수 계산으로 직접 확장되지는 않기 때문에 문제를 구성하는 수의 특성을 고려하여 해결 방법에 유의해야 한다.

예를 들어, 두 분수를 곱하는 경우에는 동수누가의 상황이 적용되지 않는다. 그리고, 두 자연수를 곱할 때 그 계산 결과는 곱해지는 두 자연수 중 어느 것보다 항상 커지지만, 두 진분수를 곱하면 계산 결과는 곱해지는 두 분수 중 어느 것보다도 작게 된다.

아이들은 형식적으로 분수 계산을 익히기 전에 선행 지식과 일상 지식을 활용하여 분수 계산을 의미 있게 해결해 볼 필요가 있다. 아이들은 분수를 사용하여 답을 어림할 줄 알게 되면, $\frac{1}{2}+\frac{1}{10}$과 같은 계산 결과가 $\frac{1}{2}$ 보다는 커진다는 것을 이해하게 된다. 마찬가지로, $3\frac{2}{3}+4\frac{5}{6}$에 대한 답을 계산하기 전에, 계산 결과가 7 보다 더 크다는 것을 알면 답의 방향과 답의 합리성을 판단할 수 있다.

한편, 아이들은 표준 알고리즘을 배우기 전이라도 분수의 연산이 포함된 실세계 상황이나 문장제를 해결할 수 있다(Baroody & Coslick, 1998). 예를 들어 다음 문제를 살펴보자.

문제 모형을 만드는데 $\frac{3}{8}$kg의 납이 필요하다. 3kg으로 모형을 몇 개 만들 수 있는지 구하여라.

이 문제의 표준 알고리즘에 의한 해결 방법은 $3\div\frac{3}{8}=3\times\frac{8}{3}=8$이 된다.

그렇지만, 이 문제의 답에 대해 다음과 같은 추론이 가능한데, 한 가지 예가 다음과 같다. 1kg 짜리는 8개의 $\frac{1}{8}$ 을 만들기 때문에 3kg 짜리는 24개의 $\frac{1}{8}$ 을 만들 수 있다. 각 모형은 3개의 $\frac{1}{8}$ 이 필요하고, 3kg은 $\frac{1}{8}$ 의 24번 가능하므로 8개의 모형을 만들 수 있다. 이와 같이 아이들은 형식적 교육을 받지 않았을지라도, 비형식적 지식을 이용하여 전략을 구사하고 그 결과를 얻을 수 있는 것이다. 위 문제에 대한 아이들의 비형식적 지식을 활용한 풀이 방법이 다음과 같다(Baroody & Coslick, 1998, p. 10-6). 이러한 사실에도 불구하고, 분수 계산에 아이들이 어려워하는 이유는 알고리즘에 초점을 둔 접근 방식을 고수하기 때문이다.

◎ 아이들은 비형식적인 지식을 이용하여 문제를 해결할 수 있다.

◎ 교육과정 성취기준
[6수01-11] 분수의 나눗셈의 계산 원리를 탐구하고 그 계산을 할 수 있다.

풀이 1	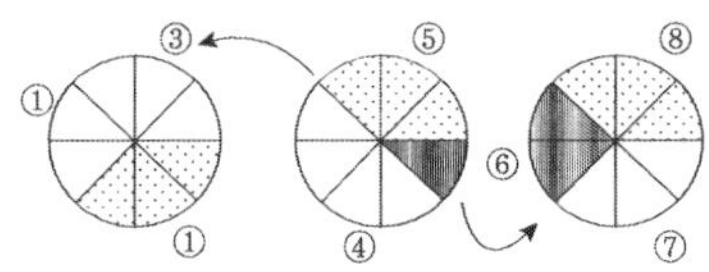
풀이 2	① $3-\frac{3}{8}=2\frac{5}{8}$ ② $2\frac{5}{8}-\frac{3}{8}=2\frac{2}{8}$ ③ $2\frac{2}{8}-\frac{3}{8}=1\frac{7}{8}$ ④ $1\frac{7}{8}-\frac{3}{8}=1\frac{4}{8}$ ⑤ $1\frac{4}{8}-\frac{3}{8}=1\frac{1}{8}$ ⑥ $1\frac{1}{8}-\frac{3}{8}=\frac{6}{8}$ ⑦ $\frac{6}{8}-\frac{3}{8}=\frac{3}{8}$ ⑧ $\frac{3}{8}-\frac{3}{8}=0$  (2 3/8–3/8을 풀기 위해서 그린다.)
풀이 3	전체를 8조작으로 나눈다. 두 번째 세 번째 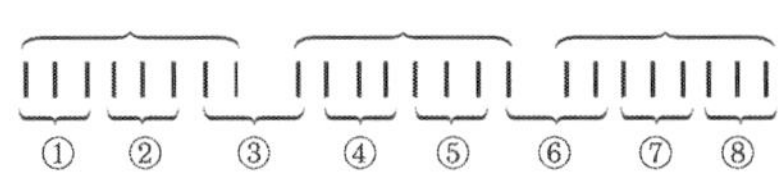 3/8
풀이 4	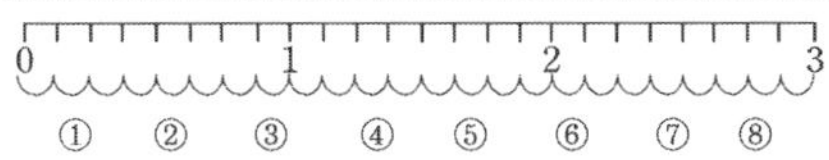
풀이 5	3kg의 납을 각각 8조각씩으로 나누면 ↓ 24개의 조각(한 조각이 1/8) 각각의 납은 1kg의 3조각(한 조각이 1/8)이 필요하다. 따라서 24조각 ÷ 3조각(각각이 1/8)은 8개의 동상이 된다.

아이들이 비형식적 지식을 활용하여 문제를 해결할 수 있을지라도 표준 알고리즘은 지도되어야 한다. 그렇지만, 표준 알고리즘을 지도할 때에는 다음에 주의하여 지도할 필요가 있다.

- 분수 계산을 위하여 표준 알고리즘을 재발견하거나, 자신의 알고리즘을 만들도록 하여라. 이를 위해서 구체물이나 그림을 활용하여 규칙을 찾거나, 의미 있는 비형식적 전략에서 쉬운 방법을 찾도록 격려한다.
- 표준 알고리즘에 대해 아이들이 그러한 원리가 성립하는 이유를 설명할 수 있도록 해야 한다. 표준 알고리즘이 적용되는 절차에 대해 이해하는 것은 그러한 절차가 적용되는 바탕으로 이해하여 적용함으로써 학습에 더욱 효과적이다.

탐구 과제: 퀴즈네어 막대로 분수 나눗셈하기

퀴즈네어 막대를 이용하여 분수 나눗셈 $\frac{1}{2} \div \frac{1}{6}$과 $\frac{1}{6} \div \frac{1}{2}$을 구하는 방법에 대해 이야기해 보세요.

7-2 분수 연산의 지도 내용과 방법

분수 연산 영역에서 3-4학년군에서는 분모가 같은 분수의 덧셈과 뺄셈을 다룬다. 5-6학년군에서는 분모가 다른 분수의 덧셈과 뺄셈, 분수의 곱셈과 나눗셈을 다루고 있다. 각 학년군별 핵심 아이디어와 내용 요소별 지도 내용은 다음과 같다(교육부, 2022, p. 7).

핵심 아이디어	• 사칙계산은 자연수에 대해 정의되며 정수, 유리수, 실수의 사칙계산으로 확장되고 이때 연산의 성질이 일관되게 성립한다. • 수와 사칙계산은 수학 학습의 기본이 되며, 실생활 문제를 포함한 다양한 문제를 해결하는 데 유용하게 활용된다.		
구분 / 범주	내용 요소		
	초등학교		
	1-2학년	3-4학년	5-6학년
지식·이해		• 분모가 같은 분수의 덧셈과 뺄셈	• 분모가 다른 분수의 덧셈과 뺄셈 • 분수의 곱셈과 나눗셈
과정·기능	• 사칙계산의 의미와 계산 원리를 탐구하고 계산하기 • 수 감각과 연산 감각 기르기 • 연산 사이의 관계, 분수와 소수의 관계를 탐구하기 • 수의 범위와 올림, 버림, 반올림한 어림값을 실생활과 연결하기 • 자연수, 분수, 소수, 사칙계산을 실생활 및 타 교과와 연결하여 문제해결하기		
가치·태도	• 사칙계산, 어림의 유용성 인식 • 수와 연산 관련 문제해결에서 비판적으로 사고하는 태도		

(1) 분수의 덧셈과 뺄셈

1) 분모가 같은 분수의 덧셈과 뺄셈

성취기준

[4수01-15] 분모가 같은 분수의 덧셈과 뺄셈의 계산 원리를 이해하고 그 계산을 할 수 있다.

(가) 성취기준 해설: 없음

(나) 성취기준 적용 시 고려 사항

- '수와 연산' 영역의 문제 상황에 적합한 문제해결 전략을 지도하고, 문제해결 과정을 설명하게 하여 문제해결 역량을 기르게 한다.
- '수와 연산' 영역에서 문제해결 과정을 설명할 때 다른 친구의 의견을 존중하고 경청하는 태도로 참여하게 한다.

분모가 같은 분수의 덧셈과 뺄셈은 모든 분수의 덧셈과 뺄셈의 기초가 된다. 분모가 같다는 것은 단위가 같음을 의미하기 때문에 분모가 같은 분수의 덧셈과 뺄셈에서는 분모는 그대로 쓰고 분자끼리 더한다. 분모가 같은 분수의 덧셈과 뺄셈의 학습 내용은 전반적으로 다음과 같다.

- 두 진분수끼리의 덧셈(합이 진분수, 가분수)
- 두 진분수끼리의 뺄셈
- 대분수의 덧셈(받아올림이 없는 경우와 있는 경우)
- 대분수의 뺄셈(받아내림이 없는 경우와 있는 경우)
- 자연수−진분수, 자연수−대분수

분모가 같은 분수의 덧셈 원리는 같은 두 분수가 단위분수의 몇 개 분이 되는가를 통해 계산 원리를 발견하도록 한다. 아이들이 분모가 같은 분수의 덧셈에 어려움을 느낀다면, 분수 모형이나 수직선 등을 이용하여 계산 방법을 발견하게 하거나, 다음과 같은 분수 언어를 사용한 구체적인 활동과 관련지어 이해시킬 수도 있다.

$\frac{3}{5}$ 5분의 3

$+\ \frac{4}{5}$ 5분의 4

$1\frac{2}{5}$ 1과 5분의 2

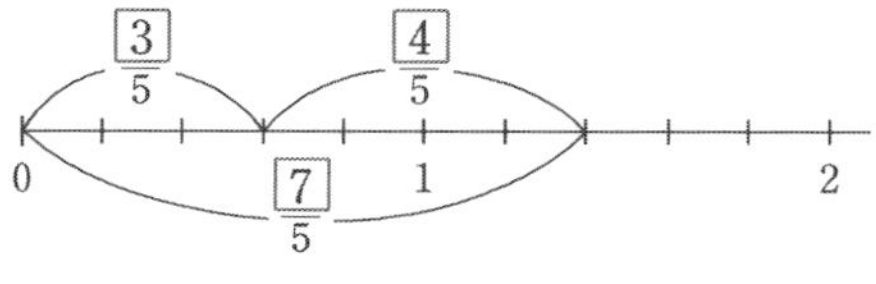

$$\frac{3}{5}+\frac{4}{5}=\frac{\boxed{3}+\boxed{4}}{5}=\frac{\boxed{7}}{5}=\boxed{1}\frac{\boxed{2}}{5}$$

그림 7.1 분모가 같은 분수의 덧셈(교육부, 2020d, p. 11)

대분수끼리의 덧셈은 자연수 부분과 진분수 부분으로 나누어 계산하거나, 가분수의 덧셈과 같은 형태로 표현할 수 있다. 즉, $1\frac{2}{5}+2\frac{4}{5}$는 다음과 같은 두 가지 유형으로 덧셈이 가능하다.

- $1\frac{2}{5}+2\frac{4}{5} = (1+2)+(\frac{2}{5}+\frac{4}{5}) = 3+\frac{6}{5} = 3+1\frac{1}{5} = 4\frac{1}{5}$
- $1\frac{2}{5}+2\frac{4}{5} = \frac{7}{5}+\frac{14}{5} = \frac{21}{5} = 4\frac{1}{5}$

분모가 같은 분수의 뺄셈은 분수의 덧셈과 마찬가지로, 같은 단위분수를 기준으로 단위분수의 개수만큼을 빼는 과정으로 계산 원리를 발견하도록 한다. '자연수−진분수'나 '자연수−대분수'의 경우에는 진분수끼리 뺄 수 없는 상황에서 자연수의 1을 가분수로 바꾸어 뺄 수 있는 형태로 변환하여 자연수 부분과 진분수 부분을 각각 빼도록 한다. 또는, 자연수를 가분수로 변환하고 대분수도 가분수로 변환하여 계산할 수도 있다.

- $3-1\frac{1}{3} = 2\frac{3}{3}-1\frac{1}{3} = 1\frac{2}{3}$
- $3-1\frac{1}{3} = \frac{9}{3}-\frac{4}{3} = \frac{5}{3} = 1\frac{2}{3}$

읽기 자료

아이들의 해결 과정 이해와 교정해 주기

구체물을 사용한다는 것이 반드시 올바른 결과를 산출하지는 않는다. 예를 들어, $\frac{1}{2}+\frac{1}{3}$에 대하여 몇몇 아이들은 구체적인 모델을 이용한 활동을 기호적인 표현으로 전환하여 분모끼리, 분자끼리 더할 수 있다($\frac{1}{2}+\frac{1}{3}=\frac{2}{5}$).

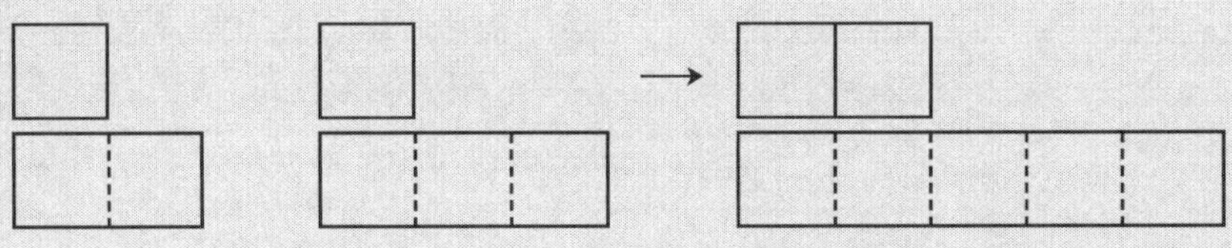

아이들이 이러한 결과를 제시한다면 다음과 같은 발문을 통해 인지적 갈등을 일으키고, 스스로 다시 고찰하도록 하는 것이 유용하다.

- 합의 결과에서 나타나는 크기를 생각해 보도록 한다.
- 분수의 덧셈이 강조되는 가정은 같은 크기의 전체에 대한 분수를 이용한다는 것을 알도록 한다.
- 가수와 피가수의 단위분수의 크기가 같은가를 고려하도록 한다.

2) 분모가 다른 분수의 덧셈과 뺄셈

성취기준

[6수01-08] 분모가 다른 분수의 덧셈과 뺄셈의 계산 원리를 탐구하고 그 계산을 할 수 있다.

(가) 성취기준 해설: 없음

(나) 성취기준 적용 시 고려 사항

- 분수의 사칙계산에서 기약분수로 나타낼 것을 요구하지 않을 경우, 계산 결과를 기약분수가 아닌 분수로 나타내는 것도 허용한다.
- 분수를 통분할 때는 공통분모로 최소공배수뿐만 아니라 분모의 곱과 같은 공배수도 이용하게 할 수 있다.
- '수와 연산' 영역의 문제 상황에서 문제해결 전략 비교하기, 주어진 문제에서 필요 없는 정보나 부족한 정보 찾기, 조건을 바꾸어 새로운 문제 만들기, 문제해결 과정의 타당성 검토하기 등을 통하여 문제해결 역량을 기르게 한다.
- '수와 연산' 영역에서 자신의 문제해결 과정을 논리적으로 설명하고 다른 친구의 문제해결 과정과 비교함으로써 비판적으로 사고하는 태도를 기르게 한다.

분모가 다른 분수의 덧셈과 뺄셈은 분모를 같게(통분) 한 다음 계산해야 한다는 사실을 인식하게 한다. 통분을 하는 이유는 덧셈을 하는 대상의 단위를 같게 하기 위한 것이다. 통분을 통해 분모를 같게 고치면, 단위가 같게 되어 분모가 같은 분수의 덧셈과 뺄셈으로 해결할 수 있게 된다.

◎ 분모가 다른 분수의 덧셈과 뺄셈은 공통분모가 필요하다는 것을 알도록 한다.

이를 위해 분수의 덧셈과 뺄셈 상황을 표현할 수 있는 분수 띠를 사용하여 분모가 다른 분수끼리 더하거나 뺄 때, 그 결과는 두 분수 중 적어도 하나가 분모가 다른 분수가 된다는 것을 알아야 한다. 예를 들면, 분수 띠를 사용하여 $\frac{1}{4}$과 $\frac{2}{3}$의 합을 보이기 위해 $\frac{3}{12}$과 $\frac{8}{12}$을 더하는 것을 보인다. 아이들이 분수를 우선 분모가 같은 분수로 바꾸거나, 공통분모를 구하는 것이 왜 필요한지를 알도록 활동할 필요가 있다.

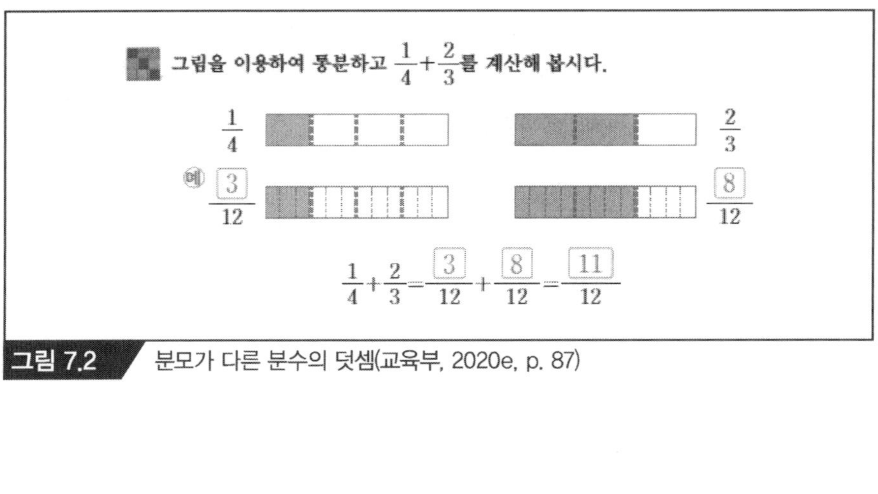

그림 7.2 분모가 다른 분수의 덧셈(교육부, 2020e, p. 87)

◎ 교육과정 성취기준

[6수01-08] 분모가 다른 분수의 덧셈과 뺄셈의 계산 원리를 탐구하고 그 계산을 할 수 있다.

이것을 위해 단위의 구조를 인식하는 것이 필요하다. 앞 그림의 경우에 다음과 같은 단위의 변화가 진행된다. 단위의 구조를 변화시킴으로써 동일한 단위 크기를 갖는 분수로 변형하여 계산하는 원리를 이해시키도록 한다.

단위의 구조	$\frac{2}{3}=\frac{8}{12}$ 의 변화 과정	
단위		1
단위의 단위	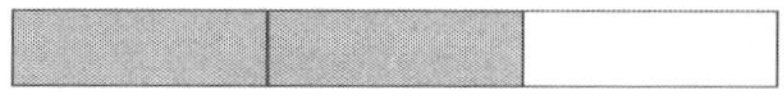	$\frac{1}{3}$이 3개인 1
단위의 단위의 단위	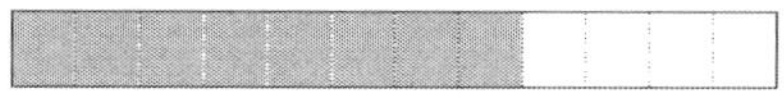	$\frac{1}{12}$이 4개인 $\frac{1}{3}$이 3개인 1

분모가 다른 분수의 덧셈과 뺄셈의 학습 내용은 전반적으로 다음과 같다.

- 분모가 다른 진분수의 덧셈(받아올림이 없는 경우, 있는 경우)
- 받아올림이 있는 분모가 다른 대분수의 덧셈
- 분모가 다른 진분수의 뺄셈(받아내림이 없는 경우, 있는 경우)
- 받아내림이 있는 분모가 다른 대분수의 뺄셈

분모가 다른 분수의 뺄셈은 자연수의 경우와 마찬가지로, 구잔이나 구차의 상황과 동일하다. 자연수의 뺄셈에서는 수 자체의 자릿값에 의해 결정되지만, 분수의 뺄셈에서는 빼주는 단위가 두 분모에 의해 결정된다. 분모가 다른 분수의 뺄셈도 덧셈과 마찬가지로 동분모로 바꾸지 않고는 기호적으로 할 수 없다는 사실을 인식시키고, 분모가 같은 분수로 바꾸어 계산하도록 한다. 이 경우에 그림을 이용하지 않고서도 덧셈과 유사하게 다음과 같이 두 가지 방법으로 계산할 수 있음을 알고, 편리한 방법을 택하여 계산하도록 한다.

$\frac{3}{4}-\frac{1}{6}$을 서로 다른 방법으로 계산한 것입니다. 어떤 방법으로 계산했는지 설명해 봅시다.

방법 1

$$\frac{3}{4}-\frac{1}{6}=\frac{3\times6}{4\times6}-\frac{1\times4}{6\times4}=\frac{18}{24}-\frac{4}{24}=\frac{14}{24}=\frac{7}{12}$$

⇨ 예 분모의 곱을 이용하여 통분한 후 계산했습니다.

방법 2

$$\frac{3}{4}-\frac{1}{6}=\frac{3\times3}{4\times3}-\frac{1\times2}{6\times2}=\frac{9}{12}-\frac{2}{12}=\frac{7}{12}$$

⇨ 예 분모의 최소공배수를 이용하여 통분한 후 계산했습니다.

• 두 방법을 비교하여 각각 어떤 점이 좋은지 이야기해 보세요.

그림 7.3 분모가 다른 분수의 뺄셈(교육부, 2020e, p. 95)

◎ 교육과정 성취기준

[6수01-08] 분모가 다른 분수의 덧셈과 뺄셈의 계산 원리를 탐구하고 그 계산을 할 수 있다.

탐구 과제: 분수 퍼즐 문제

17마리의 소를 가지고 있는 부자가 세 아들에게 다음과 같이 나누어 주려고 한다. 큰 아들에게는 전체의 $\frac{1}{2}$을, 둘째 아들에게는 전체의 $\frac{1}{3}$을, 둘째 아들에게는 전체의 $\frac{1}{9}$을 갖도록 한다. 소를 죽이지 않고 어떻게 나눌 수 있을까?

(2) 분수의 곱셈

성취기준

[6수01-09] 분수의 곱셈의 계산 원리를 탐구하고 그 계산을 할 수 있다.

(가) 성취기준 해설: 없음

(나) 성취기준 적용 시 고려 사항

• 분수의 곱셈과 나눗셈, 소수의 곱셈과 나눗셈은 계산 원리를 탐구하여 이해하는 수준에서 다룬다.

분수의 곱셈은 '분자는 분자끼리 곱하고 분모는 분모끼리 곱하기'라는 방법만 적용하면 될 정도로 비교적 단순하다. 그러나, 이 계산 절차만을 가르치면 학생들은 그것이 왜 그렇게 되고, 어느 상황에 그것을 사용하는지에 대해 알지 못한다. 또한, 이 계산 절차는 연습을 하지 않으면 곧 잊어버릴 수도 있다. 따라서, 분수의 곱셈에서 분모는 분모끼리 곱하고 분자는 분자끼리 곱하는 이유를 알고, 분수 곱셈의 의미와 알고리즘을 개념적으로 이해하는 것이 필요하다. 일반적으로 분수 곱셈의 학습 내용은 다음과 같다.

- (분수)×(자연수)
- (자연수)×(분수)
- (진분수)×(진분수)
- (대분수)×(대분수)

1) (분수)×(자연수)

(분수)×(자연수)는 곱셈의 동수누가 의미를 통해 곱셈식을 덧셈식으로 나타내는 활동을 하도록 하고, 이를 통해 계산 원리를 이해하도록 한다. 분수의 곱셈을 도입하기 위하여 자연수끼리의 곱셈은 분수에 자연수를 곱하는 곱셈과의 유사점을 발견하는 데 도움이 된다. 다음 문제를 생각해 보자.

문제 피자가 $\frac{3}{4}$ 조각씩 담겨 있는 판을 3개 가지고 있다. 피자는 모두 얼마나 있는지 구하시오.

이 문제는 '구슬이 4개씩 담겨 있는 주머니 3개의 문제'와 어떻게 같은가? 이 문제는 구슬이 4개씩 담긴 주머니 3개에서 구슬을 꺼내어 하나씩 세었다. 마찬가지로 $\frac{3}{4}$씩 3묶음의 값을 구하려면, 피자가 $\frac{3}{4}$씩 있는 피자 판 3개에서 피자를 꺼내서 $\frac{1}{4}$의 개수를 셀 수 있다. 그러면 $\frac{1}{4}$이 3씩 3묶음이므로 다음과 같으며, 계산 결과가 옳은지 수직선을 이용하여 확인할 수도 있다.

$$\frac{3}{4}\times 3=\frac{3}{4}+\frac{3}{4}+\frac{3}{4}=\frac{1}{4}(3\times 3)=\frac{3\times 3}{4}$$

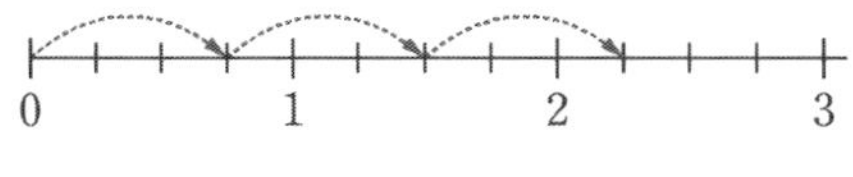

2) (자연수)×(분수)

(자연수)×(분수)에서는 곱셈의 배 의미를 통해 분수를 연산자로 이해할 수 있도록 하고, 계산 방법은 '몇의 몇 배', '전체-부분의 분수 활용', '교환법칙을

통해 (진분수)×(자연수)의 방법 활용' 등으로 해결할 수 있으며, 형식화보다는 다양한 방법으로 해결하도록 지도한다. 다음 문제를 생각해 보자.

문제 8병 들이 상자에 $\frac{3}{4}$만큼 병이 들어 있다. 상자에 들어 있는 병의 수를 구하시오.

◎ **교육과정 성취기준**
[6수01-09] 분수의 곱셈의 계산 원리를 탐구하고 그 계산을 할 수 있다.

① 몇의 몇 배 방법: $8\times\frac{1}{4}$과 비교해 보면 $8\times\frac{3}{4}$은 $8\times\frac{1}{4}$의 3배이므로

$$8\times\frac{1}{4}\times3=\frac{8}{4}\times3=\frac{8\times3}{4}$$ 이다.

• 참고: $8\times\frac{1}{4}$은 아래 그림에서 $\frac{8}{4}$이다.

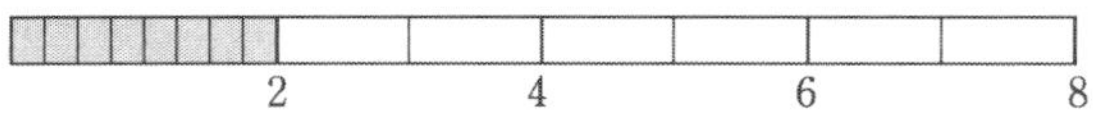

② 전체-부분의 분수 활용: 분수 모형을 활용

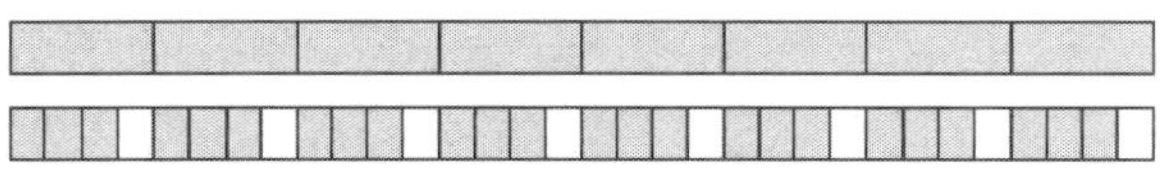

$$8\times\frac{3}{4}=1\times\frac{3}{4}\times8=\frac{3}{4}\times8=\frac{8\times3}{4}$$ 이다.

③ 교환법칙 활용: 분수의 곱셈에도 교환법칙이 성립하므로

$$8\times\frac{3}{4}=\frac{3}{4}\times8=\frac{3\times8}{4}=\frac{8\times3}{4}$$ 이다.

한편, $2\times1\frac{1}{3}$과 같은 (자연수)×(대분수)의 경우에는 대분수를 가분수로 변환하여 구하는 방법과 대분수를 $1+\frac{1}{3}$로 바꾸고 분배법칙을 이용하여 구하는 방법이 있다. 이를 보여주는 다음 두 그림의 의미를 생각해 보아라.

◎ **교육과정 성취기준**
[6수01-09] 분수의 곱셈의 계산 원리를 탐구하고 그 계산을 할 수 있다.

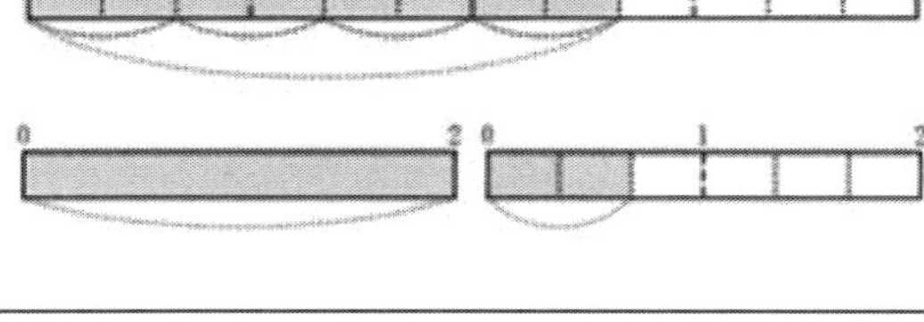

그림 7.4 (자연수)×(대분수)의 지도(교육부, 2020f, p. 38)

3) (진분수)×(진분수)

(진분수)×(진분수)에서는 계산 원리를 발견하기 위하여 영역모델을 활용할 수 있다. 다음 문제를 생각해 보자.

◎ 교육과정 성취기준
[6수01-09] 분수의 곱셈의 계산 원리를 탐구하고 그 계산을 할 수 있다.

문제 땅 $\frac{4}{5}$ km^2의 $\frac{5}{6}$에 나무를 심으려고 한다. 나무를 심을 땅은 몇 km^2인지 구하시오.

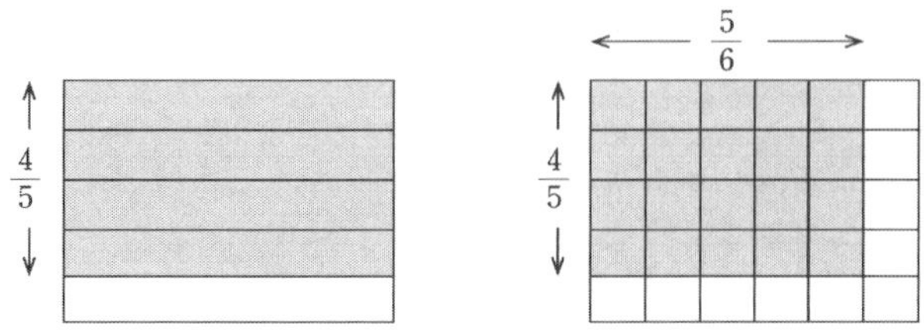

왼쪽 그림에서 $1km^2$를 5등분하여 $\frac{4}{5}$ km^2를 나타낸 것을 볼 수 있고, 오른쪽 그림에서 이 땅을 다시 6등분하면 나무를 심을 땅에 해당하는 $\frac{5}{6}$를 볼 수 있다. 그러면 나무를 심을 땅은 세로와 가로가 각각 $\frac{4}{5}$과 $\frac{5}{6}$인 직사각형이 되고, 넓이는 전체 5×6중에 4×5임을 알 수 있다. 따라서 $\frac{4}{5}\times\frac{5}{6}=\frac{4\times5}{5\times6}$로 구할 수 있다.

4) (대분수)×(대분수)

대분수끼리의 곱셈을 포함하는 문제도 '진분수×진분수'에 이용된 모델로 해결할 수 있다. 그렇지만, 그림을 활용하는 방법에는 다음 두 가지 경우가 가능하다. 다음 문제를 그림을 이용하여 구할 수 있는 방법을 알아보자.

◎ 교육과정 성취기준
[6수01-09] 분수의 곱셈의 계산 원리를 탐구하고 그 계산을 할 수 있다.

문제 연수네 모듬은 가로 $2\frac{2}{3}$ m, 세로가 $1\frac{1}{4}$ m인 한지를 만들었습니다. 한지의 넓이를 구하시오.

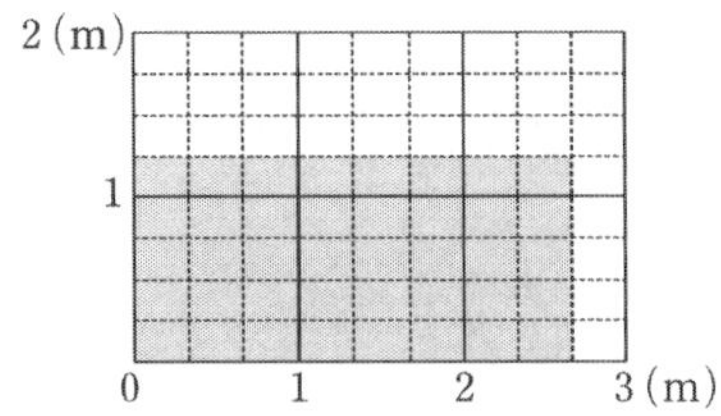

그림을 이용하여 다음과 같은 계산이 가능하다.

- $2\frac{2}{3}\times1\frac{1}{4}=\frac{8}{3}\times\frac{5}{4}=\frac{8\times5}{3\times4}$이다.

- $2\frac{2}{3}\times1\frac{1}{4}=\left(2\frac{2}{3}\times1\right)+\left(2\frac{2}{3}\times\frac{1}{4}\right)=2\frac{2}{3}+\left(\frac{8}{3}\times\frac{1}{4}\right)$

  $=2\frac{2}{3}+\frac{2}{3}=3\frac{1}{3}$이다.

(3) 분수의 나눗셈

성취기준

[6수01-10] '(자연수)÷(자연수)'에서 나눗셈의 몫을 분수로 나타낼 수 있다.
[6수01-11] 분수의 나눗셈의 계산 원리를 탐구하고 그 계산을 할 수 있다.

(가) 성취기준 해설

- [6수01-11] 분수의 나눗셈은 '(분수)÷(자연수)', '(자연수)÷(분수)', '(분수)÷(분수)'를 다룬다.

(나) 성취기준 적용 시 고려 사항

- 분수의 곱셈과 나눗셈, 소수의 곱셈과 나눗셈은 계산 원리를 탐구하여 이해하는 수준에서 다룬다.

분수 나눗셈은 제수가 자연수인 경우와 분수인 경우로 나눌 수 있으며, 구체적으로는 '(분수)÷(자연수)', '(자연수)÷(분수)', '(분수)÷(분수)'를 다룬다. 또한, (자연수)÷(자연수)'에서 나눗셈의 몫을 분수로 나타내도록 하는데, 구체적 조작 활동을 통하여 나누어지는 수를 나누는 수만큼 등분할한 결과를 분수로 나타내는 과정에서 '(자연수)÷(자연수)'의 계산 원리를 이해하고, '(자연수)÷(자연수)'의 계산 결과를 분수로 나타내게 한다. 이 과정에서 '(분수)÷(자연수)'에서 자연수로 나누는 대신 $\frac{1}{(\text{자연수})}$을 곱하는 원리를 제시할 수도 있다.

◎ 분수의 나눗셈은 (분수)÷(자연수), (자연수)÷(분수), (분수)÷(분수)를 다룬다.

1) (자연수)÷(자연수)

(자연수)÷(자연수)는 (자연수)÷(자연수)의 몫을 분수로 나타내는 균등 분배(equal sharing) 상황의 분수 개념 이해를 주된 목적으로 한다. 그렇지만, 이를 형식화하여 (자연수)÷(자연수)가 (자연수)×($\frac{1}{(\text{자연수})}$)이 된다는 것도 다룰 수는

있다. 이를 위한 문제를 생각해 보자.

◎ 교육과정 성취기준
[6수01-10] '(자연수)÷(자연수)'에서 나눗셈의 몫을 분수로 나타낼 수 있다.

문제 민이는 친구와 함께 빵 5개를 3명이 똑같이 나누어 먹으려고 한다. 한 사람이 먹을 수 있는 빵은 얼마나 되는지 구하시오.

이러한 문제는 $a \div b$를 $\frac{a}{b}$로 표현할 수 있음을 이해한다면 문제에 제시된 수에 영향을 받지 않겠지만, 분수 개념에 바탕을 둔 균등 분배 상황으로 문제를 해결할 경우에는 제수가 짝수인 경우와 홀수인 경우에 따라 해결 과정에서 어려움은 달라진다. 또한, 피제수가 제수보다 큰 경우와 작은 경우에 따라서도 문제해결의 어려움은 달라질 수 있다.

위에 제시된 문제의 경우에 빵을 먼저 1개씩 분배하고, 남은 두 개의 빵을 3조각씩 나누어 균등 분배할 수 있다. 다른 방법으로는 빵 5개를 모두 3등분하여 각각의 빵에서 한조각($\frac{1}{3}$)씩을 각각 분배할 수 있다. 이 경우에 전자는 $1\frac{2}{3}$로 나타낼 수 있으며, 후자는 $\frac{5}{3}$로 나타낼 수 있을 것이다.

다음으로 (자연수)÷(자연수)가 (자연수)×($\frac{1}{자연수}$)로 변형되는 과정을 보여주기 위해 $5 \div 3$은 5를 3등분한 것 중의 하나이므로 5의 $\frac{1}{3}$이 되어 $5 \times \frac{1}{3}$이 된다. 따라서, $5 \div 3 = 5 \times \frac{1}{3}$로 바꾸어 쓸 수 있다.

2) (분수)÷(자연수)

(분수)÷(자연수)의 표준 알고리즘을 도출하기 위하여 넓이 모델을 이용할 수 있지만, 피제수의 분자에 초점을 두고 분자를 나누는 과정으로 문제를 해결하도록 할 수 있다. 제수가 자연수인 경우에 분수 나눗셈의 문장제 유형은 다음과 같은 것이 가능하다.

- 물 $\frac{2}{3}$L을 3명이 똑같이 나누어 마시려고 한다. 한 명이 마실 수 있는 물의 양을 구하시오[등분제].
- 물 $4\frac{2}{3}$L는 물 2L의 몇 배인지 구하시오[곱셈적 비교].

이런 유형을 바탕으로 분수 나눗셈의 원리를 탐구해 보기 위하여 다음 문제를 생각해 보자.

문제 정사각형 피자의 $\frac{2}{3}$가 있다. 이것을 3명에게 똑같이 분배하려고 한다. 한 사람이 받는 피자는 얼마나 되는지 구하시오.

◎ **교육과정 성취기준**

[6수01-11] 분수의 나눗셈의 계산 원리를 탐구하고 그 계산을 할 수 있다.

이 문제는 나눗셈 $\frac{2}{3} \div 3$으로 해결될 수 있으며, $\frac{1}{3}$짜리 피자가 2조각 있으므로 이를 3명에게 즉각 분배하기는 어렵다. 따라서, $\frac{1}{3}$짜리 피자 2조각을 $\frac{1}{9}$짜리 6조각으로 나누어 보면 한 사람은 $\frac{1}{9}$짜리 피자를 2조각씩 가지게 된다. 즉, $\frac{2}{3} \div 3$의 경우에 피제수의 분자를 제수로 나눌 수 있는 상황으로 바꾸어 $\frac{2}{3} \div 3 = \frac{6}{9} \div 3 = \frac{6 \div 3}{9} = \frac{2}{9}$로 구할 수 있다.

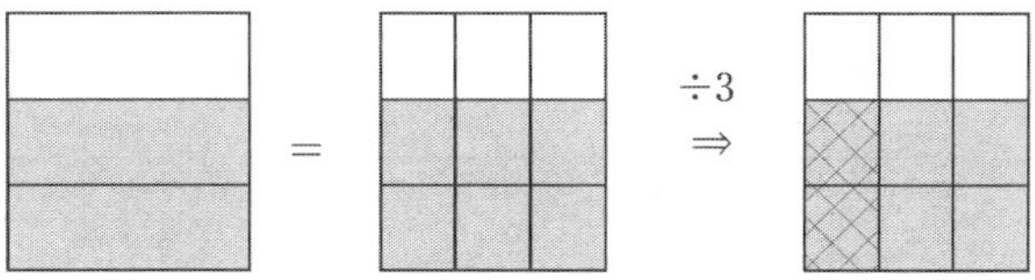

$\frac{2}{3} \quad = \quad \frac{2\times 3}{3\times 3} = \frac{6}{9} \qquad \frac{2}{3} \div 3 = \frac{6}{9} \div 3$

다음으로 이 유형의 표준 알고리즘을 도출하기 위하여 다음과 같은 그림 모델을 이용하여 $\frac{2}{3} \div 3$의 몫은 $\frac{2}{3}$을 3등분한 것 중의 하나이므로 $\frac{2}{3}$의 $\frac{1}{3}$과 같다. 따라서 $\frac{2}{3} \div 3 = \frac{2}{3} \times \frac{1}{3}$이 되는 것이다.

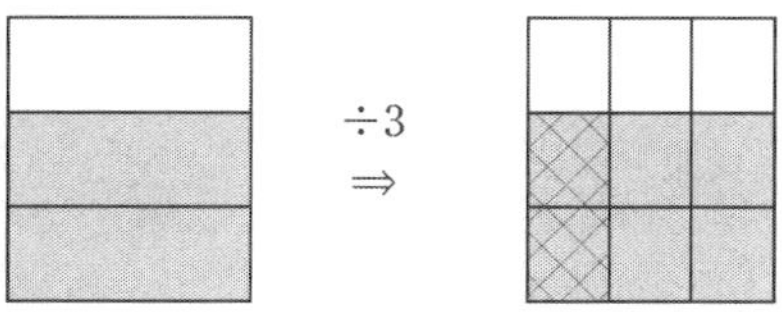

$\frac{2}{3} \qquad \frac{2}{3}$의 $\frac{1}{3}$

피제수가 대분수인 경우에는 앞의 두 가지 방법을 이용하여 다음과 같이 해결할 수 있다.

- $4\frac{2}{3} \div 2 = \frac{14}{3} \div 2 = \frac{14 \div 2}{3} = \frac{7}{3}$
- $4\frac{2}{3} \div 2 = \frac{14}{3} \div 2 = \frac{14}{3} \times \frac{1}{2} = \frac{7}{3}$

3) (분수)÷(분수)

자연수에서 나눗셈은 포함제(Division)와 등분제(Partition) 상황으로 구분되지만, 나눗셈식을 구성하는 수를 분수로 확장하게 되면, 등분제와 포함제 상황에 대한 해석이 다양하게 된다. 이것은 분수 나눗셈의 문장제 구성과 해석에 어려움을 주는 요인이 되기도 하지만, 다양한 상황에서 유도되는 분수 나눗셈과 관련된 현상에 대한 수학적 이해를 위해 필요하다. 제수가 분수인 경우에 다음과 같은 문제 상황을 제시할 수 있다.

- 물 $\frac{5}{7}$ L를 $\frac{2}{7}$ L의 컵에 나누어 담으려고 한다. 몇 개의 컵에 담을 수 있고, 남은 물은 컵의 얼마만큼을 차지하는지 구하시오[포함제].
- 보미는 하루에 3km를 걷고, 여름이는 하루에 $\frac{4}{3}$ km를 걷는다. 보미가 걸은 거리는 여름이가 걸은 거리의 몇 배인지 구하시오[곱셈적 비교].
- 조개 $\frac{1}{2}$ kg을 캐는데 $\frac{2}{3}$ 시간이 걸렸다. 1시간 동안 캘 수 있는 조개의 무게를 구하시오[단위비율의 결정[15]].
- 가을이는 $\frac{2}{3}$ kg의 조개를 캤다. 이것은 겨울이가 캔 조개의 $\frac{4}{3}$ 배이다. 겨울이가 캔 조개의 무게를 구하시오[곱셈의 역].
- 넓이가 $2m^2$인 직사각형 모양의 책상이 있다. 이 책상의 세로가 $\frac{4}{5}$ m일 때 가로를 구하시오[카테시안 곱의 역].

◎ 제수가 분수인 경우에 해결 방법은 각각의 문장제 유형과 제수와 피제수의 관계에 따라 알고리즘의 도출 과정에 차이가 있다.

제수가 분수인 경우에 해결 방법은 각각의 문장제 유형과 제수와 피제수의 관계에 따라 알고리즘의 도출 과정에 차이가 있다. 또한, 분수 나눗셈에는 제수의 역수를 피제수에 곱하여 정답을 구하는 표준 알고리즘과 문제 상황을 그림으로 표현하여 구하거나, 동분모 분수 나눗셈의 경우에 자연수 계산 방법을

15) 단위비율의 결정 상황과 등분제의 관계에 대하여 '자연수로 등분하는 것에 주목하는 대신 1인당 얼마씩 주어야 하는가'에 주목하여 등분제를 단위비율 결정 상황의 한 부분으로 보기도 하고 (임재훈, 김수미, 박교식, 2005), 제수가 자연수이든 분수이든 비율을 구하는 것이므로 단위비율 결정 상황이 등분제의 특수한 경우, 또는 등분 상황의 확장이라고도 해석한다(교육부, 2018c). 선행연구의 등분제와 단위비율 결정 상황의 관계에 대한 해석 차이에 비추어, 본 연구에서는 자연수로 등분하는 것은 등분제로, 예시와 같이 분수 맥락에서 1시간에 해당되는 양을 구하는 문장제를 단위비율 결정 상황으로 지칭하였다.

이용하는 방법, 이중수직선을 이용하는 방법 등과 같은 비형식적 알고리즘을 이용할 수 있다. 각 문장제 유형별로 다음과 같은 해결 방법을 생각할 수 있다.

① 포함제: 물 $\frac{5}{7}$ L를 $\frac{2}{7}$ L의 컵에 나누어 담으려고 한다. 몇 개의 컵에 담을 수 있고, 남은 물은 컵의 얼마만큼을 차지하는지 구하시오.

㉠ 동수누감: $\frac{5}{7}$에서 $\frac{2}{7}$를 '몇 번' 또는 '몇 회' 덜어낼 수 있는가를 통해 해결한다. 분모가 같은 경우뿐만 아니라, 분모가 다른 경우에도 분모를 같게 하여 분자끼리의 몫으로 해결한다.

㉡ 1÷(분수)이용: $1\div\frac{2}{7}$는 1안에 $\frac{2}{7}$가 3번 있고 $\frac{1}{7}$이 남으므로 1안에는 $\frac{2}{7}$가 $\frac{7}{2}(3\frac{1}{2})$만큼 있게 된다. 이를 활용하여 $\frac{5}{7}\div\frac{2}{7}$를 $1\div\frac{2}{7}$의 $\frac{5}{7}$배로 해석하여 $\frac{5}{7}\div\frac{2}{7}=(1\div\frac{2}{7})\times\frac{5}{7}=\frac{7}{2}\times\frac{5}{7}=\frac{5}{7}\times\frac{7}{2}$로 계산한다.

㉢ 표준 알고리즘: $\frac{5}{7}\div\frac{2}{7}=\frac{5\times7}{7\times7}\div\frac{2\times7}{7\times7}=\frac{5\times7}{2\times7}=\frac{5\times7}{7\times2}=\frac{5}{7}\times\frac{7}{2}$로 계산한다.

◎ 교육과정 성취기준

[6수01-11] 분수의 나눗셈의 계산 원리를 탐구하고 그 계산을 할 수 있다.

5÷2를 이용하여 $\frac{5}{7}\div\frac{2}{7}$를 계산하는 방법을 알아봅시다.

- 그림을 보고 준기는 5÷2를 어떻게 계산했는지 말해 보세요.

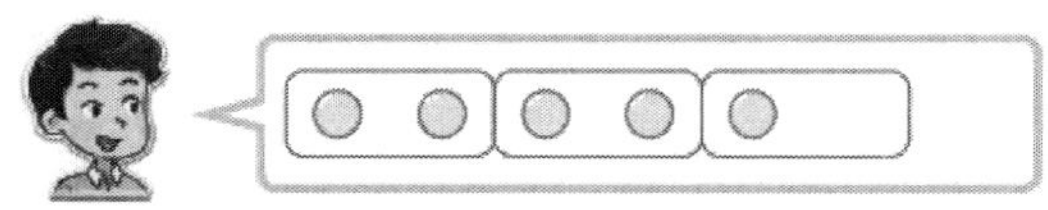

- 그림을 보고 지혜는 $\frac{5}{7}\div\frac{2}{7}$를 어떻게 계산했는지 말해 보세요.

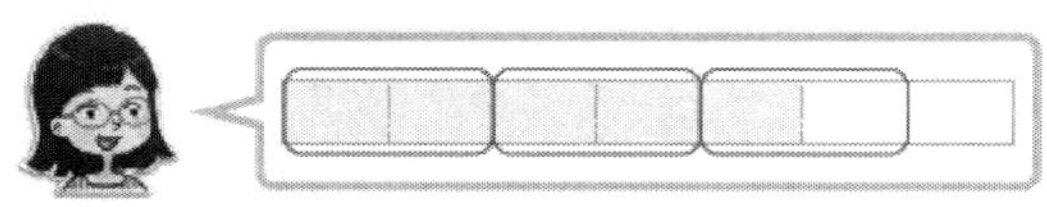

- 5÷2와 $\frac{5}{7}\div\frac{2}{7}$를 비교해 보세요.
- 5÷2를 이용하여 $\frac{5}{7}\div\frac{2}{7}$를 계산하는 방법을 말해 보세요.
- 분모가 같은 (분수)÷(분수)의 계산 방법을 이야기해 보세요.

그림 7.5 분모가 같은 (분수)÷(분수)의 지도(교육부, 2020h, p. 13)

② 곱셈적 비교: 보미는 하루에 3km를 걷고, 여름이는 하루에 $\frac{4}{3}$km를 걷는다. 보미가 걸은 거리는 여름이가 걸은 거리의 몇 배인지 구하시오.

㉠ 배의 개념: $1\div\frac{4}{3}$를 1이 $\frac{4}{3}$의 몇 배인가로 해석하여 1은 $\frac{4}{3}$의 $\frac{3}{4}$배이므로 $3\div\frac{4}{3}=(1\div\frac{4}{3})\times3=\frac{3}{4}\times3=3\times\frac{3}{4}$으로 계산한다.

㉡ 분모 통분: $3\div\frac{4}{3}=\frac{9}{3}\div\frac{4}{3}=9\div4=\frac{9}{4}$

㉢ 표준 알고리즘: $3\div\frac{4}{3}=\frac{9}{3}\div\frac{4}{3}=\frac{9\times3}{3\times3}\div\frac{4\times3}{3\times3}=\frac{9\times3}{4\times3}=\frac{9}{3}\times\frac{3}{4}$ $=3\times\frac{3}{4}$으로 계산한다.

③ 단위비율의 결정: 조개 $\frac{1}{2}$kg을 캐는데 $\frac{2}{3}$시간이 걸렸다. 1시간 동안 캘 수 있는 조개의 무게를 구하시오.

㉠ 줄이고 늘이기: $\frac{2}{3}$시간 동안 캔 조개의 양이 $\frac{1}{2}$kg이므로 1시간 동안 캘 수 있는 조개의 양을 구하는 쉬운 방법은 제수의 단위분수만큼을

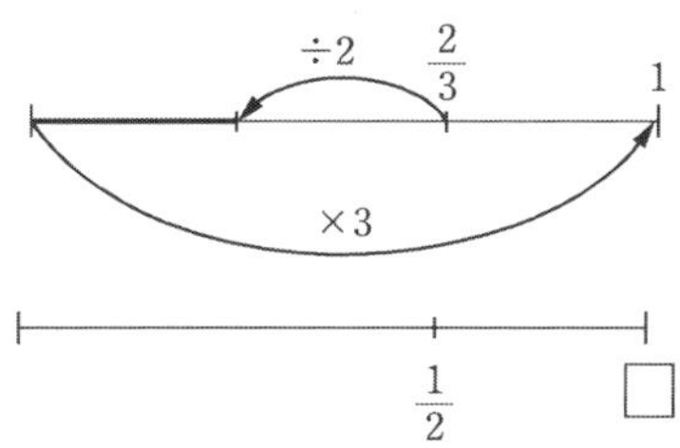

◎ 교육과정 성취기준

[6수01-11] 분수의 나눗셈의 계산 원리를 탐구하고 그 계산을 할 수 있다.

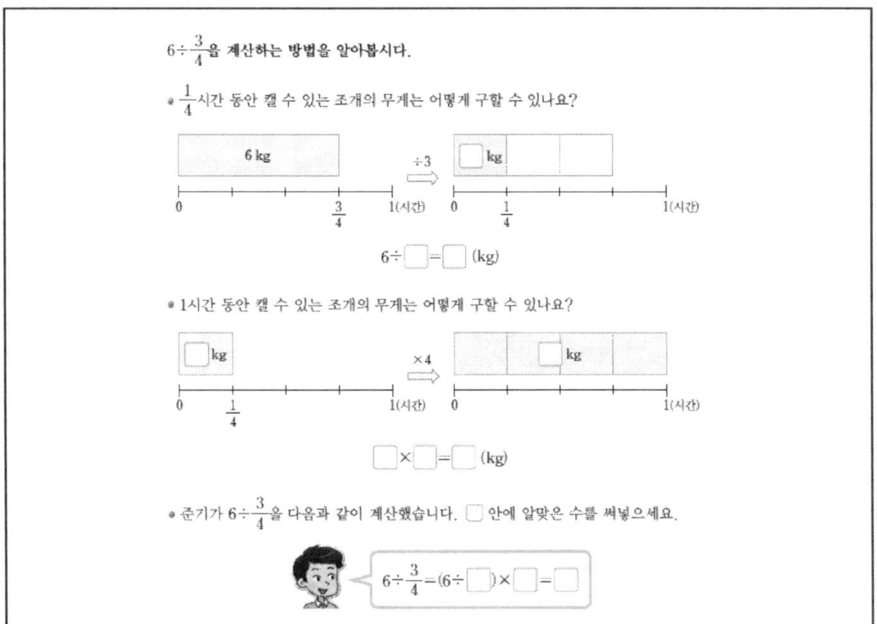

그림 7.6 교과서의 단위비율 결정 상황 해결 과정(교육부, 2020h, p. 17)

구한 후(줄이기)에 제수의 분모만큼 곱해주는 것(늘이기)이다. 즉, $\frac{1}{2}\div2\times3=\frac{3}{4}$ 이다. 이를 위해 이중수직선을 이용할 수 있다.

㉡ 단위비율을 결정: 제수가 1이 되도록 만들어 주면 된다.
따라서 $\frac{1}{2}\div\frac{2}{3}=(\frac{1}{2}\times\frac{3}{2})\div(\frac{2}{3}\times\frac{3}{2})=(\frac{1}{2}\times\frac{3}{2})\div1=\frac{1}{2}\times\frac{3}{2}$이다.

㉢ 표준 알고리즘: $\frac{1}{2}\div\frac{2}{3}=\frac{1}{2}\div2\times3=\frac{1}{2}\times\frac{3}{2}$ 으로 계산한다.

④ 곱셈의 역: 가을이는 $\frac{2}{3}$kg의 조개를 캤다. 이것은 겨울이가 캔 조개의 $\frac{3}{4}$배이다. 겨울이가 캔 조개의 무게를 구하시오.

㉠ 이중수직선 이용: 곱셈식 $a\times b=c(\square\times\frac{3}{4}=\frac{2}{3})$에서 $a(\square)$의 $b(\frac{3}{4})$배를 구하는 것이 $c(\frac{2}{3})$가 되고, 나눗셈식 $c\div b=a(\frac{2}{3}\div\frac{3}{4}=\square)$에서 b에 해당되는 값이 c일 때 b가 1에 해당되는 값을 구하는 것이다. 이중수직선을 이용하여 먼저 $\frac{1}{4}$의 값을 구하고, 여기에 4배를 하면 된다. 따라서 $\frac{2}{3}\div3\times4=\frac{2}{3}\times\frac{4}{3}$가 된다.

⑤ 카테시안 곱의 역: 넓이가 $2m^2$인 직사각형 모양의 책상이 있다. 이 책상의 세로가 $\frac{4}{5}$m일 때 가로를 구하시오.

㉠ 직사각형 넓이: 세로가 $\frac{4}{5}$m이고, 넓이가 $1m^2$인 직사각형을 만들면 가로는 $\frac{5}{4}$m가 된다. 그러면 $2\div\frac{4}{5}$는 $\frac{5}{4}$의 2배가 되므로 $2\div\frac{4}{5}=\frac{5}{4}\times2=2\times\frac{5}{4}$가 된다.

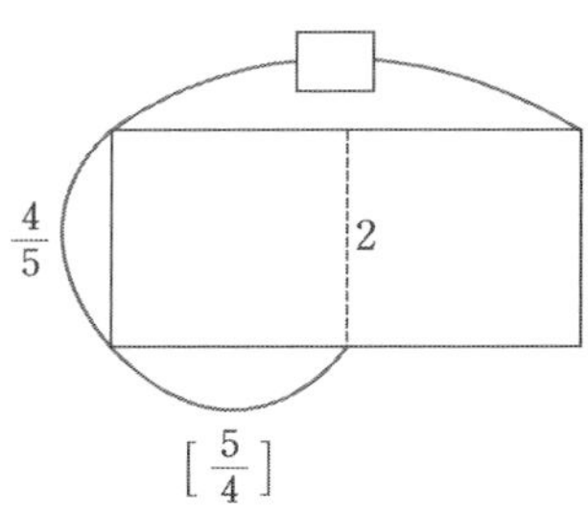

직사각형 넓이 방법을 이용한 카테시안 곱의 역 상황에 대한 이해를 더하기 위하여 피제수와 제수가 모두 분수인 나눗셈식을 이용하여 설명하면 다음과 같다. 예를 들어, 분수 나눗셈식 $\frac{5}{6}\div\frac{2}{3}$에 적용하면, 직사각형의 넓이가

$\frac{5}{6}$ m^{2}이고 세로가 $\frac{2}{3}$ m라 할 때 가로가 몫을 구하는 것이 되는 것이다. 이 직사각형에서 넓이가 1m^{2}인 직사각형을 만들면 가로는 $\frac{3}{2}$ m가 된다. 처음에 구하고자 하는 분수 나눗셈 $\frac{5}{6} \div \frac{2}{3}$의 몫은 $\frac{3}{2}$의 $\frac{5}{6}$이므로 $\frac{5}{6} \div \frac{2}{3} = \frac{3}{2} \times \frac{5}{6} = \frac{5}{6} \times \frac{3}{2}$ 이다.

이상에서 기술한 방법 외에도 분수 나눗셈 알고리즘을 찾는 방법으로 곱셈 방법에서 유추하는 방법이 있다. 예를 들면 $\frac{3}{4} \div \frac{2}{5} = \frac{3 \times 2 \times 5}{4 \times 2 \times 5} \div \frac{2}{5} = \frac{3 \times 2 \times 5 \div 2}{4 \times 2 \times 5 \div 5} = \frac{3 \times 5}{4 \times 2} = \frac{3}{4} \times \frac{5}{2}$ 가 되어 역수를 곱하는 결과를 얻을 수 있다. 즉, 분수의 곱셈 방법과 유사하게 분모끼리, 분자끼리 각각 나누는 것이다.

오늘의 생각 문제

1. 다음 두 문제를 보고, 물음에 대해 생각하고 이야기해 보세요.

[문제 1] 빵 3개를 2사람이 똑같이 나누어 먹을 때 한 사람이 먹는 양을 구하시오.

[문제 2] 빵 5개를 3사람이 똑같이 나누어 먹을 때 한 사람이 먹는 양을 구하시오.

(1) 두 문제와 관련된 교육과정 성취기준을 찾아보세요.

(2) 두 문제와 관련된 교육과정 내용을 학습하지 않은 아이들이 문제를 해결할 수 있는 방법에 대해 이야기해 보세요.

(3) 아이들이 두 문제를 (2)의 방법으로 해결할 때 나타날 수 있는 오류를 탐구해 보세요.

2. 원이는 가지고 있는 구슬 중 $\frac{1}{3}$을 민이에게 주고, 나머지 중에서 $\frac{1}{4}$을 환이에게 주었다. 이제 원이에게 24개의 구슬이 남았다면 원이가 처음 가지고 있는 구슬의 수를 구하세요.

3. 민이가 바닷물 $\frac{4}{5}$L를 빈 통에 담아 보니 통의 $\frac{2}{3}$가 채워졌습니다. 한 통을 가득 채울 수 있는 바닷물의 양은 몇 L인지 구하세요.

4. 분수의 곱셈과 나눗셈에 관련하여 지도교수와 예비교사가 나눈 대화이다. 물음에 답하시오(2024학년도 초등 임용시험 문제).

지도교수: 이번 시간에는 분수의 곱셈과 나눗셈에 대하여 알아봅시다. 분수의 곱셈은 분모는 분모끼리 곱하고 분자는 분자끼리 곱하여 계산합니다. 그렇다면, ㉠분수의 나눗셈도 $\frac{a}{b} \div \frac{c}{d} = \frac{a \div c}{b \div d}$와 같이 분모는 분모끼리 나누고 분자는 분자끼리 나누어 계산할 수 있나요?

예비교사: (㉡).

지도교수: 이처럼 분수의 곱셈과 나눗셈에서 두 연산의 계산 원리를 살펴보는 것은 중요합니다. 또 계산에서 문제 만들기도 중요합니다. 학생들은 문제 만들기를 통해 계산의 의미와 원리를 이해하고, 일상생활

오늘의 생각 문제

속에서 이를 더 잘 적용할 수 있습니다. 그럼 이번에는 분수 나눗셈식 $\frac{5}{7} \div \frac{3}{8}$에 알맞은 문제를 만들어 볼까요?

예비교사 '빨간색 리본의 길이는 $\frac{5}{7}$m이고, 파란색 리본의 길이의 배입니다. 파란색 리본의 길이는 몇 $\frac{3}{8}$m입니까?'로 만들어 보았습니다.

지도교수: 네, 잘 만들었습니다. 이 문제는 나눗셈식 $\frac{5}{7} \div \frac{3}{8}$에 알맞은 문제라고 할 수 있습니다. 그 이유는 (ⓒ) 때문입니다. 이처럼 문제 만들기를 통해서 ⓔ 분수의 곱셈과 나눗셈의 관계를 알 수 있습니다.

(1) ㉠의 답과 그 이유를 포함하여 ㉡에 들어갈 말을 쓰시오.

(2) ㉣을 고려하여 ㉢에 들어갈 말을 쓰시오.

단원 내용 되돌아보기

01. 분수의 덧셈과 뺄셈에서 단위분수에 대한 인식이 중요한 이유에 대해 이야기해 보세요.

02. 분모가 다른 분수의 덧셈에서 단위의 변화 과정을 예를 들어 설명해 보세요.

03. 분수의 곱셈 $\frac{3}{4}\times\frac{5}{2}$에 대한 해결 방법에 대한 아이들의 이해 상태를 Skemp의 도구적 이해와 관계적 이해 면에서 예를 들어 설명해 보세요.

04. (자연수)÷(자연수)에 대한 학생들의 비형식적 문제해결 방법을 예를 들어 여러 가지 나타내어 보세요.

05. (분수)÷(분수)의 문제 상황을 여러 가지 제시하고, 각각에 대해 표준 알고리즘을 도출하는 방법에 대해 이야기해 보세요.

06. 퀴즈네어 막대를 이용하여 분수의 나눗셈 $\frac{2}{3}\div\frac{1}{2}$을 지도할 수 있는 방법을 설명해 보세요.

8장 소수의 연산

이 장을 시작하면서

소수도 사칙계산이 가능하다. 소수의 사칙계산은 자연수의 계산 원리를 유추하여 적용하는 경우가 많다. 또한, 분수의 사칙계산에 이용된 원리를 바탕으로 소수의 계산 원리와 방법을 이끌어내기도 한다. 따라서, 소수의 사칙계산을 위해서는 자연수의 계산 원리, 분수의 계산 원리 및 소수의 자릿값에 대한 이해가 필요하다.

분수의 사칙계산과 소수의 사칙계산을 비교해 볼 때, 덧셈과 뺄셈의 경우에는 소수의 계산이 용이하며, 곱셈과 나눗셈의 경우에는 분수의 계산이 용이한 면이 있다. 그렇지만, 각각의 계산 원리를 이해하고, 이를 바탕으로 계산할 수 있도록 지도해야 한다. 또한, 표준 알고리즘을 강조하기보다는, 아이들이 가지고 있는 비형식적 지식을 활용한 여러 가지 방법을 이용하여 자기 주도적으로 문제를 해결해 보도록 지도해야 한다.

함께 이야기해요

자연수의 나눗셈과 달리 소수의 나눗셈은 무한히 계산을 진행할 수 있다. 예를 들어, 자연수 경우에서 물 4병을 3명이 나누어 갖는 경우에 각각 1병씩(몫)을 가질 수 있고, 1병(나머지)이 남게 된다. 그렇지만, 소수의 경우에는 각각 1병씩 주고 남은 1병을 0.3씩 나누어 줄 수 있으며, 1.3병씩을 주게 되면 남은 0.1을 0.03씩 더 나누어 줄 수 있다. 이 과정에서 증가하는 양은 적을지라도 남은 양을 이용하여 계속 반복할 수 있는 것이다. 이와 같이 자연수와 소수의 경우, 특히 유리수로 확장되면 몫의 의미가 달라지는 것이다. 수의 유형에 따라 균등하게 분배한 양인 몫의 의미에 대해 이야기해 보세요.

함께 해결해봐요

소수의 나눗셈 $2.5 \div 1.2$를 계산하는 두 학생의 해결 방법을 살펴보시오.

보미: $2.5 \div 1.2$는 $2.5 - 1.2 - 1.2$이므로 몫은 2이고, 나머지는 0.1이다.

여름: $2.5 \div 1.2 = \frac{25}{10} \div \frac{12}{10} = \frac{25}{12} = 2\frac{1}{12}$이다.

두 학생의 해결 방법에서 공통점과 차이점에 대해 이야기해 보세요.

8-1 소수 연산의 지도 원리

(1) 소수의 사칙계산

소수 계산은 자연수 계산 방법과 유사하기 때문에 분수 계산보다 더 쉬울 수 있다. 소수 계산은 자릿값에만 차이가 있을 뿐, 자연수 계산과 같은 원리에 따라 절차가 이루어지기 때문이다. 따라서, 소수의 계산 원리를 지도할 때에는 소수의 자릿값의 이해와 자연수의 계산 절차를 연결지어 설명해야 한다.

◎ 소수의 계산은 자릿값에만 차이가 있을 뿐, 자연수의 계산과 같은 원리에 따른다.

소수 계산을 위해서는 소수를 여러 가지 방식으로 표현해 보는 것과 소수의 자릿값에 대한 이해를 필요로 한다. 이를 위해 다음의 문제는 효과적이다.

문제 다음 식이 참이 되게 하는 답을 여러 가지 찾으시오.

$10 \times a + b = 58$

이 문제에 대해 많은 아이들은 a는 5이고, b는 8이라고 답할 것이다. 그렇지만 a를 4로 하면 b는 18이 되어도 되는 것이다. 이러한 개념을 지도하기 위해 10개 묶음에 대한 문제를 활용하는 것이 효과적이다. 마찬가지로, $a+0.1\times b=5.8$과 같은 식을 이용하여 소수를 다양하게 나타내어 보는 활동은 소수에 대한 이해를 풍부히 하며, 소수의 계산에도 도움을 준다. 자연수나 분수 계산과 같이, 소수의 계산에서도 아이들은 비형식적 지식이나 문제해결 경험을 바탕으로 표준 알고리즘이 아닌 방법을 이용하여 소수 관련 문제를 해결할 수 있다. 다음 문제를 살펴보자.

문제 애완견의 먹이로 하루에 0.2kg이 사용된다. 먹이가 6kg이 있다면 얼마 동안 먹일 수 있는지 구하시오.

이 문제를 해결하기 위한 식은 6÷0.2이지만, 아이들은 소수와 십진기수법에 대한 이해를 바탕으로 해결할 수 있다. 즉, 1kg 안에 0.2kg이 5개 있다는 것을 알 수 있다면, 6kg에는 30개가 있다는 것을 쉽게 알 수 있을 것이다.

탐구 과제: 십진블록으로 소수의 곱셈하기

다음 식을 십진블록을 이용하여 계산하는 방법을 탐구해 보세요. 어느 식이 적합한지 판단하고, 십진블록을 이용하여 계산하는 방법에 대해 이야기해 보세요.

$$0.6 \times 3,\ 0.6 \times 0.3$$

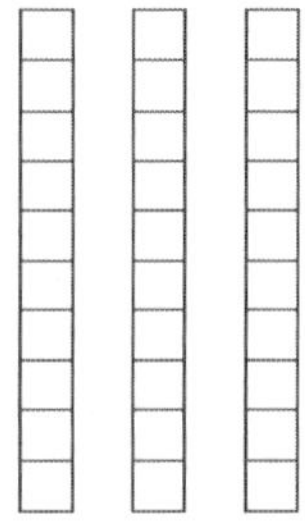

8-2 소수 연산의 지도 내용과 방법

3–4학년군에서는 소수의 덧셈과 뺄셈을 다룬다. 5–6학년군에서는 소수의 곱셈과 나눗셈을 다룬다. 각 학년군별 핵심 아이디어와 내용 요소별 지도 내용은 다음과 같다(교육부, 2022, p. 7).

핵심 아이디어	• 사물의 양은 자연수, 분수, 소수 등으로 표현되며, 수는 자연수에서 정수, 유리수, 실수로 확장된다. • 사칙계산은 자연수에 대해 정의되며 정수, 유리수, 실수의 사칙계산으로 확장되고 이때 연산의 성질이 일관되게 성립한다. • 수와 사칙계산은 수학 학습의 기본이 되며, 실생활 문제를 포함한 다양한 문제를 해결하는 데 유용하게 활용된다.		
구분 / 범주	내용 요소		
	초등학교		
	1–2학년	3–4학년	5–6학년
지식·이해		• 소수의 덧셈과 뺄셈	• 소수의 곱셈과 나눗셈
과정·기능	• 사칙계산의 의미와 계산 원리를 탐구하고 계산하기 • 수 감각과 연산 감각 기르기 • 연산 사이의 관계, 분수와 소수의 관계를 탐구하기 • 수의 범위와 올림, 버림, 반올림한 어림값을 실생활과 연결하기 • 자연수, 분수, 소수, 사칙계산을 실생활 및 타 교과와 연결하여 문제해결하기		
가치·태도	• 사칙계산, 어림의 유용성 인식 • 수와 연산 관련 문제해결에서 비판적으로 사고하는 태도		

(1) 소수의 덧셈과 뺄셈

성취기준

[4수01-16] 소수 두 자리 수의 범위에서 소수의 덧셈과 뺄셈의 계산 원리를 이해하고 그 계산을 할 수 있다.

(가) 성취기준 해설: 없음

(나) 성취기준 적용 시 고려 사항

- 소수의 덧셈과 뺄셈은 계산 원리를 이해할 수 있는 수준에서 간단히 다룬다.
- 계산 기능을 숙달하는 것이 목적이 아닌 경우에는 계산기를 사용하게 할 수 있다.
- '수와 연산' 영역의 문제 상황에 적합한 문제해결 전략을 지도하고, 문제

해결 과정을 설명하게 하여 문제해결 역량을 기르게 한다.

- '수와 연산' 영역에서 문제해결 과정을 설명할 때 다른 친구의 의견을 존중하고 경청하는 태도로 참여하게 한다.

소수는 십진기수법의 확장이므로, 소수의 덧셈과 뺄셈은 자연수의 덧셈과 뺄셈의 원리를 그대로 적용하게 된다. 또한, 소수는 분수의 다른 표기법에 따른 표현 양식이므로 소수의 덧셈과 뺄셈은 분수의 덧셈과 뺄셈의 원리를 적용할 수도 있다.

소수의 덧셈은 소수 한 자리 수의 덧셈과 뺄셈, 소수 두 자리 수의 덧셈과 뺄셈 등을 다룬다. 먼저, 자릿수가 같은 소수의 범위에서 받아올림이나 받아내림이 없는 덧셈과 뺄셈을 다루고, 받아올림이나 받아내림이 있는 경우, 자연수가 있는 혼소수의 경우, 자릿수가 다른 소수의 경우 등을 다룬다. 소수의 덧셈과 뺄셈은 자릿값의 원리를 이용하여 같은 자리의 수끼리 계산하게 한다.

소수의 덧셈과 뺄셈에서는 [그림 8.1]과 같이 모눈종이와 같은 구체물을 이용하여 합을 구하거나 차를 표현해 보도록 하고, 기본 단위인 0.1이 몇 개인가를 헤아려 계산 원리를 발견하도록 한다. 이를 이용하여 방법 3과 같은 세로셈을 도출할 수 있다.

◎ 교육과정 성취기준

[4수01-16] 소수 두 자리 수의 범위에서 소수의 덧셈과 뺄셈의 계산 원리를 이해하고 그 계산을 할 수 있다.

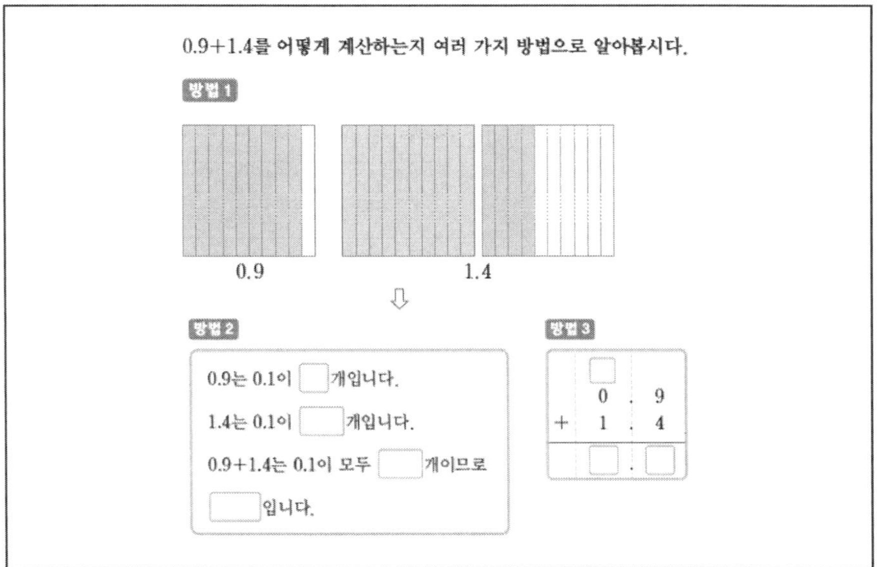

그림 8.1 자릿수가 같은 소수의 덧셈(교육부, 2020d, p. 63)

소수의 덧셈과 뺄셈에서는 자릿값을 맞추지 못하여 발생하는 오류가 전형적이다. 예를 들면, 1.34+2.5의 경우에 4 밑에 5를 적지 않도록 해야 한다. 이 경우에 어림을 해보도록 하는 것은 좋은 전략이다. 자릿값을 맞게 정하지 못하면 그 값이 답에서 멀리 떨어진다는 것을 어림을 통해 알게 될 것이다. 결국, 소수의 덧셈과 뺄셈은 자릿값에 대한 이해를 바탕으로 해결하도록 해야 한다.

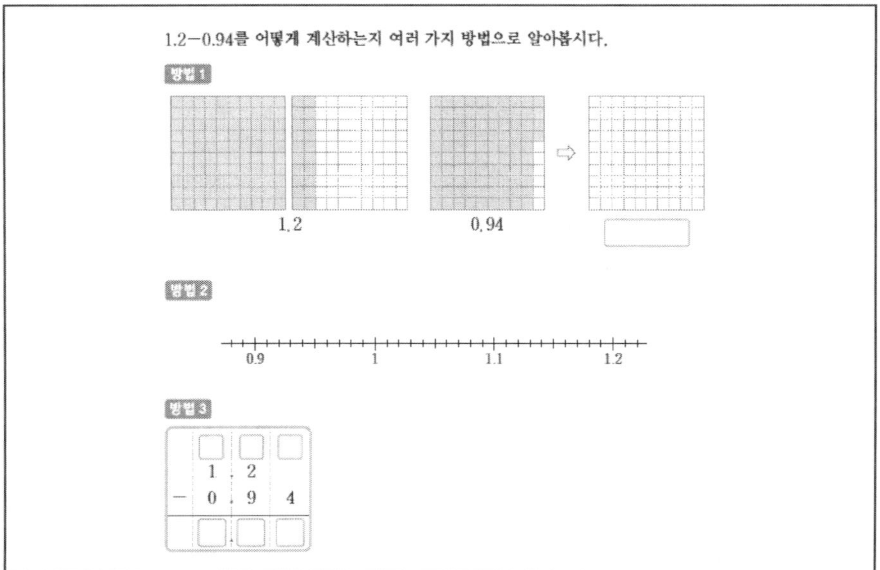

그림 8.2 자릿수가 다른 소수의 뺄셈(교육부, 2020d, p. 69)

◎ 교육과정 성취기준

[4수01-16] 소수 두 자리 수의 범위에서 소수의 덧셈과 뺄셈의 계산 원리를 이해하고 그 계산을 할 수 있다.

탐구 과제: 소수의 덧셈과 뺄셈 방법

소수의 유형에 따라 덧셈과 뺄셈을 할 수 있는 여러 가지 방법을 탐구해 보세요.

(2) 소수의 곱셈

성취기준

[6수01-13] 소수의 곱셈의 계산 원리를 탐구하고 그 계산을 할 수 있다.

(가) 성취기준 해설: 없음

(나) 성취기준 적용 시 고려 사항

- 소수의 곱셈과 나눗셈에서 복잡한 계산은 계산기를 사용하게 할 수 있다.
- 소수의 곱셈과 나눗셈에서 계산 결과를 어림할 필요가 있는 상황, 정확한

계산 대신에 어림셈으로 비교가 가능한 상황 등 어림셈이 필요한 여러 가지 실생활 상황을 제시하여 어림셈의 필요성과 유용성을 알게 한다.

- '수와 연산' 영역의 문제 상황에서 문제해결 전략 비교하기, 주어진 문제에서 필요 없는 정보나 부족한 정보 찾기, 조건을 바꾸어 새로운 문제 만들기, 문제해결 과정의 타당성 검토하기 등을 통하여 문제해결 역량을 기르게 한다.
- '수와 연산' 영역에서 자신의 문제해결 과정을 논리적으로 설명하고 다른 친구의 문제해결 과정과 비교함으로써 비판적으로 사고하는 태도를 기르게 한다.

(소수)×(자연수)는 동수누가나 소수의 자릿값에 대한 이해를 바탕으로 계산해 보도록 한다. 또, (소수)×(소수)는 소수를 분수로 고쳐서 분수의 곱셈으로 계산하는 과정에서 계산 원리를 이해하고, 이를 형식화하여 계산하게 한다. (소수)×(소수)는 계산 원리를 이해하는 수준에서 간단히 다루고, 소수의 곱셈이 적용되는 문장제를 해결할 수 있게 한다. 먼저, (소수)×(자연수)에 대해 생각해 보기로 한다. 다음 문제를 생각해 보자.

문제 책상 6개를 이어 놓는다. 각 책상의 길이는 2.3m이다. 책상을 이어 놓은 길이는 얼마인가?

아이들은 이미 공부한 곱셈으로부터 이것이 곱셈 문제라는 것도 알 수 있을 것이고, 이 문제를 소수를 더하여 동수누가로 풀 수 있을 것이다. 따라서, 다음을 알 것이다.

$$2.3\times6 = 2.3+2.3+2.3+2.3+2.3+2.3 = 13.8$$

소수의 곱셈은 소수의 자릿값에 대한 확고한 기초를 둔다. 이를 위해 다음과 같이 소수의 자릿값에 대한 이해를 바탕으로 그 결과를 도출하도록 한다.

2. 3	23	십분의 일
× 6	× 6	
	138	십분의 일, 그러므로 이것은 13.8이다.

2. 37	237	백분의 일
× 6	× 6	
	1442	백분의 일, 그러므로 이것은 14.22이다.

3. 2	32	십분의 일
× 1. 6	× 16	십분의 일
	512	백분의 일, 즉 5.12이다.

(소수)×(소수)를 가르치는 방법은 여러 가지가 있다. [그림 8.3]과 같이, 소수를 분수로 바꾸어, 분수의 곱셈을 통하여 그 규칙을 발견하는 방법이 있다. 다른 방법으로는 자연수 계산으로 바꾸어 계산한 후에 소수점을 찍어주는 방법이 있다. 그렇지만, 소수점을 떼고 계산하는 규칙만을 아이들에게 제시한다면, 소수에 대한 감각을 발달시키는 데 도움을 주지 못할 것이다. 아이들은 계산기로 규칙을 시험에 봄으로써 규칙성을 발견할 수 있을 것이다.

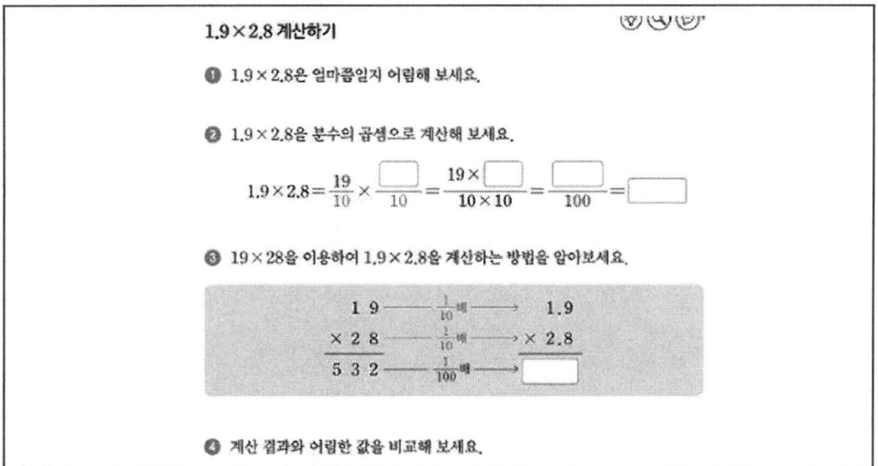

1.9×2.8 계산하기

❶ 1.9×2.8은 얼마쯤일지 어림해 보세요.

❷ 1.9×2.8을 분수의 곱셈으로 계산해 보세요.

$$1.9\times2.8=\frac{19}{10}\times\frac{\square}{10}=\frac{19\times\square}{10\times10}=\frac{\square}{100}=\square$$

❸ 19×28을 이용하여 1.9×2.8을 계산하는 방법을 알아보세요.

1 9	$\frac{1}{10}$배 →	1.9
× 2 8	$\frac{1}{10}$배 →	× 2.8
5 3 2	$\frac{1}{100}$배 →	□

❹ 계산 결과와 어림한 값을 비교해 보세요.

그림 8.3 (소수)×(소수)의 계산 방법(장혜원 외, 2022b, p. 99)

○ 교육과정 성취기준

[6수01-13] 소수의 곱셈의 계산 원리를 탐구하고 그 계산을 할 수 있다.

탐구 과제: 소수의 곱셈 방법

1. 소수의 곱셈 방법을 소수의 유형에 따라 여러 가지 방법으로 계산할 수 있는 방법을 탐구해 보세요.
2. 1.2×1.5를 이용하여 (소수)×(소수)를 계산하는 여러 가지 방법을 탐구해 보세요.
3. 다음과 같은 소수 곱셈에 대한 계산식에서 곱의 소수점 위치를 가르칠 수 있는 방법에 대해 이야기해 보세요.

   3254×1=3254

   ⇨ 3254×0.1=325.4

   ⇨ 3254×0.01=32.54

   ⇨ 3254×0.001=3.254

(3) 소수의 나눗셈

성취기준

[6수01-14] '(자연수)÷(자연수)'에서 나눗셈의 몫을 소수로 나타낼 수 있다.
[6수01-15] 소수의 나눗셈의 계산 원리를 탐구하고 그 계산을 할 수 있다.

(가) 성취기준 해설

- [6수01-15] 소수의 나눗셈은 '(소수)÷(자연수)', '(자연수)÷(소수)', '(소수)÷(소수)'를 다룬다.

(나) 성취기준 적용 시 고려 사항

- 소수의 곱셈과 나눗셈에서 복잡한 계산은 계산기를 사용하게 할 수 있다.
- 소수의 곱셈과 나눗셈에서 계산 결과를 어림할 필요가 있는 상황, 정확한 계산 대신에 어림셈으로 비교가 가능한 상황 등 어림셈이 필요한 여러 가지 실생활 상황을 제시하여 어림셈의 필요성과 유용성을 알게 한다.

1) 제수가 자연수인 경우

소수의 나눗셈에서는 제수가 자연수인 경우와 소수인 경우를 구분하여 (소수)÷(자연수)와 (소수)÷(소수)로 구분하여 지도한다. 먼저, (소수)÷(자연수)인 경우에는 피제수에 제시된 소수가 소수 한 자리인 경우(4.2÷2)와 두 자리인 경우(6.39÷3)로 나누어 다룰 수 있고, 3.5÷2와 같이 소수점 아래에서 나누어 떨어지지 않는 경우에 0을 내려 계산하는 것을 다루도록 한다. 소수 나눗셈의 경우에도 분수 나눗셈과 같은 여러 유형의 문장제가 가능하다. 그 중 일부 예를 들면 다음과 같다.

- 물 3.6L을 2명이 똑같이 나누어 마시려고 한다. 한 명이 마실 수 있는 물의 양을 구하시오[등분제].
- 물 5.4L는 물 4L의 몇 배인지 구하시오[곱셈적 비교].

제수가 자연수인 경우에 소수 나눗셈을 하는 방법으로는 분수 나눗셈으로 바꾸어 계산하는 방법과 단위를 변환하여 해결하는 방법을 들 수 있다. 먼저, 분수 나눗셈으로 바꾸어 계산하는 방법은 다음과 같이 할 수 있다.

- $15.24 \div 4 = \frac{1524}{100} \div 4 = \frac{1524 \div 4}{100} = \frac{381}{100} = 3.81$
- $8.2 \div 4 = \frac{82}{10} \div 4 = \frac{820}{100} \div 4 = \frac{820 \div 4}{100} = \frac{205}{100} = 2.08$

위 식에서 8.2÷4를 계산하기 위해 820÷4를 이용하여 세로로 계산하는 방법을 이끌어낼 수 있다.

◎ 교육과정 성취기준

[6수01-15] 소수의 나눗셈의 계산 원리를 탐구하고 그 계산을 할 수 있다.

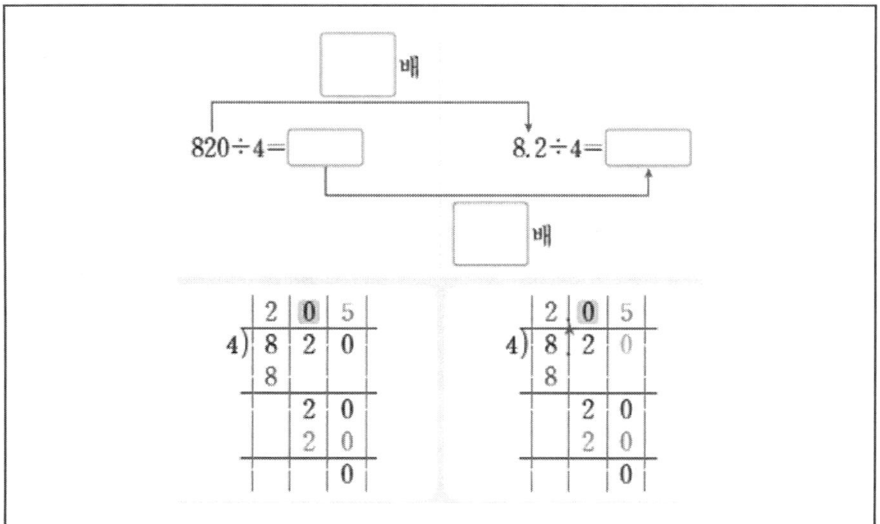

그림 8.4 (소수)÷(자연수)의 계산 방법(교육부, 2020g, p. 61)

다음으로 단위를 변환하여 해결하는 방법은 다음과 같다. 8.2÷4는 8.2m를 4명에게 똑같이 나누어 주는 상황이므로, m를 cm로 변환하면 820cm를 4명에게 똑같이 나누어 주는 상황이 된다. 따라서 820÷4=205cm가 되고, 이것을 m로 변환하면 2.05m가 된다. 이를 통해 피제수가 $\frac{1}{10}$ 배, $\frac{1}{100}$ 배 함에 따라 몫의 소수점 위치는 $\frac{1}{10}$ 배, $\frac{1}{100}$ 배가 된다는 것을 알게 한다.

2) 제수가 소수인 경우

제수가 소수인 경우에 소수 나눗셈은 피제수와 제수에 똑같은 수를 곱하면 몫이 변하지 않는다는 것과 몫을 쓸 때는 옮긴 소수점의 위치에서 소수점을 찍어 주는 것을 인식시키는 것이 중요하다. 나눗셈식을 이루는 소수의 유형에 따라 해결 과정에 약간의 차이가 있지만, 단위 변환 방법과 분수 나눗셈 방법을 이용하여 다음과 같이 해결하도록 한다.

- $12.5\text{cm} \div 0.5\text{cm} = 125\text{mm} \div 5\text{mm} = 25$

- $12.5\text{cm} \div 0.5\text{cm} = \dfrac{125}{10} \div \dfrac{5}{10} = 125 \div 5 = 25$

교육과정 성취기준
[6수01-15] 소수의 나눗셈의 계산 원리를 탐구하고 그 계산을 할 수 있다.

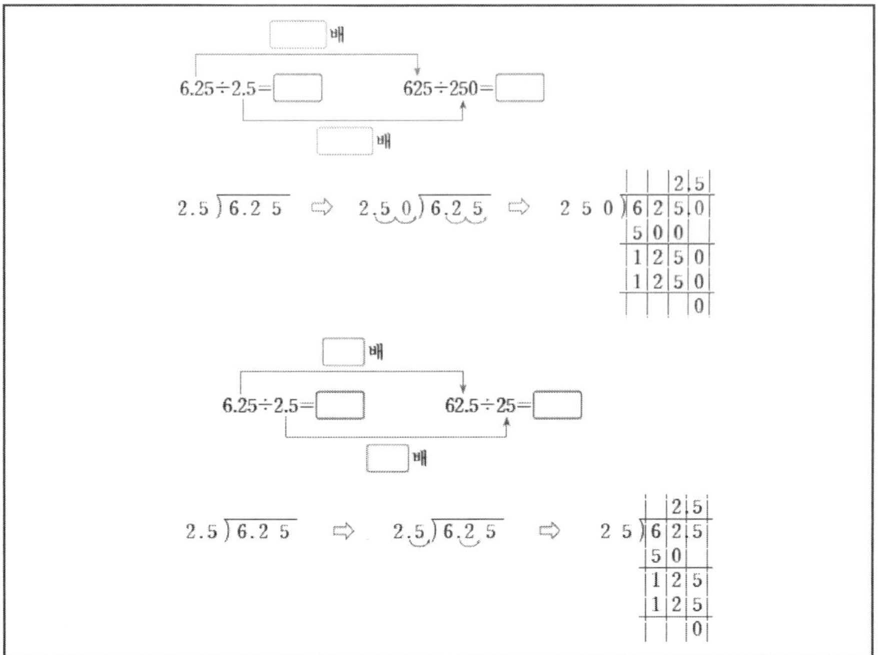

그림 8.5 (소수)÷(소수)의 계산 방법(교육부, 2020h, pp. 36–37)

이를 통해 소수 나눗셈을 분수 나눗셈으로 바꾸어 계산해 보고, 세로로 계산하는 방법을 다음과 같이 탐구하도록 한다.

- $6.25 \div 2.5 = \dfrac{625}{100} \div \dfrac{250}{100} = 625 \div 250$

- $6.25 \div 2.5 = \dfrac{62.5}{10} \div \dfrac{25}{10} = 62.5 \div 25$

3) 소수 나눗셈에서 몫과 나머지

소수의 나눗셈에서 몫과 나머지는 자연수인 경우와 다르게 해석된다

소수의 나눗셈에서 몫과 나머지는 자연수인 경우와 다르게 해석된다. 즉, 자연수 범위에서 나눗셈은 최대의 몫을 구하고 남은 나머지를 구하지만, 소수까지 몫을 구할 때는 무수히 많은 몫과 나머지를 생각할 수 있다. 예를 들어, 4L의 물을 3명에게 똑같이 나누어 줄 때 한 명에게서 1L씩을 줄 때는 1L의 물이 남지만, 1.3L씩을 줄 때는 0.1L의 물이 남게 되고, 1.33L씩을 줄 때는 0.01L의 물이 남게 되는 것이다. 이 경우에 몫은 필요한 만큼 구한 값을 의미하고,

나머지는 필요한 만큼 나누어 주고 남은 양으로 해석하는 것이 옳다.

다음으로 소수의 나눗셈을 분수로 변형하여 구하는 경우에 $a \div b = c$이므로 하나의 몫인 수로 표현된다. 그렇지만, 소수 나눗셈을 동수누감으로 해석하여 해결하는 경우는 나누어 줄 수 있는 양을 주고 남은 값이 제수에 대한 상대적인 양이 아니라, 절대적인 양이 된다는 것에 주의할 필요가 있다. 예를 들면, 소수 나눗셈 $11.5 \div 1.6$에서 이 식을 11.5cm의 끈을 1.6cm씩 자르는 동수누감으로 해결하면 11.5에서 1.6을 7번 뺄 수 있으므로, 몫이 7이고 0.3cm의 끈이 남게 된다. 이를 분수 나눗셈으로 해결하면 $11.5 \div 1.6 = \frac{115}{10} \div \frac{16}{10} = \frac{115}{16} = 7\frac{3}{16}$과 같다. 두 식에서 동일한 7을 제외한 0.3과 $\frac{3}{16}$을 비교하면 0.3은 제수 1.6의 $\frac{3}{16}$만큼인 것이고, 역으로 0.3은 $\frac{0.3}{1.6} = \frac{3}{16}$이 되는 것이다.

4) (자연수)÷(자연수)인 경우

(자연수)÷(자연수)에서는 몫이 나누어떨어지지 않는 경우에 몫을 소수로 나타낼 수 있다는 것을 이해하고, 계산 형식에 따라 계산을 할 수 있게 한다. 이때, (자연수)÷(자연수)의 몫을 분수로 나타내어 보고, 몫을 소수로 나타내어 보게 한다. 이를 통해 세로셈을 유도할 수도 있다.

교육과정 성취기준
[6수01-14] '(자연수)÷(자연수)'에서 나눗셈의 몫을 소수로 나타낼 수 있다.

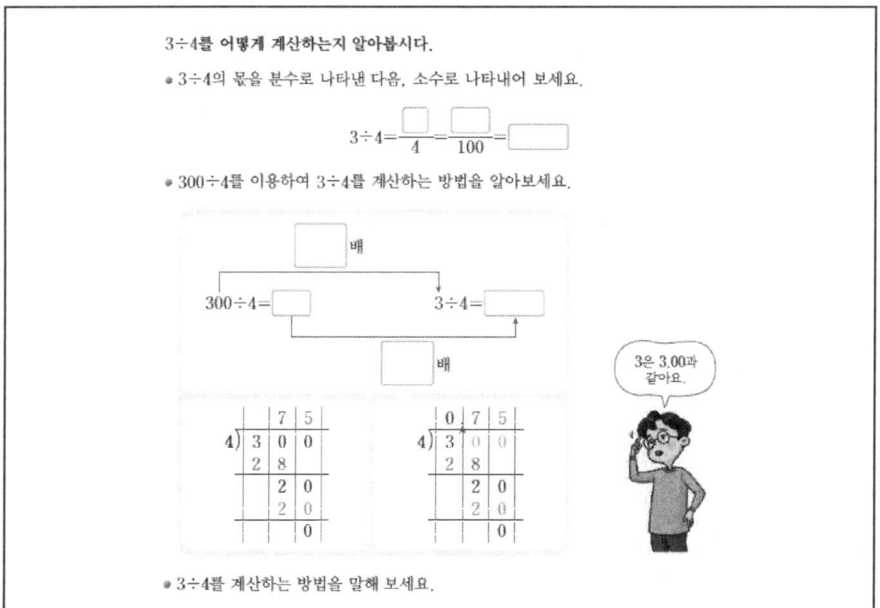

그림 8.6 (자연수)×(소수)의 곱셈(교육부, 2020g, p. 63)

오늘의 생각 문제

1. [그림 1]은 0.3×1.2를 구하는 그림을 나타낸 것이고, [그림 2]는 0.75÷0.15를 구하는 그림을 나타낸 것이다. 두 그림의 의미를 계산 과정을 설명하는 측면에서 이야기해 보세요. 그리고 [그림 3]을 이용하여 0.7÷0.05를 해결해 보세요.

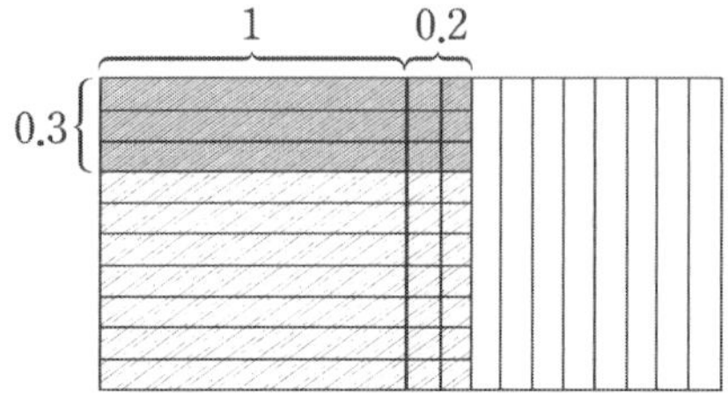

[그림 1]

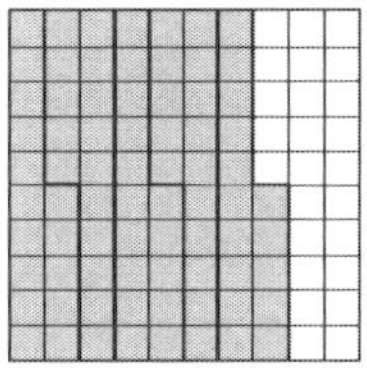
[그림 2]

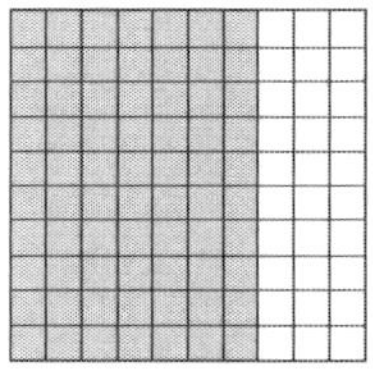
[그림 3]

2. (가)는 2015 개정 수학과 교육과정의 5~6학년군 '수와 연산' 영역 성취기준의 일부이고 (나)는 교사 협의회에서 소수의 나눗셈과 관련하여 나눈 대화이다. 물음에 답하시오(2022학년도 초등 임용시험 문제).

(가) 소수의 곱셈과 나눗셈
[6수01-14] '(자연수)÷(자연수)', '(소수)÷(자연수)'에서 나눗셈의 몫을 소수로 나타낼 수 있다.
[6수01-15] 나누는 수가 소수인 나눗셈의 계산 원리를 이해한다.
[6수01-16] 소수의 곱셈과 나눗셈의 계산 결과를 (㉠)할 수 있다.

(나)
박 교사: 소수의 나눗셈을 지도할 때 형식화에 따른 알고리즘 지도와 계산 기능 숙달에 치중하기 쉬운데, 교육과정의 성취기준에 따라 소수의 나눗셈 계산 원리를 이해하고 (㉠)에 중점을 두어 소수에 대한 수감각을 키우도록 도와주어야 할 것 같습니다.
최 교사: 그래서 저는 소수의 나눗셈을 지도할 때, 계산 결과를 알아보기 전에 (㉠)해 보도록 지도합니다.
송 교사: 저는 나누는 수가 소수인 나눗셈의 계산 원리를 설명할 때, ㉡ 단위 변환이나 ㉢ 분수의 나눗셈을 이용하여 나누어지는 수와 나누는 수에 똑같이 10배 또는 100배를 해도 몫은 같다는 사실을 확인

시켜 줍니다.

최 교사: 저도 소수의 나눗셈 계산 원리를 지도하면서 평가를 통해 [그림 4]과 같이 학생들이 이해하지 못하는 부분을 확인하고 그에 따라 지도했습니다.

평가 방법	평가 도구
관찰, 구술	수학책
학습 정보	**지도 방안 예시**
나누어지는 수와 나누는 수에 같은 수를 곱해도 몫은 같다는 사실을 이해하지 못한다.	(　　㉣　　)(이)라는 사실을 설명해주면서 나누어지는 수와 나누는 수에 같은 수를 곱해도 몫은 같다는 사실을 알게 한다.

[그림 4]

김 교사: 학생 A는 '(소수)÷(자연수)'에서 나눗셈의 몫을 소수로 나타내었을 때, 그 몫의 의미를 정확히 이해하지 못했습니다. [그림 2]의 문제를 해결하기 위해서는 몫을 자연수 범위까지만 구하여 풀 수도 있습니다. 하지만 학생 A는 13.5÷3의 몫 4.5를 정확하게 구한 후, '몫의 자연수 부분인 4가 묶을 수 있는 상자 수이고, 몫의 소수부분인 0.5가 남는 리본의 길이 0.5m를 의미한다.'라고 말하였습니다.

[문제] 리본 3m로 상자 하나를 묶을 수 있습니다. 리본 13.5 m로 똑같은 크기의 상자를 묶을 때, 묶을 수 있는 상자 수와 남는 리본의 길이를 구해 보세요.

박 교사: ㉤ 몫의 소수 부분인 0.5의 의미를 올바르게 해석하고, 0.5를 이용하여 남는 리본의 길이를 구하는 방법을 지도해야겠습니다.

학생 A의 풀이

$$\begin{array}{r} 4.5 \\ 3\overline{)13.5} \\ 12 \\ \hline 1\,5 \\ 1\,5 \\ \hline 0 \end{array}$$

답
- 묶을 수 있는 상자 수 : 4상자
- 남는 리본의 길이 : 0.5 m

[그림 5]

(1) (가)와 (나)의 ㉠에 공통으로 들어갈 알맞은 용어를 쓰시오.

(2) (나)의 ㉡과 ㉢을 각각 이용하여 ㉣에 들어갈 적절한 지도 방안 2가지를 11.2÷0.8을 예로 들어 설명하시오.

(3) '0.5'와 '남는 리본의 길이'라는 표현을 포함하여 ㉤을 설명하시오.

단원 내용 되돌아보기

01. 소수의 덧셈과 뺄셈의 지도 방법에 대해 이야기해 보세요.

02. 아이들의 소수의 덧셈과 뺄셈에서 자주 범하는 오류의 유형을 찾고, 각 오류를 교정해 줄 수 있는 방안을 탐구해 보세요.

03. 소수의 덧셈과 뺄셈에서 기본 단위(0.1, 0.01, 0.001, …)를 이용하여 계산 원리를 발견할 수 있는 방안과 이를 도와줄 수 있는 모델을 제시해 보세요.

04. 소수의 곱셈에서는 자릿값에 대한 이해가 중요하다. 자릿값을 강조하며 소수의 곱셈을 지도할 수 있는 방안에 대해 탐구해 보세요.

05. 소수의 곱셈 방법을 분수의 곱셈으로 계산하는 방법, 자연수의 곱셈으로 계산하는 방법이 있다. 0.5×3을 이용하여 두 가지 계산 방법을 이야기해 보세요.

06. 소수의 나눗셈에서 분수 나눗셈으로 바꾸어 계산하는 방법과 단위를 변환하여 해결하는 방법을 $15.24\div4$를 이용하여 각각 이야기해 보세요.

07. 소수 나눗셈 $12.5\div0.5$를 단위 변환 방법과 분수 나눗셈 방법으로 설명해 보세요.

08. 소수의 나눗셈에서 몫과 나머지는 자연수인 경우와 다르게 해석된다. 그 이유를 이야기해 보세요.

09. 소수 나눗셈 $11.5\div1.6$을 세로셈으로 계산하면 몫은 7이고 나머지는 0.3이며, 분수의 나눗셈으로 계산하면 $7\frac{3}{16}$이 된다. 이때 0.3과 $\frac{3}{16}$의 같은 점과 다른 점을 이야기해 보세요.

9장 도형

이 장을 시작하면서

우리 주변에 존재하는 유리창, 칠판, 복사 용지, 컴퓨터 모니터, 축구공, 상자 등과 같은 다양한 사물은 눈에 보이는 형태는 다르지만, 모양이라는 측면에서 서로 분류가 가능하다. 우리는 이들 사물을 공통의 속성에 따라 분류하고 이름 짓는 활동을 하며 그 성질을 찾을 수 있는데, 이것이 도형 학습의 주요 내용이다. 즉, 도형 학습에서는 우리 주변의 사물을 평면도형과 입체도형이라는 측면에서 관찰하고 그 성질을 파악하게 된다.

도형에 대한 탐구는 그 대상과 방법에 따라 다양한 학습 수준이 나타나게 된다. 특히, 초등학교 아이들은 기하학적 사고 수준에 비추어 볼 때, 구체적 조작물을 이용하여 만져 보고 느껴보는 과정을 통하여 탐구 대상과 친숙해지는 것이 바람직하다. 동시에 이를 이용하여 도형의 모양과 성질을 탐구해 보는 것도 중요하다. 아이들에게 제시할 수 있는 구체물로는 점판, 패턴블록, 칠교판, 속성블록 등이 있다. 이들 구체물을 도형 지도에 어떻게 활용할 수 있을지 생각해 보는 것이 교수·학습 준비를 위해 유익할 것이다.

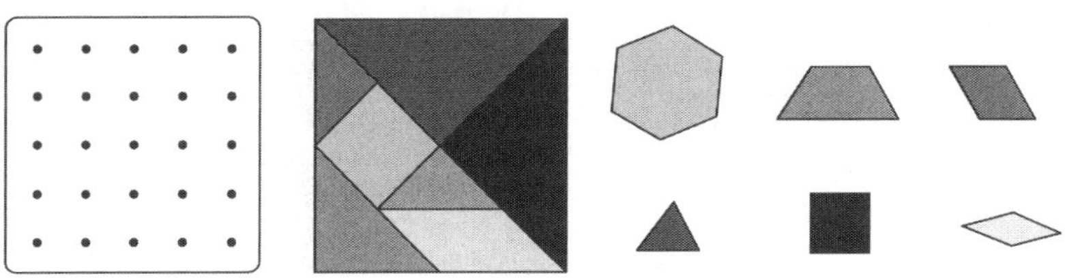

함께 이야기해요

산 위에 큰 바윗돌이 있는데 시간에 걸쳐 이 바윗돌이 밑으로 굴러 내려오면서 깎이고 깎인다고 합시다. 이 현상을 보고 암석을 연구하는 학자와 수학자가 탐구할 내용에 대해 이야기해 보세요.

함께 해결해봐요

칠교판을 이용하여 다음 모양을 만들어 보세요.

9-1 도형의 지도 원리

(1) 기하의 역사

수학의 역사를 기하의 역사라고 할 정도로, 기하는 오랜 역사를 가지고 있다. 고대 이집트에서는 나일강에 홍수가 발생하면 경작지의 경계가 없어지기 때문에 이를 복원하기 위하여 기하에 관심을 가지게 되었다고 한다. 이런 이유로 토지를 뜻하는 'geo'와 측량한다는 'metry'로 이루어진 기하(geometry)가 탄생한 것이다.

토지를 뜻하는 'geo'와 측량한다는 'metry'로 이루어진 기하(geometry)가 기하학의 시초가 되었다.

피라미드를 만든 초기 이집트 사람들은 기하와 측량술에 대한 중요한 지식을 가지고 있었을 것으로 추정된다. 또, 가장 오래된 수학책인 아메스(Ahmes, B.C. 1680?~1620?)의 파피루스에는 여러 가지 기하 문제와 원주율 π를 $\pi=3.1604\cdots$으로 다루고도 있다.

그리스 최초의 철학파인 이오니아학파의 창시자인 탈레스(B.C. 640~546)는 피라미드 그림자의 길이를 측정하여 피라미드의 높이를 재었다고 한다. 탈레스는 추상적이고 일반적인 도형의 성질을 연구하는 추상 과학의 길을 개척하였다. 피타고라스(Pythagoras, B.C. 572?~492?)와 플라톤(Platon, B.C. 427?~347), 아리스토텔레스(Aristoteles, B.C. 384~322) 등도 수학을 연구한 학자에 속한다.

기하의 역사에서는 기원전 3세기경에 유클리드(Euclid, B.C. 약 300년경)에 의해 집필된 유클리드의 '원론(Elements)' 13권을 빼놓을 수 없다. 이 책은 당시까지의 기하학 지식을 집대성하여 하나의 논리적 체계를 완성한 것으로, 23개의 정의, 5개의 공준, 5개의 공리를 제시한 다음, 이것을 기초로 하여 정수론, 평면기하, 공간기하, 기하적 대수 등에 관한 465개의 명제를 논리적으로 다루고 있다.

고대에는 모든 사람이 습득해야 하는 지식의 일부로 기하를 인식하였다. 이것은 기하 학습을 통해 어떤 유형의 보상을 기대하는 것이 아니라, 기하를 탐구하는 그 자체가 가치 있는 사고 활동이기 때문이다. 재미있는 일화로 '사람들이 왜 수학을 배워야 하느냐'라고 묻는 제자의 질문에 유클리드는 그에게 동전 한 닢을 주라고 했다는 대답은 유명하다. 유클리드의 원론은 19세기 말까지 유럽에서 교과서로 활용되었고, 20세기에 들어와 수학교육 근대화 운동으로

권좌를 위협받기 시작하였다. 그렇지만, 초·중등학교 수학 시간에 배우는 기하는 유클리드 원론의 내용이 대부분을 차지하고 있다.

읽기 자료

정다면체

정다면체는 모든 면이 정다각형이고, 각 꼭짓점에 모인 면의 수가 같은 입체도형이다. 유클리드 원론에 따르면 정사면체, 정육면체, 정십이면체는 피타고라스학파에 의해 발견되었고, 정팔면체, 정이십면체는 테아이테터스에 의해 발견되었다고 한다. 고대 철학자인 플라톤은 그의 저서 Timaeus에서 다섯 가지 정다면체를 우주의 근원으로 삼아, 아래와 같이 다섯 개의 우주의 기본 원소와 정다면체를 연결시켜 의미를 부여하였다.
정사면체–불, 정육면체–흙, 정팔면체–공기, 정십이면체–우주, 정이십면체–물. 다섯 가지 정다면체가 플라톤에 의해 발견된 것은 아님에도 불구하고, 정다면체를 우주와 연결시켜 해석한 것만은 확실하다.

(2) 도형 개념

도형은 구체물에서 형과 위치, 그리고 크기만을 추상화한 것이다.

우리 주변의 구체물에는 색, 광택, 부드러움, 딱딱함, 형, 크기, 위치 등 여러 가지 속성이 있는데, 도형은 그중 구체물이 가지는 형과 위치, 그리고 크기만을 추상화한 것이다. 도형은 눈에 보이는 구체물의 모양을 추상화하여 구성하지만, 우리가 다루는 도형 개념은 사고를 통해 이상화된 대상이다. 예를 들어, 우리 주변에 완전한 직사각형 모양의 구체물은 존재하지도 않고 만들 수도 없지만, 우리는 그러한 개념이 가지는 근사적인 형태를 통해 이상적인 직사각형 개념을 다루는 것이다.

구체물에서 도형을 추출하는 추상화 과정은 여러 구체물이 가지는 요소 중에서 사고의 관점에 따라 이질적 요소를 제거하고 동질적 요소만을 추출하고 이상화하여 새로운 용어로 명명하는 것을 의미한다. 따라서, 구체물을 비교, 분류, 조작하는 과정에서 구체물을 보는 사고의 관점을 분명히 하여, 구체물의 여러 속성 중에서 추상되는 것과 사상되는 것을 구별해야 한다. 예를 들면, 책, 책상, 칠판, 창문 등의 관찰 활동에서 그것의 색깔, 재질, 용도 등을 사상하고, 사각형이라는 모양 측면에서 공통성을 추상화하여 '사각형'이라 명명하게 된다.

추상화 과정을 2단계로 나누어 살펴보면, 먼저 구체물의 여러 성질 중에서 어떤 성질(색깔, 재질, 용도, 무게 등)은 제거하고, 모양의 특성만을 주목하여 추상화한다. 이 단계에서는 직관적이며 구체물의 시각적 유사성을 유지하는 전체적, 직관적인 방법으로 추상화가 이루어진다. 다음으로는 앞 단계에서 뽑아낸 모양에 대해 이름을 짓고 변이나 꼭짓점의 수 등 구성 요소에 주목하여 추상화하며, 분석적이고 논리적인 사고를 하게 된다. 이러한 과정을 통해 추상화된 개념으로서 도형을 이끌어 내게 된다.

도형 개념은 외연과 내포로 구성되어 있기 때문에, 도형 개념의 형성을 위해서는 그 개념의 외연과 내포를 명확히 고찰해 두어야 한다. 개념의 '외연'이란 한 개념이 지시하는 모든 대상들의 전체 집합을 의미하는 것으로, 평행사변형의 외연은 직사각형, 정사각형, 마름모와 같은 특수한 평행사변형과 전형적인 평행사변형들로 이루어진 평행사변형 전체를 의미한다. 따라서, 개념 형성 단계에서는 외연에 의해 대상을 직관적이며 구체물과의 시각적 유사성으로 구별하는 활동과 개념 형성 후에는 도형의 예인 것과 예가 아닌 것을 구별할 수 있는 외연을 강조한 활동이 필요하다. 개념의 '내포'란 한 개념에 해당하는 대상들이 가지고 있는 공통적인 성질을 의미한다. 평행사변형의 내포에는 5가지 성질이 존재한다.

◎ 개념은 내포와 외연으로 구성된다.

한편, 도형 지도에서 다루는 도형 개념은 크게 대상 개념과 관계 개념으로 나눌 수 있다. 대상 개념은 선분, 각, 삼각형, 사다리꼴 등과 같이 구체물에서 추상화한 개념으로 모양(형)을 추상하는 단계와 구성 요소에 착안하여 내포와 외연을 명확히 하는 단계를 통해 개념을 풍부하게 한다. 관계 개념은 도형의 상호관계에서 개념을 형성하는 것으로 내포의 상호관계를 고찰하여 도형 상호간의 포함관계를 형성하는 것과 도형의 위치 관계에서 관계 개념의 형성하는 것으로 구분할 수 있다. 추가로 도형 지도에서는 공간 감각의 형성이 중요한데, 공간에 존재하는 쌓기나무 활동과 같은 공간에 대한 심상을 탐구하는 활동을 통해 공간에 대한 감각을 기르도록 한다.

다양한 도형 개념을 이용한 활동을 통해 달성하려는 도형 교육의 목표를 다음 3가지로 요약할 수 있다.

① 기본적인 평면도형이나 입체도형을 알고, 이들의 성질을 이해한다. 이것은 도형의 성질을 이해하는 것에 그 주안점을 두고 있다. 기본적인 평면도형이나 입체도형을 안다는 뜻은 주변에서 삼각형, 사각형, 원, 직육면체 등을 찾고, 이들을 추상화한 도형 개념으로 이끌어내는 것을 의미한다.

이를 위해 구체물을 주의 깊게 관찰하고, 실험 실측을 하거나 목적을 분명히 하여 모양을 분류·정리하는 일이 매우 중요하다.

한편, 도형의 성질을 발견할 때는 먼저 변, 각 등과 같이 도형을 구성하는 요소에 주의를 집중하는 활동을 하거나, 접어보든가(대칭이동), 밀어보든가(평행이동), 돌려보든가(회전이동)의 조작활동을 통하여 도형의 성질을 알아보도록 한다.

② 기본적인 도형 지도를 통하여 공간개념의 이해를 깊게 한다. 도형은 우리 주변에 존재하는 구체물의 성질과 그들의 관계를 탐구하는 것이고, 그 성질은 공간에 의존되므로, 도형 지도에 있어서는 공간개념을 확실히 이해하는 것이 필요하다.

③ 도형이나 공간에 관하여 수학적으로 고찰하고 처리하는 능력을 기른다. 이것은 도형에 관한 수학적인 고찰과 처리 능력을 기르는데 그 주안점이 있다. 곧, 일상생활의 문제를 합리적으로 처리하는 기능을 기른다는 뜻으로 겨냥도, 전개도, 확대도, 축도를 그리는 활동이나, 도형의 성질을 이용하여 생활 문제를 해결하도록 한다.

탐구 과제: 정육면체 자르기

아래 그림과 같이 각 모서리의 길이가 3cm인 정육면체의 겉면에 페인트를 칠한 후, 각 면을 1cm씩 잘라서 27개의 $1cm^3$ 정육면체로 나누었다. 어느 면에도 페인트가 칠해지지 않은 $1cm^3$ 정육면체의 수를 구하여라.

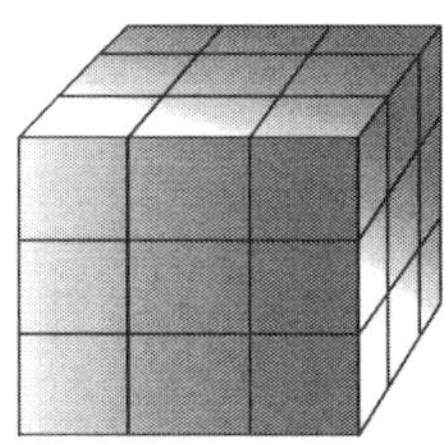

(3) 도형의 정의

정의란 용어의 의미를 일의적으로 정하는 것이다.

'정의'란 용어의 의미를 일의적으로 정하는 것으로, 도형 지도의 주안점이 된다. 용어를 정의할 때는 다음에 주의하여야 한다.

① 도형을 구성하는 요소나 조작에 관심을 갖고 용어를 정의해야 한다.

② 도형을 정의하는 방법은 여러 가지가 있을 수 있다는 것을 알고, 또 정의한 내용은 간단 명확해야 한다.

③ 정의는 그 용어가 갖는 성질을 구별할 수 있어야 한다.

용어를 정의하는 방법에는 공리적 정의와 내포적 정의로 나눌 수 있으며, 그 밖에 초등학교 저학년에서 행해지는 예시적 정의를 들 수 있다. 또, 개념이 만들어지는 과정을 기술하여 정의하는 발생적 정의를 들 수 있다.

- 공리적 정의: 수학의 공리와 같이 약속해서 결정하는 것으로 정의한다. 예를 들면, 삼각형의 '높이'에 대한 정의를 내리기 위해 삼각형의 구성 요소인 변과 꼭짓점에 관한 약속이 있은 후, 삼각형의 높이는 꼭짓점에서 밑변에 내린 수선의 길이로 정의한다.
- 내포적 정의(논리적 정의): 내포들 중 특징적인 성질을 이용하여 개념을 정의하는 것으로, 최근류(最近類)와 종차(種差)에 의한 정의이다. '직사각형은 네 각이 직각인 사각형이다.'에서 직사각형의 상위 개념인 사각형이 최근류이고, 이 둘을 구분해 주는 '네 각이 직각'이라는 속성이 종차이다.
- 예시적 정의: 저학년에서 사용되는 정의로, 구체적인 예를 들어 정의한다. 예를 들면, '성냥곽과 같은 모양을 직육면체라고 한다.'라는 정의가 예시적 정의이다. 이에 직육면체≠성냥곽을 인식해야 하며, 추상적인 지도를 덧붙이는 것이 바람직하다.
- 발생적 정의: 개념이 만들어지는 과정을 기술함으로써 정의한다. 예를 들면, 직사각형을 한 변으로 기준으로 1회전하여 얻어지는 도형을 원기둥으로 정의하는 것이 발생적 정의이다.

탐구 과제: 도형의 정의 방식

수학 교과서에서 도형에 대한 정의를 찾아보고, 각 정의 방식에 대해 이야기해 보세요.

(4) 도형의 지도 과정

도형에서 배우게 되는 평면도형과 입체도형의 개념과 성질에 대한 이해를 위해, 도형 지도에서는 도형의 구성 요소와 특징에 따른 분류 활동을 통하여 다양하게 대상을 범주화하고 그 성질을 탐구하도록 한다. 이를 위해 도형 학습은 크게 구체물의 수집·관찰 단계, 조작·실험 단계, 이론화 단계로 구분하여 제시할 수 있다(교육부, 2018b).

첫째, 수집·관찰 단계에서는 여러 구체물을 관점에 따라 수집하고, 관찰하고 분류함으로써 공통성을 발견하고, 그 공통성을 일상적인 용어로 명명하여 적절히 추상화한다. 이 단계에서는 구체물의 모양을 비교하거나 성냥개비, 몸짓 등의 구체물을 이용하여 여러 가지 모양을 구성하거나 모양이라는 측면에서 같은 것과 다른 것을 비교·분류하는 활동을 한다.

◎ 교육과정 성취기준
[2수03-03] 교실 및 생활 주변에서 여러 가지 물건을 관찰하여 삼각형, 사각형, 원의 모양을 찾고, 이를 이용하여 여러 가지 모양을 만들 수 있다.

그림 9.1 수집·관찰 단계의 교과서 활동(교육부, 2018a, p. 61; 63)

둘째, 조작·실험 단계에서는 도형의 특징을 살피면서 구성 요소를 조사하여 간단한 도형의 성질을 발견한다. 학생들은 도형을 표상하고, 도구를 사용하여 도형을 구성하는 실험을 한다. 또, 학생들의 효율적인 의사소통과 추론을 유도하기 위해 적절한 수학적 용어를 도입한다. 예를 들어, 생활 주변에서 직선, 반직선, 각, 직각, 직각삼각형, 직사각형, 정사각형의 모양을 찾아 분류하여 개념들을 도입하고 구성 요소를 탐구하며, 점판 위에 개념을 구성해 보는 활동을 하게 된다. 이 단계는 도형의 구성 요소와 간단한 성질을 실험하고 발견함으로써 개념의 특수에서 일반으로 진행하는 이론화 준비 단계로 볼 수 있다. 이때의 조작·실험 활동으로 다음을 할 수 있다.

- 도형을 분할·합성하여 구성하기(종이접기, 오리기, 겹쳐 포개기)
- 칠교판이나 모양 타일 등으로 도형의 구성 요소 찾기
- 점판과 같은 적절한 도구를 사용하여 작도하기

> **교육과정 성취기준**
> [2수03-03] 교실 및 생활 주변에서 여러 가지 물건을 관찰하여 삼각형, 사각형, 원의 모양을 찾고, 이를 이용하여 여러 가지 모양을 만들 수 있다.

직각을 찾아 표시해 보고, 기준에 따라 분류해 봅시다.

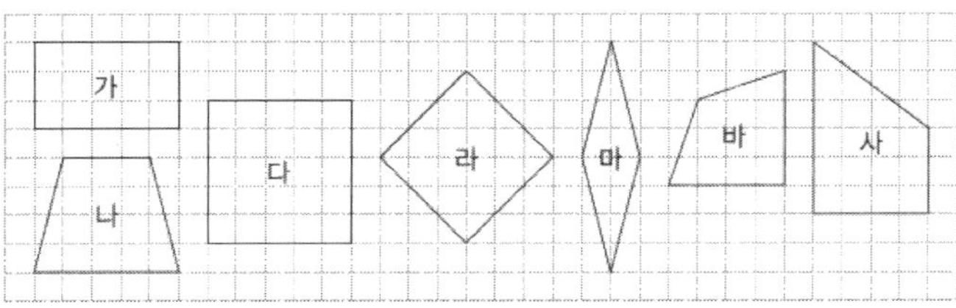

- 네 각이 모두 직각인 사각형을 모두 찾아 기호를 써 보세요.
- 네 변의 길이가 모두 같은 사각형을 모두 찾아 기호를 써 보세요.
- 네 각이 모두 직각이고 네 변의 길이가 모두 같은 사각형을 모두 찾아 기호를 써 보세요.
- 네 각이 모두 직각이고 네 변의 길이가 모두 같은 사각형의 이름을 지어 보세요.

그림 9.2 조작·실험 단계의 교과서 활동(교육부, 2020a, p. 42)

셋째, 이론화 단계는 일반적인 개념에서 특수한 개념으로 심화하고, 간단한 추론이나 초보적 논리로 사고하는 단계이다. 기본적인 도형의 성질과 그들 사이의 상호관계를 이해하거나 도형의 성질을 발견하는 과정에서 간단한 추론을 적용하거나 평면도형과 입체도형의 상호 관련성을 파악하는 내용을 다룬다.

◎ **교육과정 성취기준**

[4수03-10] 여러 가지 모양의 사각형에 대한 분류 활동을 통하여 직사각형, 정사각형, 사다리꼴, 평행사변형, 마름모를 이해하고, 그 성질을 탐구하고 설명할 수 있다.

여러 가지 사각형을 살펴보고 물음에 답해 봅시다.

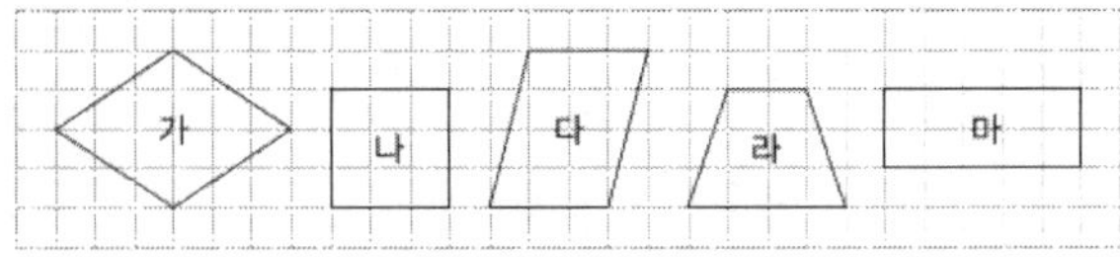

- 사다리꼴은 어느 것인가요? 왜 그렇게 생각하는지 이야기해 보세요.
- 평행사변형은 어느 것인가요? 왜 그렇게 생각하는지 이야기해 보세요.
- 마름모는 어느 것인가요? 왜 그렇게 생각하는지 이야기해 보세요.
- 직사각형은 어느 것인가요? 왜 그렇게 생각하는지 이야기해 보세요.
- 정사각형은 어느 것인가요? 왜 그렇게 생각하는지 이야기해 보세요.

그림 9.3 이론화 단계의 교과서 활동(교육부, 2020d, p. 91)

9-2 도형의 지도 내용과 방법

1-2학년군에서는 입체도형과 평면도형의 모양, 평면도형의 구성 요소를 다룬다. 3-4학년군에서는 도형의 기초, 원, 삼각형, 사각형, 다각형, 평면도형의 이동을 다룬다. 5-6학년군에서는 합동, 대칭, 직육면체와 정육면체, 각기둥과 각뿔, 원기둥과 원뿔, 입체도형의 공간감각을 다룬다. 각 학년별 상세한 지도 내용과 방법은 다음과 같다(교육부, 2022, p. 9).

핵심 아이디어	• 평면도형과 입체도형은 여러 가지 모양을 범주화한 것이며, 각각의 평면도형과 입체도형은 고유한 성질을 갖는다. • 도형의 성질과 관계를 탐구하고 정당화하는 것은 논리적이고 비판적으로 사고하는 데 기반이 된다.		
구분 / 범주	내용 요소		
	초등학교		
	1-2학년	3-4학년	5-6학년
지식·이해	• 입체도형의 모양 • 평면도형과 그 구성 요소	• 도형의 기초 • 원의 구성 요소 • 여러 가지 삼각형 • 여러 가지 사각형 • 다각형 • 평면도형의 이동	• 합동과 대칭 • 직육면체와 정육면체 • 각기둥과 각뿔 • 원기둥, 원뿔, 구
과정·기능	• 여러 가지 사물과 도형을 기준에 따라 분류하기 • 도형의 개념, 구성 요소, 성질 탐구하고 설명하기 • 평면도형이나 입체도형 그리기와 만들기 • 평면도형을 밀기, 뒤집기, 돌리기 한 모양을 추측하고 그리기 • 쌓은 모양 추측하고 쌓기나무의 개수 구하기 • 공간 감각 기르기		
가치·태도	• 평면도형, 입체도형에 대한 흥미와 관심 • 합동인 도형, 선대칭도형, 점대칭도형의 아름다움 인식 • 도형과 측정 관련 문제해결에서 비판적으로 사고하는 태도		

(1) 평면도형 1(1~2학년군)

성취기준

[2수03-03] 교실 및 생활 주변에서 여러 가지 물건을 관찰하여 삼각형, 사각형, 원의 모양을 찾고, 이를 이용하여 여러 가지 모양을 만들 수 있다.
[2수03-04] 삼각형, 사각형, 원을 직관적으로 이해하고, 그 모양을 그릴 수 있다.
[2수03-05] 삼각형, 사각형에서 각각의 공통점을 찾아 말할 수 있다.

(가) 성취기준 해설

• [2수03-04] 삼각형, 사각형, 원은 예인 것과 예가 아닌 것을 분류하는

활동을 통하여 직관적으로 이해하게 한다. 본뜨기, 도형판을 이용한 활동 등을 통해 삼각형, 사각형, 원의 모양을 그리게 할 수 있다.

(나) 성취기준 적용 시 고려 사항

- '도형과 측정' 영역에서는 용어와 기호로 '삼각형, 사각형, 원, 꼭짓점, 변, 시, 분, 약, cm, m'를 다룬다.
- 입체도형과 평면도형의 모양을 다룰 때 모양의 특징을 직관적으로 파악하여 모양을 분류하고, 분류한 모양을 지칭하기 위해 일상용어를 사용하게 할 수 있다.
- 입체도형과 평면도형의 모양을 이용한 모양 만들기의 주제는 학생들에게 친근한 소재인 동물, 탈 것, 건물 등으로 다양하게 제시하여 수학에 대한 흥미와 관심을 갖게 한다.
- 쌓기나무, 칠교판 등의 구체물을 이용한 모양 만들기를 통하여 도형에 대한 공간 감각을 기르게 한다.
- '도형과 측정' 영역의 문제 상황에 적합한 문제해결 전략을 지도하여 문제해결 역량을 기르게 한다.

평면도형의 지도에서는 생활 주변의 사물을 관찰하는 것을 통해 직관적으로 모양(사각형, 삼각형, 원 모양)을 인식하고 그 특징을 파악하게 한다. 이를 위해서는 아이들이 생활 주변에서 쉽게 접하는 사물을 통해 평면도형을 자연

교육과정 성취기준

[2수03-03] 교실 및 생활 주변에서 여러 가지 물건을 관찰하여 삼각형, 사각형, 원의 모양을 찾고, 이를 이용하여 여러 가지 모양을 만들 수 있다.

그림 9.4 모양 찾기(교육부, 2024b, p. 67)

스럽게 도입하는 것이 적절하다. 이때, 분류된 모양에 일상 언어를 사용하도록 한다. 그리고, 예가 되는 모양과 예가 되지 않는 모양을 다양하게 다루어 볼 수 있다. 또한, 실생활에서 쉽게 볼 수 있는 사각형, 삼각형, 원 모양의 구체물, 종이에 구체물로 본을 뜬 모양, 다양한 교구 등을 이용하여 여러 가지 모양을 만들어 봄으로써 기본적인 평면도형에 대한 감각을 익히게 한다.

다음 단계로 삼각형과 사각형의 구성 요소로 꼭짓점과 변을 알게 하고, 평면도형에서 이를 찾게 하며, 점에 기호를 붙여 꼭짓점과 변을 나타내고 읽을 줄 알게 한다. 이때, 삼각형과 사각형에서 꼭짓점과 변에 해당하는 점과 선분의 개수를 세는 활동을 통하여 공통점과 차이점을 발견하게 한다.

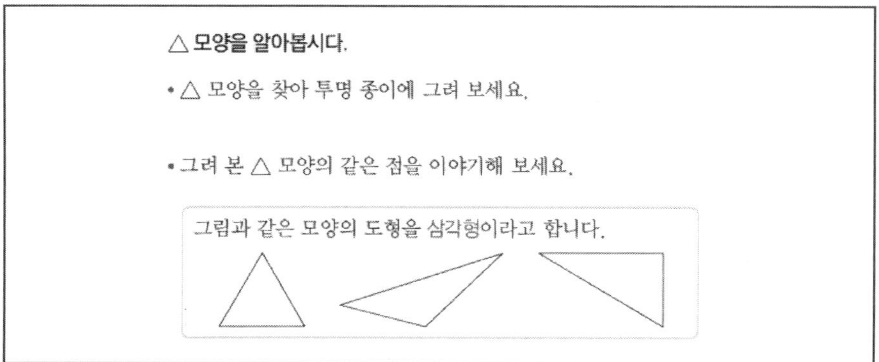

그림 9.5 삼각형과 구성 요소(교육부, 2024c, p. 36)

◎ **교육과정 성취기준**
[2수03-04] 삼각형, 사각형, 원을 직관적으로 이해하고, 그 모양을 그릴 수 있다.

(2) 평면도형 2(3~4학년군)

1) 도형의 기초

성취기준

[4수03-01] 직선, 선분, 반직선을 이해하고 구별할 수 있다.
[4수03-02] 각과 직각을 이해하고, 직각과 비교하는 활동을 통하여 예각과 둔각을 구별할 수 있다.
[4수03-03] 직선의 수직 관계와 평행 관계를 이해한다.

(가) 성취기준 해설

- [4수03-04] 실생활에서 평면도형의 이동을 활용한 사례를 찾아서 이동에 따른 변화를 추론하고 위치나 방향이 어떻게 변화했는지 설명하게 한다.

- [4수03-05] 평면에서 점의 이동은 격자를 따라 위, 아래, 오른쪽, 왼쪽으로 '~칸', '~cm'를 이동하는 수준에서 다룬다. 한 점의 이동에 대해 위치와 방향을 설명하는 데 초점을 두고, 꼭짓점의 이동을 이용하여 평면도형의 이동을 설명하는 활동은 다루지 않는다.

(나) 성취기준 적용 시 고려 사항

- '도형과 측정' 영역에서는 용어와 기호로 '직선, 선분, 반직선, 각, (각의) 꼭짓점, (각의) 변, 직각, 예각, 둔각, 수직, 수선, 평행, 평행선, 원의 중심, 반지름, 지름, 이등변삼각형, 정삼각형, 직각삼각형, 예각삼각형, 둔각삼각형, 직사각형, 정사각형, 사다리꼴, 평행사변형, 마름모, 다각형, 정다각형, 대각선, 초, 도(°), mm, km, L, mL, g, kg, t'을 다룬다.
- 직선, 선분, 반직선에 대한 평가에서는 정확한 정의나 표현보다 직선, 선분, 반직선을 서로 구별할 수 있는지에 중점을 둔다.

점은 크기가 없다.

점의 개념을 초등학교 수학에서 직접 지도하지는 않지만, 그 의미를 직관적으로 이해시키기 위해서 물방울(spot) 모델을 이용한다. 점을 나타내는 모델이 점에 대한 직관적 이해에는 도움을 주지만, 점이 크기가 없는 개념이라는 것을 이해하는데 방해를 할 수도 있다.

선분, 직선, 반직선

선분은 '두 점을 곧게 이은 선'으로 약속한다. 그리고 직선은 '양쪽으로 끝없이 늘인 곧은 선'으로 약속한다. 반직선은 '한 점에서 시작하여 한쪽으로 끝없이 늘인 곧은 선'으로 약속한다. 면은 입체도형을 구성하는 기본 도형으로 평면과 곡면이 있다.

선분과 직선, 반직선의 지도에서는 주변 사물이나 현상으로부터 선분과 직선, 반직선을 이해하고, 점에 기호를 붙여 선분과 직선, 반직선을 나타내고 읽을 수 있게 한다. 선분과 직선, 반직선에 대한 이해를 바탕으로 그 모양을 그릴 수 있도록 한다. 그렇지만, 도형 개념을 이끌어내기 위한 일상생활의 사물 그 자체가 도형이 아님을 주의해야 하고, 사물의 여러 특성 가운데 점, 선, 면과 같은 기본 요소가 추상화된 개념이라는 것을 인식시켜야 한다.

◎ 교육과정 성취기준

[4수03-01] 직선, 선분, 반직선을 이해하고 구별할 수 있다.

그림 9.6 선의 지도(교육부, 2020a, p. 30)

각과 직각의 지도에서는 실생활의 구체물이나 활동을 통해 직관적으로 각과 직각을 이해하게 한다. 각은 한 점에서 그은 두 반직선으로 이루어진 도형이다. 이때, 건물이나 물체의 모난 부분을 관찰하는 것, 부채를 접었다 폈다 하면서 모양을 변화시켜 보는 것, 시계에서 두 바늘을 움직여 보는 것, 자기 신체를 회전시켜 보는 것, 시선을 변화시켜 보는 것 등을 통해 직관적으로 각을 이해하게 할 수 있다. 이를 기초로 각을 추상화하여 도형으로 볼 수 있도록 하고, 각의 구성 요소인 각의 꼭짓점과 각의 변을 알고, 이를 찾아보게 한다. 또한, 생활 주변에서 각과 직각을 찾아보게 하고, 직각을 기준으로 예각과 둔각을 이해하게 한다.

◎ 각은 한 점에서 그은 두 반직선으로 이루어진 도형이다.

직각을 정의할 때에는 문장을 이용해 형식적으로 정의하기보다는, 구체물을 이용하여 직접 접어보면서 '종이를 반듯하게 두 번 접었을 때 생기는 각'으로 직각을 약속한다. 즉, 구체물을 통한 직관적 방법으로 직각의 개념을 이해하도록 한다. 여기서는 학교 건물, 창문, 축구 골대에서 각을 찾아보고, 찾은 각의 같은 점을 생각해 보도록 하여 직각의 모양이나 크기를 직관적으로 이해하도록 한다.

◎ 직각은 '종이를 반듯하게 두 번 접었을 때 생기는 각'으로 정의한다.

◎ **교육과정 성취기준**

[4수03-02] 각과 직각을 이해하고, 직각과 비교하는 활동을 통하여 예각과 둔각을 구별할 수 있다.

다음과 같이 종이를 두 번 접어 봅시다.

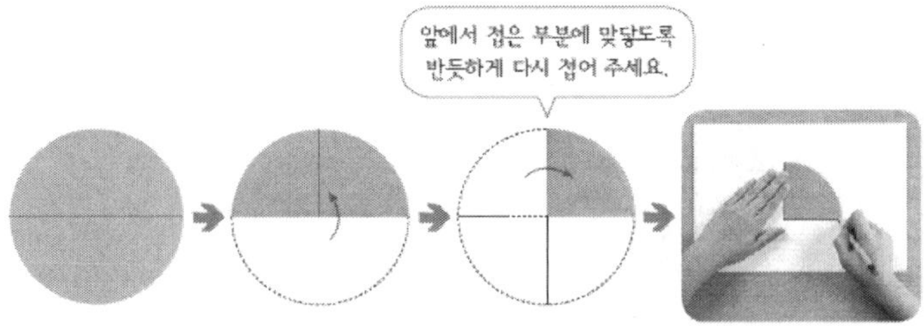

• 위에서 만든 각을 본떠 보세요.

그림 9.7 직각 만들기(교육부, 2020a, p. 36)

탐구 과제: 직각의 정의

초등학교에서 정의하는 직각과 유클리드 원론에서 정의하는 직각의 같은 점과 차이점을 비교하여 이야기해 보세요.

다각형의 이해를 위하여 관계 개념을 이해하도록 한다. 실생활의 사물이나 건물 등에서 수직인 곳과 수직이 아닌 곳을 관찰하여 그 차이점이 무엇인지 알아보는 활동을 통해 수직의 의미를 직관적으로 이해한 후, 평면에서 두 직선이 만날 때 이루어지는 각이 직각인 경우를 통해 수직과 수선을 정의한다. 삼각자를 이용하여 직선 위의 점이나 직선 밖의 점을 지나 주어진 직선에 대하여

◎ **교육과정 성취기준**

[4수03-03] 직선의 수직 관계와 평행 관계를 이해한다.

삼각자나 각도기를 사용하여 주어진 직선에 대한 수선을 그어 봅시다.

• 삼각자를 사용하여 주어진 직선에 대한 수선을 그어 보세요.

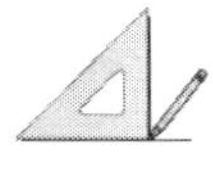

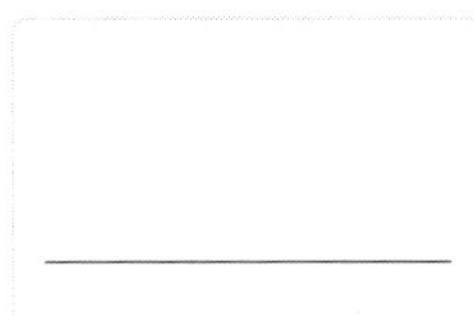

• 각도기를 사용하여 주어진 직선에 대한 수선을 그어 보세요.

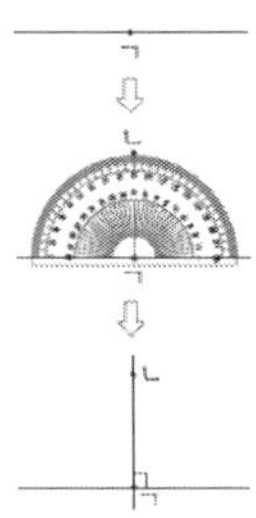

그림 9.8 수선 그리기(교육부, 2020d, p. 79)

수직인 직선 즉, 수선을 그릴 수 있게 한다. 이때, 직선 밖의 한 점에서 직선에 그은 선분 중에서 길이가 가장 짧은 것이 수선임을 알게 한다.

실생활에서 쉽게 볼 수 있는 사물이나 건물 등에서 평행인 곳과 평행이 아닌 곳을 관찰하여 그 차이점이 무엇인지 알아보는 활동을 통해 평행의 의미를 직관적으로 이해한 후, 한 직선에 대하여 수직인 서로 다른 두 직선은 평면상에서 아무리 늘여도 만나지 않는다는 것을 직관적으로 알게 함으로써 평행과 평행선을 정의한다.

◎ 평행, 평행선

평행선 사이의 수직인 선분의 길이로 평행선 사이의 거리를 정의하고, 평행선 사이의 거리를 측정하게 하며 한 직선과 주어진 거리만큼 떨어져 있는 평행선을 긋는 방법을 알게 한다.

◎ 평행선 사이의 거리

◎ 교육과정 성취기준

[4수03-03] 직선의 수직 관계와 평행 관계를 이해한다.

• 그림과 같이 삼각자 2개를 놓은 후 한 삼각자를 고정하고 다른 삼각자를 움직여 평행선을 그어 보세요.

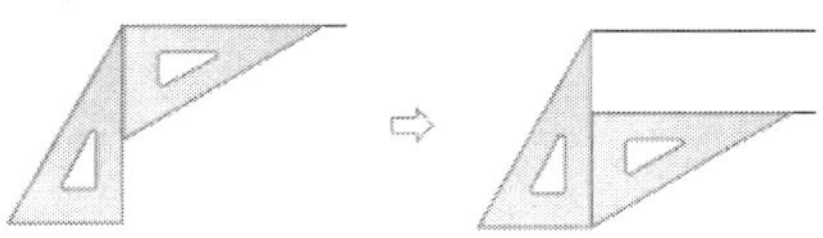

그림 9.9 평행선 그리기(교육부, 2020d, p. 81)

탐구 과제: 수선과 평행선 그리기

삼각자를 이용하여 수선과 평행선을 그려보세요.

2) 평면도형의 이동

성취기준

[4수03-04] 구체물이나 평면도형의 밀기, 뒤집기, 돌리기 활동을 통하여 그 변화를 이해한다.

[4수03-05] 평면에서 점의 이동에 대해 위치와 방향을 이용하여 설명할 수 있다.

(가) 성취기준 해설: 없음

(나) 성취기준 적용 시 고려 사항

• 평면도형의 이동에서 돌리고 뒤집기나 뒤집고 돌리기 등 복잡한 변화를

지양한다.

- 평면도형의 이동을 활용하여 모양의 변화나 무늬를 설명하게 할 때 설명 방법이 다양할 수 있음에 유의하여 다른 친구들의 설명을 비판적으로 검토하게 한다.
- 평면도형의 이동, 원 그리기 등을 이용하여 여러 가지 모양이나 무늬 만들기 활동을 통해 수학의 아름다움을 느끼게 할 수 있다.

도형을 이동하거나 모양이나 크기를 바꾸는 것을 도형의 변환이라 한다.

도형을 이동하거나 모양이나 크기를 바꾸는 것을 도형의 변환이라 한다. 또, 도형을 이동하여 다른 도형에 완전히 겹칠 수 있을 때 두 도형은 합동이라 하는데, 합동 개념은 유클리드 기하학에서 가장 중요한 개념이다. 이에 합동변환이란 도형의 모양이나 크기는 변하지 않고 위치만을 이동하는 것으로, 평행이동(translation–slide), 대칭이동(reflection–flip), 회전이동(rotation–turn)이 있다. 초등수학에서는 평행이동을 밀기, 대칭이동을 뒤집기, 회전이동을 돌리기로 표현하고 있다.

간단한 평면도형의 밀기, 뒤집기, 돌리기는 공간적 대상의 정신적 이미지를 구성하고 변환하는 능력을 신장함과 동시에 이후에 학습하게 될 합동과 대칭을 이해하는 데 기초가 된다. 처음에는 구체물, 그림, 평면도형 등을 직접 밀기, 뒤집기, 돌리기를 통해 그 변화를 관찰하게 하고, 익숙해지면 직접 해 보기 전에 어떤 모양이 될지 추측하게 한 후, 직접 해 보고 확인하게 함으로써 공간 추론을 경험하게 한다.

돌리기의 경우 회전 방향에 대해서는 시계 방향, 시계 반대 방향 등의 용어나 회전의 크기에 대해서는 반 바퀴, 반의 반 바퀴 등 친숙한 용어들을 사용할 수 있다. 모양이 같은 여러 장의 도형이나 무늬 카드를 준비하여 제시된 카드의 모양이 되도록 만들게 하는 활동, 제시된 모습대로 몸을 움직여서 만드는 활동, 똑같은 몇 개의 정사각형들로 만들 수 있는 서로 다른 모양이 몇 개인지를 밀기, 뒤집기, 돌리기 등을 이용하여 알아보는 활동 등 여러 가지 방법으로 이동에 대한 감각을 기르게 한다.

① 평행이동(밀기)

도형을 직선을 따라 일정한 방향으로 일정한 거리만큼 이동하는 조작을 평행이동이라 한다. 따라서, 평행이동에 의하여 도형 위의 모든 점은 같은 방향으로 같은 거리만큼 이동된다.

② 대칭이동(뒤집기)

어떤 직선이 있을 때 직선 위에 있지 않는 도형을 직선에 대칭이 되도록 이동하는 조작을 대칭이동이라 한다. 대칭이동에는 선대칭, 점대칭, 면대칭이 있으나, 초등수학에서는 선대칭과 점대칭만을 다룬다.

③ 회전이동(돌리기)

회전이동은 고정된 점을 기준으로 하여 어떤 방향으로 일정한 양만큼 회전함으로써 결정되는 도형의 변환을 의미한다. 초등학교에서 지도하는 회전이동은 도형을 일정한 각도만큼 회전이동했을 때 변하는 것과 변하지 않는 성질을 탐구하고 그려 보게 하는 데 초점을 둔다.

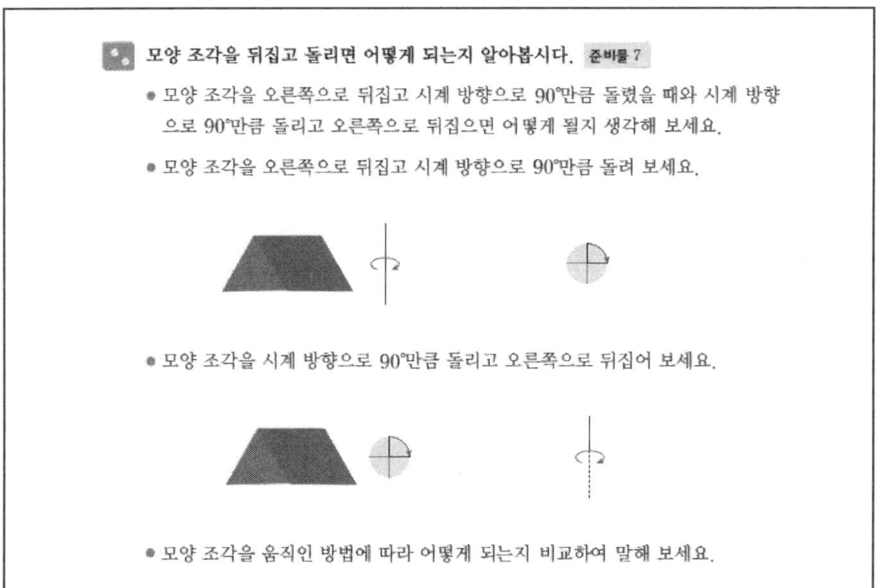

그림 9.10 뒤집고 돌리기(교육부, 2020c, p. 96)

교육과정 성취기준

[4수03-04] 구체물이나 평면도형의 밀기, 뒤집기, 돌리기 활동을 통하여 그 변화를 이해한다.

탐구 과제: 무늬 꾸미기

정사각형 모양의 종이에 모양을 만들고, 이 조각을 이용하여 여러 가지 아름다운 무늬를 만들어 보세요.

3) 원

성취기준

[4수03-06] 원의 중심, 반지름, 지름을 이해하고, 그 성질을 안다.
[4수03-07] 컴퍼스를 이용하여 여러 가지 크기의 원을 그릴 수 있다.

(가) 성취기준 해설

- [4수03-07] 컴퍼스를 사용하여 다양한 크기의 원을 그리는 방법을 원의 성질과 연결하여 이해하게 한다.

(나) 성취기준 적용 시 고려 사항

- 평면도형의 이동, 원 그리기 등을 이용하여 여러 가지 모양이나 무늬 만들기 활동을 통해 수학의 아름다움을 느끼게 할 수 있다.

원의 지도에서는 실생활의 물건이나 현상 중에서 원 모양을 찾아보게 한다. 이때, 원의 예가 되는 모양과 예가 되지 않는 모양을 다양하게 다루어 볼 수 있다. 그리고, 이런 모양의 공통된 특징으로 중심이 있다는 것과 중심에서 원 위의 점까지의 거리는 모두 같다는 사실을 알아보게 하여, 이것이 각각 원의 중심, 원의 반지름임을 알게 하며, 지름과 반지름의 관계도 알게 한다. 원을 자르는 가장 긴 선분이 원의 지름임을 알고, 원의 중심을 지나는 선분인 지름과 반지름의 관계도 알게 한다.

◎ **교육과정 성취기준**
[4수03-06] 원의 중심, 반지름, 지름을 이해하고, 그 성질을 안다.

원 위의 두 점을 이은 선분 중에서 가장 긴 선분은 무엇인지 찾아봅시다.

- ㉠~㉦의 선분 중 가장 긴 선분을 찾아보세요.
- 길이가 가장 긴 선분의 특징을 말해 보세요.

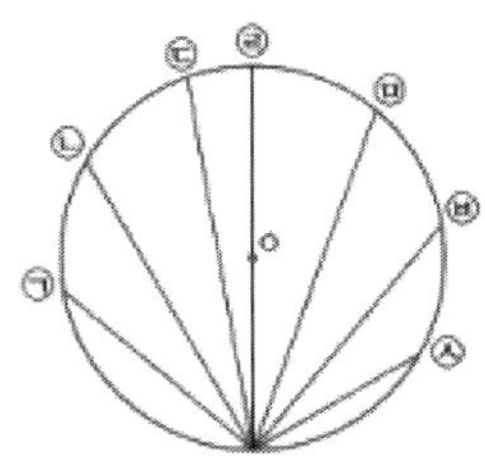

그림 9.11 원의 지름(박만구 외, 2022b, p. 64)

컴퍼스 사용 방법을 익히고, 컴퍼스를 사용하여 원을 이용한 여러 가지 모양을 그려 보게 함으로써 원에 대한 이해를 깊게 할 뿐만 아니라, 아름다운 무늬를 통해 수학의 심미적인 측면도 경험하게 한다.

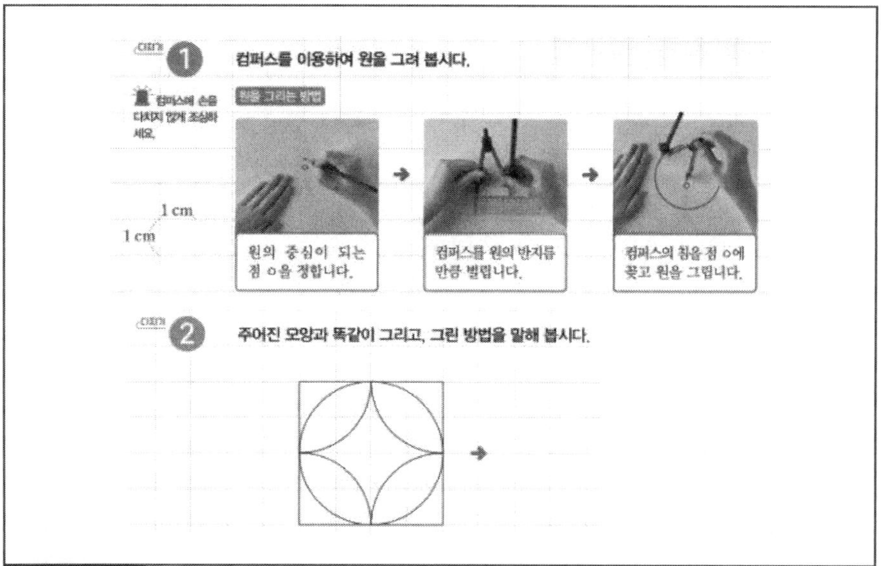

그림 9.12 컴퍼스를 이용하여 원 그리기(박만구 외, 2022b, p. 66, p. 69)

탐구 과제: 컴퍼스로 아름다운 무늬 꾸미기

컴퍼스를 이용하여 여러 가지 아름다운 무늬를 꾸며보고, 각 무늬를 설명해 보세요.

4) 삼각형

성취기준

[4수03-08] 여러 가지 모양의 삼각형에 대한 분류 활동을 통하여 이등변삼각형, 정삼각형을 이해하고, 그 성질을 탐구하고 설명할 수 있다.

[4수03-09] 여러 가지 모양의 삼각형에 대한 분류 활동을 통하여 직각삼각형, 예각삼각형, 둔각삼각형을 이해한다.

(가) 성취기준 해설: 없음

(나) 성취기준 적용 시 고려 사항

• 삼각형의 성질을 탐구하는 활동에서 구체적인 관찰, 실험, 측정 등 귀납적 추론을 통해 성질을 이해하게 한다.

삼각형은 주변의 물건, 자연, 건축물에 포함된 평면도형의 모양을 관찰하거나, 구체물을 본뜨는 활동을 통해 삼각형 모양을 찾게 하고, 삼각형 모양을 추상화하여 이해하게 한다. 이때, 삼각형의 예가 되는 모양과 예가 되지 않는 모양을 다양하게 다루어 볼 수 있다. 삼각형의 구성 요소로 꼭짓점과 변을 알게 한다. 이때, 삼각형에서 꼭짓점과 변에 해당하는 점과 선분의 개수를 세는 활동을 통하여 공통점과 차이점을 발견하게 한다.

삼각형의 세 각의 크기의 합을 알기 위하여 여러 가지 실험을 통하여 삼각형의 세 각의 크기의 합이 180°임을 추론하도록 한다. 초등수학에서 삼각형의 세 각의 크기의 합은 다음과 같은 방법으로 확인할 수 있다.

- 본을 떠서 합동인 삼각형을 만들어 세 꼭짓점을 한 점에 모은다.
- 삼각형을 세 조각으로 분할하여 세 꼭지각을 한 점에 모은다.
- 각도기를 이용하여 각을 측정한다.
- 삼각형을 접어서 한 점으로 모은다.
- 탐구형 소프트웨어를 이용하여 측정한다.

◎ 교육과정 성취기준

[4수03-25] 여러 가지 방법으로 삼각형과 사각형의 내각의 크기의 합을 추론하고, 자신의 추론 과정을 설명할 수 있다.

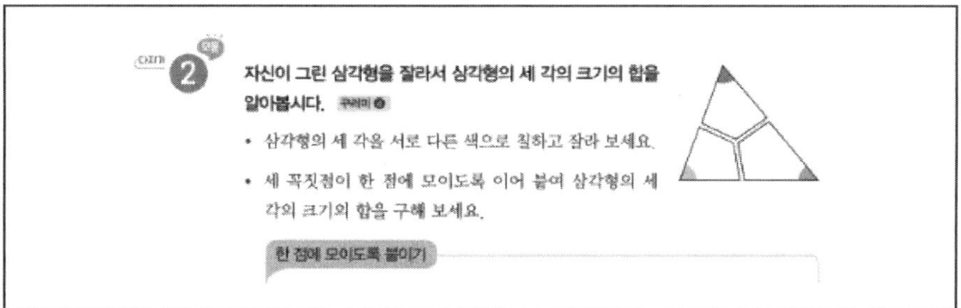
2

자신이 그린 삼각형을 잘라서 삼각형의 세 각의 크기의 합을 알아봅시다.

- 삼각형의 세 각을 서로 다른 색으로 칠하고 잘라 보세요.
- 세 꼭짓점이 한 점에 모이도록 이어 붙여 삼각형의 세 각의 크기의 합을 구해 보세요.

한 점에 모이도록 붙이기

그림 9.13 삼각형의 세 각의 크기의 합(박만구 외, 2022c, p. 49)

탐구 과제: 삼각형의 내각의 크기 합 구하기

색종이로 삼각형 모양을 자르고, 이 삼각형을 이용하여 삼각형의 세 각의 크기의 합을 구하는 활동을 해 보세요.

한편, 삼각형은 변이나 각에 의해 다음과 같이 분류된다. 삼각형을 변의 길이에 따라 세 변 중 두 변의 길이가 같은 삼각형이 이등변삼각형, 세 변의 길이가 모두 같은 삼각형이 정삼각형임을 알게 한다.

① 정삼각형: 3개의 변이 합동이다.

② 이등변삼각형: 적어도 2개의 변이 합동이다.

③ 부등변삼각형: 합동인 변이 없다.

여러 가지 삼각형 중에 직각을 가진 삼각형을 모아 그 공통된 특징을 알아보게 함으로써 직각삼각형을 이해하게 하고, 실생활에서 직각삼각형을 찾아보게 한다. 또, 예각과 둔각의 이해를 바탕으로 예각삼각형과 둔각삼각형으로 분류하게 한다. 각 분류된 삼각형의 특징과 성질을 탐구하여 발견하도록 지도한다.

① 직각삼각형: 한 각이 90°이다.
② 예각삼각형: 모든 각이 90° 보다 작다.
③ 둔각삼각형: 한 각이 90° 보다 크다.

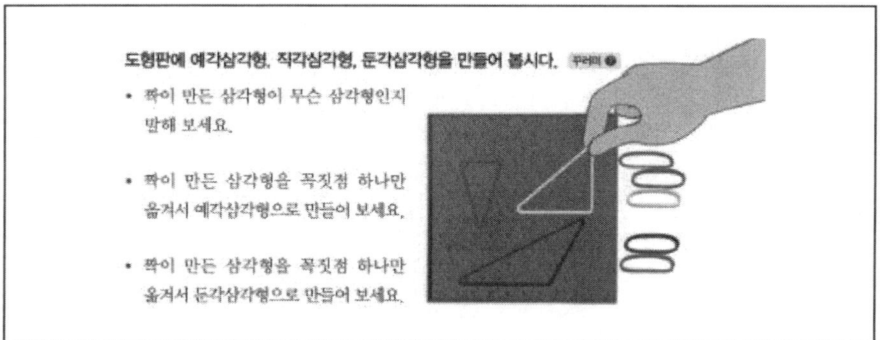

그림 9.14 예각삼각형과 둔각삼각형 만들기 (박만구 외, 2022d, p. 41)

교육과정 성취기준
[4수03-09] 여러 가지 모양의 삼각형에 대한 분류 활동을 통하여 직각삼각형, 예각삼각형, 둔각삼각형을 이해한다.

5) 사각형과 다각형

성취기준

[4수03-10] 여러 가지 모양의 사각형에 대한 분류 활동을 통하여 직사각형, 정사각형, 사다리꼴, 평행사변형, 마름모를 이해하고, 그 성질을 탐구하고 설명할 수 있다.
[4수03-11] 다각형과 정다각형을 이해한다.
[4수03-12] 주어진 도형을 이용하여 여러 가지 모양을 만들거나 채우고 설명할 수 있다.

(가) 성취기준 해설

• [4수03-11] 도형판, 모양 조각 등의 교구를 이용한 구체적인 조작 활동을 통해 다각형과 정다각형을 이해하게 한다.
• [4수03-12] 다양한 교구와 공학 도구 등을 이용한 구체적인 활동을 통해

주어진 도형으로 여러 가지 모양을 다양하게 만들거나 채울 수 있다.

(나) 성취기준 적용 시 고려 사항

- 여러 가지 사각형의 성질은 구체적인 조작 활동을 통하여 간단한 것만 다루고, 여러 가지 사각형 사이의 관계는 다루지 않는다.
- '도형과 측정' 영역의 문제 상황에 적합한 문제해결 전략을 지도하고, 문제해결 과정을 설명하게 하여 문제해결 역량을 기르게 한다.
- '도형과 측정' 영역에서 문제해결 과정을 설명할 때 다른 친구의 의견을 존중하고 경청하는 태도로 참여하게 한다.

사각형도 삼각형의 도입과 같이 평면도형의 모양을 직관적으로 관찰하거나, 구체물을 본뜨는 활동을 통해 사각형의 모양을 찾게 하고, 사각형의 모양을 추상화하여 이해하게 한다. 이때, 사각형의 예가 되는 모양과 예가 되지 않는 모양을 다양하게 다루어 볼 수 있다.

교육과정 성취기준

[4수03-10] 여러 가지 모양의 사각형에 대한 분류 활동을 통하여 직사각형, 정사각형, 사다리꼴, 평행사변형, 마름모를 이해하고, 그 성질을 탐구하고 설명할 수 있다.

그림 9.15 사각형의 구성 요소 탐구(교육부, 2024c, p. 41)

사각형의 구성 요소로 꼭짓점과 변을 알게 하고, 평면도형에서 이를 찾게 하며, 점에 기호를 붙여 꼭짓점과 변을 나타내고 읽을 줄 알게 한다. 여러 가지 실험을 통하여 사각형의 네 각의 크기의 합이 360°임을 확인한다. 초등 수학에서 사각형의 네 각의 크기의 합은 다음과 같은 방법으로 확인할 수 있다.

- 본을 떠서 합동인 사각형을 만들어 네 꼭짓점을 한 점에 모은다.
- 사각형을 네 조각으로 분할하여 네 꼭지각을 한 점에 모은다.
- 각도기를 이용하여 각을 측정한다.
- 삼각형 2개로 나누어 삼각형의 세 각의 크기의 합을 구한다.
- 탐구형 소프트웨어를 용하여 측정한다.

사각형에는 특별한 이름이 많이 있는데, 사다리꼴, 평행사변형, 마름모, 직사각형, 정사각형이 그것이다. 여러 사각형 중에 모든 각이 직각인 사각형들을 모아 그 공통된 특징을 알아보게 하며, 변의 합동 관계에 따라 직사각형과 정사각형으로 구분할 수 있게 한다. 여러 가지 사각형의 공통된 성질을 인식하여 사다리꼴, 평행사변형, 마름모, 직사각형, 정사각형의 개념을 알게 한다. 이 분류는 서로소가 아니다. 한 도형이 여러 개의 범주 안에 들어 있을 수 있다. 이를테면, 직사각형은 평행사변형이기도 하다. 이런 유형의 분류 과정은 삼각형의 경우처럼 전체를 서로소인 유형으로 나누는 것보다 어렵다. 이는 단지 도형의 예를 인식하는 수준을 넘어, 도형을 정의하는 성질에 대한 이해를 필요로 한다.

한편, 다각형의 정의를 알고, 다각형 중 변의 길이가 모두 같은 다각형이 정다각형임을 이해하며, 삼각형이나 사각형도 다각형의 한 종류임을 이해하게 한다. 다각형에서 이웃하지 않은 두 꼭짓점을 이은 선분을 대각선이라 함을 알게 하고, 다각형의 대각선의 수를 알아보게 한다.

◎ 다각형에서 이웃하지 않은 두 꼭짓점을 이은 선분을 대각선이라고 한다.

◎ **교육과정 성취기준**
[4수03-11] 다각형과 정다각형을 이해한다.

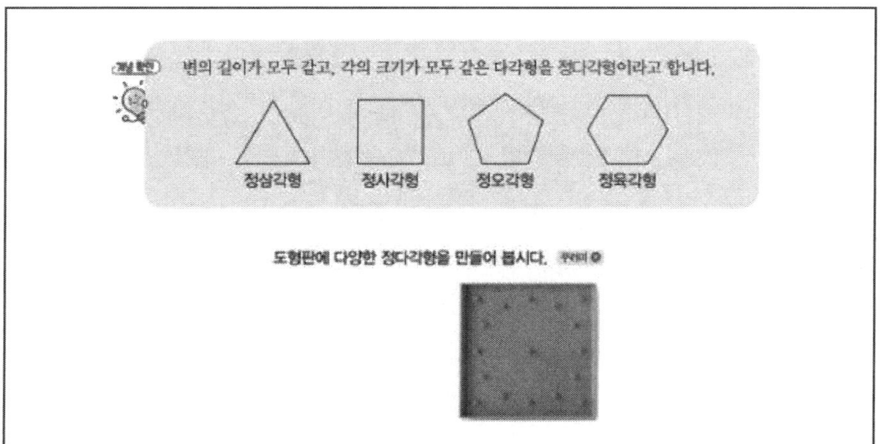

그림 9.16 정다각형(박만구 외, 2022d, p. 125)

탐구 과제: 다각형의 내각과 외각의 크기

평면에서 다각형의 내각과 외각의 크기의 합을 구하는 방법을 탐구해 보세요. 그리고 다면체에서 외각의 크기를 구하는 방법을 탐구해 보세요. 다면체의 외각의 크기에 대하여 발견한 사실을 써 보세요.

(3) 입체도형의 지도 1(1~2학년군)

성취기준

[2수03-01] 교실 및 생활 주변에서 여러 가지 물건을 관찰하여 직육면체, 원기둥, 구의 모양을 찾고, 이를 이용하여 여러 가지 모양을 만들 수 있다.

(가) 성취기준 해설: 없음

(나) 성취기준 적용 시 고려 사항

- 입체도형과 평면도형의 모양을 다룰 때 모양의 특징을 직관적으로 파악하여 모양을 분류하고, 분류한 모양을 지칭하기 위해 일상용어를 사용하게 할 수 있다.
- 입체도형과 평면도형의 모양을 이용한 모양 만들기의 주제는 학생들에게 친근한 소재인 동물, 탈 것, 건물 등으로 다양하게 제시하여 수학에 대한 흥미와 관심을 갖게 한다.
- '도형과 측정' 영역의 문제 상황에 적합한 문제해결 전략을 지도하여 문제해결 역량을 기르게 한다.

입체도형은 생활 주변의 사물을 관찰하는 것을 통해 직관적으로 모양을 인식하고, 그 특징을 파악하게 한다. 이를 위해서 아이들이 생활 주변에서 쉽게 접하는 입체도형을 통해 직육면체, 원기둥, 구의 모양을 찾고, 그것들을 이용하여 여러 가지 모양을 도입하는 것이 적절하다. 이때, 분류된 모양에 일상 언어를 사용하도록 한다. 그리고 예가 되는 모양과 예가 되지 않는 모양을 다양하게 다루어 볼 수 있다.

여러 가지 모양의 성질을 발견하기 위하여 직육면체, 원기둥, 구의 모양의 구체물을 만져보고, 굴려보는 활동을 할 수 있다. 또한, 직육면체, 원기둥, 구의 모양의 구체물을 이용하여 아이들이 여러 가지 사물을 창의적으로 만들거나, 같은 모양을 찾아 보는 활동을 하는 것도 바람직하다.

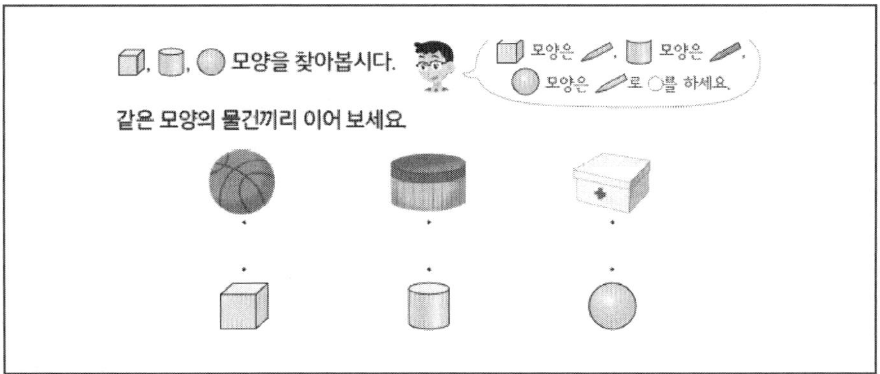

그림 9.17 여러 가지 모양 찾기(교육부, 2024a, p. 42)

교육과정 성취기준

[2수03-01] 교실 및 생활 주변에서 여러 가지 물건을 관찰하여 직육면체, 원기둥, 구의 모양을 찾고, 이를 이용하여 여러 가지 모양을 만들 수 있다.

(4) 입체도형의 지도 2(5~6학년군)

성취기준

[6수03-03] 직육면체와 정육면체를 이해하고, 구성 요소와 성질을 탐구하고 설명할 수 있다.
[6수03-04] 직육면체와 정육면체의 겨냥도와 전개도를 그릴 수 있다.
[6수03-05] 각기둥과 각뿔을 이해하고, 구성 요소와 성질을 탐구하고 설명할 수 있다.
[6수03-06] 각기둥의 전개도를 그릴 수 있다.
[6수03-07] 원기둥, 원뿔, 구를 이해하고, 구성 요소와 성질을 탐구하고 설명할 수 있다.
[6수03-08] 원기둥의 전개도를 그릴 수 있다.

(가) 성취기준 해설: 없음

(나) 성취기준 적용 시 고려 사항

- '도형과 측정' 영역에서는 용어와 기호로 '합동, 대칭, 대응점, 대응변, 대응각, 선대칭도형, 점대칭도형, 대칭축, 대칭의 중심, 직육면체, 정육면체, 면, 모서리, 밑면, 옆면, 겨냥도, 전개도, 각기둥, 각뿔, 원기둥, 원뿔, 구, 모선, 가로, 세로, 밑변, 높이, 원주, 원주율, cm^2, m^2, km^2, cm^3, m^3'를 다룬다.
- 입체도형의 전개도에 대한 평가는 전개도가 될 수 있는 것과 될 수 없는 것을 구별하는 데 중점을 둔다.
- 각기둥의 전개도는 간단한 형태만 다루고, 각뿔과 원뿔의 전개도는 다루지 않는다.

- 한 직선을 중심으로 직사각형, 직각삼각형, 반원을 돌리는 활동을 통하여 원기둥, 원뿔, 구를 만들어 보게 한다.
- 실생활에서 접할 수 있는 여러 가지 물건, 건축물 등에서 직육면체, 정육면체, 각기둥, 각뿔, 원기둥, 원뿔, 구를 찾고 수학에 대한 흥미와 관심을 갖게 한다.
- 입체도형의 구성 요소와 성질, 전개도, 쌓기나무로 만든 입체도형을 탐구할 때는 여러 가지 모형과 공학 도구를 이용하게 할 수 있다.
- '도형과 측정' 영역의 문제 상황에서 문제해결 전략 비교하기, 주어진 문제에서 필요 없는 정보나 부족한 정보 찾기, 조건을 바꾸어 문제 만들기, 문제해결 과정의 타당성 검토하기 등을 통하여 문제해결 역량을 기르게 한다.
- '도형과 측정' 영역에서 자신의 문제해결 과정을 논리적으로 설명하고 다른 친구의 문제해결 과정과 비교함으로써 비판적으로 사고하는 태도를 기르게 한다.

1) 직육면체와 정육면체

◎ 직사각형 6개로 둘러싸인 도형을 직육면체라고 한다.

구체물이나 교구를 활용하여 직육면체와 정육면체의 정의를 알게 하고, 그 구성 요소인 꼭짓점, 면, 모서리가 무엇인지 알게 한다. 즉, 직사각형 6개로 둘러싸인 도형을 직육면체라고 한다. 직육면체에서 선분으로 둘러싸인 부분을 면이라 하고, 면과 면이 만나는 선분을 모서리라고 하며, 모서리와 모서리가 만나는 점을 꼭짓점이라고 한다.

직육면체와 정육면체에서 꼭짓점, 모서리, 면의 수를 알아보고, 직육면체와 정육면체의 관계를 알게 한다. 또한, 직육면체와 정육면체 면의 평행과 수직에 대해서 알아보고, 평행인 면과 수직인 면을 찾아보게 한다.

◎ 교육과정 성취기준

[6수03-03] 직육면체와 정육면체를 이해하고, 구성 요소와 성질을 탐구하고 설명할 수 있다.

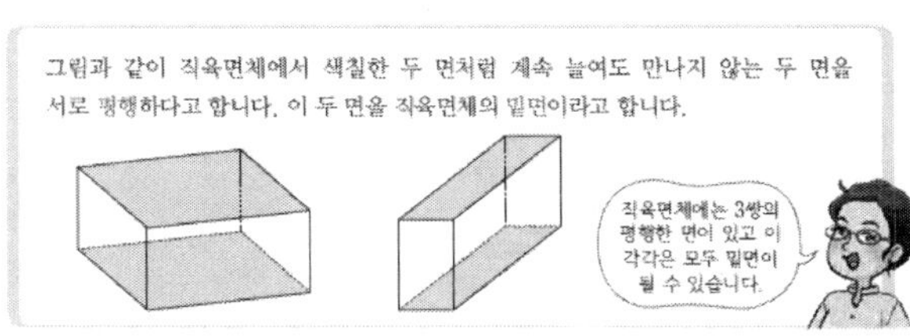

그림 9.18 직육면체에서 평행과 밑면(교육부, 2018f, p. 104)

직육면체와 정육면체의 겨냥도를 이해하고, 겨냥도를 그리는 방법을 알고 그리게 한다. 겨냥도는 입체도형을 일정한 방향으로 본 것을 간단하게 그린 그림으로, 원래의 모양을 잘 알 수 있도록 나타내기 위해 그린 것을 의미한다. 겨냥도를 그릴 때에는 다음에 유의하도록 한다.

- 평행한 모서리는 평행하게 그린다.
- 보이는 모서리는 실선으로, 보이지 않는 모서리는 점선으로 그린다.
- 각의 크기와 모서리의 길이는 고려하지 않는다.
- 잘 알아볼 수 있는 위치에서 그린다.

◎ 교육과정 성취기준
[6수03-04] 직육면체와 정육면체의 겨냥도와 전개도를 그릴 수 있다.

여러 가지 직육면체의 겨냥도를 그린 것입니다. 빠진 부분을 그려 넣어 겨냥도를 완성해 봅시다.

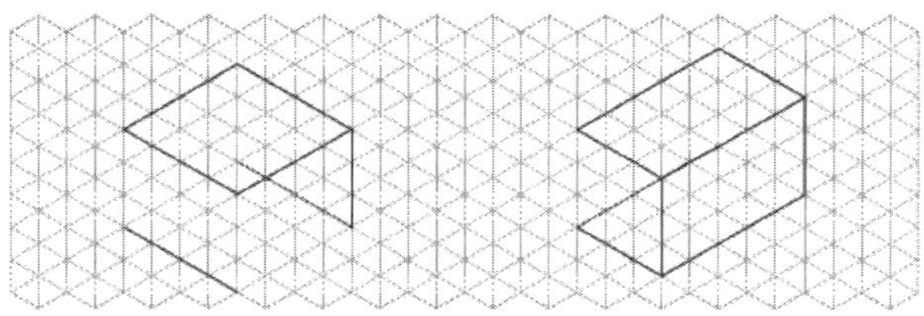

그림 9.19 겨냥도 그리기(교육부, 2018f, p. 107)

직육면체와 정육면체의 전개도를 이해하고, 전개도를 그리는 방법을 알고 그리게 하며, 전개도에서 평행인 면과 수직인 면을 찾게 한다. 정육면체의 전개도의 지도에서는 교구를 활용하여 전개도를 접어보는 경험을 충분히 제공하여 정육면체와 관련된 공간 감각을 형성하도록 해야 한다. 정육면체 전개도는 11가지가 있지만 이를 강조하지 않고, 주어진 그림이 정육면체의 전개도가 되는지 아닌지에 중점을 두도록 한다.

정육면체의 전개도를 기본으로 직육면체의 전개도를 생각하면 직육면체의 가로, 세로, 높이에 따라 6가지의 다른 직사각형 모양의 면을 가질 수 있으며, 각각의 정육면체의 전개도마다 6가지의 서로 다른 직육면체의 전개도가 있으므로 직육면체의 전개도는 모두 66가지가 있는 것처럼 보인다. 그렇지만, 이 중에서 점대칭도형 형태를 제외하면 54가지가 존재한다(김진호 외, 2024).

교육과정 성취기준
[6수03-04] 직육면체와 정육면체의 겨냥도와 전개도를 그릴 수 있다.

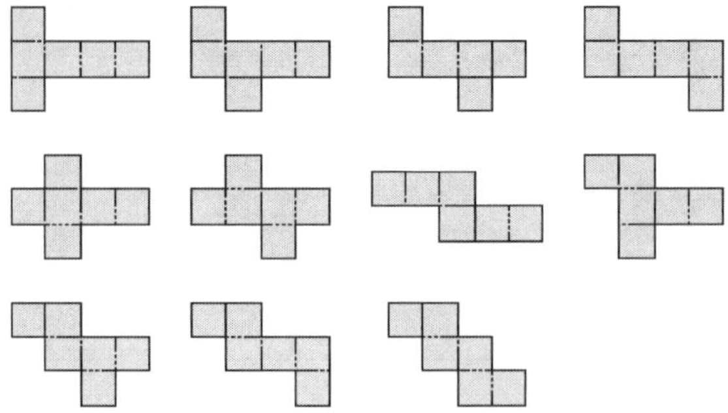

그림 9.20 정육면체 전개도

2) 각기둥

각기둥은 합동인 2개의 다각형 면이 평행인 평면 안에 있고, 다른 면들은 평행사변형들로 경계가 된 다면체이다.

각기둥(prism)은 합동인 2개의 다각형 면이 평행인 평면 안에 있고, 다른 면들은 평행사변형들로 경계가 된 다면체이다. 각기둥을 다르게 설명하면, 한 직선에 평행한 3개 이상의 평면과 그 직선과 만나는 2개의 합동이고 평행한 다각형으로 둘러싸인 다면체이다. 여기서 직선에 평행한 평면을 옆면(lateral plane), 합동이고 평행한 2개의 다각형을 밑면, 두 면이 만나는 교선을 모서리(edge), 모서리와 모서리가 만나는 점을 꼭짓점(vertex)이라고 한다.

또, 두 밑면 사이의 거리를 각기둥의 높이(height)라고 한다. 각기둥의 밑면은 합동이고, 옆면은 모두 평행사변형이다. 밑면과 모서리가 서로 수직인 각기둥을 직각기둥(right prism), 밑면과 모서리가 서로 수직이 아닌 각기둥을 빗각기둥(oblique prism)이라고 한다. 밑면이 n각형인 각기둥을 n각기둥이라고 부른다. 특히, 밑면이 정n각형인 직각기둥을 정n각기둥이라고 한다(교육부, 2015).

각뿔은 평면 위의 다각형 판과 평면 밖의 정점을 연결한 직선들로 이루어진 도형을 의미한다.

각뿔은 평면 위의 다각형 판과 평면 밖의 정점을 연결한 직선들로 이루어진 도형을 의미한다. 각뿔을 다르게 설명하면, 평면 위의 다각형과 이 평면 위에 있지 않은 한 정점을 공통의 꼭짓점으로 하는 삼각형으로 둘러싸인 다면체이다. 여기서 처음의 다각형을 각뿔의 밑면, 평면 위에 있지 않은 한 정점을 각뿔의 꼭짓점, 밑면의 다각형의 한 변을 밑변으로 하고 각뿔의 꼭짓점을 꼭짓점으로 하는 삼각형을 각뿔의 옆면, 두 면이 만나는 선분을 모서리, 각뿔의 꼭짓점과 밑면과의 거리를 각뿔의 높이라고 한다. 또 밑면이 n각형인 각뿔을 n각뿔이라고 한다. 각뿔의 축과 밑면이 수직이면 직각뿔(right pyramid)이라고 하고,

직각뿔의 밑면이 정다각형인 경우 정각뿔(regular pyramid)이라고 한다. 특히, 각뿔의 꼭짓점과 정n각형의 무게중심을 연결한 직선(축)이 밑면에 수직인 각뿔을 정n각뿔이라고 한다. 각뿔의 모든 옆면이 이등변삼각형인 것은 아니다. 그러나 다음의 경우는 이등변삼각형이 된다.

① 정각뿔의 모든 옆면은 이등변삼각형이다.
② 밑면이 직사각형인 직각뿔의 경우는 4개의 옆면이 모두 이등변삼각형이다.
③ 각뿔의 밑면을 이루는 다각형의 외접원이 존재할 때, 각뿔의 꼭짓점에서 밑면에 내린 수선의 발이 밑면인 다각형의 외심에 닿으면 이 각뿔의 모든 옆면은 이등변삼각형이다

일반적으로 각뿔을 그 밑면에 평행한 평면으로 자른 단면은 밑면과 닮은 다각형이고, 이들 두 다각형은 각뿔의 꼭짓점을 닮음의 중심으로 하고 닮음의 위치에 놓여 있으며, 그 닮음비는 각뿔의 꼭짓점에서 자른 단면에 이르는 거리와 밑면에 이르는 거리의 비와 같다(교육부, 2015).

각기둥과 각뿔을 지도하기 위해 실생활의 다양한 물건을 관찰하여 각기둥과 각뿔을 직관적으로 인식하고, 각각 그 공통 성질을 알아내어 각기둥과 각뿔의 의미를 이해하게 하고, 구성 요소를 알게 한다. 평행인 면과 수직인 면을 찾아보는 것을 통해 각기둥에 대한 이해를 깊게 하며, 꼭짓점, 모서리, 밑면의 모양 등의 특징을 알아보는 것을 통해 각뿔의 성질을 알게 한다.

각기둥의 모서리를 잘라 펼쳐보는 활동을 통해 각기둥의 전개도를 이해하고, 그릴 수 있게 한다. 전개도에서 평행인 면, 수직인 면, 맞닿은 변을 찾고,

◎ 교육과정 성취기준
[6수03-06] 각기둥의 전개도를 그릴 수 있다.

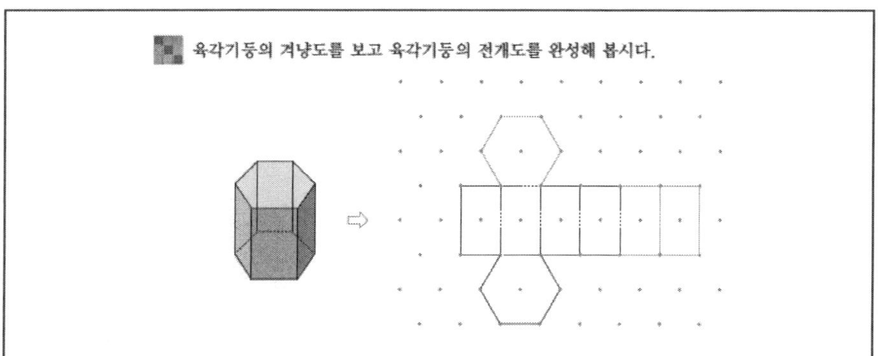

그림 9.21 각기둥의 겨냥도와 전개도(교육부, 2018g, p. 37)

◎ 각기둥에 대한 전개도는 간단한 경우만 다루고, 각뿔의 전개도는 다루지 않는다.

전개도를 접어서 각기둥을 만들어 보는 활동을 통해 각기둥에 대한 이해를 깊게 한다. 이때, 각기둥에 대한 전개도는 간단한 경우만 다루고, 각뿔의 전개도는 다루지 않는다.

한편, 다면체(polyhedron)는 다각형 영역에 의하여 만들어지는 단순 폐곡면이다. poly는 '많은'의 의미이며, hedron은 '평평한 표면'의 의미이므로, 이름으로 다면체의 의미를 쉽게 알 수 있을 것이다. 다면체에서 각각의 다각형 영역을 면(face)이라고 한다. 다각형의 꼭짓점들은 다면체의 꼭짓점(vertex)이라 하고, 각 다각형 영역의 변을 다면체의 모서리(edge)라고 한다.

탐구 과제: 정사면체 자르기

정사면체 ABCD에서 점 L, M, N은 각각 선분 AB, AC, AD의 중점이다. 평면 LMN으로 정사면체를 자른 다음 사면체 ALMN을 떼었다. 이와 같은 방법으로 다른 꼭짓점에 대해서도 잘라내면 남아있는 입체도형은 어떤 모양인지 이야기해 보세요.

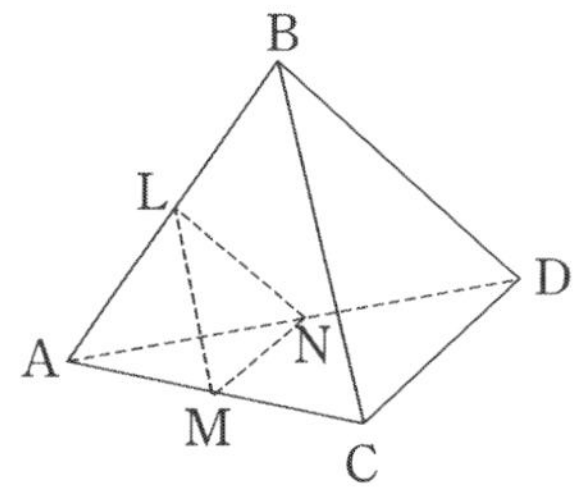

3) 원기둥, 원뿔, 구

원기둥과 원뿔을 직관적으로 인식하고, 여러 가지 입체도형에서 원기둥과 원뿔을 찾아내어 각각의 공통 성질을 알아봄으로써 원기둥과 원뿔의 의미를 이해하게 한다. 그리고, 원기둥의 밑면, 옆면, 높이와 원뿔의 꼭짓점, 옆면, 밑면, 모선, 높이 등 구성 요소를 알게 하며, 원기둥과 원뿔의 여러 가지 성질을 찾아보게 한다. 이를 구체적으로 살펴보면 다음과 같다.

◎ 원기둥은 한 공간에서 평행인 두 평면의 반지름이 같은 두 원과 직선에 대하여, 직선에 평행하고 두 원의 둘레와 만나는 선분이 그리는 면과 이들 두 원으로 둘러싸인 입체도형을 의미한다.

원기둥(circular cylinder)은 한 공간에서 평행인 두 평면의 반지름이 같은 두 원과 직선에 대하여, 직선에 평행하고 두 원의 둘레와 만나는 선분이 그리는 면과 이들 두 원으로 둘러싸인 입체도형을 의미한다. 이때, 두 원을 원기둥의 '밑면', 원기둥의 두 밑면 사이의 거리를 원기둥의 '높이', 밑면의 둘레와 만나는 선분을 원기둥의 '모선', 모선이 그리는 면을 원기둥의 '옆면'이라고 한다. 특히, 원기둥 중에서 모선과 밑면이 수직이면 '직원기둥', 수직이 아니면 '빗원기둥'이라고 한다. 현행 초등학교 교육과정에서는 빗원기둥은 다루지 않고 암묵적으로 직원기둥만을 다루고 있다.

원기둥 모형을 잘라 펼쳐보는 활동을 통해 원기둥의 전개도를 이해하고, 원기둥의 전개도를 찾을 수 있게 한다. 또한, 주어진 원기둥의 전개도 중에서 원기둥을 만들 수 없는 전개도를 찾고, 왜 만들 수 없는지 설명하게 한다. 이때 원기둥의 전개도를 정확하게 그리는 활동은 하지 않는다.

원뿔(circular cone)은 한 공간에서 원과 이 원을 포함하는 평면 밖에 한 점에 대하여 원 위의 각 점과 평면 밖에 한 점을 이은 선분 전체와 이 원의 영역으로 이루어지는 입체도형을 의미한다. 이때, 평면 밖에 한 점을 '원뿔의 꼭짓점', 원을 원뿔의 '밑면', 꼭짓점과 평면과의 거리를 원뿔의 '높이', 꼭짓점과 밑면인 원의 둘레 위의 임의의 점을 잇는 선분을 원뿔의 '모선', 모선이 움직여서 그린 곡면을 원뿔의 '옆면'이라고 한다. 또, 원뿔의 높이가 원의 중심을 지나는 원뿔을 '직원뿔', 지나지 않는 원뿔을 '빗원뿔'이라고 한다. 현행 초등학교 교육과정에서는 빗원뿔은 다루지 않고, 암묵적으로 직원뿔만을 다루고 있다.

◎ 원뿔은 한 공간에서 원과 이 원을 포함하는 평면 밖에 한 점에 대하여 원 위의 각 점과 평면 밖에 한 점을 이은 선분 전체와 이 원의 영역으로 이루어지는 입체도형을 의미한다.

구(sphere)는 반원을 그 지름을 축으로 1회전시킬 때 생기는 입체도형이다. 또, 3차원 공간에서 한 정점으로부터의 거리가 일정한 점들의 모임을 구면(spherical surface)이라고 하고, 이 구면을 경계로 하는 입체도형을 구라고 정의할 수도 있다. 이때, 정점 또는 반원의 지름의 중심을 구의 중심이라고 하고, 중심에서 구면 위의 한 점을 잇는 선분을 구의 반지름이라고 한다. 구면 위의 두 점을 잇는 선분 중에서 중심을 지나는 선분을 구의 지름이라고 한다.

◎ 구는 반원을 그 지름을 축으로 1회전시킬 때 생기는 입체도형이다.

원기둥, 원뿔, 구와 같이 회전축을 중심으로 평면도형을 회전시켰을 때 생기는 입체를 회전체라 정의하며, 회전체와 회전시킨 기본 도형을 짝지어 보게 한다. 이를 위해 직사각형, 직각삼각형, 반원을 한 직선을 중심으로 돌리는 활동을 통하여 원기둥, 원뿔, 구를 만들어 보게 한다. 회전체를 여러 가지 방향의 평면으로 잘라보고, 회전축에 수직인 평면으로 잘랐을 때와 회전축을 품은 평면으로 잘랐을 때, 여러 가지 방향으로 잘랐을 때의 단면을 비교하게 하여 회전체에 대한 이해를 깊게 한다.

◎ 교육과정 성취기준

[6수03-07] 원기둥, 원뿔, 구를 이해하고, 구성 요소와 성질을 탐구하고 설명할 수 있다.

4 반원 모양의 종이를 지름을 기준으로 돌리면 어떤 입체도형이 되는지 알아봅시다.

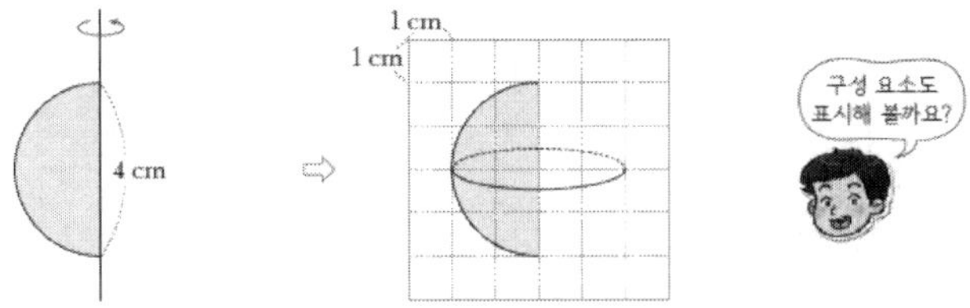

• 만들어진 입체도형은 무엇인지 말하고, 위의 모눈종이에 그려 보세요.

• 구의 반지름은 얼마인지 말해 보세요.

그림 9.22 구 만들기(교육부, 2020g, p. 37)

탐구 과제: 정사면체 자르기

다섯 가지의 정다면체의 각 면의 중심을 이어서 생기는 입체도형은 어떤 모양인지 알아보아라.

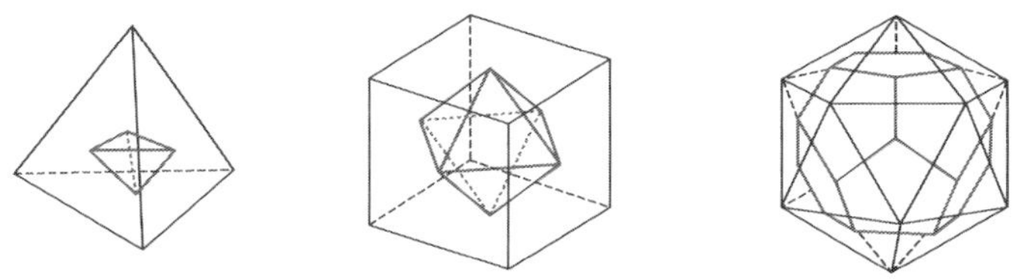

(5) 쌓기나무와 공간감각 1(1~2, 5~6학년군)

성취기준

[2수03-02] 쌓기나무를 이용하여 여러 가지 입체도형의 모양을 만들고, 그 모양에 대해 위치나 방향을 이용하여 말할 수 있다.

[6수03-09] 쌓기나무로 만든 입체도형을 보고 사용된 쌓기나무의 개수를 구할 수 있다.

[6수03-10] 쌓기나무로 만든 입체도형의 위, 앞, 옆에서 본 모양을 표현할 수 있고, 이러한 표현을 보고 입체도형의 모양을 추측할 수 있다.

(가) 성취기준 해설

• [2수03-02] 쌓기나무로 만든 입체도형의 모양에 대해서 '~의 앞', '~의 오른쪽', '~의 위', '2층' 등을 사용하여 말하게 한다.

• [6수03-10] 여러 가지 물체, 건축물, 예술품, 쌓기나무로 만든 입체도형 등의 위, 앞, 옆에서 본 모양을 이용해서 전체 모양을 추측하게 하고,

이에 대해 자신의 추론 과정을 설명하게 한다.

(나) 성취기준 적용 시 고려 사항

[5~6학년군]

- 입체도형의 구성 요소와 성질, 전개도, 쌓기나무로 만든 입체도형을 탐구할 때는 여러 가지 모형과 공학 도구를 이용하게 할 수 있다.
- 쌓기나무로 만든 입체도형의 위, 앞, 옆에서 본 모양에 대한 평가를 할 때는 간단한 모양을 이용한다.

쌓기나무를 이용하여 공간감각을 기르기 위한 학습 내용은 저학년과 고학년에 제시되어 있다. 먼저, 저학년에서는 쌓기나무로 만든 간단한 입체도형을 보고, 입체도형의 구조를 직관적으로 파악하여 똑같이 모양을 만들어 보게 한다. 이를 통해 입체도형에 대한 이해를 깊게 할 뿐만 아니라, 공간적 대상의 이미지를 구성하는 공간감각을 기르게 한다.

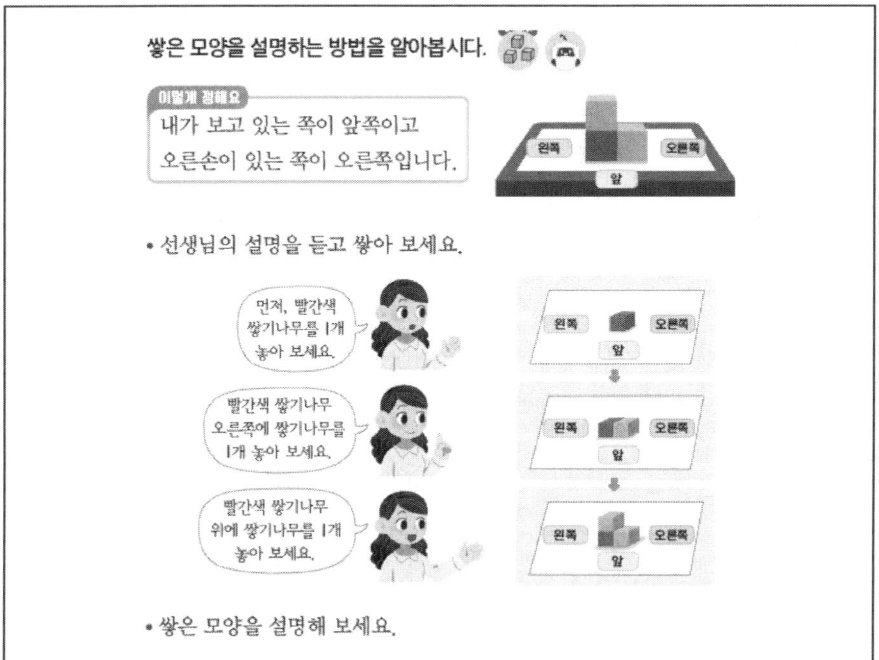

그림 9.23 쌓은 나무 설명하기(교육부, 2024c, p. 53)

◎ 교육과정 성취기준

[2수03-02] 쌓기나무를 이용하여 여러 가지 입체도형의 모양을 만들고, 그 모양에 대해 위치나 방향을 이용하여 말할 수 있다.

구체적으로, 2학년 과정에서 쌓기나무는 쌓은 모양을 보고 똑같이 쌓아보고, 쌓은 모양의 위치나 방향을 이해하도록 하고 있다. 이때, 쌓은 나무는 보는 방향에 따라 모양이 달라지기 때문에 모양을 설명하기 전에 아이들과 앞, 뒤, 오른쪽, 왼쪽을 약속해야 한다. 그리고, 왼쪽과 오른쪽은 아이들의 관점에서, 앞과 뒤는 사물을 기준으로 정하도록 한다. 또한, 여러 가지 모양으로 쌓기나무를 만들어 보고, 쌓은 모양에 대해 위치나 방향을 이용하여 설명하도록 한다.

6학년 과정에서는 쌓은 모양과 쌓기나무의 개수를 알아보도록 한다. 여기에서는 공간의 다양한 대상들을 추상화한 모델로서 쌓기나무를 활용한 것을 알도록 하기 위해 쌓기나무 구조물의 투영도와 위, 앞, 옆에서 본 모양으로 나타내도록 한다. 아이들은 쌓기나무로 만든 모양을 보면서 뒤에 숨은 경우가 있는지 알아내도록 하고, 이용된 쌓기나무의 개수를 알아내도록 한다. 3차원 공간인 쌓기나무로 쌓은 모양을 2차원 공간인 평면 위에 기록하기 위해서는 쌓은 모양이 한 가지만 표현되는 방법을 활용하도록 한다.

교육과정 성취기준
[6수03-10] 쌓기나무로 만든 입체도형의 위, 앞, 옆에서 본 모양을 표현할 수 있고, 이러한 표현을 보고 입체도형의 모양을 추측할 수 있다.

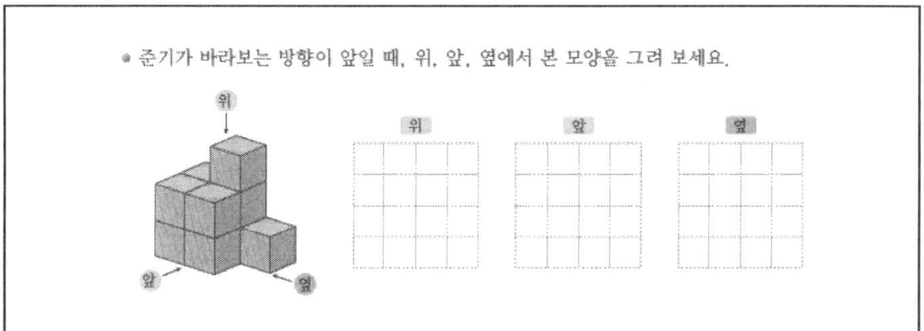

그림 9.24 쌓은 나무 개수 구하기(교육부, 2018h, p. 56)

쌓기나무 활동에서 쌓은 모양을 평면 위에 나타내고, 그 모양에서 쌓은 모양을 추측하는 방법에는 다음과 같은 것들이 있다(교육부, 2018c, pp. 201–203).

① **투영도로 나타내는 방법**: 투영도는 물체에 평행 광선을 비추어 평면 위에 나타난 상을 이용하여 그 물체의 모양을 나타내는 방법으로, 겨냥도와 달리 보이지 않는 선을 나타내지 않는다. 투영도는 쌓기나무로 쌓은 모양의

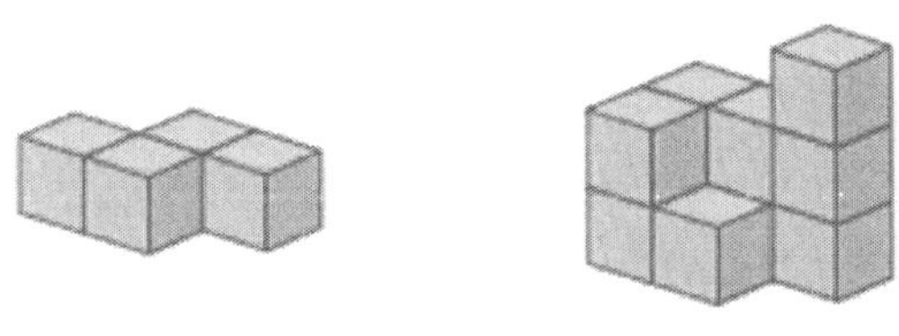

뒷부분까지 보이는 경우에는 쌓은 모양과 쌓기나무의 개수를 알 수 있지만, 쌓기나무로 쌓은 모양의 뒷부분이 보이지 않는 경우에는 뒤에 숨어 있는 쌓기나무가 있을 수 있기 때문에 쌓은 모양과 쌓기나무의 개수가 하나로 결정되지 않으며, 여러 가지가 있을 수 있다.

② **투영도와 위에서 본 모양으로 나타내는 방법:** 투영도만으로는 쌓기나무로 쌓은 모양을 알 수 없을 때 나타낼 수 있는 방법이 위에서 본 모양을 함께 제시하는 방법이다. 그러나 이 방법도 위에서 본 모양과 투영도에서 보이는 위의 면들이 일치하는 경우에는 쌓은 모양과 쌓기나무의 개수를 알 수 있지만, 오른쪽 그림과 같이 일치하지 않는 경우에는 수직 방향으로 안 보이는 부분들이 있기 때문에 쌓은 모양과 쌓기나무의 개수가 하나로 결정되지 않으며 여러 가지가 있을 수 있다.

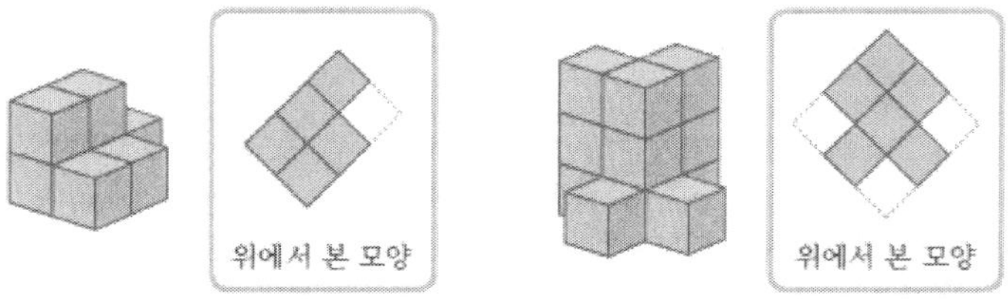

③ **위, 앞, 옆에서 본 모양으로 나타내는 방법:** 이 방법은 물체를 여러 방향에서 보면 물체의 모양을 더 정확하게 파악할 수 있고, 쌓기나무로 쌓은 모양의 경우, 위와 아래, 앞과 뒤, 오른쪽과 왼쪽의 모양은 서로 대칭이기 때문에 어느 한 쪽의 모양만 알면 다른 쪽의 모양은 같으므로, 위, 앞, 오른쪽 옆에서 본 모양으로 나타낸다. 이 방법 또한 쌓은 모양과 쌓기나무의 개수를 알 수 있지만, 오른쪽 그림과 같이 모양이 하나로 결정되지 않고 여러 가지가 있을 수 있다.

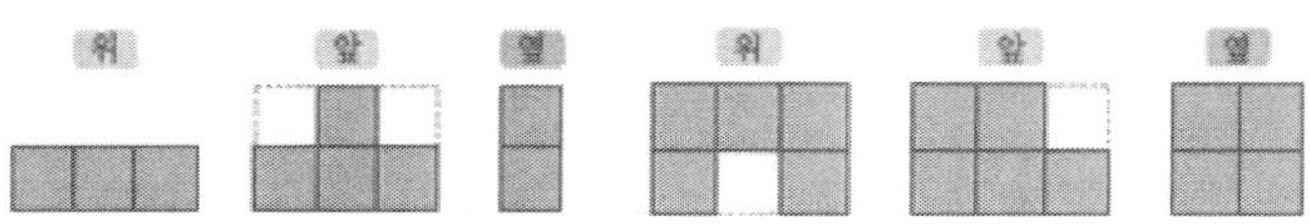

④ **위에서 본 모양에 수를 적는 방법:** 이 방법은 투영도, 투영도와 위에서 본 모양, 위, 앞, 옆에서 본 모양과는 달리 정확하게 쌓은 모양과 쌓기

나무의 개수를 알 수 있다.

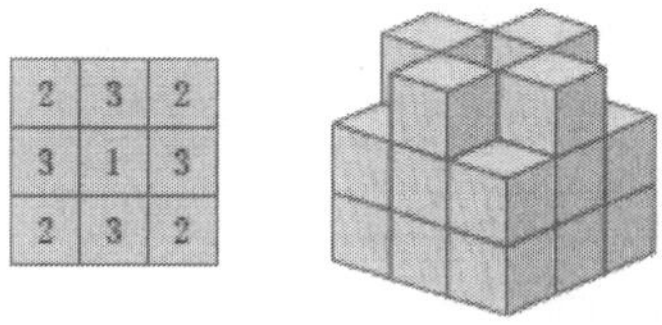

⑤ **층별로 나타내는 방법:** 이 방법은 위에서 본 모양에 수를 적는 방법과 마찬가지로 정확하게 쌓은 모양과 쌓기나무의 개수를 알 수 있다. 단, 층별로 나타낼 때 층별로 칸의 위치를 맞춰야 하므로 주의를 기울일 필요가 있다.

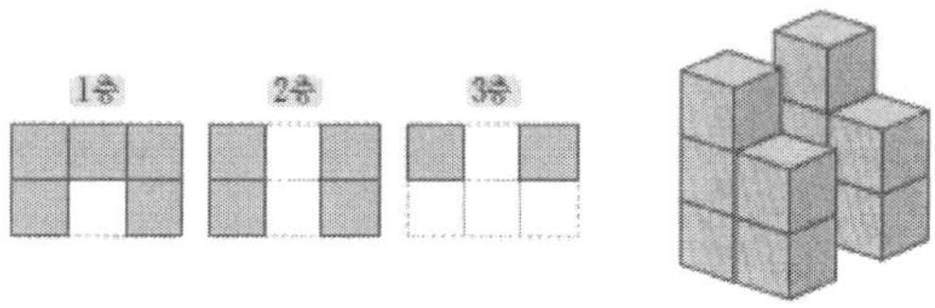

(6) 합동과 대칭

성취기준

[6수03-01] 도형의 합동을 이해하고, 합동인 도형의 성질을 탐구하고 설명할 수 있다.
[6수03-02] 실생활과 연결하여 선대칭도형과 점대칭도형을 이해하고 그릴 수 있다.

(가) 성취기준 해설

• [6수03-01] 합동인 두 도형에서 대응점, 대응변, 대응각을 각각 찾게 하고 대응변의 길이와 대응각의 크기를 비교하는 활동을 통해 합동인 도형의 성질을 탐구하고 설명하게 한다.

(나) 성취기준 적용 시 고려 사항

• '도형과 측정' 영역에서는 용어와 기호로 '합동, 대칭, 대응점, 대응변, 대응각, 선대칭도형, 점대칭도형, 대칭축, 대칭의 중심, 직육면체, 정육면체, 면, 모서리, 밑면, 옆면, 겨냥도, 전개도, 각기둥, 각뿔, 원기둥, 원뿔, 구, 모선, 가로, 세로, 밑변, 높이, 원주, 원주율, cm^2, m^2, km^2, cm^3, m^3'를 다룬다.

• 선대칭도형과 점대칭도형 그리기를 평가할 때 모눈종이, 점판, 공학 도구 등을 이용하여 쉽게 그릴 수 있게 한다.

- 무늬 찾기, 종이 겹쳐 오리기, 도장 찍기, 데칼코마니 등 구체적인 조작 활동을 통하여 도형의 합동의 의미를 알게 한다.
- 실생활이나 자연 환경 등에서 도형의 합동, 선대칭도형, 점대칭도형의 예를 찾고 수학의 아름다움을 느낄 수 있게 한다.

1) 합동

실생활에서 여러 가지 모양이나 연속적으로 배열된 무늬를 제시하고, 모양과 크기가 같아서 완전히 포개어지는 것을 찾아보게 함으로써 합동의 의미를 직관적으로 이해하게 한다. 이를 위해 무늬 찾기, 종이 겹쳐 오리기, 도장 찍기, 데칼코마니 등 구체적인 조작 활동을 통하여 도형의 합동의 의미를 알게 한다. 합동은 두 도형이 완전히 포개어지는 도형을 의미한다. 따라서 합동인 두 도형은 모양과 크기가 서로 같다.

◎ 합동은 모양과 크기가 같아서 완전히 포개어지는 도형을 의미한다.

탐구 과제: 합동인 모양 만들기

합동이 되는 모양을 만들기 위하여 합동으로 이루어진 무늬 찾기, 종이 겹쳐 오리기, 도장 찍기, 데칼코마니 등을 실행해 보세요. 이를 이용하여 합동 개념을 지도할 수 있는 방법을 이야기해 보세요.

선분이나 각도 도형이므로 선분의 합동이나 각의 합동도 생각할 수 있다. 두 선분의 길이가 같으면 그 두 선분은 합동이며, 두 각의 크기가 같으면 그 두 각은 합동이다. 즉, 선분의 경우에는 길이, 각의 경우에는 각의 크기만을 확인하면 두 도형이 합동인지 아닌지를 알 수 있다. 그러나, 다각형의 경우에는

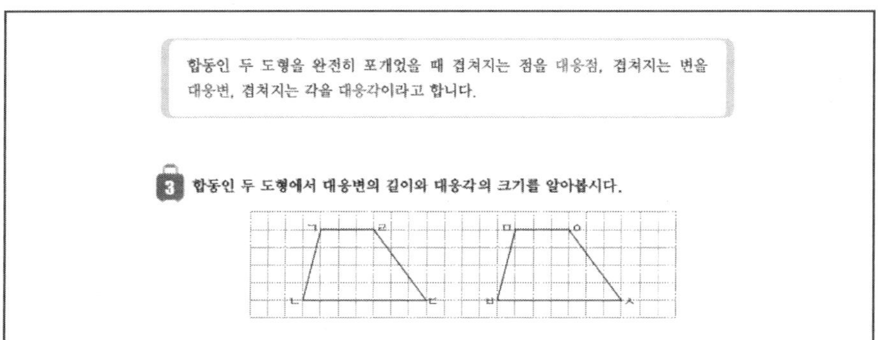

그림 9.25 합동에서 대응변과 대응각(교육부, 2020f, p. 57)

◎ **교육과정 성취기준**
[6수03-01] 도형의 합동을 이해하고, 합동인 도형의 성질을 탐구하고 설명할 수 있다.

가장 간단한 다각형인 삼각형의 경우에도 대응점, 대응변, 대응각 등 고려해야 할 요소들이 여러 가지가 있다. 따라서, 합동인 도형에서 대응점, 대응변, 대응각을 찾아보도록 한다.

합동인 도형에서는 그 성질을 찾기 위해 대응변을 찾아 각각의 대응변의 길이가 서로 같다는 것을 알도록 한다. 또, 대응각의 크기를 비교한 결과를 말해 보게 하여 각각의 대응각의 크기가 서로 같다는 것을 발견하도록 한다.

2) 대칭

실생활에서 쉽게 볼 수 있는 물건이나 무늬, 동식물, 건축물, 조형물 등을 살펴봄으로써 대칭의 의미를 직관적으로 이해하게 한다. 특히, 여러 가지 물체나 점을 거울에 비쳤을 때 나타나는 상을 관찰하는 활동은 도형의 대칭에 대한 기초 경험을 제공할 뿐만 아니라, 공간감각을 길러줄 수 있다.

◎ **도형의 내부를 지나는 한 직선을 대칭축으로 하여 접었을 때 완전히 겹쳐지는 도형을 선대칭도형이라 한다.**

도형의 내부를 지나는 한 직선을 대칭축으로 하여 접었을 때 완전히 겹쳐지는 도형을 선대칭도형이라 하고, 이 직선을 대칭축이라 한다. 이를테면, 선분, 직사각형, 정사각형, 마름모, 이등변삼각형, 정삼각형, 부채꼴 등은 모두 선대칭도형이다. 선대칭도형에서 대응점, 대응변, 대응각을 찾아보고, 대응변의 길이와 대응각의 크기가 같고, 대칭축은 대응점을 이은 선분을 수직이등분한다는 성질을 알게 한다. 선대칭도형의 성질을 이용하여 선대칭도형의 나머지 부분을 그릴 수 있게 한다.

◎ **교육과정 성취기준**

[6수03-02] 실생활과 연결하여 선대칭도형과 점대칭도형을 이해하고 그릴 수 있다.

한 직선을 따라 접어서 완전히 포개어지는 도형을 선대칭도형이라고 합니다. 이때 그 직선을 대칭축이라고 합니다.
대칭축을 따라 포개었을 때 겹쳐지는 점을 대응점, 겹쳐지는 변을 대응변, 겹쳐지는 각을 대응각이라고 합니다.

그림 9.26 선대칭도형(교육부, 2020f, p. 59)

한편, 선대칭 위치에 있는 도형[16]은 도형을 어떤 직선을 축으로 대칭이동하여 다른 도형에 완전히 겹칠 수 있을 때 두 도형은 선대칭 위치에 있다고 한다.

16) 선대칭 위치에 있는 도형과 점대칭 위치에 있는 도형은 2009 개정 수학과 교육과정에서부터 다루지 않고 있다.

따라서 선대칭 위치에 있는 도형은 상호 대칭인 도형이다.

도형을 그 내부의 한 정점을 중심으로 180° 회전이동한 도형이 원래의 도형과 완전히 겹칠 때 이 도형을 점대칭도형이라 하고, 정점을 점대칭의 중심이라 한다. 점대칭의 중심은 도형의 내부, 또는 그 경계선상에 오직 하나 존재한다. 점대칭도형으로는 선분, 정사각형, 정육각형, 직사각형, 마름모, 원, 구 등이 있다.

도형을 그 내부의 한 정점을 중심으로 180° 회전이동한 도형이 원래의 도형과 완전히 겹칠 때 이 도형을 점대칭도형이라 한다.

바람개비, 태극무늬 등 다양한 도형에서 도형의 한 점을 중심으로 회전하여 겹쳐보게 하는 등 구체적 조작 활동을 통해 점대칭도형과 대칭의 중심의 의미를 알게 한다. 점대칭도형에서 대응점, 대응변, 대응각을 찾아보고, 대칭의 중심은 대응점을 이은 선분을 이등분하고, 대응변과 대응각의 크기가 같다는 성질을 알게 한다. 점대칭도형의 성질을 이용하여 점대칭도형의 나머지 부분을 그릴 수 있게 한다.

교육과정 성취기준

[6수03-02] 실생활과 연결하여 선대칭도형과 점대칭도형을 이해하고 그릴 수 있다.

한 도형을 어떤 점을 중심으로 180° 돌렸을 때 처음 도형과 완전히 겹쳐지면 이 도형을 점대칭도형이라고 합니다. 이때 그 점을 대칭의 중심이라고 합니다.
대칭의 중심을 중심으로 180° 돌렸을 때 겹쳐지는 점을 대응점, 겹쳐지는 변을 대응변, 겹쳐지는 각을 대응각이라고 합니다.

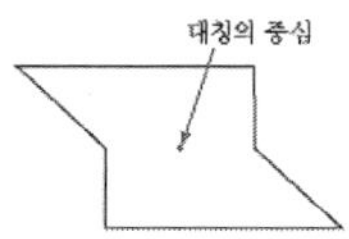

그림 9.27 대칭도형(교육부, 2020f, p. 65)

한편, 점대칭 위치에 있는 도형은 도형을 한 정점을 중심으로 180° 회전이동하여 다른 도형에 완전히 겹칠 때, 두 도형을 점대칭 위치에 있는 도형이라고 하고, 이 정점을 점대칭의 중심이라 한다. 점대칭 위치에 있는 도형의 대응하는 두 점을 잇는 선분은 점대칭의 중심에 의하여 이등분된다.

탐구 과제: 선대칭도형과 점대칭도형 찾기

우리 주변의 사물이나 그림에서 선대칭도형과 점대칭도형을 찾아보세요.

오늘의 생각 문제

1. 다음 그림에 있는 도형을 살펴보고, 도형을 예인 것과 아닌 것으로 분류할 수 있는 가능한 많은 다양한 특징을 발견해 보세요. 그러한 특징에 따라 도형을 분류하여 보세요.

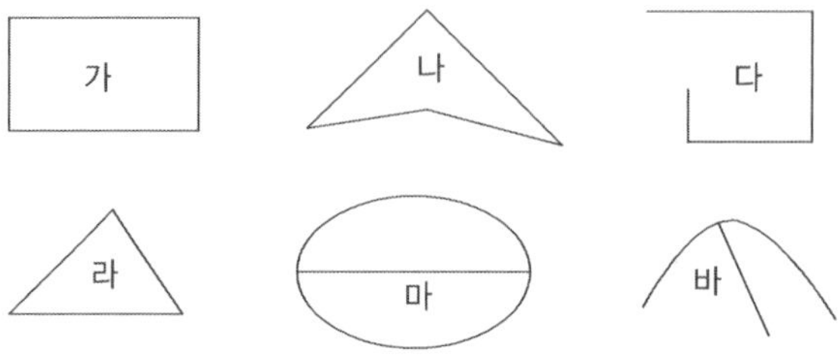

2. 2015 개정 수학과 교육과정에 따른 수업 분석을 주제로 교사협의회에서 교사들이 나눈 대화이다. 물음에 답하시오(2024학년도 초등 임용시험 문제).

교사 A: '도형의 기초'와 관련하여 성취기준을 살펴봅시다. 선은 직선, 선분, 반직선을, 각은 직각, 예각, 둔각을 구별할 수 있어야 하며, 또 직선의 위치 관계를 이해할 수 있어야 합니다.

교사 B: 학생들을 지도할 때 교실 및 생활 주변에서 직각인 곳이나 서로 만나지 않는 직선을 찾는 활동을 통하여 직선의 (㉠) 관계와 (㉡) 관계를 이해하도록 하는 것은 중요합니다.

교사 C: [그림 1]은 삼각자를 사용하여 직선의 위치 관계를 나타내는 과정입니다.

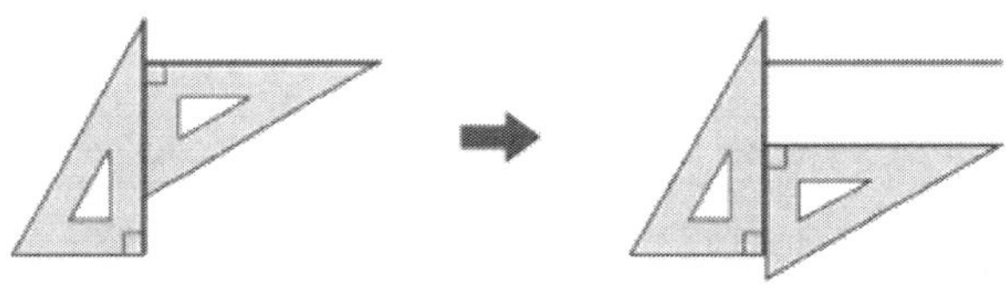

[그림 1]

교사 D: 평면에서 학습한 직선의 위치 관계는 입체도형에서도 활용된다는 점에서 중요하게 다루어야 합니다.

교사 C: 네, 맞습니다. 직육면체와 각기둥에서 밑면과 옆면을 학습하는 과정은 직선의 위치 관계를 적용하여 면과 면 사이의 위치 관계를 이해하는 것으로 볼 수 있습니다.

교사 B: 저는 각기둥을 지도하면서 [그림 2]의 오른쪽 도형이 각기둥인지 질문을 받은 적이 있 습니다. 그때 ㉢ [그림 2]의 밑면에 주목하여 각기둥의 정의에 따라 설명할 수 있었습니다.

교사 A: 그렇다면 평면도형에서 학습한 내용과 입체도형에서 학습하는 내용을 연결할 수 있는 것에는 또 무엇이 있을까요?

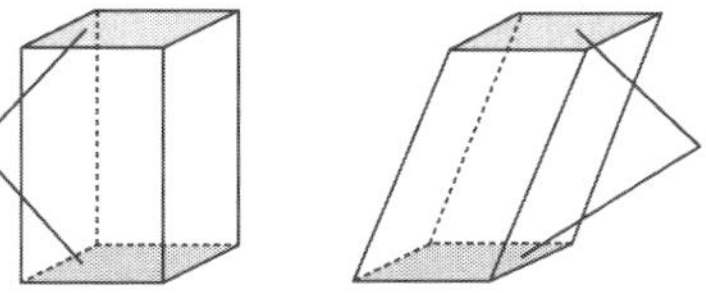

[그림 2]

교사 C: ㉣ 다각형에서 학습한 둘레는 직육면체의 겉넓이와 연결하여 생각해 볼 수 있습니다. 이것은 ㉤ 다각형과 다면체의 정의에서 유추할 수 있는데, 이 과정에서 지식을 통합해 보는 수학적 경험이 요구됩니다.

교사 A 지금까지 도형 영역에서 평면도형과 입체도형의 학습 내용 간 연계에 대해 살펴보았다면, [그림 3]을 통해 도형과 측정 영역 간 연계에 대해 생각해 볼 수 있습니다. [그림 3]은 일정한 규칙에 따라 정육각형을 3개씩 늘려가며 이어 붙여 만든 모양입니다.

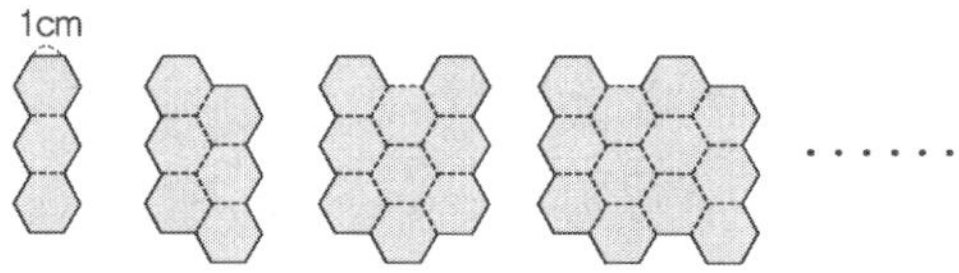

[그림 3]

(1) [그림 1]의 직선의 위치 관계를 나타내는 과정을 ㉠, ㉡을 모두 사용하여 설명하시오.

(2) [그림 2]의 오른쪽 입체도형이 각기둥인 이유를 ㉢에 근거하여 쓰고, ㉣의 이유를 ㉤에 근거하여 쓰시오.

(3) [그림 3]의 열째에 해당하는 모양에서 '도형의 둘레'에 대한 '정육각형의 개수'의 비율을 구하시오.

단원 내용 되돌아보기

01. 도형 개념의 지도에서 사다리꼴을 예로 하여 개념의 내포와 외연을 설명하세요.

02. 수학에서 정의 방법과 각각의 예를 초등수학 내용을 예로 하여 한 가지씩 제시하세요.

03. 삼각형과 사각형의 내각의 크기의 합을 구하는 방법을 제시하시오.

04. 우리 주변에서 밀기, 뒤집기, 돌리기 등을 이용하여 테셀레이션이 되어 있는 곳을 찾아보세요.

05. van Hiele의 기하학적 사고 수준을 제시하고, 각 수준의 특징과 이를 반영한 도형의 지도 방법을 제시하세요.

06. 직육면체의 겨냥도를 여러 가지로 그려보세요.

07. 직육면체와 정육면체의 전개도를 그리는 방법을 제시하고, 전개도를 그려보세요.

08. 쌓기나무 4개를 이용하여 여러 가지 다양한 모양을 만들어 보세요. 단, 면은 서로 맞닿아 있어야 합니다.

09. 주변에서 합동인 사물과 대칭인 사물을 찾아보세요.

10. 다음은 도형의 학습 지도의 과정을 나타낸 것이다. 각 사례를 보고 물음에 답하세요.

(사례 1)

- 1단계: 교과서, 삼각자, 동전과 같은 물건을 모아 본다.
- 2단계: 물건의 모양을 그려보고, 네모 모양, 세모 모양, 동그라미 모양을 약속한다.
- 3단계: 생활 주변의 다양한 물체 중에서 네모 모양, 세모 모양, 동그라미 모양을 찾아본다.
- 4단계: 네모 모양, 세모 모양, 동그라미 모양을 이용하여 여러 가지 모양을 만들어 본다.

(사례 2)

- 1단계: 네 각이 직각인 사각형을 찾아본다.
- 2단계: 네 각이 직각인 사각형의 이름을 지어 보고, 직사각형을 약속한다.
- 3단계: 점판 위에 직사각형을 그려본다.
- 4단계: 직사각형의 성질을 발견한다.

(사례 3)

- 1단계: 사각형을 모양에 따라 2가지로 나누고, 그 이유를 설명해 보자.
- 2단계: 마주 보는 두 쌍의 대변이 평행한 사각형의 이름을 지어 보고, 평행사변형을 약속한다.
- 3단계: 평행사변형인 것과 아닌 것을 구별한다.
- 4단계: 평행사변형의 성질을 알아보고, 사다리꼴과의 관계를 조사한다.

(1) 위의 각 사례를 van Hiele의 기하학습 사고 수준에 비추어 가장 관련 있는 단계의 사고 대상을 쓰고, 그 이유에 대해 이야기해 보세요.

(2) (사례 1)과 (사례 2)의 특징을 개념 형성과 관련하여 이야기해 보세요.

(3) (사례 2)의 학습 내용을 지도하려고 한다. 이 학습 내용을 Dienes가 제시한 수학 개념의 형성학습 과정에 따라 재구성해 보세요.

(4) 위 수업 (사례 3)의 사고의 특징을 van Hiele의 기하학습 사고 수준에 비추어 서술하고, (사례 3)에 적합한 기하학적 사고 수준으로 이행하는데 요구되는 수업 활동을 이야기해 보세요.

10장 측정

이 장을 시작하면서

책상의 가로 길이를 재기 위하여 뼘으로 몇 번이 되는가를 세어볼 수 있다. 이때, 뼘은 길이라는 양을 잴 수 있는 속성을 가지고 있는 '단위'로서 역할을 한다. 길이뿐만이 아니라, 들이나 무게, 넓이, 부피 등도 주어진 양의 속성에 맞는 단위를 사용하여 잴 수 있다. 적절한 단위를 사용하여 양을 재는 과정을 통해 단위와 양에 대한 감각을 기를 수 있다. 이와 같이, 측정은 공통된 속성을 가지는 단위를 사용하여 주어진 사물의 속성을 비교하는 활동이다.

측정 영역에서 다루는 양은 일상에서 직면하는 대소(大小), 장단(長短), 광협(廣狹), 고저(高低) 경중(輕重) 등으로 표현될 수 있는 것을 대상으로 한다. 아이들은 구체물을 관찰하고 비교·조작하는 과정에서 자연스럽게 양의 개념을 습득할 수 있을 것이다.

함께 이야기해요

우리 주변의 사물에는 한 가지 사물에도 측정할 수 있는 여러 가지 양이 동시에 존재합니다. 오른쪽 그림에 있는 물병을 살펴봅시다. 물병에서 찾을 수 있는 여러 가지 속성을 탐구해 보고, 각 속성이 어떻게 측정되는지 토론해 보세요.

함께 해결해봐요

교실은 우리 반 친구들이 생활하고 있는 학습 공간입니다. 우리 반 교실이 얼마나 넓은지 알아보기 위하여 우리 반 교실의 넓이를 잴 수 있는 여러 가지 방법을 이야기해 보세요.

10-1 측정의 지도 원리

(1) 측정과 측정의 이해

측정이란 '양을 생각할 수 있는 어떤 대상의 속성에 수를 부여하는 것'이며, 어떤 양을 기준으로 측정 대상이 그 기준의 몇 개분에 해당하는가에 대한 수치를 구하는 과정이다. 초등학교에서 측정할 수 있는 속성에는 시각과 시간, 길이, 들이, 무게, 각도, 넓이, 부피 등이 있으며, 기준이 되는 양을 '단위'라 한다. 그리고, 측정에 의해 얻어진 양을 그 단위에 의한 측도(measure) 또는 측정값이라고 한다.

측정이란 양을 생각할 수 있는 어떤 대상의 속성에 수를 부여하는 것이다.

초등학교에서 배우는 측정 내용은 일상생활에서 시각과 시간, 길이, 들이, 무게, 각도, 넓이, 부피 등의 양을 측정하는데 이용된다. 또한, 반올림과 올림, 버림은 필요한 물건의 양을 판단할 때 이용되며, 수의 범위를 구분하기 위하여 이상, 이하, 초과, 미만을 배운다. 임의 단위는 표준 단위의 도입을 위해 필요하고, 길이는 넓이의 개념을 배우기 위해 필요하며, 길이와 넓이는 부피 개념을 배우기 위해 필요하다. 직사각형의 넓이는 평행사변형과 삼각형, 마름모, 원의 넓이를 측정할 때 활용된다.

초등학교에서 다루는 속성들은 다양하지만, 각 속성을 측정할 수 있는 능력을 기르기 위한 지도에서는 다음과 같은 순서에 따르도록 한다.

① 대상을 비교함으로써 속성을 파악한다. 양의 비교에는 직관적 비교, 직접 비교, 간접 비교가 있다. 측정할 대상의 속성을 파악하기 위한 비교에서 양의 차이가 뚜렷한 경우에는 시각이나 감각을 이용하여 즉각적으로 비교하는 직관적 비교를 한다. 그렇지 않은 경우에는 하나의 대상을 이동하여 직접 겹쳐보는 직접 비교를 한다. 그러나, 대상을 이동하는 과정에서 물체의 크기나 위치에 따라 시간적, 공간적 불편에 직면하여 직접 비교가 불가능한 경우에는 다른 매개물을 이용하는 간접 비교를 한다. 간접 비교의 경우에는 양의 독립성, 즉, 양은 그것이 소속된 물체와는 독립된 개념이므로 다른 물체로 대치 가능하다는 것이 전제된다.

대상을 비교함으로써 속성을 파악한다.

② 양을 수치화하기 위하여 단위를 선정한다. 단위에는 임의 단위와 표준 단위가 있다. 간접 비교해야 하는 경우에 다른 매개물을 이용하게 되는데,

양을 수치화하기 위하여 단위를 선정한다.

이때 사용하는 매개물을 '임의 단위'라고 한다. 임의 단위를 사용하여 비교하게 되면 단위의 크기가 일정하지 않으므로 의사소통에 문제가 생긴다. 이러한 임의 단위의 불편함을 알게 됨으로써 표준 단위의 필요성을 체득하게 된다. 측정에 이용되는 단위는 다음과 같은 특성이 있다.

- 측정 단위는 선택한 속성에 적절해야 한다.
- 속성을 여러 가지 단위로 측정할 수 있다.
- 단위는 대상의 크기에 적절해야 한다.
- 단위의 수는 단위의 크기와 반대로 바뀐다.
- 서로 다른 측정 단위를 선택할지라도 측정 과정에서 단위를 바꿀 수는 없다.

계기에 의한 측정 지도에 앞서서 표준 단위에 대한 양감을 가지도록 해야 한다. 표준 단위는 누구나 쉽게 사용할 수 있도록 적절한 이론적 배경을 가져야 한다. 또, 독립된 단위계는 가능한 적고, 기본 단위를 간단하게 적용하여 다른 양의 단위계를 구성할 수 있도록 해야 하며, 단위량은 측정 대상보다 가능한 한 적고 취급이 간편해야 한다.

◎ 단위로 대상을 비교하여 단위의 수를 찾는다.

③ 단위로 대상을 비교하여 단위의 수를 찾는다. 단위의 수를 찾는 방법은 직접 측정 방법인 세기와 도구 이용 방법, 그리고 간접 측정 방법인 공식 이용 방법이 있다. 단위의 수를 세는 방법은 양을 적절한 크기인 단위로 분할하여 단위의 몇 개분에 해당되는가를 얻는 것으로, 측정하려는 속성을 가진 매개물을 이용하여 양을 수치로 나타내는 것이다.
예를 들어, 어떤 길이를 뼘으로 재어서 '몇 뼘'으로 말하거나, 어떤 들이를 일정한 용기에 담아 측정하는 방법이다. 도구를 이용하는 방법은 양을 잴 수 있는 도구의 수치나 눈금에 대치시키는 측정 방법이다. 도구를 이용한 측정에서는 도구의 모양과 특징, 용도를 알아야 하고, 0의 위치와 그 의미 및 눈금의 의미를 이해하고 도구를 유효하게 사용할 수 있어야 한다.

• 색연필의 길이는 몇 cm인가요? 그렇게 생각한 까닭을 말해 보세요.

자를 사용하여 길이를 재는 방법

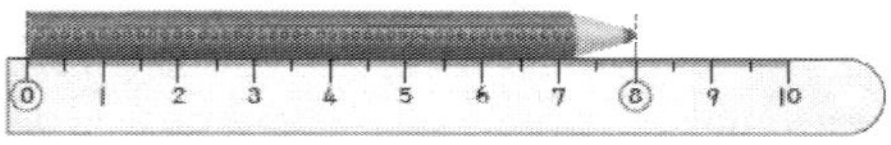

① 색연필의 한쪽 끝을 자의 눈금 0에 맞춥니다.
② 색연필의 다른 쪽 끝에 있는 자의 눈금을 읽습니다.

색연필의 길이는 ☐ cm입니다.

그림 10.1 자로 길이재기(교육부, 2024c, p. 105)

◎ 교육과정 성취기준
[2수03-10] 길이 단위 1cm와 1m를 알고, 이를 이용하여 주변 사물의 길이를 측정할 수 있다.

간접 측정 방법인 공식 이용 방법은 측정 도구로 측정하기 어려운 양인 경우에 측정 가능한 일부의 양과 수학의 원리를 결합하여 계산하는 것이다. 예를 들어, 직사각형의 넓이를 둘레의 길이인 가로와 세로의 곱으로 구하는 것이 여기에 해당한다.

④ 마지막으로 단위의 수를 기록한다. 단위의 수를 기록할 때에는 측정값뿐만이 아니라, 측정에 이용된 단위의 이름도 함께 기록하도록 한다. 즉, 측정 과정에서 단위를 선택할 수 있고, 단위의 수는 단위의 크기에 따라 달라지기 때문에, 단위의 수뿐만 아니라 단위의 이름을 반드시 제시해야 한다.

◎ 단위의 수를 기록한다.

(2) 양의 개념

측정 영역에서 다루는 양은 일상생활에서 '대소', '장단', '광협', '고저', '경중', '다소' 등으로 표현될 수 있는 것을 주 대상으로 한다. 만약, 우리가 연필을 관찰한다면 연필이 가진 양은 길이, 무게, 부피…… 등이 있다. 우리는 연필이 가진 여러 가지 양 중에서 특정한 양을 적당한 크기의 기준으로 대상의 크기를 상대적으로 비교하고 판단한다. 이와 같이, 양은 상대적인 개념으로 이해된다.

일반적으로 양은 이산량(분리량)과 연속량으로 분류된다. 이산량이란 더 이상 분할할 수 없는 양으로, 사람이나 달걀, 사과, 구슬과 같이 독립된 개체의 수를 나타내는 양을 뜻한다. 분리량을 수치화하는 과정을 '센다'고 하고, 그 수치는 정수가 대응된다.

◎ 이산량은 더 이상 분할할 수 없는 양이고, 연속량은 분할 가능한 양이다.

이에 반해, 길이, 시각과 시간, 들이, 무게, 각도, 넓이, 부피 등과 같이, 얼마든지 분할가능한 양을 연속량이라 한다. 연속량을 수치화하는 과정을 '잰다'고 하고, 그 수치는 실수가 대응된다. 따라서, 측정 영역의 주요 대상은 연속량이 된다.

시각과 시간, 길이, 들이, 무게, 각도, 넓이, 부피

또, 연속량은 시각과 시간, 길이, 들이, 무게, 각도, 넓이, 부피와 같이 가법적인 양과 속도, 밀도, 농도와 같이 비가법적인 양으로 분류된다. 전자는 사물의 외형적 크기를 나타내는 양으로 외연량이라 하고, 후자는 사물의 속성의 크기를 나타내는 양으로 내포량이라 한다. 초등학교에서 다루는 외연량은 다음과 같은 것이 있다.

① **시각과 시간**: 시각은 때의 위치(시점, point)를 나타내고, 시간은 두 시각 사이의 양(duration)을 나타낸다. 시간의 지도에서는 양으로서 시간과 그 가법성 등을 이해하여 사칙계산이 가능하도록 해야 한다.

② **길이**: 길이는 모든 양의 기본이 되는 양이고, 대상의 속성 중에서 쉽게 지각되는 양 중의 하나이다. 거리도 길이에 의해 측정되며, 물체 사이에 적용되는 길이의 개념이다. 둘레는 한 영역을 돌아가는 거리로, 길이의 특수한 형태이다. 길이에는 막대, 철사, 노끈 등과 같이, 물체 그 자체가 길이로 받아들여지는 경우와 책상의 가로와 세로, 의자의 높이, 원통의 둘레 등과 같이, 어떤 물체의 한 측면으로 받아들여지는 경우가 있다. 길이의 대소를 나타내는 말에는 '길다, 두껍다, 높다, 깊다, 크다, 멀다' 등이 있다.

③ **들이**: 들이는 용기의 내부 공간에 들어가는 부피의 최댓값을 말한다. 들이는 리터, 밀리리터 등으로 측정될 수 있으며, 1리터는 1세제곱데시미터의 공간에 담을 수 있는 양을 의미한다(한국표준과학연구원, 2007).

④ **무게**: 무게는 얼마나 무거운가를 나타내는 양이다. 무게를 알기 위해 바둑돌과 같은 임의 단위를 도입하고, 무게의 표준 단위인 1g과 1kg을 도입한다.

⑤ **각도**: 끝점을 공유하는 두 반직선으로 이루어진 도형을 각이라 하고, 각의 두 반직선 사이의 벌어진 정도를 나타내는 양을 각도라고 한다.

⑥ **넓이**: 길이가 1차원 기본량이라면, 넓이는 2차원 기본량이다. 두 도형의 넓이를 비교하기 위하여 모눈의 수를 세어보고, 이의 불편함이나 측정값의

객관화 필요성으로부터 넓이의 단위인 $1cm^2$를 도입한다.

⑦ **부피**: 부피는 입체도형이 차지하는 공간의 크기를 의미한다. 부피에 대한 지각은 넓이에 대한 지각보다 훨씬 어려우므로 쌓기나무로 공간을 메우는 것으로 부피 개념을 형성할 수 있다.

한편, 내포량은 두 외연량의 몫으로 나타내는 양으로, 서로 다른 두 종류의 양의 몫인 경우를 도, 같은 종류의 두 양의 몫인 경우를 율이라고 한다. 도는 속도, 밀도 등과 같이 균등 분포를 전제로 할 때, 단위당 분포량이다. 율은 원주율, 확률과 같이 같은 종류의 두 양의 비율에 해당하는 양이다.

◎ 내포량은 두 외연량의 몫으로 나타내는 양으로, 서로 다른 두 종류의 양의 몫인 경우를 도, 같은 종류의 두 양의 몫인 경우를 율이라고 한다.

(3) 양의 기본 성질

양의 도입에서는 구체적인 양을 무정의 용어로 도입하고, 양이 가지는 기본 성질을 체험하도록 한다. 양에는 비교성, 가법성, 연속성과 같은 성질이 있다.

① 양의 비교성

같은 종류의 양은 서로 비교할 수 있다. 이를테면, 높이와 깊이, 거리는 모두 길이로 표현될 수 있으므로 이들 양은 서로 비교 가능하다. 결국, 양을 비교하기 위해서는 두 양은 공통의 성질을 가지고 있어야 한다. 양은 비교함으로써 그 존재가 확인되고 비교될 수 있기 때문에 양이라고 한다. 양의 비교는 측정의 시작인 동시에 측정 행위는 비교 과정의 일부이기도 하다. 측정은 비교하기 위해서이고, 비교는 측정에 의해서 목적을 달성할 수 있다. 그리고 양의 비교는 보존성이 있기 때문에 보존성이 비교라는 개념을 존재할 수 있게 하는 것이고, 매개물을 이용하는 간접 비교는 다음과 같은 양의 독립성 때문에 가능하다.

◎ 양은 비교함으로써 그 존재가 확인되고 비교될 수 있기 때문에 양이라고 한다.

"같은 종류의 두 양 a, b에 대하여 $a=c_1$, $b=c_2$, $c_1>c_2$이면 $a>b$이다."

예를 들면, 사과 상자가 배 상자의 무게와 같고, 또 텔레비전의 무게가 세탁기의 무게와 같다고 하자. 그리고 사과 상자가 텔레비전의 무게보다 무겁다면 배 상자는 세탁기보다 무거운 것이다. 결국, 양의 독립성에 따라 양을 매개물이나 계기를 사용하여 수치화하고, 그 수치를 비교하면 양의 대소를 판별할 수 있게 된다. 또, 두 양의 상등관계를 이해하려면 다음 관계를 이해해야 한다.

같은 종류의 양 a, b, c에 관하여 다음의 동치관계가 성립한다.

① $a=a$ (반사율)

② $a=b$이면 $b=a$ (대칭율)

③ $a=b$, $b=c$이면 $a=c$ (추이율)

한편 양의 대소를 판별하기 위해서는 다음 원리가 성립해야 한다.

④ 같은 종류의 양에 대해서 다음 중 하나가 반드시 성립한다(삼일률).

$a < b$, $a=b$, $a > b$

⑤ 같은 종류의 세 양에 대하여 다음 추이율이 성립한다.

$a < b$, $b < c$ 이면 $a < c$

위의 삼일률과 대소에 관한 추이율에 의하여 같은 종류의 양은 대소로 순서지을 수 있게 된다.

② 양의 가법성

두 물체를 합쳐 같은 종류의 양이 결정될 수 있을 때, 두 양을 합치는 것을 양의 합병이라 한다. 양의 합병은 두 물체의 화학적 변화는 고려하지 않으며, 합병의 결과가 일의적으로 결정된다. 같은 종류의 양에 대하여 물체의 합병에 해당하는 양이 얻어질 때, 두 양은 덧셈 가능하다고 한다. 이에 따라 양의 합병은 물체와는 독립적으로 덧셈이 가능하게 된다. 예를 들면, 길이가 120cm인 막대와 150cm인 막대를 합하면 270cm의 막대를 얻을 수 있는 것이며, 합의 결과가 270cm가 되는 것이다.

◎ 같은 종류의 양에 대하여 물체의 합병에 해당하는 양이 얻어질 때 두 양은 덧셈 가능하다고 한다.

일반적으로 두 물체 A, B의 양을 각각 $m(A)$, $m(B)$라 할 때, 두 물체를 합병한 물체 $A \cup B$(단, $A \cap B = \emptyset$)의 양 $m(A \cup B)$는

$$m(A \cup B) = m(A) + m(B)$$

인 관계가 성립한다. 즉, 몇 개의 물체를 합병한 양은 각각의 덧셈으로 결합한다. 이때 양을 가법적인 양이라 한다. 가법적인 양으로는 시각과 시간, 길이,

들이, 무게, 각도, 넓이, 부피 등이 있다.

그런데, 외연량과는 달리 농도, 밀도, 속력 등의 내포량에 대해서는 덧셈 연산이 실질적인 의미가 없으며, 덧셈 연산을 적용할 수 없다. 따라서, 내포량의 경우에는 상황에 따라 새로운 수학적 원리를 개발하여야 한다.

③ 양의 연속성

양의 연속성

양을 측정할 수 있는데, 양을 수치화하거나 수직선 위의 점으로 나타낼 수 있는 것은 측정이 가능하기 때문이다. 양의 연속성에 관한 성질은 다음과 같이 형식화될 수 있다. 같은 종류의 두 양 a, b에 대하여

㉠ $a > b$이면 $a > c > b$인 양 c가 존재한다.

이것은 '서로 다른 두 양에 대하여 그 사이에 존재하는 양은 무수히 많다.'는 것으로 양의 조밀성이라고 한다. 이 원리에서 다음 성질이 유도된다.

㉡ $a > b$이면 $a \leq n \times b$인 자연수 n이 존재한다(아르키메데스의 원리).

이는 양에 대해서 '최대의 양도 존재하지 않고, 또 최소의 양도 존재하지 않는다.'는 것을 의미한다.

㉢ 양 a와 자연수 n에 대하여 $a = n \times b$인 양 b가 존재한다.

이것은 양을 얼마든지 등분할 수 있다는 것으로, 앞의 ㉡와 함께 '연속량은 같은 종류의 양에 의해서 측정될 수 있다.'는 양의 등분성을 의미한다.

(4) 양의 어림 전략

양을 측정해야 하는 상황에서 측정 도구가 없을 때 가장 효과적인 방법이 어림하는 방법이다. 즉, 어림은 측정 도구를 사용하지 않고, 측정값을 얻는 사고 전략이다. 어림을 위한 전략으로 대표적인 것에는 다음 세 가지 방법이 있으며, 길이를 예시로 하여 다음과 같이 나타낼 수 있다.

① 기준(referents)과 비교하기: 1cm, 5cm, 10cm, 20cm 정도의 길이가 되는 사물이나 신체의 부분을 알고 있다면, 길이를 어림하는 데 이 길이를 이용하는 것이다. 예를 들어, 자신의 한 뼘이 10cm인 것을 알고 있다면 그 길이와 비슷한 사물의 길이를 어림할 수 있다.

② 덩어리 짓기(chunking): 재어야 할 전체 길이를 몇 개의 덩어리로 나누고, 각각을 어림하여 총합을 구하는 방식이다. 예를 들어, 교문까지 거리를 어림할 때에 교실에서 운동장까지 거리와 운동장에서 교문까지 거리를 각각 어림하여 그 합을 구하는 것이다.

③ 단위화(unitizing): 어림해야 하는 전체 길이 가운데 일부를 단위로 택하여 어림한 후, 전체가 단위의 몇 부분으로 구성되어 있는지를 생각하여 전체 길이를 어림하는 방식이다. 예를 들어, 운동장에 있는 축구 골대의 길이가 약 5m인 것을 이용하여 운동장 짧은 쪽의 길이에 축구 골대가 약 몇 번 들어갈지 가늠하는 방식으로 운동장 짧은 쪽의 길이를 어림할 수 있다.

기준과 비교하기와 단위화의 차이를 구분하면, 기준과 비교하기는 어림하려는 대상과는 별도의 이미 알고 있는 사물이나 신체 일부를 이용하여 어림하는 것이고, 단위화는 어림하려는 대상의 일부분을 단위로 이용하여 어림하는 것

운동장의 짧은 쪽의 길이를 어림해 봅시다.

• 운동장의 짧은 쪽을 몇 부분으로 나누어 보세요.

• 각 부분의 길이는 얼마인지 어림해 보세요.

• 운동장 짧은 쪽의 전체 길이는 얼마인지 어림해 보세요.

• 자로 재어 길이를 확인해 보세요.

그림 10.2 어림하기(교육부, 2024d, p. 77)

이다. 한편, 어림하는 방법에는 주어진 대상의 양을 어림하는 방법과 주어진 측정값에 해당하는 대상을 찾는 방법이 있다.

10-2 측정의 지도 내용과 방법

1–2학년군에서는 양의 비교, 시각과 시간, 길이를 다룬다. 3–4학년군에서는 시각과 시간, 길이, 들이, 무게, 각도를 다룬다. 5–6학년군에서는 수의 범위, 어림하기, 평면도형의 둘레와 넓이, 원주율과 원의 넓이, 입체도형의 겉넓이와 부피를 다룬다. 각 학년별 상세한 지도 내용과 방법은 다음과 같다(교육부, 2022, p. 9).

핵심 아이디어	• 측정은 여러 가지 속성의 양을 비교하고 속성에 따른 단위를 이용하여 양을 수치화함으로써 여러 가지 현상을 해석하거나 실생활 문제를 해결하는데 활용된다.		
구분 / 범주	내용 요소		
	초등학교		
	1–2학년	3–4학년	5–6학년
지식·이해	• 양의 비교 • 시각과 시간(시, 분) • 길이(cm, m)	• 시각과 시간(초) • 길이(mm, km) • 들이(L, mL) • 무게(kg, g, t) • 각도(°)	• 다각형의 둘레와 넓이 • 원주율과 원의 넓이 • 직육면체와 정육면체의 겉넓이와 부피
과정·기능	• 여러 가지 양을 비교, 측정, 어림하는 방법 탐구하기 • 측정 단위 사이의 관계 탐구하기 • 측정 단위를 사용하여 양을 표현하기 • 실생활 문제 상황에서 길이, 들이, 무게, 시간의 덧셈과 뺄셈하기 • 도형의 둘레, 넓이, 부피 구하는 방법 탐구하기 • 측정을 실생활 및 타 교과와 연결하여 문제해결하기		
가치·태도	• 표준 단위의 필요성 인식 • 넓이와 부피를 구하는 방법의 편리함 인식 • 도형과 측정 관련 문제해결에서 비판적으로 사고하는 태도		

(1) 비교하기

성취기준

[2수03-06] 구체물의 길이, 들이, 무게, 넓이를 비교하여 각각 '길다, 짧다', '많다, 적다', '무겁다, 가볍다', '넓다, 좁다' 등을 구별하여 말할 수 있다.

(가) 성취기준 해설: 없음

(나) 성취기준 적용 시 고려 사항

• 양의 비교는 학생들에게 친근한 실생활 상황을 이용하고, 직관적인 비교, 직접 비교, 간접 비교 등을 상황에 따라 알맞게 다룬다.

• 저학년 학생들의 한글 학습 정도를 고려하여 양을 비교할 때 '짧다', '많다', '넓다' 등과 같이 한글로 쓰게 하는 것은 지양한다.

비교에는 직관적 비교, 직접 비교와 간접 비교가 있다. 직관적 비교는 시각이나 감각에 의해 비교하고자 하는 속성을 즉각적으로 비교하는 방법이고, 직접 비교는 비교하고자 하는 속성을 직접 견주어 비교하는 방법이다. 간접 비교는 제3의 대상을 이용하여 비교하고자 하는 속성을 비교하는 방법이다.

◎ 비교에는 직관적 비교, 직접 비교와 간접 비교가 있다

구체적으로 살펴보면, 막대와 줄넘기 중 어느 것이 더 긴지를 판단할 때 시각적으로 관찰하는 것만으로도 길이를 비교할 수 있는 경우는 직관적 비교에 해당한다. 그러나, 길이가 엇비슷하거나 확실한 판단이 필요할 때 두 대상을 맞대어 보면 어느 것의 길이가 더 긴지 알 수 있고, 이렇게 직접 맞대어 보고 대소 관계를 정하는 것이 직접 비교이다.

멀리 떨어져 있어 직접 비교가 불가능한 경우에는 매개적 역할의 사물, 즉 끈이나 막대 같은 것을 이용하여 길이를 간접 비교할 수 있다. 길이 외의 들이, 무게, 넓이 등에서도 직관적 비교, 직접 비교, 간접 비교가 가능하다. 직접 비교와 간접 비교의 구별은 매개물의 존재 여부에 의존하지만, 무게나 들이의 경우에는 매개물의 역할에 주의할 필요가 있다. 예를 들어, 양팔 저울의 양팔에 두 물체를 놓아 어느 쪽으로 기우는가를 확인함으로써 무게를 비교하는 경우에는 양팔 저울 자체가 무게 속성을 가진 매개물은 아니므로 직접 비교에 해당한다. 한편, 양팔 저울을 사용하더라도 기준이 되는 제3의 물건을 이용하여 그 물건보다 무겁거나 가벼운 경우를 비교하여 판단한다면 이것은 간접 비교에 해당한다.

들이의 경우, 한 용기에 물을 가득 채운 다음, 물을 다른 용기에 부어 넣으면서 다른 용기를 채우지 못하는지, 다른 용기에 물이 넘치는지를 판단하는 경우는 직접 비교라고 볼 수 있다. 그러나, 두 용기에 가득찬 물을 제3의 용기를 사용하여 거기에 각각 부어 보고, 어느 것에 더 들어가는지를 알아보았다면 이것은 간접 비교에 해당한다.

각 속성에 대해 여러 가지 유형의 비교 활동이 가능하지만, 모든 속성에 대해 동일한 절차를 따르는 것의 적절성에 대해서는 재고의 여지가 있다. 교수·학습 상황에 교사가 적절하게 선택해야 할 교수학적 변인으로 다루어질

필요가 있는 것이다.

탐구 과제: 양의 비교

교실에서 양의 직관적 비교, 직접 비교, 간접 비교 활동을 할 수 있는 예를 들어보세요.

측정을 지도하는 과정은 분류 단계, 비교 단계와 측정 단계를 거치게 된다.

한편, 측정을 지도하는 일반적인 과정은 사물이나 현상이 가지고 있는 여러 가지 속성 중에서 어떤 속성을 고찰하려고 하는지를 명확히 밝히는 분류 단계, 비교 단계와 측정 단계를 거치게 된다. 특히, 분류하기 단계의 필요는 우리는 측정하기 전에 사물이나 현상에서 어떤 속성을 측정하고자 하는지를 명확히 해야 하는 것이 중요하기 때문이다. 예를 들면, 우유병이 있을 때 들이를 측정할 것인지, 부피를 측정할 것인지를 명확히 해야 한다.

계기에 의한 직접측정과 양에 관계된 다른 양의 측정값을 구하여 그것을 토대로 원래의 양을 측정하는 간접측정이 있다.

비교하기는 어느 양이 큰지 작은지를 판단하거나, 얼마나 큰지 작은지를 판단하기 위해 실시한다. 측정 단계에서는 측정하려는 양이 단위량의 몇 배에 해당하는가를 조사하여 수치화한다. 이때, 단위로 임의 단위와 표준 단위로 측정할 수 있다. 또, 측정 방법에는 계기에 의한 측정의 결과가 그대로 양의 측정값이 되도록 하는 직접 측정과 계기에 의한 측정할 수 없는 경우에 측정하려는 양에 관계된 다른 양의 측정값을 구하여 그것을 토대로 원래의 양을 측정하는 간접 측정이 있다.

분류 단계	여러 가지 속성 중에서 어떤 속성을 고찰하려고 하는지를 명확히 밝히는 단계

⬇

비교 단계	어느 양이 큰지 작은지를 판단하거나, 얼마나 큰지 작은지를 판단하는 단계

⬇

측정 단계	양이 단위량의 몇 배에 해당하는가를 조사하여 수치화하는 단계

(2) 길이

성취기준

[2수03-10] 길이 단위 1cm와 1m를 알고, 이를 이용하여 주변 사물의 길이를 측정할 수 있다.
[2수03-11] 1m와 1cm의 관계를 이해하고, 길이를 '몇 m 몇 cm'와 '몇 cm'로 표현할 수 있다.
[2수03-12] 여러 가지 물건의 길이를 어림하고, 길이에 대한 양감을 기른다.
[2수03-13] 실생활 문제 상황과 연결하여 길이의 덧셈과 뺄셈을 할 수 있다.
[4수03-15] 길이 단위 1mm와 1km를 알고, 이를 이용하여 길이를 측정하고 어림하며 수학의 유용성을 인식할 수 있다.
[4수03-16] 1cm와 1mm, 1km와 1m의 관계를 이해하고, 길이를 '몇 cm 몇 mm'와 '몇 mm', '몇 km 몇 m'와 '몇 m'로 다양하게 표현할 수 있다.

(가) 성취기준 해설

- [2수03-10] 길이의 표준 단위를 도입하기 전에 구체물을 직접 비교해 보거나 여러 가지 임의 단위를 사용하여 구체물의 길이를 재어보는 활동을 통해 표준 단위의 필요성을 알게 한다.
- [2수03-12] 생활 주변의 여러 가지 물건들의 길이를 어림해 보고 자로 측정하여 확인하는 활동과 주어진 길이에 해당하는 선분을 그려 보는 활동을 통해 길이에 대한 양감을 기르게 한다.

(나) 성취기준 적용 시 고려 사항

[1–2학년군]

- 구체물의 길이를 재는 과정에서 자의 눈금과 일치하지 않는 길이의 측정값을 '약'으로 표현할 수 있음을 알게 한다.
- '도형과 측정' 영역의 문제 상황에 적합한 문제해결 전략을 지도하여 문제해결 역량을 기르게 한다.

[3–4학년군]

- 실제로 재거나 어림하는 측정 활동을 통하여 시간, 길이, 들이, 무게, 각도에 대한 양감을 기르게 한다.
- 시간, 길이, 들이, 무게의 단위를 지도할 때 단위 사이의 관계를 이해하는 데 중점을 두고, 1km와 1cm의 관계, 1t과 1g의 관계 등의 지나친 단위 환산은 다루지 않는다.
- 길이, 들이, 무게, 각도를 측정할 때 측정도구의 눈금에 일치하지 않는

측정값을 '약'으로 표현하게 한다.

- '도형과 측정' 영역의 문제 상황에 적합한 문제해결 전략을 지도하고, 문제해결 과정을 설명하게 하여 문제해결 역량을 기르게 한다.
- '도형과 측정' 영역에서 문제해결 과정을 설명할 때 다른 친구의 의견을 존중하고 경청하는 태도로 참여하게 한다.

길이는 모든 양의 기본이 되는 양으로, 길이 비교는 길이가 물체 그 자체로 받아들여지는 것의 길이 비교, 길이가 물체의 한 측면이라고 생각되는 것의 길이 비교, 길이가 길다, 짧다로 표현되지 않는 길이의 비교로 구분하여 지도하는 것이 좋다. 길이의 속성을 파악하기 위한 비교 활동에는 다음과 같은 것들이 있다.

- 직관적 비교: 비교하고자 하는 대상의 길이 차이가 현저한 경우에 외관에 의해 시각적으로 길이를 비교한다.
- 직접 비교: 측정하거나 비교하는 물건의 수가 적을 때, 또는 길이가 비슷한 물건을 비교할 경우 직접 비교를 한다. 예를 들어, 필통 속의 연필 두 개를 꺼내어 서로 맞대어 길이를 비교하는 활동을 통하여 어느 것이 더 긴가를 알아본다.
- 간접 비교: 측정하거나 비교하는 물건의 수가 많을 때, 시·공간적으로 직접 비교가 불가능할 경우에 간접 비교를 한다. 예를 들어, 여러 명의 아이들의 키를 벽에 나타내어 아이들의 키를 간접 비교하는 활동을 하거나, 벽의 창 길이와 칠판의 길이를 비교할 때 간접 비교를 한다.
- 임의 단위: 책상의 길이를 뼘의 길이나 연필의 길이를 기준으로 하여 재어보는 활동을 한다. 이때, 뼘의 길이나 연필 길이와 같이 어떤 길이를 재는 데 기준이 되는 길이를 임의 단위라고 한다. 아이들은 각자 선택한 임의 단위를 이용하여 똑같은 물건의 길이가 임의 단위의 몇 배인가를 알아보는 활동을 한다.
- 표준 단위: 임의 단위로 수치화하여 길이의 비교는 가능하지만, 각자 생각하는 임의 단위가 다를 수 있기 때문에 두 길이의 차가 얼마만큼인가를 누구나 알 수 있는 양으로 나타내는 데에는 임의 단위에 한계가 있다. 이때 표준 단위의 필요성을 느끼게 하고, 1cm의 단위를 도입한다.

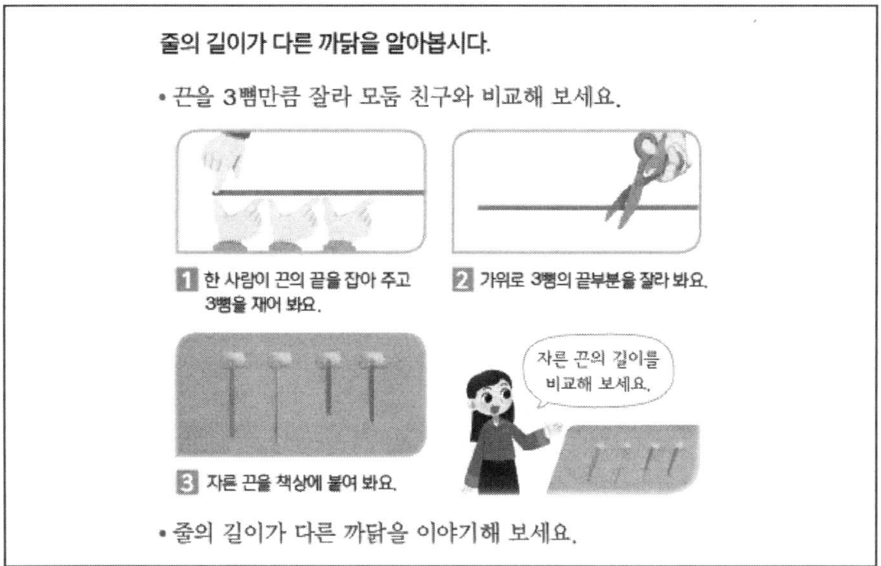

그림 10.3 임의 단위의 불편성(교육부, 2024c, p. 100)

◎ **교육과정 성취기준**
[2수03-10] 길이 단위 1cm와 1m를 알고, 이를 이용하여 주변 사물의 길이를 측정할 수 있다.

가장 먼저 도입하는 길이의 표준 단위로 1cm의 길이를 정하고 약속한다. 1cm의 길이를 정할 때 사람들이 합의를 통해 결정했듯이, 친구들과 충분한 의사소통 과정을 통해 1cm의 길이를 정하고 약속하도록 한다. 또한, 우리 주변에서 1cm 길이의 물건을 찾아보도록 하는데, 어린이 손톱, 구슬, 공깃돌 등이 이에 해당될 수 있다.

1m를 도입하기 위해 여러 가지 물체의 길이를 재는 과정에서 1cm 단위로 길이를 재기에는 불편한 길이, 즉 1m보다 충분히 긴 길이를 재는 활동에서 1m 단위가 필요함을 알고, 1m를 이해하게 하여 여러 가지 길이를 잴 수 있도록 한다. 또 1cm, 1m의 양감을 익혀 길이를 어림하는 기초가 되게 한다.

그림 10.4 1m의 도입(교육부, 2024d, p. 66)

◎ **교육과정 성취기준**
[2수03-10] 길이 단위 1cm와 1m를 알고, 이를 이용하여 주변 사물의 길이를 측정할 수 있다.

518cm와 같이 하나의 단위를 이용하여 길이를 나타낸 표기 방법을 단명수라 하고, 5m 18cm와 같이 2개의 단위를 이용하여 길이를 나타낸 표기 방법을 복명수라고 한다. 1m가 넘는 물체의 길이를 표현함에 있어 '1m=100cm'임을 활용하여 길이를 복명수로 나타낼 수 있게 한다. 길이의 크기를 직관적으로 이해하는 데 복명수가 좋기 때문에 단명수를 복명수로 고쳐서 표현하는 경우가 많다. 그러나, 길이의 연산을 필요로 한 경우에는 단명수가 좋은 경우가 많기 때문에 복명수를 단명수로 고친다.

실생활에서 1cm보다 작은 아주 짧은 길이를 나타내는 데 사용할 단위가 필요함을 느끼게 하여 1mm 단위를 도입하고, 1mm 단위로 여러 가지 물건의 길이를 재어보는 활동으로 1mm를 알게 한다. 또, 1m 단위로 재기에는 너무 먼 거리를 재기 위해서는 새로운 길이 단위가 필요함을 느끼게 하여 1km를 도입하고, 실생활에서 여러 가지 거리를 1km 단위로 나타내게 한다.

길이를 재는 활동을 하면서 자의 눈금과 일치하지 않는 길이의 측정값을 나타내는 데 어려움이 있음을 느끼게 한다. 이때, 1cm, 1m 단위로 표시된 눈금에서 '조금 더 된다', '조금 못 된다'로 판단하여 이를 '약 몇 cm', '약 몇 m'로 표현할 수 있게 한다. 여기에서 사용하는 '약'이라는 용어는 자의 눈금에서 더 가까운 쪽의 눈금을 읽는 정도로 지도한다.

◎ 교육과정 성취기준
[2수03-12] 여러 가지 물건의 길이를 어림하고, 길이에 대한 양감을 기른다.

그림 10.5 1m 어림하기(교육부, 2024d, p. 74)

• 길이의 계산: 길이의 합과 차는 자연수의 합과 차를 구하는 방법과 유사하다. 자연수의 계산은 십진기수법의 원리에 입각하여 지도하지만, 길이 단위에 대한 계산은 경우에 따라 다르다. 예를 들어, 1cm=10mm이므로

1cm와 1mm 사이에는 자연수와 같이 십진법이 적용되기 때문에 십진법을 적용하는 계산이 된다.

그렇지만, 1m=100cm이므로 1m와 1cm 사이에는 백진법을 적용하는 계산이 된다. 또, 1km=1000m이므로 1km와 1m 사이에는 천진법을 적용하는 계산이 된다.

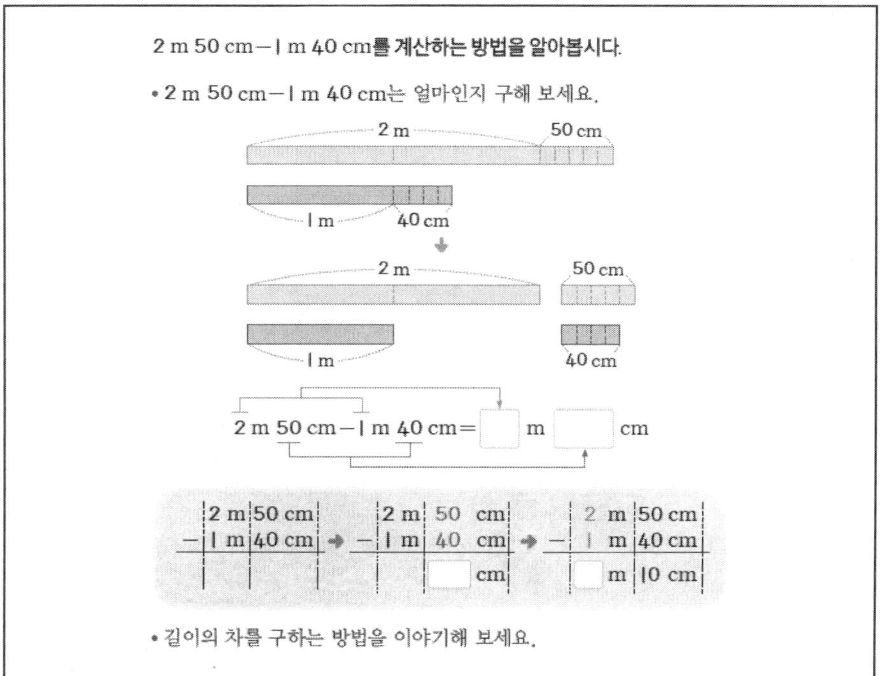

그림 10.6 길이의 차 구하기(교육부, 2024d, p. 73)

(3) 시간

성취기준

[2수03-07] 시계를 보고 시각을 '몇 시 몇 분'까지 읽을 수 있다.
[2수03-08] 1시간과 1분의 관계를 이해하고, 시간을 '시간', '분'으로 표현할 수 있다.
[2수03-09] 실생활 문제 상황과 연결하여 1분, 1시간, 1일, 1주일, 1개월, 1년 사이의 관계를 이해한다.
[4수03-13] 1분과 1초의 관계를 이해하고, 초 단위까지 시각을 읽을 수 있다.
[4수03-14] 실생활 문제 상황과 연결하여 초 단위까지의 시간의 덧셈과 뺄셈을 할 수 있다.

(가) 성취기준 해설: 없음

(나) 성취기준 적용 시 고려 사항

[1–2학년군]

- '도형과 측정' 영역에서는 용어와 기호로 '삼각형, 사각형, 원, 꼭짓점, 변, 시, 분, 약, cm, m'를 다룬다.
- 학생들이 모형 시계를 조작하여 '몇 시', '몇 시 30분', '몇 시 몇 분', '몇 시 몇 분 전' 등의 시각을 읽게 한다.
- '몇 시 몇 분 전'의 시각 읽기에서 5분 전, 10분 전과 같이 간단한 경우를 다루고, 13분 전과 같이 복잡한 경우는 다루지 않는다.
- 시간의 여러 가지 단위를 지도할 때는 단위 사이의 관계를 이해하는 데 중점을 두고, 지나친 단위 환산은 다루지 않는다.
- 1일, 1주일, 1개월, 1년 사이의 관계를 지도할 때는 실생활 상황에서 달력을 이용하여 그 관계를 이해하게 한다.
- '도형과 측정' 영역의 문제 상황에 적합한 문제해결 전략을 지도하여 문제해결 역량을 기르게 한다.

[3–4학년군]

- 시각과 시간의 의미는 구체적인 상황 속에서 구별하여 사용할 수 있는 정도로 이해하게 한다.
- 실제로 재거나 어림하는 측정 활동을 통하여 시간, 길이, 들이, 무게, 각도에 대한 양감을 기르게 한다.

시각은 때의 위치(시점)를 나타내고, 시간은 두 시각 사이의 양을 나타낸다. 따라서, 시각은 인공위성 발사 시각, 뉴스 시작 시각과 같이 정확하게 시각을 말할 필요가 있는 상황을 생각하도록 한다. 시간은 수업을 9시에 시작하여 9시 40분까지 40분 동안 하는 상황을 생각하도록 한다. 시간의 단위로는 1시간, 1분, 1초를 다룬다.

먼저, 실생활에서 아침에 일어나는 시각, 운동하는 시각, 등교하는 시각 등 시각과 관련된 활동을 소재로 시각에 관심을 가지게 하고, 시계 보기를 통하여 '몇 시', '몇 시 30분'으로 시각을 말할 수 있게 한다.

시각을 나타내는 단위로 '1분' 단위까지 시계 눈금을 통해 구체적으로 지도하고, 이를 활용하여 시각을 '몇 시 몇 분'까지 읽을 수 있게 한다. 시각과 시각 사이의 간격을 뜻하는 시간의 의미를 알고, 1시간=60분을 알게 한다. 1시간이

60분임을 이해한 후, 60분이 넘는 시간을 '몇 시간 몇 분'으로 표현할 수 있게 한다.

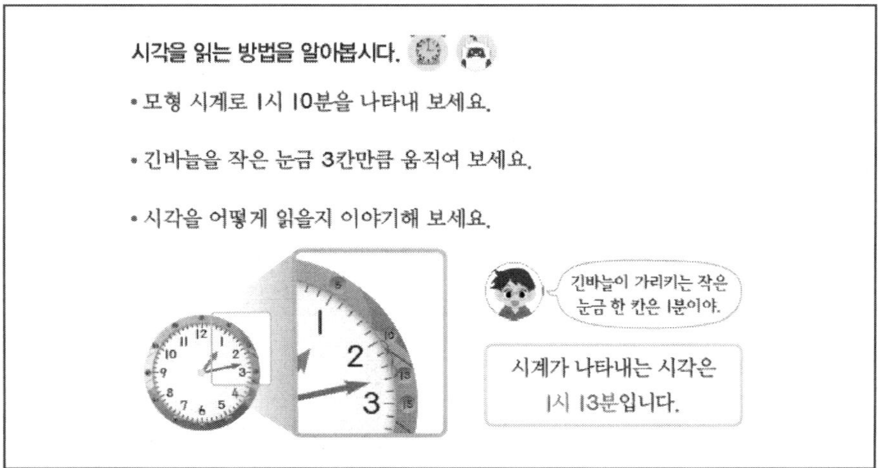

그림 10.7 '1분' 단위까지 시계 읽기(교육부, 2024d, p. 88)

◎ **교육과정 성취기준**

[2수03-07] 시계를 보고 시각을 '몇 시 몇 분'까지 읽을 수 있다.

색 띠나 수직선을 이용하여 1일이 24시간임을 알게 하고, 24시간이 넘는 시간을 '며칠 몇 시간'으로 나타낼 수 있도록 한다. 또, 달력을 이용하여 1주일, 1개월, 1년 사이의 관계를 알게 한다. '1주일=7일, 1개월=30일(28일, 29일, 31일), 1년=12개월' 사이의 관계를 활용하여 시간 계산을 할 수 있게 한다.

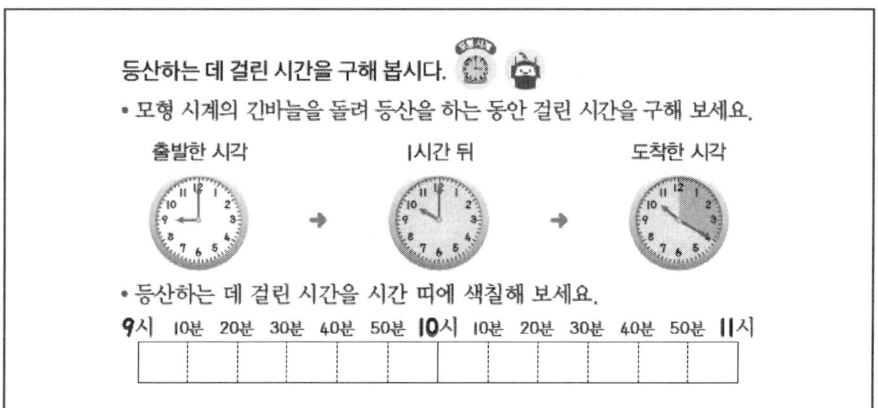

그림 10.8 걸린 시간 구하기(교육부, 2024d, p. 94)

◎ **교육과정 성취기준**

[2수03-09] 실생활 문제 상황과 연결하여 1분, 1시간, 1일, 1주일, 1개월, 1년 사이의 관계를 이해한다.

1초 단위가 사용되는 실생활의 장면을 소재로 하여 짧은 시각을 나타내는 단위로 1초 단위를 이해하게 하고, 초 단위까지의 시각을 읽고 활용할 수 있게 한다. 초 단위까지 표현된 시간의 덧셈과 뺄셈을 할 수 있게 한다. 여기서 시간셈은 계산 원리의 이해에 중점을 두고, 초, 분, 시의 단위 환산이 복잡하지 않은 정도의 시간 셈만 다루게 한다.

초등학교 아이들에게는 복잡한 시간의 의미를 가르치기 어렵다. 관례에 따라 표현되는 시각과 시간을 가르칠 뿐이다. 모형 시계를 통해 시각을 읽는 활동은 초등학교에서 시각을 가르치는 방법이다. 다음과 같은 시계의 여러 특성을 모두 파악해야 시각을 바르게 읽고 나타낼 수 있다.

① 시침과 분침, 초침이 있다.
② 1부터 12까지 숫자가 쓰여 있다.
③ 시침과 분침은 서로 다른 속도로 움직인다.
④ 시침과 분침은 서로 연결되어 있어서 하나가 움직이면 다른 하나도 따라 움직인다.
⑤ 분침이 6에 오면 30분을 나타낸다.

오늘 아침에 언제 일어났는지, 학교에 오기 위해 언제 출발했는지, 잠을 몇 시에 잤는지 등과 같이, 아이의 생활 속에서 시각을 확인하여 시각을 표현하도록 지도한다. 시각을 제시하고 모형 시계 그림에서 시침과 분침을 그려 나타내도록 하는 활동도 제시한다.

전날 밤 12시부터 낮 12시까지를 오전이라 하고, 낮 12시부터 밤 12시까지를 오후라고 약속한다.

하루의 시간을 알아보기 위하여 전날 밤 12시부터 낮 12시까지를 오전이라 하고, 낮 12시부터 밤 12시까지를 오후라고 약속한다. 달력을 알아보기 위하여 달력에 있는 요일과 날짜를 살펴보게 할 수 있고, 요일의 순서, 날짜 등을 이야기해 보도록 할 수도 있다. 같은 요일이 7일마다 반복되는 것을 알고, 7일간을 1주일이라고 약속한다. 일주일은 월, 화, 수, 목, 금, 토, 일만 해당하는 것이 아니라, 수요일부터 그 다음 주 화요일까지도 1주일이며, 일요일부터 그 주의 토요일까지도 1주일임을 알게 한다. 이와 같이 1주일의 개념을 다양하게 경험하게 하고, 1주일은 요일의 순서와 상관없이 7일이라는 시간의 양을 나타냄을 지도한다.

한편, 하루의 시각을 나타내는 방법으로 12시간제를 24시간제로 전환하는 방법은 오전 12:00과 12:59 사이의 시간에 대해서는 그 시간에서 12를 뺀다. 예를 들어, 오전 12:45에서 12를 빼어 0:45로 나타내고, 오전 12:59에서

12를 빼어 0:59로 나타낸다. 오전 1:00과 오후 12:59 사이의 시간은 그대로 전환한다. 예를 들어, 오전 10:00은 10:00으로 전환한다. 오후 1:00와 오후 11:59 사이의 시간은 12를 더하여 전환한다. 예를 들어, 오후 7:34는 19:34로 전환한다.

24시간제를 12시간제로 전환할 때는 0시와 0:59 사이의 시간에 대해서는 12를 더한다. 예를 들어, 0:34에 12를 더하여 오전 12:34로 나타낸다. 1:00과 11:59 사이의 시간은 오전을 붙여 그대로 나타내고, 12:00과 12:59 사이의 시간은 오후를 붙여 그대로 나타낸다. 13:00과 23:59 사이의 시간에서는 12를 뺀다. 즉, 14:24에서 12를 빼어 오후 2:24로 나타낸다.

(4) 들이

성취기준

[4수03-17]	들이 단위 1L와 1mL를 알고, 이를 이용하여 들이를 측정하고 어림하며 수학의 유용성을 인식할 수 있다.
[4수03-18]	1L와 1mL의 관계를 이해하고, 들이를 '몇 L 몇 mL'와 '몇 mL'로 표현할 수 있다.
[4수03-19]	실생활 문제 상황과 연결하여 들이의 덧셈과 뺄셈을 할 수 있다.

(가) 성취기준 해설: 없음

(나) 성취기준 적용 시 고려 사항

- 실제로 재거나 어림하는 측정 활동을 통하여 시간, 길이, 들이, 무게, 각도에 대한 양감을 기르게 한다.
- 들이, 무게의 표준 단위를 도입하기 전에 표준 단위의 필요성을 알게 한다.
- 길이, 들이, 무게, 각도를 측정할 때 측정 도구의 눈금에 일치하지 않는 측정값을 '약'으로 표현하게 한다.

들이는 용기의 내부 공간에 들어가는 액량의 최댓값을 의미하여, 표준 단위로 1mL를 도입한다. 이를 위해 생활 장면에서 들이를 비교하는 활동을 하고, 간접 비교 활동으로 여러 가지 임의 단위를 사용하여 비교하도록 한다. 또한, 임의 단위로 들이를 측정하는 것이 불편하다는 것을 알고, 표준 단위의 필요성을 인식하게 하여 1L, 1mL 단위를 도입한다. 이러한 과정의 들이 지도는 다음과 같은 과정으로 이루어지도록 한다.

◎ 들이는 똑같은 모양, 똑같은 크기의 그릇일 경우에 직접 비교가 가능하다.

- 직접 비교: 똑같은 모양, 똑같은 크기의 그릇일 경우에 두 그릇의 들이는 같다. 그러나 그릇의 모양과 크기가 다른 경우에는 한쪽 그릇에 물을 가득 채웠다가 다른 그릇에 옮겨 담아 보고 과부족의 상태에 따라 들이를 비교할 수 있다.
- 간접 비교: 그릇을 옮길 수 없거나 두 그릇의 모양이나 크기가 다른 경우에 두 그릇에 물을 채우고 비커나 종이컵 등과 같은 다른 용기에 따르면서 그 용기에 몇 개분이 되는가를 보고 간접 비교한다.
- 임의 단위: 간접 비교할 때 비커나 종이컵을 사용하여 두 그릇의 들이를 비교하게 된다. 이때, 비커나 종이컵이 임의 단위이다. 임의 단위를 사용하면 임의 단위가 바뀔 때마다 들이가 다르게 되어 불편하다는 것을 알게 된다.
- 표준 단위: 들이를 측정하는 단위로 1mL와 1L가 있다. 그릇의 들이를 어림하고 1mL와 1L를 확인하는 과정을 통하여 1mL와 1L에 대한 양감을 기르도록 한다.

◎ 교육과정 성취기준

[2수03-01] 구체물의 길이, 들이, 무게, 넓이를 비교하여 각각 '길다, 짧다', '많다, 적다', '무겁다, 가볍다', '넓다, 좁다' 등을 구별하여 말할 수 있다.

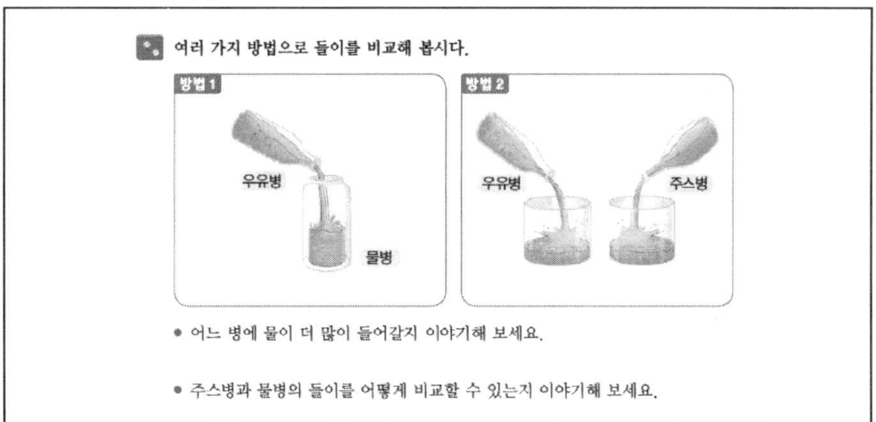

그림 10.9 들이의 직접 비교와 간접 비교(교육부, 2020b, p. 98)

실제적인 들이의 측정 활동으로 1L와 1mL의 양감을 기르고, 1L와 1mL 사이의 관계를 이해하게 한다. 이때 '1L=1000mL'임을 알고, 이를 활용하여 들이를 단명수와 복명수로 말할 수 있게 한다.

1L와 1mL의 양을 측정해본 경험을 바탕으로 여러 가지 그릇의 들이를 어림하고 직접 측정해 보는 활동을 반복함으로써 여러 가지 그릇의 들이에 대한 양감을 기르게 한다. 이러한 양감을 바탕으로 생활 속에서 볼 수 있는 다양한

그릇의 들이를 어림해 보는 활동도 하게 한다. 들이 단위 사이의 관계를 활용하여 L와 mL로 나타낸 들이의 합과 차를 구할 수 있게 한다.

(5) 무게

성취기준

[4수03-20] 실생활에서 무게를 나타낼 때 사용하는 단위 1g과 1kg을 알고, 이를 이용하여 무게를 측정하고 어림하며 수학의 유용성을 인식할 수 있다.
[4수03-21] 1kg과 1g의 관계를 이해하고, 무게를 '몇 kg 몇 g'과 '몇 g'으로 표현할 수 있다.
[4수03-22] 실생활에서 무게를 나타낼 때 사용하는 단위 1t을 알고, 1t과 1kg의 관계를 이해한다.
[4수03-23] 실생활 문제 상황과 연결하여 무게의 덧셈과 뺄셈을 할 수 있다.

(가) 성취기준 해설

- [4수03-20] 초등학교에서는 무게와 질량의 개념을 엄밀하게 구분하지 않으며, 무게를 비교하고 측정하는 데에 g, kg의 단위를 사용하게 한다.

(나) 성취기준 적용 시 고려 사항

- 들이, 무게의 표준 단위를 도입하기 전에 표준 단위의 필요성을 알게 한다.
- 시간, 길이, 들이, 무게의 단위를 지도할 때 단위 사이의 관계를 이해하는 데 중점을 두고, 1km와 1cm의 관계, 1t과 1g의 관계 등의 지나친 단위 환산은 다루지 않는다.
- 길이, 들이, 무게, 각도를 측정할 때 측정 도구의 눈금에 일치하지 않는 측정값을 '약'으로 표현하게 한다.

무게는 어느 쪽이 얼마나 더 무거운가를 알기 위한 측정으로, 물건을 들어보고 '무겁다', '가볍다'의 느낌을 수치화한다. 무게를 이해하기 위해 느낌만으로 얼마나 더 무거운지를 나타내는데 불편함을 알고, 제3의 물체인 임의 단위를 도입하여 두 물체의 무게를 비교한다. 임의 단위의 불편함을 해결하기 위해 무게의 표준 단위인 1g과 1kg을 도입한다. 또 '1kg=1000g'임을 알고 이를 활용하여 무게를 단명수와 복명수로 말할 수 있게 한다. 또한 1g, 1kg의 양감을 익혀 무게를 어림하는 기초가 되게 한다. 이러한 과정의 무게 지도는 다음과 같은 과정으로 이루어지도록 한다.

- 직접 비교: 두 물건을 양손으로 들어보고 무게를 비교해 보도록 한다. 또 양팔 저울을 이용하여 두 물건의 무게를 비교해 보도록 한다.
- 간접 비교: 양팔 저울에 두 물건을 올려 비교할 경우에 얼마나 무거운지를 알 수 없다. 따라서 두 물건을 동전이나 클립을 이용하여 무게를 비교해 본다.
- 임의 단위: 간접 비교를 할 때 동전이나 클립을 사용하여 무게를 비교하게 된다. 이때, 동전이나 클립이 임의 단위이다. 임의 단위를 사용하면 임의 단위가 바뀔 때마다 무게가 다르게 되어 불편하다는 것을 알게 된다.

교육과정 성취기준
[4수03-20] 실생활에서 무게를 나타낼 때 사용하는 단위 1g과 1kg을 알고, 이를 이용하여 무게를 측정하고 어림하며 수학의 유용성을 인식할 수 있다.

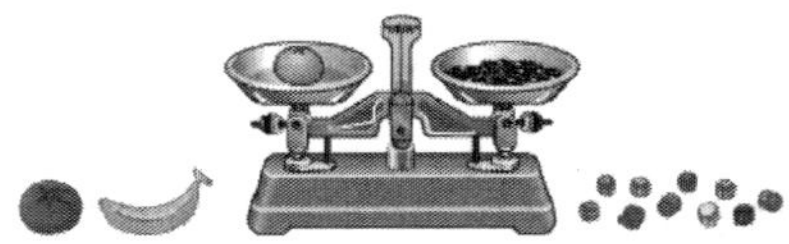
저울을 사용하여 과일의 무게를 여러 가지 단위로 비교해 봅시다.

단위	내가 가져온 과일	짝꿍이 가져온 과일
예 바둑돌	14개	20개

● 내가 가져온 과일과 짝꿍이 가져온 과일의 무게를 같은 단위로 비교해 보세요.

그림 10.10 무게의 임의 단위(교육부, 2020b, p. 107)

- 표준 단위: 무게를 측정하는 단위로 1g이 있다. 물건의 무게를 1g을 확인하는 과정을 통하여 1g에 대한 양감을 기르도록 한다. 무게의 단위 사이의 관계는 1kg=1000g임을 알도록 한다. 그리고 무게의 합과 차를 구하도록 한다.

여러 가지 물체의 무게를 어림하고 직접 측정해 보는 활동을 반복함으로써 여러 가지 물체의 무게에 대한 양감을 기르게 한다. 이러한 양감을 바탕으로 생활 속에서 볼 수 있는 다양한 물체의 무게를 어림해 보는 활동도 하게 한다. 여러 가지 물체의 무게를 다양한 형태의 저울로 측정하여 kg과 g단위로 말할 수 있게 한다. 무게 단위 사이의 관계를 활용하여 kg과 g으로 나타낸 무게의 합과 차를 구할 수 있게 한다. 한편, 무게의 새로운 단위로 1t을 알고, 1t과 kg의 관계를 지도한다.

(6) 각도

성취기준

[4수03-24] 각의 크기의 단위인 1도(°)를 알고, 각도기를 이용하여 각의 크기를 측정하고 어림할 수 있다.
[4수03-25] 여러 가지 방법으로 삼각형과 사각형의 내각의 크기의 합을 추론하고, 자신의 추론 과정을 설명할 수 있다.

(가) 성취기준 해설: 없음

(나) 성취기준 적용 시 고려 사항

- 길이, 들이, 무게, 각도를 측정할 때 측정도구의 눈금에 일치하지 않는 측정값을 '약'으로 표현하게 한다.

각도는 각의 두 반직선의 벌어진 정도를 말하는데, 이는 한 반직선의 끝점을 꼭짓점에 고정하고 다른 반직선의 끝점을 꼭짓점을 중심으로 회전시켰을 때의 회전한 양으로 볼 수도 있다.

◎ 각도는 각의 두 반직선 사이의 벌어진 정도를 말한다.

각의 크기를 재는 표준 단위로 1도(°)를 알고, 각도기의 사용법을 이해하게 한다. 실생활 장면에서 각의 크기를 측정하는 활동을 통하여 1도를 알게 하고, 각도기를 사용하는 방법을 정확히 알고 여러 가지 각의 크기를 재어 각의 크기의 단위인 도(°)로 나타내게 한다. 이러한 과정의 각도 지도는 다음과 같은 과정으로 이루어지도록 한다.

- 직접 비교: 여러 가지 모형이나 도형을 이용하여 두 각의 한 변을 꼭짓점이 일치하도록 포개어 놓고 나머지 한 변이 어떤 위치에 있는지 살펴봄으로써 크기를 비교한다. 이때, 각도는 각의 변의 길이와는 무관하다는 사실을 확인한다.
- 간접 비교: 두 각 중 어느 하나라도 옮길 수 없을 때 투명 종이 등을 이용하여 본을 뜬 뒤, 그것을 다른 각에 겹쳐 크기를 비교한다.

• 임의 단위: 임의 단위로 각을 측정하기 위해 그 각보다 작은 각을 단위로 사용하여 주어진 각에 몇 개만큼 포함되는지를 알아보도록 한다.

• 표준 단위: 표준 단위를 도입하기 위하여 각도기를 이용한다. 각의 크기는 각도기의 눈금에 따라 수치화되고 그 수치로 각도를 명확하게 비교할 수 있게 된다.

◎ 교육과정 성취기준

[4수03-24] 각의 크기의 단위인 1도(°)를 알고, 각도기를 이용하여 각의 크기를 측정하고 어림할 수 있다.

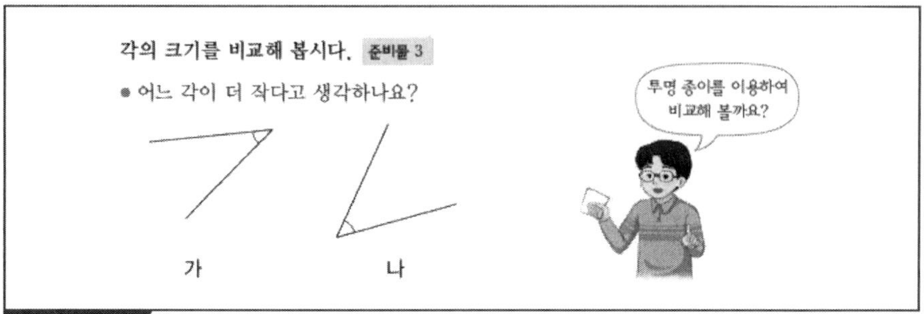

그림 10.11 각도의 간접 비교(교육부, 2020c, p. 36)

각도를 측정하기 위하여 표준 단위로 측정할 수 있는 각도기를 사용한다. 이를 위해 각도기 사용법을 정확하게 알고, 여러 가지 각을 그릴 수 있게 한다.

각도의 응용으로 삼각형의 세 각 크기의 합을 각도기로 재어보거나, 삼각형 모양의 종이에서 세 꼭짓점 부분을 잘라 각을 합쳐보는 활동 등 여러 가지 방법으로 그 합이 180도가 되는 것을 알게 한다. 또, 사각형의 네 각의 크기의 합도 각도기를 사용하거나 사각형 모양의 종이에서 네 꼭짓점 부분을 잘라 각을 합쳐보는 활동 등으로 그 합이 360도임을 알게 한다.

(7) 다각형의 둘레

성취기준

[6수03-11] 평면도형의 둘레를 이해하고, 기본적인 평면도형의 둘레를 구할 수 있다.

(가) 성취기준 해설: 없음

(나) 성취기준 적용 시 고려 사항

• '도형과 측정' 영역의 문제 상황에서 문제해결 전략 비교하기, 주어진 문제에서 필요 없는 정보나 부족한 정보 찾기, 조건을 바꾸어 문제 만들기, 문제해결 과정의 타당성 검토하기 등을 통하여 문제해결 역량을 기르게 한다.

• '도형과 측정' 영역에서 자신의 문제해결 과정을 논리적으로 설명하고 다른 친구의 문제해결 과정과 비교함으로써 비판적으로 사고하는 태도를 기르게 한다.

다각형의 둘레 지도에서는 일상생활에서 볼 수 있는 여러 가지 물체의 둘레를 재어 보는 활동을 바탕으로 둘레의 의미를 이해하게 하고, 이를 바탕으로 기본적인 평면도형의 둘레를 측정하여 구해 보게 한다.

평면도형의 둘레는 직사각형과 같이 도형이 선분으로 구성된 도형에는 선분의 길이를 모두 합하면 되지만, 원과 같이 곡선으로 구성된 도형은 주의하여 지도하여야 한다. 먼저, 직사각형의 둘레는 직사각형 모양이 있는 물건을 묶는데 필요한 끈의 길이를 알아보도록 하여

직사각형의 둘레=(가로+세로)×2

◎ 직사각형의 둘레

임을 발견하도록 한다.

정사각형은 직사각형의 특수한 경우이기 때문에 직사각형의 둘레를 이용하여 나타낼 수도 있고, 정사각형 모양의 물건을 묶는데 필요한 끈의 길이를 알아보도록 하여

정사각형의 둘레=한 변의 길이×4

◎ 정사각형의 둘레

임을 발견하도록 한다. 또한 사각형의 둘레는 둘레를 구하려는 도형의 성질을 알고, 이를 적용하여 구하도록 한다.

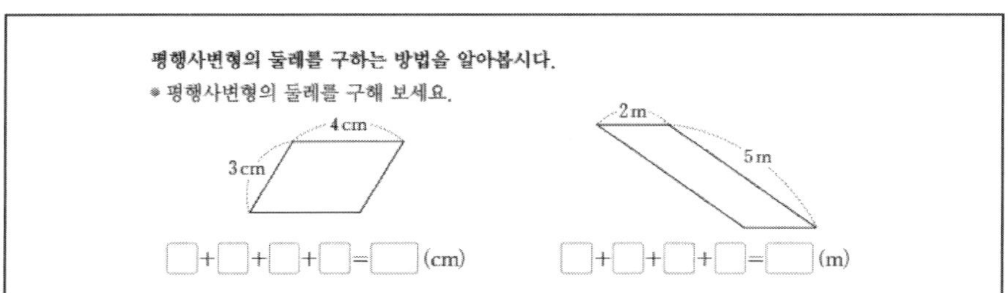

그림 10.12 평행사변형의 둘레 구하기(교육부, 2020e, p. 112)

◎ 교육과정 성취기준

[6수03-11] 평면도형의 둘레를 이해하고, 기본적인 평면도형의 둘레를 구할 수 있다.

탐구 과제: 사각형 모양의 둘레 구하기

주변에서 사각형 모양의 물건을 찾아 둘레를 구하고, 그 모양과 결과에 대해 이야기해 보세요.

(8) 다각형의 넓이

성취기준

[6수03-12] 넓이 단위 $1cm^2$, $1m^2$, $1km^2$를 알며, 그 관계를 이해한다.
[6수03-13] 직사각형과 정사각형의 넓이를 구하는 방법을 이해하고, 이를 구할 수 있다.
[6수03-14] 평행사변형, 삼각형, 사다리꼴, 마름모의 넓이를 구하는 방법을 다양하게 추론하고, 이와 관련된 문제를 해결할 수 있다.

(가) 성취기준 해설: 없음

(나) 성취기준 적용 시 고려 사항

- '도형과 측정' 영역에서는 용어와 기호로 '합동, 대칭, 대응점, 대응변, 대응각, 선대칭도형, 점대칭도형, 대칭축, 대칭의 중심, 직육면체, 정육면체, 면, 모서리, 밑면, 옆면, 겨냥도, 전개도, 각기둥, 각뿔, 원기둥, 원뿔, 구, 모선, 가로, 세로, 밑변, 높이, 원주, 원주율, cm^2, m^2, km^2, cm^3, m^3'를 다룬다.
- 삼각형의 넓이를 구할 때는 높이가 삼각형의 외부에 있는 것도 다룬다.
- 넓이 단위 사이의 관계 중 $1cm^2$, $1km^2$ 사이의 단위 환산은 다루지 않는다.
- 도형의 넓이는 $1cm^2$인 정사각형의 몇 배인지를 구하는 것임을 이해하게 하고, 도형의 변형을 이용하여 넓이를 구하는 여러 가지 방법을 추론하게 한다.
- '도형과 측정' 영역의 문제 상황에서 문제해결 전략 비교하기, 주어진 문제에서 필요 없는 정보나 부족한 정보 찾기, 조건을 바꾸어 문제 만들기, 문제해결 과정의 타당성 검토하기 등을 통하여 문제해결 역량을 기르게 한다.
- '도형과 측정' 영역에서 자신의 문제해결 과정을 논리적으로 설명하고 다른 친구의 문제해결 과정과 비교함으로써 비판적으로 사고하는 태도를 기르게 한다.

넓이는 2차원 기본량으로, 기본 도형인 직사각형을 이용하여 속성을 이해하도록 하고, 단위를 도입하며 넓이를 구하는 공식을 발견하도록 한다. 넓이도 측정의 한 속성이기 때문에 다음과 같이 측정 지도의 과정을 거쳐 넓이에 대한 이해가 이루어지도록 한다.

- 직접 비교: 직접 비교를 위하여 아래와 같이 가방 속의 물건 2개(한 물건이 다른 물건에 완전히 포함되는 경우)를 꺼내어 넓이를 비교하는 활동을 한다.

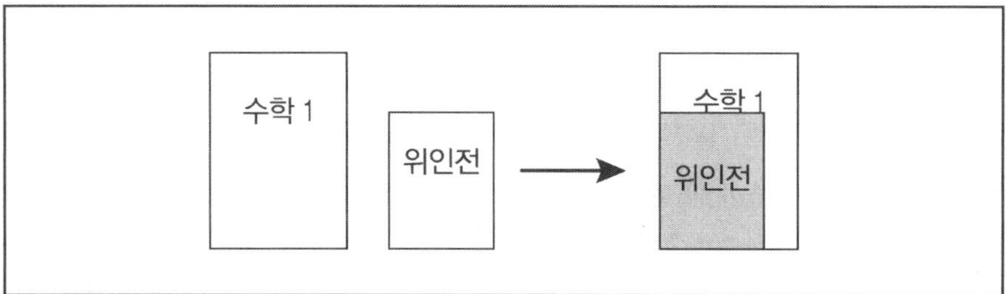

그림 10.13 넓이의 직접 비교

- 간접 비교: 비교하는 물건의 수가 많거나 직접 비교할 수 없을 때 간접 비교를 한다. 아래 그림과 같이 책가방 속의 물건 2개(한 물건이 다른 물건에 완전히 포함되지 않는 경우)를 꺼내어 넓이를 비교하는 활동을 한다. 크기를 직접 비교할 수 없기 때문에 다른 물건을 이용하여 넓이를 비교해야 할 필요성을 알아야 한다.

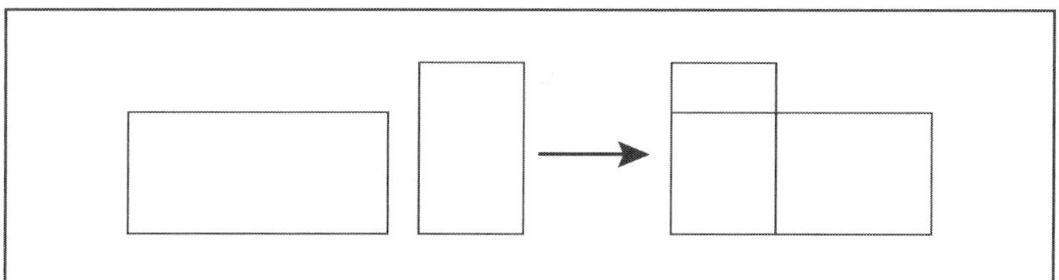

그림 10.14 넓이의 간접 비교의 필요성

- 임의 단위: 직접 비교할 수 없을 때 다른 물건을 이용하여 넓이를 각각 계산해 보도록 한다. 예를 들면, 책상의 넓이를 색종이의 넓이나 책의 넓이를 기준으로 하여 재어보는 활동을 한다. 이때, 색종이의 넓이나 책의

넓이와 같이, 어떤 넓이를 재는 데 기준이 되는 넓이를 임의 단위라고 한다.

- 표준 단위: 여러 가지 임의 단위로 재어 보고, 의사소통의 불편함을 발견하게 하는 활동을 통하여 사람들이 공유하여 사용할 수 있는 표준 단위인 한 변이 1cm인 정사각형의 넓이로 $1cm^2$를 정의한다.

단위 지도와 관련지어 어떤 도형의 넓이를 측정한다는 것은 그 도형을 완전히 덮을 수 있는 단위 넓이의 개수를 세는 것이다. 다양한 크기의 임의 단위로 도형을 덮어봄으로써 넓이를 비교하는 데 임의 단위가 불편함을 알게 한다. 임의 단위의 불편함을 깨닫게 한 후에 넓이의 표준 단위로 cm^2를 도입하고, $1cm^2$의 실제 넓이에 대한 양감을 느끼게 한다.

또 $1cm^2$ 보다 큰 넓이 단위의 필요성을 이해하게 하고, $1m^2$, $1km^2$를 도입한다. 그리고, $1m^2$, $1km^2$에 대한 양감을 기르게 한다. 또, $1cm^2$, $1m^2$, $1km^2$ 단위 사이의 관계를 이해하게 한다.

탐구 과제: 넓이 비교하기

서로 평행인 두 직선 l, m에 대하여 $\overline{AB} \parallel \overline{CD}$이고, $\overline{AB}$와 $\overline{CD}$ 사이의 거리와 곡선 EF와 HG사이의 거리가 같을 때, 어느 영역의 넓이가 더 넓은가?

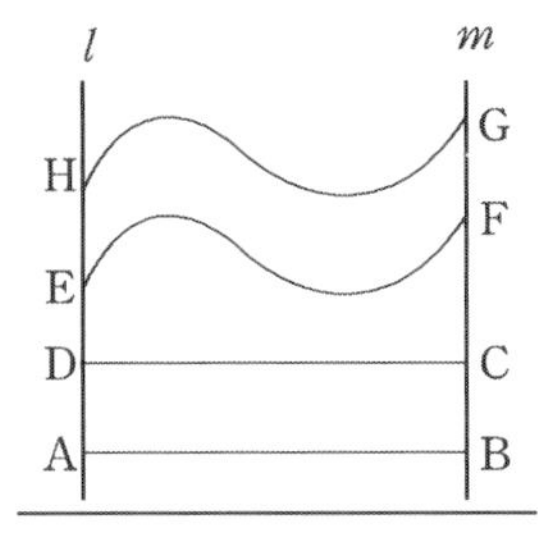

직사각형의 넓이는 직사각형을 완전히 덮을 수 있는 $1cm^2$인 정사각형의 개수를 세는 과정에서 가로와 세로의 곱으로 구할 수 있다. 평행사변형, 삼각형, 사다리꼴, 마름모의 넓이 구하기는 모양은 변하지만 넓이는 변하지 않게 등적 변형하거나 도형을 분할하는 등 다양한 방법을 이해한 후 구하게 한다. 즉, 평행사변형의 넓이를 구하기 위해 평행사변형을 직사각형으로 등적 변형하거나, 마름모의 넓이를 구하기 위하여 마름모를 직사각형으로 변형하는 등 다양한

방법으로 평면도형의 넓이를 구해 보게 하여 그 방법을 이해하게 한다. 특히, 삼각형의 넓이를 다룰 때는 높이가 삼각형의 내부, 외부에 있는 것을 모두 다룬다. 각 도형의 넓이를 구하는 원리는 다음과 같다.

① 직사각형의 넓이

직사각형 모양의 넓이를 구하기 위하여 가로와 세로를 각각 1cm씩 나누고, $1cm^2$가 모두 몇 개인지를 세어보는 직접 측정 활동을 한다. 직사각형의 넓이를 간접 측정으로 구하는 공식을 얻기 위하여, 아이들은 직사각형에서 '가로'와 '세로'가 무엇을 가리키고 있는지 알고 있어야 한다. 그러므로, 직사각형에서 가로와 세로를 약속한다.

직사각형의 넓이를 구하는 것은 직사각형에 들어가는 $1cm^2$의 개수를 세는 것과 같다는 것과 이것은 가로와 세로의 곱과 같다는 것을 알고, 직사각형의 넓이=가로×세로임을 발견하도록 한다. 또, 정사각형은 직사각형의 특수한 경우이기 때문에 직사각형의 넓이를 구하는 공식을 이용한다.

◎ 직사각형의 넓이

◎ 교육과정 성취기준

[6수03-13] 직사각형과 정사각형의 넓이를 구하는 방법을 이해하고, 이를 구할 수 있다.

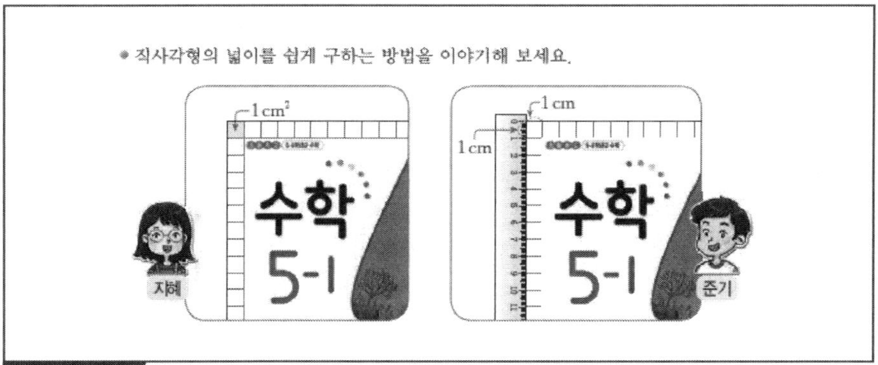

그림 10.15 직사각형의 넓이 구하기(교육부, 2020e, p. 116)

② 평행사변형의 넓이

한 변의 길이가 1cm인 모눈종이 위에서 평행사변형 모양은 $1cm^2$가 몇 개인지를 세어보는 직접 측정 활동을 한다. 평행사변형의 넓이를 간접 측정하기 위하여 밑변과 높이를 약속하여야 한다. 평행사변형에서 평행인 두 변을 '밑변'이라 하고, 밑변 사이의 거리를 '높이'라고 약속한다.

모눈종이 위에서 평행사변형의 오른쪽에 있는 도형을 잘라서 평행사변형의 왼쪽에 붙이는 등적 변형을 통하여 평행사변형의 넓이는 직사각형의 넓이와

교육과정 성취기준
[6수03-14] 평행사변형, 삼각형, 사다리꼴, 마름모의 넓이를 구하는 방법을 다양하게 추론하고, 이와 관련된 문제를 해결할 수 있다.

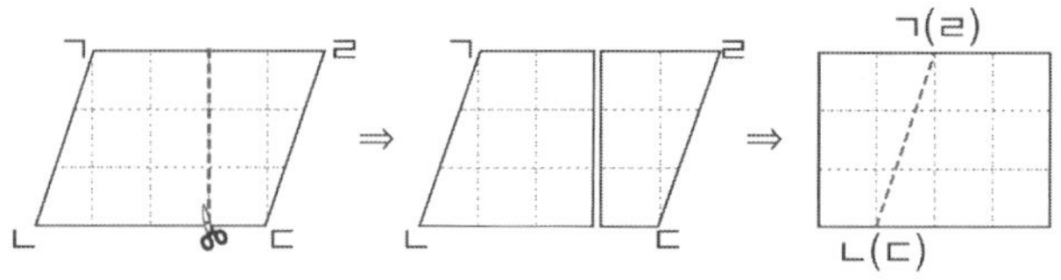

그림 10.16 평행사변형의 등적 변형

같음을 발견하게 된다. 따라서, 평행사변형의 넓이를 구하는 공식은 다음 식과 같음을 발견하게 된다.

평행사변형의 넓이=밑변의 길이×높이

③ 삼각형의 넓이

합동인 삼각형 2개를 붙여 놓으면 평행사변형이 됨을 발견하게 한다.

한 변의 길이가 1cm인 모눈종이 위에서 삼각형 모양은 $1cm^2$가 몇 개인지 세어 보는 직접 측정 활동을 한다. 간접 측정을 위하여 합동인 삼각형 2개를 붙여 놓으면 평행사변형이 됨을 발견하게 한다. 그러므로 삼각형의 넓이는 평행사변형의 넓이의 반임을 발견하게 된다. 따라서, 삼각형의 넓이를 구하는 공식은 다음과 같다.

삼각형의 넓이=밑변의 길이×높이÷2

교육과정 성취기준
[6수03-14] 평행사변형, 삼각형, 사다리꼴, 마름모의 넓이를 구하는 방법을 다양하게 추론하고, 이와 관련된 문제를 해결할 수 있다.

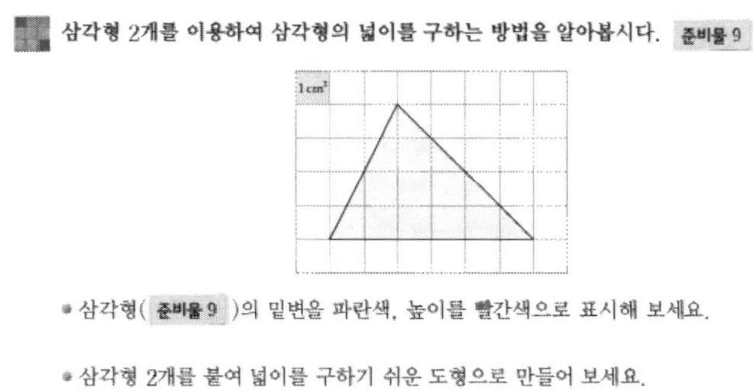

그림 10.17 삼각형의 넓이(교육부, 2020e, p. 127)

④ 사다리꼴의 넓이

한 변의 길이가 1cm인 모눈종이 위에서 사다리꼴 모양은 $1cm^2$가 몇 개인지를 세어 보는 직접 측정 활동을 한다. 간접 측정을 위하여 사다리꼴의 넓이를 구하는데 필요한 밑변, 윗변, 아랫변, 높이를 정의한다. 사다리꼴에서 평행인 두 변을 '밑변'이라고 한다. 밑변을 위치에 따라 '윗변', '아랫변'이라 하고, 두 밑변 사이의 거리를 '높이'라고 한다. 사다리꼴의 넓이는 다음과 같이 구할 수 있다.

[방법1] : 윗변의 길이×높이÷2+아랫변의 길이×높이÷2
[방법2] : 윗변의 길이×높이+(아랫변의 길이−윗변의 길이)×높이÷2
[방법3] : (윗변의 길이+아랫변의 길이)×높이÷2

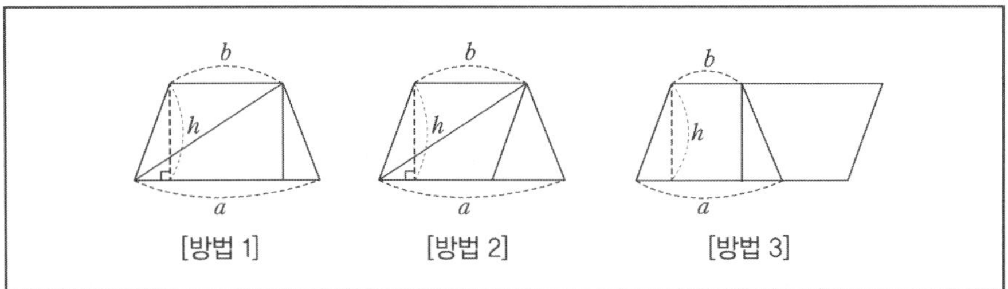

그림 10.18 사다리꼴의 넓이 구하기

◎ **교육과정 성취기준**
[6수03-14] 평행사변형, 삼각형, 사다리꼴, 마름모의 넓이를 구하는 방법을 다양하게 추론하고, 이와 관련된 문제를 해결할 수 있다.

[방법3]이 가장 활용하기에 간편하므로, [방법3]을 사다리꼴의 넓이를 구하는 공식으로 약속하게 한다.

⑤ 마름모의 넓이

한 변의 길이가 1cm인 모눈종이 위에서 마름모 모양은 $1cm^2$가 몇 개인지를 세어 보는 직접 측정 활동을 한다. 간접 측정을 위하여 모눈종이 위에 마름모를 그리고, 마름모의 대각선과 평행한 선을 그어 마름모를 둘러싼 직사각형을

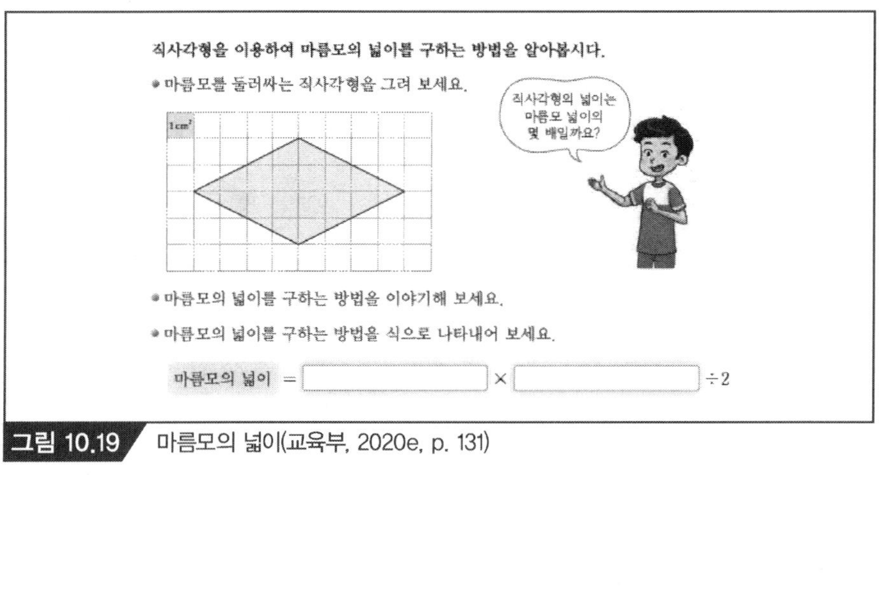

그림 10.19 마름모의 넓이(교육부, 2020e, p. 131)

◎ **교육과정 성취기준**
[6수03-14] 평행사변형, 삼각형, 사다리꼴, 마름모의 넓이를 구하는 방법을 다양하게 추론하고, 이와 관련된 문제를 해결할 수 있다.

그리도록 한다. 마름모의 넓이는 마름모를 둘러싼 직사각형 넓이의 반임을 발견하게 된다. 따라서, 마름모의 넓이를 구하는 공식은 다음 식과 같음을 발견하게 한다.

마름모의 넓이 = 한 대각선의 길이×다른 대각선의 길이÷2

(9) 원주율과 원의 넓이

성취기준

[6수03-15] 여러 가지 원 모양 물체의 원주와 지름을 측정하는 활동을 통하여, 원주율이 일정한 값임을 알고 그 근삿값을 사용할 수 있다.
[6수03-16] 원주와 원의 넓이를 구하는 방법을 이해하고, 이를 구할 수 있다.

(가) 성취기준 해설

- [6수03-15] 여러 가지 원에서 (원주)÷(지름)의 값을 구하여 모든 원에서 원주율이 일정함을 이해하게 하고, 원주율의 근삿값으로 3.14를 사용하게 한다.
- [6수03-16] 지름과 원주율을 이용하면 원주를 직접 측정하지 않고도 구할 수 있음을 알게 하고, 직사각형의 넓이를 구하는 방법을 이용하여 원의 넓이를 구하는 방법을 이해하게 한다.

(나) 성취기준 적용 시 고려 사항

- 원주율을 지도할 때는 원주와 지름의 관계를 이해하고 원주율에 대한 양감을 기르게 한다.
- 원주율, 원주, 원의 넓이, 입체도형의 겉넓이와 부피 등을 구할 때 복잡한 계산은 계산기를 사용하게 한다.

원의 둘레는 병이나 원형 통과 같이 원기둥 모양의 물건을 묶는 데 필요한 끈의 길이를 알아보는데 필요하다. 이때, 원의 둘레의 길이를 구하기 위해 필요한 원의 둘레의 길이를 원주라 하고, 지름의 길이에 대한 원주의 비율을 원주율이라고 약속한다.

물건	지름의 길이	원주
음료수 병	7cm	22cm
캔 음료	8.5cm	26.7cm
테이프	35cm	110cm

원주와 원주율을 지도하기 위하여 위의 표와 같이 둥근 물체의 원주를 여러 가지 방법으로 측정하여 원주와 지름의 비율을 구하는 활동으로 원주율을 이해하게 한다. 원주율은 지름의 길이에 대한 원주의 비율이므로 활동에서 얻은 자료를 이용하여 원주를 지름으로 각각 나누어 보도록 하여, 원주율의 크기를 (원주율)=(원주)÷(지름)은 약 3.14임을 알게 한다. 이때 원주율은 상황에 따라 적절하게 선택하여 사용하도록 하는데, 3, 3.1, 3.14 등을 쓸 수도 있다. 여기서 (원주)=(반지름)×2×3.14임을 발견하게 한다.

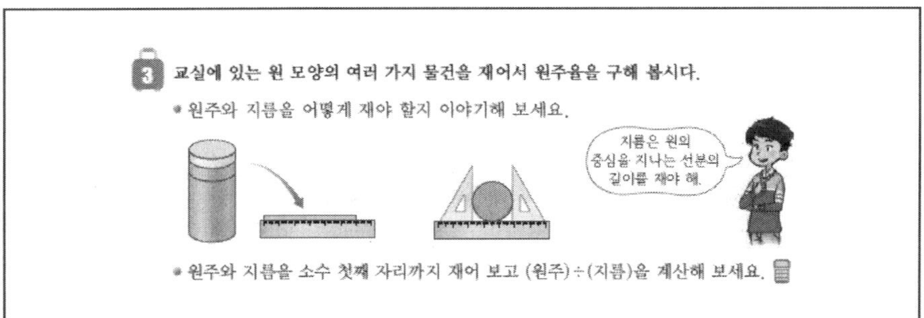

그림 10.20 원주율 구하기(교육부, 2020h, p. 95)

◎ **교육과정 성취기준**
[6수03-15] 여러 가지 원 모양 물체의 원주와 지름을 측정하는 활동을 통하여, 원주율이 일정한 값임을 알고 그 근삿값을 사용할 수 있다.

원의 넓이는 모눈종이 위에 원을 그리고 그 원 안에 있는 모눈의 개수를 세는 직접 측정 방법을 이용하거나, 원에 외접하는 정사각형과 내접하는 정사각형 사이의 관계를 이용하여 근사적으로 알아보게 한다. 또, 원을 작은 부채꼴로 잘라 직사각형 모양으로 붙여 만드는 활동으로 원의 넓이를 구하는 공식을 이해하게 한다. 즉, 원을 크기가 같은 여러 개의 부채꼴로 자르고, 부채꼴을 직사각형 모양이 되도록 붙이는 활동을 한다. 원을 한없이 잘게 잘라 붙이면 원의 넓이는 가로가 원주의 $\frac{1}{2}$ 이고, 세로가 반지름의 길이와 같은 직사각형의 넓이와 점점 같아진다는 것을 발견하게 된다. 따라서, 원의 넓이를 구하는 공식은 다음과 같음을 발견하게 한다.

$$(\text{원의 넓이}) = (\text{원주의 } \frac{1}{2}) \times (\text{반지름}) = (\text{지름}) \times (\text{원주율}) \times \frac{1}{2} \times (\text{반지름})$$
$$= (\text{반지름}) \times (\text{반지름}) \times (\text{원주율})$$

교육과정 성취기준
[6수03-16] 원주와 원의 넓이를 구하는 방법을 이해하고, 이를 구할 수 있다.

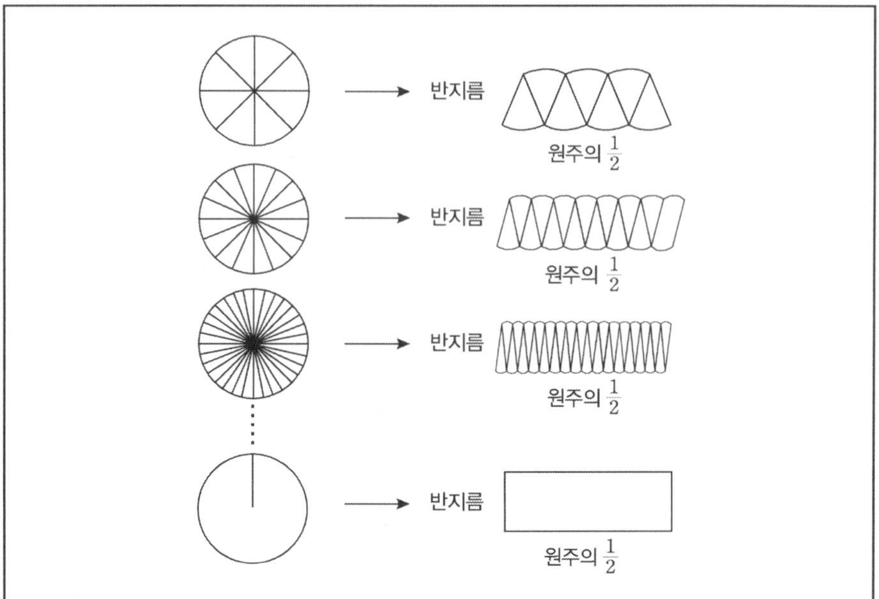

그림 10.21 원의 넓이 구하기

탐구 과제: 경제적인 도형 찾기

넓이가 일정한 정사각형, 정삼각형, 원의 둘레의 길이를 각각 구하여라. 이를 이용하여 음료수병이 대부분 원기둥 모양인 이유를 생각해 보아라.

(10) 입체도형의 겉넓이

성취기준

[6수03-17] 직육면체와 정육면체의 겉넓이를 구하는 방법을 이해하고, 이를 구할 수 있다.

(가) 성취기준 해설: 없음

(나) 성취기준 적용 시 고려 사항

- 겉넓이와 부피를 구하는 방법에 대하여 다양한 추론을 하게 하고, 자신의 추론 과정을 다른 사람에게 설명하게 할 수 있다.
- 도형의 넓이와 부피를 구하는 방법의 편리함을 인식하게 한다.

직육면체와 정육면체의 겉넓이는 각 면의 넓이를 각각 구해서 더하는 방법, 넓이가 같은 면을 찾아 더하는 방법, 전개도의 넓이를 구하는 방법 등 다양한 방법으로 구할 수 있게 한다.

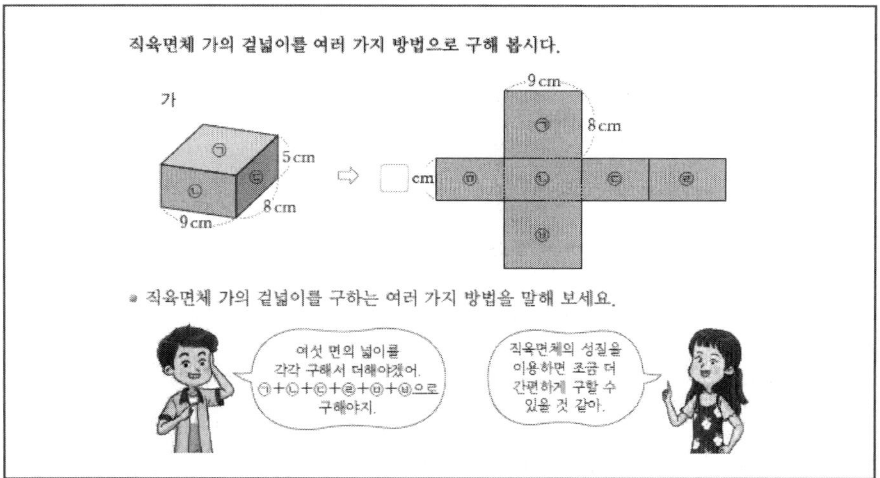

그림 10.22 직육면체의 겉넓이 구하기(교육부, 2020g, p. 127)

◎ **교육과정 성취기준**
[6수03-17] 직육면체와 정육면체의 겉넓이를 구하는 방법을 이해하고, 이를 구할 수 있다.

구체적으로 살펴보면, 직육면체 모양인 상자의 겉면에 색종이를 붙이는 것을 생각하고, 직육면체의 겉넓이를 구하는 데 필요한 밑넓이와 옆넓이를 약속하여야 한다. 직육면체의 겉넓이는 2개의 밑넓이와 옆넓이이므로, 다음 공식을 발견하게 한다.

$$\text{직육면체의 겉넓이} = \text{밑넓이} \times 2 + \text{옆넓이}$$

정육면체는 모든 면이 정사각형인 직육면체로, 직육면체의 특수한 경우이다. 그러므로 정육면체의 겉넓이에 대한 공식을 다음과 같이 발견하게 한다.

$$\text{정육면체의 겉넓이} = \text{밑넓이} \times 6$$

(11) 입체도형의 부피

성취기준

[6수03-18] 부피 단위 $1cm^3$, $1m^3$를 알며, 그 관계를 이해한다.
[6수03-19] 직육면체와 정육면체의 부피를 구하는 방법을 이해하고, 이를 구할 수 있다.

(가) 성취기준 해설: 없음

(나) 성취기준 적용 시 고려 사항

- 겉넓이와 부피를 구하는 방법에 대하여 다양한 추론을 하게 하고, 자신의 추론 과정을 다른 사람에게 설명하게 할 수 있다.
- 도형의 넓이와 부피를 구하는 방법의 편리함을 인식하게 한다.

생활 주변의 구체적인 사물을 통해 부피 개념을 형성하게 하고, 부피를 구해 보도록 한다. 직육면체의 부피는 직육면체와 부피가 같도록 쌓기나무로 쌓아 보는 활동을 한다. 쌓기나무(예, 4×3×2)를 보면서 직육면체의 부피는 다음과 같음을 발견하게 한다.

- 한 층에 놓인 쌓기나무의 개수는 4×3=12이므로 $12cm^3$임을 발견하게 한다.
- 2층에 놓인 쌓기나무의 개수는 4×3×2=24이므로 $24cm^3$임을 발견하게 한다.

◎ 교육과정 성취기준
[6수03-19] 직육면체와 정육면체의 부피를 구하는 방법을 이해하고, 이를 구할 수 있다.

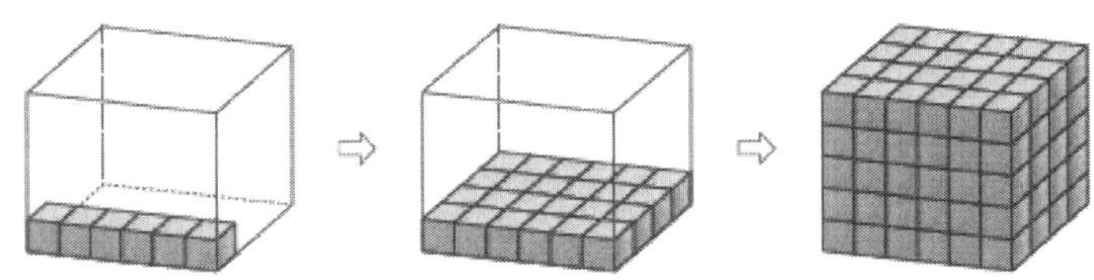

그림 10.23 직육면체의 부피 구하기(교육부, 2020g, p. 122)

이 과정을 통해 (직육면체의 부피)=(밑면의 가로)×(밑면의 세로)×(높이)임을 발견하도록 한다. 또한 정육면체는 직육면체의 특수한 경우이다. 그러므로 정육면체의 부피에 대해 (정육면체의 부피)=(한 모서리의 길이)×(한 모서리의 길이)×(한 모서리의 길이)임을 발견하도록 한다.

오늘의 생각 문제

1. 다음 그림과 같은 토지를 똑같은 모양, 똑같은 넓이를 가진 4부분으로 나누려고 한다. 나누는 방법을 그림으로 나타내세요.

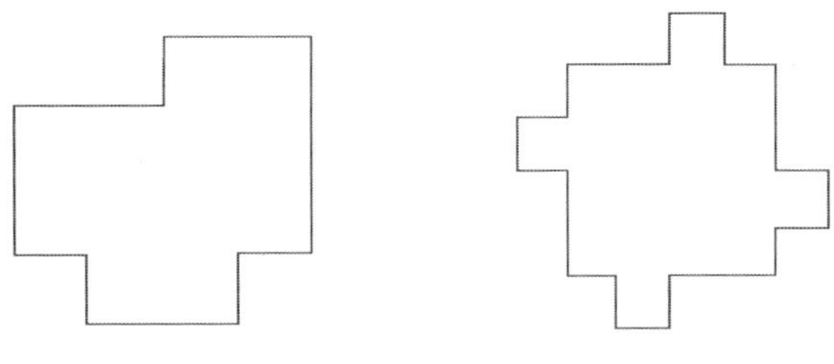

2. (가)는 5~6학년군 '다각형의 둘레와 넓이' 단원 수업의 일부이고, (나)는 이 수업에 관해 교사들이 나눈 대화이다. 물음에 답하시오(2022학년도 초등 임용시험 문제).

(가)

박 교사: 오늘은 여러 가지 문제를 풀어 보면서 이 단원에서 배운 내용을 정리해 보겠습니다. [그림 1] 마름모의 둘레를 구해 보세요.

학생 A: 한 변의 길이만 주어져 있고, 나머지 변의 길이는 몰라서 둘레를 못 구해요.

…(중략)…

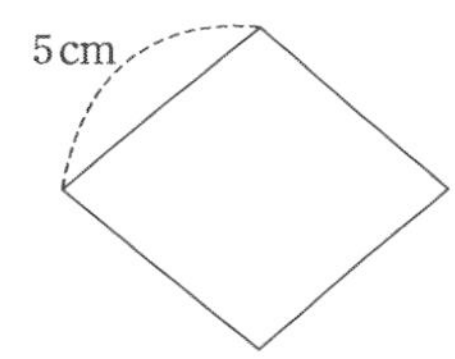

[그림 1]

박 교사: 직사각형 가, 나, 다의 넓이와 둘레를 구해 보세요.

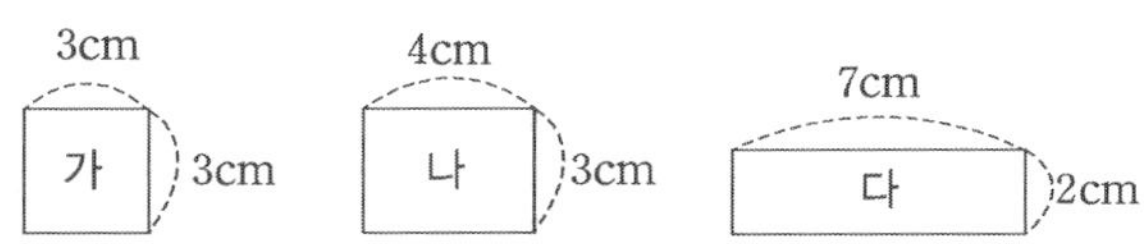

[그림 2]

학생 B: 가, 나, 다의 넓이는 9cm^2, 12cm^2, 14cm^{2}이고, 둘레는 12cm, 14cm, 18cm입니다.

박 교사: 직사각형의 넓이와 둘레를 잘 구했네요.

학생 B: 선생님! 직사각형의 넓이가 클수록 둘레도 큰 것 같아요.

박 교사: 정말로 직사각형의 넓이가 클수록 둘레도 클까요? 이 추측이 맞는지 확인해 봅시다.

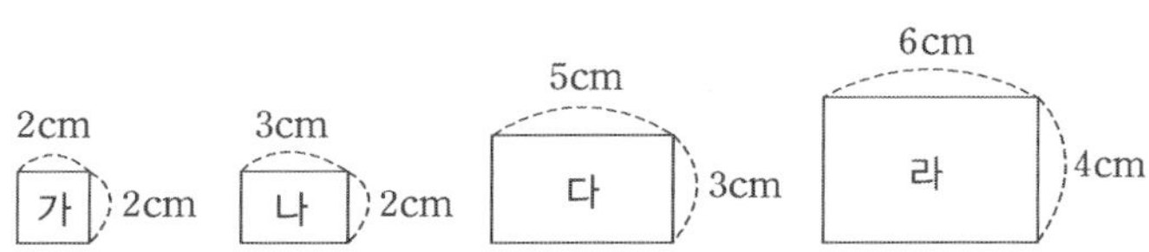

[그림 3]

오늘의 생각 문제

박 교사: [그림 3]의 직사각형과 [그림 2]의 직사각형의 넓이와 둘레를 비교해 보세요.

(나)

김 교사: [그림 1]처럼 한 변의 길이만 주어져 있는 마름모를 제시한 이유는 무엇인가요?

박 교사: 학생들이 ㉠ 마름모의 둘레 구하는 방법을 이해했는지 알아보기 위해서입니다.

김 교사: 그렇군요. 학생들이 그 방법을 충분히 이해했다면, 사각형의 성질과 둘레에 대한 지식을 종합적으로 평가할 수 있는 다음과 같은 문제를 제시하는 것도 좋겠네요.

문제: '가'는 정사각형, '나'는 평행사변형, '다'는 마름모입니다. '나'의 둘레가 20cm입니다. '가'의 둘레와 '다'의 둘레의 합을 구해 보세요.

답: '가'의 둘레와 '다'의 둘레의 합은 (㉡)cm입니다.

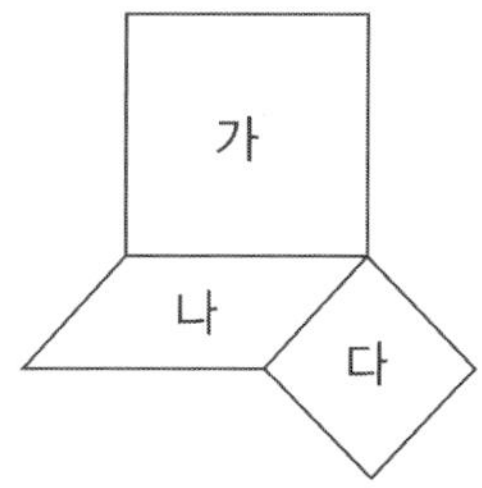

김 교사: 수업 중에 학생 B가 '직사각형의 넓이가 클수록 둘레도 크다.'라는 추측을 했는데, 선생님께서는 이런 상황을 예상했었나요?

박 교사: 예상 못했어요. 그런데 그 추측이 모든 직사각형에 대해서 성립하지는 않아요. 그래서 [그림 3]의 직사각형 중에 (㉢)와/과 [그림 2]의 직사각형 중에 (㉣)을/를 비교해 보게 했어요. 이를 이용해서 ㉤ '직사각형의 넓이가 클수록 둘레도 크다.'라는 추측이 옳지 않다는 것을 설명했어요.

(1) (나)의 ㉠을 마름모의 성질과 관련지어 쓰시오.

(2) (나)의 ㉡에 알맞은 수를 쓰시오.

(3) ① (나)의 ㉢, ㉣에 알맞은 기호를 쓰고, ② ㉤의 이유를 쓰시오.
(단, ② 작성 시 ㉢, ㉣에 쓴 기호를 이용하시오.)

단원 내용 되돌아보기

01. 측정과 측도를 각각 설명하시오.

02. 양의 개념과 양의 성질을 이야기하고, 주변에서 양을 찾아 이를 설명해 보세요.

03. 측정의 지도 과정을 제시하고, 각각의 속성을 예로 하여 지도 방법을 이야기해 보세요.

04. 여러 가지 속성을 이용하여 직접 비교와 간접 비교하는 활동을 설명해 보세요.

05. 여러 가지 다각형의 넓이를 구하는 원리와 방법을 설명해 보세요.

06. 원을 여러 개의 부채꼴로 자르고, 부채꼴을 직사각형 모양이 되도록 붙이는 활동을 통하여 원의 넓이를 구하는 과정을 시연해 보세요.

07. 쌓기 나무를 이용하여 직육면체의 부피를 구하는 원리를 시연해 보세요.

08. 이교사는 '사다리꼴의 넓이 구하기'를 지도하기 위하여 다음과 같이 수업을 계획하였다. 물음에 답하세요.

> [실생활 문제 제시] 민이는 교실 옆에 사다리꼴 모양의 꽃밭을 만들었습니다. 꽃밭의 넓이는 얼마인지 알아보시오.
>
> [활동 1] 모눈종이를 이용하여 사다리꼴의 넓이를 구하도록 한다.
>
> [활동 2] 사다리꼴의 넓이를 여러 가지 도형으로 분할하여 그 넓이의 합으로 구하도록 한다.
> 〈방법 1〉 두 개의 삼각형의 넓이의 합
> 〈방법 2〉 (　　①　　)
>
> [활동 3] (　　②　　)
> [활동으로 알게 된 것]
> (사다리꼴의 넓이)={(윗변+아랫변)×높이}÷2

(1) 측정의 지도 단계에 비추어 활동 1의 의미를 쓰세요.

(2) ①에 들어갈 수 있는 것을 2개 쓰세요.

(3) ②에 적절한 활동을 쓰세요.

11장 자료와 가능성

이 장을 시작하면서

불확실한 사회를 살아가는 우리는 미래 상황을 예측하기 위하여 통계 처리를 하게 된다. 예를 들어, 어떤 집단 구성원들로부터 자료를 조사할 수 있고, 조사 결과를 이용하여 그들의 현재 상태를 파악하고 미래에 일어날 현상을 예측하게 된다. 통계는 불확실한 상황에서 현명한 의사결정을 위해 이루어지는 이론과 방법이다. 우리 반 아이들이 선호하는 운동 경기, 현장 체험학습 장소, 좋아하는 간식 등을 자료 조사를 통해 알 수 있고, 이를 바탕으로 의사결정을 할 수 있는 것이다.

또, 우리는 앞으로 일어날 일에 대한 기대 정도를 확률이라는 용어로 표현하여 사용한다. 특히, 확률은 게임이나 도박, 스포츠 등에서도 흔히 이용하는 개념이며, 일상에서도 우연히 일어날 일에 대한 기대를 수치화하여 확률로 표현하고 의사결정을 하기도 한다. 일확천금을 꿈꾸며 로또를 구매하는 사람이 1등에 당첨될 확률을 생각하며 로또를 구매하고, 축구 경기 시작에서 공격권을 결정하기 위해 동전을 던지기도 한다.

머피의 법칙과 셀리의 법칙도 확률과 관련이 있다. 머피의 법칙은 미국의 항공 엔지니어인 머피(E. Murphy)의 충격 완화장치 실험이 실패로 끝난 데서 유래하였으며, 희망하지 않는 방향으로 일이 진행될 때 사용된다. 이 반대의 경우가 셀리의 법칙이다. 결국 일어날 확률이 1%도 안 되는 나쁜 사건이 계속 벌어지면 머피의 법칙에 해당되고, 일어날 확률이 1%밖에 되지 않는 사건이 계속 일어나면 셀리의 법칙에 해당된다.

함께 이야기해요

자신이 생활하면서 확률 개념을 이용하여 상황을 판단하거나 문제를 해결한 경험에 대해 이야기해 보세요. 오늘 아침에 집에서 출발하여 지금까지 생활하면서 확률적 판단을 한 경험을 이야기해 보세요.

함께 해결해봐요

생활 속에서 나와 친밀한 수를 자주 만나곤 한다. 예를 들어, 우리 집 자동차 번호나 내 휴대전화 뒷번호와 같은 자동차 번호를 만나면 반갑기도 한다. 쉽게 일어날 것 같지 않은 현상으로 생각하지만, 예상한 것보다 자주 접하게 되면 놀랍기도 하다. 내 휴대전화 뒷번호와 같은 자동차 번호를 만나게 될 확률은 어느 정도이길래 자주 목격하게 되는 것일까? 그 확률을 구해 보세요.

11-1 자료와 가능성의 지도 원리

(1) 통계학과 확률의 발달

우리는 불확실한 사회에서 살고 있기 때문에 미래에 대한 예측이나 의사결정을 하기 위하여 판단의 근거가 되는 과학적인 수치를 수집하고 분석하여 이를 근거로 판단을 해야 한다. 이와 같이 우리는 일상생활에서 통계를 이미 활용하고 있으며, 통계는 우리의 삶과 밀접한 관계를 맺고 있다. 통계는 어떤 집단의 현상 구조를 밝히기 위하여 자료의 처리를 논하는 것이다. 통계에서 사용되는 자료는 수량적으로 나타난 것이라야 하며, 이것을 분류·정리하여 그 집단의 어떤 사실의 법칙성을 알아내는 것이다.

◎ 통계는 어떤 집단의 현상 구조를 밝히기 위하여 자료의 처리를 논하는 것이다.

통계학의 기원은 기원전 이집트나 로마에서 통계조사가 행해졌다는 기록이 있어, 그때부터 생각하는 사람도 있다. 이집트의 피라미드, 중국의 만리장성을 건설하는 데는 많은 사람, 자재, 식량 등이 필요했기에 당연히 초보적인 통계가 있었을 것으로 생각된다. 실제로 이집트에서는 B.C. 3050년경, 중국에서는 B.C. 2300년경에 실시한 통계조사 기록이 발견되었다. 또, 알렉산더 대왕이나 징기스칸 대군의 대원정이나 11세기경의 십자군 등에는 수십만 명의 병사와 말, 무기, 식량의 기록이 필요하였으며, '수표'가 만들어졌다는 것은 틀림없다.

그러나, 통계라는 것은 단순 수표와는 다르며, 아무렇게나 나열되어 있는 수에서 하나의 경향을 찾아내어 전체로서 어떤 판단을 하는 것이 통계라 할 수 있다. 이런 의미에서의 통계의 탄생은 17세기에 독일과 영국에서 각각 독립적으로 일어난 것으로 알려져 있는데, 17세기경 독일에서 탄생한 국세학파와 영국에서 있었던 정치 산술학파가 통계학의 기초를 구축한 것으로 밝히고 있다.

◎ 통계의 탄생은 17세기에 독일과 영국에서 각각 독립적으로 일어난 것으로 알려져 있다.

독일에서는 최대의 종교전쟁인 30년 전쟁(1618~1648)이 벌여져 프랑스, 스웨덴, 폴란드 등으로 병사들이 출병하게 되고, 그 결과로 국론은 분열되고 도시와 농촌은 황폐되어 인구가 줄고 생산이 미약하게 되었다. 이렇게 폐허가 된 국가를 건설하기 위해 콘링(H. Conring, 1606~1681)은 토지, 국민, 재정 등 국가시정을 알기 위한 국세조사의 필요성을 설파했는데, 이것이 근대 통계학의 시작이라고 할 수 있다. 통계학이라는 statistics는 국가라는 state에 그 근원을 두고 있다.

한편, 영국에서는 16세기 이후 런던이 유럽의 해외무역의 중심지로서 여러 외국 무역선이 출입했기 때문에, 전염병이 만연하여 많은 시민이 사망하였다. 이것 때문에 런던에서는 16세기 말부터 시민의 출생, 사망과 그 원인을 나열한 사망표를 발행했는데, 그랜트(J. Graunt, 1620~1674)는 불규칙하게 보이는 수표에서 몇 개의 경향이나 규칙이 있다는 것을 발견하였다. 그는 당시 런던에서 사망자 수가 출생자 수보다 컸지만 인구가 줄지 않는 이유가 이주에 기인한다는 것을 확인하였고, 사망자를 연령별로 배열하고 각 연령에서 사망률도 산출하였다. 이것은 이후 생명보험 이론의 기초가 되었다.

자연 현상에 법칙이 있는 것과 같이 사회현상에도 법칙이 있다.

벨기에의 천문학자 케틀레(L. A. J. Quetelet, 1796~1874)는 '통계학의 아버지'로 불리고 있는데, 그는 자연 현상에 법칙이 있는 것과 같이 사회현상에도 법칙이 있다고 보고, 그것을 통계적 방법에 의해 찾아내려고 노력했다. 그는 통계조사 기관의 설치, 통계조사 방법의 고안, 통계 제도 정비 등 관청통계를 발달시킨 공적이 크다. 그 후에 통계학은 시대 발전에 따라 더욱 발전하였는데, 이는 곧 기술통계에서 추측통계로 발전하였다. 오늘날 수리 통계의 기법은 더욱 심화·발전되고, 모든 학문의 연구에서만이 아니라, 전자계산기와 더불어 경제·경영에서도 매우 활발히 이용되고 있다.

확률은 우연 현상을 수량화하려는 수학자들의 노력에 의해 개념화 되었다.

한편, 확률은 우연 현상을 수량화하려는 수학자들의 노력으로 탄생하였다. 15-16세기에 이탈리아, 프랑스 등에서는 도박이 성행하였는데, 도박에서 이기기 위한 과학적, 이론적 추구가 확률 발달의 근간이 되었다고 할 수 있다. 수학사에서 카르다노(Cardano, 1501~1576)는 '우연'을 처음으로 수량적으로 취급하였다. 1654년에 파스칼(Pascal, 1623~1662)과 페르마(Fermat, 1601~1665)는 서신 왕래를 통하여 주사위 게임, 도박꾼의 내깃돈 문제를 다루었다. 파스칼과 페르마의 연구는 확률에 대한 관심을 불러 일으켰고, 수학적 확률 이론에 대한 책들의 대부분은 이들 서신 왕래를 확률 이론의 시초로 다루고 있다.

수학적 확률
통계적 확률
공리적 확률

확률은 정의 방식에 따라 수학적 확률, 통계적 확률, 공리적 확률로 분류된다. 첫째, 수학적 확률은 라플라스(M. P. S. Laplace)가 정의한 방식으로, 근원사건이 N개인 표본공간에서 각 근원사건이 일어날 가능성이 모두 같은 정도일 경우, m개의 근원사건으로 구성된 사건 A가 일어날 확률 $P(A)$는 $P(A)=\frac{m}{N}$이다.[17] 이 정의에 따르면, 주사위를 던져서 6이 나올 확률은

탐구 과제: 확률 탐구

다음은 17세기 유명한 도박사 드메레가 파스칼에게 질문한 내용이다. 파스칼이 해결한 방법을 탐구해 보세요.

[문제] 실력이 비슷한 갑과 을 두 사람이 32 피스톨(화폐단위)씩을 걸고 내기를 했다네. 한 번 이기면 1점을 얻는 것으로 하고, 3점을 먼저 얻는 사람이 64피스톨을 모두 가지기로 했다네. 이 내기에서 갑이 먼저 2점을, 을이 1점을 얻었는데, 그만 한 사람이 몸이 아파 시합을 더 이상 할 수 없게 되었다네. 이럴 경우 게임을 무효로 하자니 먼저 2점을 딴 갑이 억울해 하고, 갑이 먼저 2점을 땄으니 갑이 이긴 걸로 하자니 을의 앞일을 모르는 것인데 어떻게 판정을 내려야 할지 혼란스럽게 되었네. 도대체 64피스톨을 어떻게 분배하는 것이 좋겠나?

일어날 가능성이 같다고 가정할 때 면이 6개이므로 $\frac{1}{6}$이라고 할 수 있다. $\frac{1}{6}$은 주사위를 던지기 이전에 구할 수 있는 값이며, 어떤 시도를 실제로 해보기 전에 확률 계산을 허용한다는 점에서 '선험적 확률'이라고도 한다. 이 정의는 '각 근원사건이 일어날 가능성이 같은 정도'라는 개념을 바탕으로 하고 있으므로 근원사건이 유한개이고, 각 경우가 동등하게 가능한 경우로 분석될 수 있는 공간에 대해서만 적용할 수 있다.

둘째, 통계적 확률은 상대도수라는 통계 개념에 근거한 것으로, 어떤 사건에 대한 통계적 확률이란 시행 횟수에 대한 그 사건의 상대도수의 극한값을 뜻한다. 예를 들어, 동전의 앞면이 나올 확률은 미리 알 수가 없으며, 실제로 많이 던져 보여야 한다. 이 동전을 1만 번 정도 던졌을 때 앞면이 7560번 나왔다면 앞면이 나올 확률은 0.756이 된다. 이 정의에 의한 확률은 경험에 의하여 확률값을 얻게 되므로, '경험적 확률'이라고 불리기도 한다.

통계적 확률은 수학적 확률이 가지고 있는 제한점을 극복하게 된다. 즉, 수학적 확률은 동등하게 가능성이 분절되지 않은 공간과 가능성이 무한인 경우에

---

17) 표본공간이란 같은 조건 하에서 여러 번 반복할 수 있는 어떤 시행에서 일어날 가능성이 있는 모든 결과를 원소로 하는 집합을 말한다. 주사위를 1회 던졌을 때 전체집합 $U=\{1, 2, 3, 4, 5, 6\}$이 표본공간이다. 전체집합 U의 임의의 부분집합을 사건이라고 한다. 특히, 하나의 원소로 이루어진 집합을 근원사건이라고 한다. 예를 들면, 홀수의 눈이 나오는 사건은 $O=\{1, 3, 5\}$이며, 집합 $\{1\}$, $\{3\}$, $\{5\}$는 근원사건이다.

확률값을 결정하지 못하는 반면에, 통계적 확률은 상대도수의 극한값이 존재한다면 확률값을 구할 수 있다.

마지막으로 공리적 확률은 콜모고로프(A. Kolmogorov)가 제시한 것으로, 표본공간 S의 임의의 사건 E에 대하여 다음 세 조건을 만족하는 실숫값을 대응시킬 수 있을 때, $P(E)$를 사건 E의 공리적 확률이라고 한다.

① 임의의 사건 $E \subset S$에 대하여 $0 \leq P(E) \leq 1$

② $P(S) = 1$

③ E_1, E_2, E_3, $\cdots$, E_i가 서로 배반사건이면

$P(E_1 \cup E_2 \cup E_3 \cup \cdots \cup E_i) = P(E_1) + P(E_2) + P(E_3) + \cdots + P(E_i)$

탐구 과제: 확률 게임

주사위를 이용한 게임이 있다. 주사위를 굴려서 1에서 5사이의 눈이 나오면 상대가 나에게 20만원을 준다. 그렇지만, 6의 눈이 나오면 나는 상대에게 1000만원을 주어야 한다. 나는 이 게임을 하는 것이 유리한가? 아니면 불리한가? 예를 들어 판단 결과를 설명해 보세요.

(2) 대푯값

자료 전체의 특징을 하나의 수로 나타낸 값을 그 통계집단의 대푯값이라 한다.

통계는 자료를 수집하고 정리하는 활동이다. 자료를 수집하고, 조직하고, 제시하고, 해석하는 것이 기술통계이다. 기술통계 중에서 자료 전체의 특징을 하나의 수로 나타낸 값을 그 통계집단의 대푯값이라고 한다. 대푯값에는 평균(mean), 중앙값(median), 최빈값(mode) 등이 있는데, 초등학교 수학에서는 (산술)평균만을 다루고 있다(이대현 외, 2017).

① 평균

평균은 변량의 총합을 변량의 개수로 나눈 값이다.

평균(mean)은 변량의 총합을 변량의 개수로 나눈 값, 즉 n개의 변량 x_1, x_2, x_3, $\cdots$, x_n의 평균 M은 $M = \dfrac{x_1 + x_2 + x_3 + \cdots + x_n}{n}$이다.

평균에는 다음과 같은 성질이 있다.

㉠ 평균은 극단적인 값 사이에 존재한다. 예를 들면, 어느 학교 아이들의

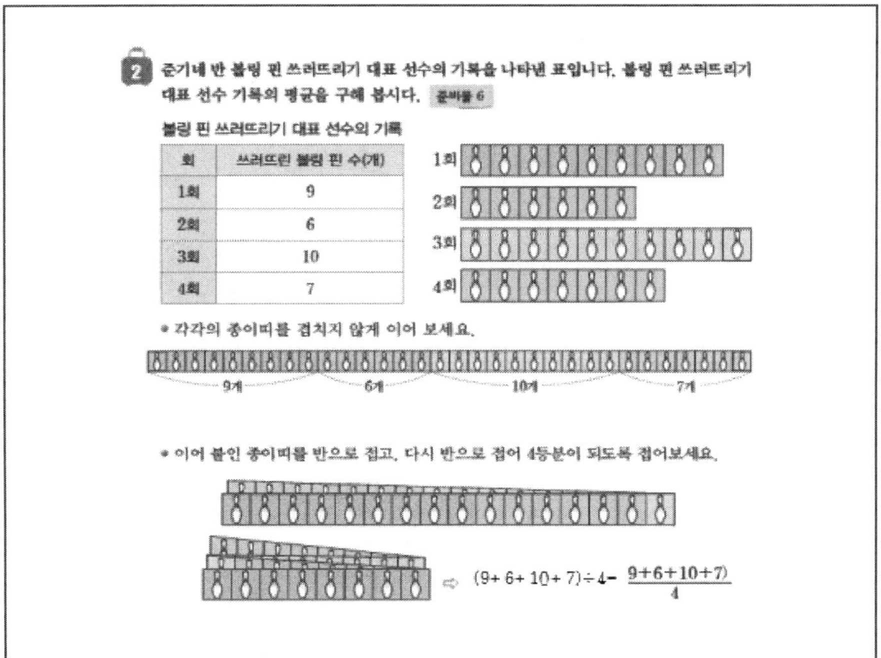

2 준기네 반 볼링 핀 쓰러뜨리기 대표 선수의 기록을 나타낸 표입니다. 볼링 핀 쓰러뜨리기 대표 선수 기록의 평균을 구해 봅시다. 준비물 6

볼링 핀 쓰러뜨리기 대표 선수의 기록

회	쓰러뜨린 볼링 핀 수(개)
1회	9
2회	6
3회	10
4회	7

* 각각의 종이띠를 겹치지 않게 이어 보세요.

* 이어 붙인 종이띠를 반으로 접고, 다시 반으로 접어 4등분이 되도록 접어보세요.

그림 11.1 평균 구하기(교육부, 2020f, p. 127)

◎ 교육과정 성취기준

[6수05-01] 평균의 의미를 알고, 주어진 자료의 평균을 구할 수 있으며, 이를 활용할 수 있다.

평균 나이는 가장 나이 많은 아이의 나이와 가장 어린아이의 나이 사이에 있다.

㉡ 평균으로부터의 편차의 합은 0이다.

㉢ 평균은 평균 이외의 다른 값에 의해서 영향을 받는다. 예를 들면 0, 5, 10의 평균 5는 자료 10이 더해질 경우 평균이 6.25로 바뀐다.

㉣ 평균은 자료 중의 어느 하나와 반드시 일치하는 것은 아니다. 예를 들어, 1과 3의 평균은 2이다.

㉤ 평균은 추상적인 대푯값이지 반드시 실제적인 뜻을 가진 것은 아니다. 예를 들어, 가족 당 평균 자녀수가 2.5명이다. 이와 같이 평균은 그에 대응하는 대상이 실제적으로 존재하지 않는 수가 될 수도 있다.

㉥ 평균을 계산할 때, 0이 있다면 반드시 고려해야 한다. 예를 들어, 아이가 일주일에 숙제를 하는 평균시간을 계산하려고 할 때, 아이가 숙제를 하지 않는 요일도 반드시 포함시켜야 한다.

㉦ 평균은 그 변량전체를 대표하는 값이다. 이 성질을 공간적인 용어로 표현한다면, 평균은 변량 전체의 집합의 원소 각각으로부터 가장 가까이 있는 값이다.

② 중앙값

중앙값은 자료의 가운데 값을 나타내며, 중앙값보다 큰 값과 작은 값의 개수는 같다.

중앙값(median)은 자료의 가운데 값을 나타내며, 중앙값보다 큰 값과 작은 값의 개수는 같다. 중앙값은 이해하기가 쉽고 구하기도 쉽다는 장점이 있는데, 가장 큰 값과 가장 작은 값을 순차적으로 제거해 가면 남는 값이 중앙값이 된다. 만약, 남은 값이 2개이면 두 값의 산술평균이 중앙값이 된다. 이를 다음과 같이 나타낼 수 있다.

㉠ 자료의 개수 n이 홀수이면 $\frac{n+1}{2}$번째 자료의 값이 중앙값이다.
㉡ 자료의 개수 n이 짝수이면 $\frac{n}{2}$번째와 $\frac{n}{2}+1$번째 자료의 값의 산술평균이 중앙값이다.

중앙값을 설명하기는 쉽다. 다섯 명의 아이의 나이가 2, 3, 7, 9, 9라면 가운데의 7세가 중앙값이다. 고속도로의 중앙선을 참고하여 중앙값이 가운데 위치라는 것을 아이들이 쉽게 떠올릴 수 있을 것이다.

탐구 과제: 대푯값의 이해

다음 진술문이 맞는지 틀리는지 판정하고, 틀리면 그 이유를 예를 들어 설명해 보세요.

1. 평균보다 큰 값의 합과 작은 값의 합은 같다.
2. 자료의 반은 중앙값보다 큰 값을 가지고 있고, 반은 중앙값보다 작은 값을 가지고 있다.

③ 최빈값

최빈값은 수집된 자료 가운데 가장 빈번하게 나타나는 값이다.

최빈값(mode)은 수집된 자료 가운데 가장 빈번하게 나타나는 값이다. 물리적 용어로는 그래프의 최고점, 또는 가장 높은 기둥이 되는 변량이다. 최빈값은 구하기도 쉽고 치우친 값에 영향을 거의 받지 않는다. 한 학급 아이들의 나이는 대다수 아이들의 나이가 같을 것이므로 최빈값을 적용하기에 좋은 예이다.

최빈값은 항상 존재하는 것은 아니고, 두 개 이상일 수도 있다.

최빈값은 항상 존재하는 것은 아니고, 두 개 이상일 수도 있으며, 자료의 대푯값을 나타내기에 빈약하고 자료의 작은 변화에도 쉽게 변하는 특징이 있다. 예를 들어, 자료가 2, 3, 4, 5, 6이면 최빈값은 없고, 자료가 2, 3, 3, 4, 5, 5

이면 최빈값은 3과 5가 된다. 이를 정리하면 다음과 같다.

㉠ 자료의 값 중에서 도수가 가장 큰 값이 한 개 이상 있으면 그 값이 모두 최빈값이다.
㉡ 각 자료의 값의 도수가 모두 같으면 최빈값은 없다.

그런데 자료가 도수분포표로 주어지는 경우에는 대푯값을 구하는데 주의가 필요하다. 다음과 같은 도수분포표에서 평균, 중앙값, 최빈값은 다음과 같이 구한다.

계급값	도수
x_1	y_1
x_2	y_2
x_3	y_3
x_4	y_4
합계	N

㉠ 평균: $\dfrac{x_1 y_1 + x_2 y_2 + x_3 y_3 + x_4 y_4}{N}$ 이다.
㉡ 중앙값: N이 홀수이면 $\dfrac{N+1}{2}$ 번째 도수가 속한 계급의 계급값이고, N이 짝수이면 $\dfrac{N}{2}$ 번째와 $\dfrac{N}{2}+1$번째 도수가 속한 계급의 계급값의 산술평균이다.
③ 최빈값: 도수분포표에서 도수가 가장 많은 계급의 계급값이다.

도수분포표에서 평균, 중앙값, 최빈값을 구해 보면 다음과 같다.

계급	도수
4이상–6미만	1
6 – 8	2
8 – 10	4
10 – 12	3
합계	10

평균: $\frac{5\times1+7\times2+9\times4+11\times3}{10}=8.8$이다.

중앙값: 5번째와 6번째 도수가 각각 속한 계급의 계급값인 9이다.

최빈값: 도수가 4인 계급의 계급값인 9이다.

읽기 자료

대푯값의 이용

많은 사람들이 대푯값을 이야기할 때 평균을 이야기한다. 평균을 구하려면 자료의 모든 수를 합한 다음, 항목 수로 나누게 된다. 이 경우 자료 중에 극단적인 값이 있게 되면 평균은 크게 요동치게 된다. 이와 같은 이상치가 존재할 때에는 대푯값으로 중앙값을 이용한다. 즉, 이상치가 존재할 때에는 중앙값이 평균보다 더 공정하게 자료를 나타내는 것이다. 그렇지만, 의사결정이나 사업 계획을 추진할 때에는 평균이 중앙값보다 더 나은 정보를 제공할 수 있다.

(3) 자료 영역의 지도 과정

자료 영역의 지도에서는 자료를 처리하는 목적과 이유를 알고, 적절한 자료 처리 기법과 절차에 따라 이루어져야 한다. 이를 위한 과정으로 목적 확인-자료 수집-분류 및 정리-해석-판단의 과정을 거치도록 지도하여, 그 목적에 맞는 의사 결정이 이루어지도록 지도해야 한다(이대현, 2019).

목적 확인-자료 수집-분류 및 정리-해석-판단

① 목적 확인

자료를 처리함에 있어서는 그 목적이 분명해야 한다. 즉, '무엇 때문에 이와 같은 조사를 실시하는가?'가 분명해야 한다.

② 자료 수집

자료를 수집할 때는 '자료는 목적에 비추어 알맞은 자료인가'라는 타당성의 문제와 '조사 방법이 정확하게 실행되었는가'라는 신뢰성의 문제를 고려하여 적합한 자료를 수집해야 한다.

③ 분류 및 정리

어떤 집단에 대하여 조사한 결과에 대해 장소, 시간, 상황, 질, 양, 모양 등의 관점에 의하여 같은 점과 다른 점으로 분할할 필요가 있다. 이렇게 분할하는 것을 분류라 하고, 분류된 자료를 표나 그래프로 나타내 보거나 평균 등을 산출하여 보다 알기 쉽게 만드는 것을 정리라고 한다. 그러나 분류와 정리는 통계처리 과정에서 엄격하게 구별되는 것은 아니다.

④ 해석

표나 그래프가 만들어지고 평균과 같은 대푯값이 산출되었다면, 이것을 분석해 봄으로써 객관적이고 정당하게 자료를 해석하도록 해야 한다.

⑤ 판단

앞의 해석을 바탕으로 자료에 없는 구간에 대한 사상이나 그 범위 밖의 사상 또는 앞으로 일어난 것을 예상하고 판단하도록 한다. 그렇게 함으로써 통계집단의 특성을 제대로 개관할 수 있게 된다.

11-2 자료와 가능성의 지도 내용과 방법

1-2학년군에서는 분류하기, 표 만들기, 그래프 그리기를 다룬다. 3-4학년군에서는 그림그래프, 막대그래프, 꺾은선그래프를 다룬다. 5-6학년군에서는 평균과 가능성, 띠그래프, 원그래프를 다룬다. 각 학년별 상세한 지도 내용과 방법은 다음과 같다(교육부, 2022, p. 10).

<table>
<tr><td>핵심 아이디어</td><td colspan="3">• 자료를 수집, 정리, 해석하는 통계는 자료의 특징을 파악하고 두 집단을 비교하며 자료의 관계를 탐구하는 데 활용된다.
• 사건이 일어날 가능성을 여러 가지 방법으로 표현하는 것은 불확실성을 이해하는 데 도움이 되며, 가능성을 확률로 수치화하면 불확실성을 수학적으로 다룰 수 있게 된다.
• 자료를 이용하여 통계적 문제해결 과정을 실천하고 생활 속의 가능성을 탐구하는 것은 미래를 예측하고 합리적인 의사 결정을 하는 데 기반이 된다.</td></tr>
<tr><td rowspan="3">구분 / 범주</td><td colspan="3">내용 요소</td></tr>
<tr><td colspan="3">초등학교</td></tr>
<tr><td>1-2학년</td><td>3-4학년</td><td>5-6학년</td></tr>
<tr><td>지식·이해</td><td>• 자료의 분류
• 표
• ○, ×, ／를 이용한 그래프</td><td>• 분수
• 소수</td><td>• 평균
• 띠그래프, 원그래프
• 가능성</td></tr>
<tr><td>과정·기능</td><td colspan="3">• 자료를 기준에 따라 분류하고 설명하기
• 탐구 문제를 설정하고 그에 맞는 자료를 수집하기
• 자료를 표나 그래프로 나타내고 해석하기
• 자료의 평균을 구하고 해석하기
• 자료를 수집하고 정리하여 문제해결하기
• 사건이 일어날 가능성을 비교하고 표현하기
• 실생활과 연결하여 사건이 일어날 가능성을 예상하기</td></tr>
<tr><td>가치·태도</td><td colspan="3">• 표와 그래프의 편리함 인식
• 평균의 유용성 인식
• 자료를 이용한 통계적 문제해결 과정의 가치 인식
• 가능성에 근거하여 판단하는 태도
• 자료와 가능성 관련 문제해결에서 비판적으로 사고하는 태도</td></tr>
</table>

(1) 분류와 표 만들기

성취기준

[2수04-01] 여러 가지 사물을 정해진 기준 또는 자신이 정한 기준으로 분류하여 개수를 세어 보고, 기준에 따른 결과를 말할 수 있다.

[2수04-02] 자료를 분류하여 표로 나타내고, 자료를 표로 나타내면 편리한 점을 말할 수 있다.

(가) 성취기준 해설

• [2수04-02] 표를 이용하여 자료의 크기를 수로 정리하면, 자료의 크기를

나타내고 비교하는 데 편리하다는 점을 통해 수학의 유용성을 인식하게 한다.

(나) 성취기준 적용 시 고려 사항

- '자료와 가능성' 영역에서는 용어와 기호로 '표, 그래프'를 다룬다.
- 분류하기에서는 학생들이 실생활에서 친근하게 느낄 수 있는 소재를 활용한다.
- 기준을 정하여 분류할 때는 학생들이 정한 다양한 기준을 존중하되, 분명하지 않은 기준으로는 분류하기가 어렵다는 점을 인식하게 한다.
- 자료를 분류하여 표나 그래프를 만들 때는 자료가 중복되거나 빠지지 않도록 세어 보는 방법을 함께 지도한다.
- 표와 그래프로 나타내기는 실생활이나 환경과 관련된 자료들을 활용하되, 학생들의 수준에 비해 어려운 분류 대상이나 분류 기준을 사용하지 않는다.
- '자료와 가능성' 영역의 문제 상황에 적합한 문제해결 전략을 지도하여 문제해결 역량을 기르게 한다.

자료 조사는 정보를 수집함으로써 이루어진다. 자료에는 국가적으로 실시한 여론 조사부터 학급 아이들의 키를 조사하는 것까지 다양하다. 아이들의 관심사와 성숙 정도에 따라 실제적인 자료를 찾을 수 있을 것이다. 수집된 여러 자료를 확인함으로써 아이들은 흥미를 느끼고, 관련 문제해결 활동에 지속적으로 참여하는 기회를 가지게 된다. 다음은 아이들이 수집할 수 있는 자료의 예이다.

- 신체 특징: 키, 몸무게, 신발 크기 등
- 사회적 특징: 생일, 가족 수, 용돈 등
- 개인의 기호: 좋아하는 텔레비전 프로그램, 좋아하는 책, 좋아하는 운동, 좋아하는 색, 좋아하는 음료수 등

어떤 집단에 대해서 자료를 조사한 결과가 전체의 구성이나 특징을 그대로 알려주기는 어렵기 때문에 수집된 자료를 유형별로 구분해야 하는데, 이 과정을 분류라 한다. 저학년에서 분류는 미리 정한 한 가지 기준에 따라야 한다.

정해진 한 가지 기준이나 아이들이 정한 한 가지 기준에 따라 분류한다.

분류하기에서는 학생들이 실생활에서 친근하게 느낄 수 있는 사물이나 사람을 소재로 정해진 한 가지 기준이나 아이들이 정한 한 가지 기준에 따라 분류하고 각각의 개수를 세게 한다. 이때, 분류의 기준이 되는 특징은 분명하고 간단한 것으로 한다. 또한, 기준을 정하여 분류할 때는 아이들이 정한 다양한 기준을 존중하되, 분명하지 않은 기준일 경우에는 분류하는 것이 어렵다는 것을 인식하게 한다. 분류한 것을 세어 볼 때는 빠트리지 않고 중복되게 세지 않도록 하고, 텔리(tally)를 이용하여 5개씩 묶어서 세게 할 수 있다.

교육과정 성취기준

[2수04-01] 여러 가지 사물을 정해진 기준 또는 자신이 정한 기준으로 분류하여 개수를 세어 보고, 기준에 따른 결과를 말할 수 있다.

그림 11.2 분류하고 세어보기(교육부, 2024c, p. 126)

한편, 자료에는 나이, 키, 득점 등과 같은 양적인 것과 직업, 성격 등과 같은 질적인 것이 있다. 따라서, 분류는 양적 분류, 질적 분류로 나눌 수 있다. 분류 후에는 각각의 개수를 세어보는 활동을 하여 표로 만드는데, 양적 자료를 나타내는 통계표를 도수분포표라 하고, 이때 양적 항목을 변량이라 하며, 변량은 연속량과 이산량으로 나눈다.

표를 만들면 통계 자료의 특징을 일목요연하게 알 수 있고, 수리적인 자료 분석을 간편하게 할 수 있으며, 보다 많은 정보를 시각적으로 빨리 파악할 수 있다.

표를 만들면 통계 자료의 특징을 일목요연하게 알 수 있고, 수리적인 자료 분석을 간편하게 할 수 있으며, 보다 많은 정보를 시각적으로 빨리 파악할 수 있다. 표를 지도할 때는 표로 정리할 필요성을 이해하도록 해야 하고, 표를 만드는 방법, 표를 통해 수량 관계를 고찰하거나 항목 사이의 비교 및 전체적인 경향을 파악할 수 있도록 해야 한다.

표 그리기를 지도하기 위하여 아이들의 생활 속에서 여러 가지 통계 자료를 실제로 조사하여 정리할 필요가 있음을 느끼게 하고, 실생활과 관계된 소재를 사용하여 구체적인 자료를 조사하여 표로 나타내게 한다. 이를 통해 자료를 나타내고 비교하는 데 표를 이용하는 것이 편리함을 알게 한다. 표를 만들 때 자료가 중복되거나 빠지지 않도록 세어 보는 방법을 함께 지도한다.

2 조사 방법을 정해 우리 반 친구들이 태어난 계절을 조사해 봅시다.

- 어떤 방법으로 조사할지 정해 보세요.

- 조사한 내용을 정리해 보세요.

3 조사한 자료를 표로 나타내 봅시다.

(　　　　　　　　) 별 학생 수

계절	봄 (3, 4, 5월)	여름 (6, 7, 8월)	가을 (9, 10, 11월)	겨울 (12, 1, 2월)	합계
학생 수(명)					

그림 11.3 자료를 조사하여 표 만들기(교육부, 2024d, p. 113)

○ 교육과정 성취기준

[2수04-02] 자료를 분류하여 표로 나타내고, 자료를 표로 나타내면 편리한 점을 말할 수 있다.

(2) 그래프 지도

1) ○, ×, /를 이용한 그래프

성취기준

[2수04-03] 자료를 분류하여 ○, ×, / 등을 이용한 그래프로 나타내고, 자료를 그래프로 나타내면 편리한 점을 말할 수 있다.

(가) 성취기준 해설

- [2수04-03] 그래프를 이용하여 자료의 크기를 시각적으로 나타내면, 자료의 크기를 한눈에 비교하는 데 편리하다는 점을 통해 수학의 유용성을 인식하게 한다.

(나) 성취기준 적용 시 고려 사항

- 표와 그래프로 나타내기는 실생활이나 환경과 관련된 자료들을 활용하되, 학생들의 수준에 비해 어려운 분류 대상이나 분류 기준을 사용하지 않는다.
- '자료와 가능성' 영역의 문제 상황에 적합한 문제해결 전략을 지도하여 문제해결 역량을 기르게 한다.

그래프를 처음 지도할 때에는 붙임딱지를 이용하여 하나씩 직접 붙여 보는 활동과 조사된 통계 자료를 ○나 ×, /를 이용하여 직사각형 모양으로 구분된 용지에 항목의 수만큼 나타내고, 각 자료의 개수를 알고 크기를 비교하게 한다. 이를 통해 자료를 그래프로 나타내는 것이 알아보기 쉽고, 비교하는 데 편리함을 알게 한다.

특히, 그래프 지도에서는 실생활에서 아이들에게 친근감 있는 소재를 선정하여 실제 자료를 수집, 분류, 정리하여 표를 만들고, 이를 자료의 종류에 따라 그래프로 나타내고 읽을 수 있게 한다.

◎ 교육과정 성취기준
[2수04-03] 자료를 분류하여 ○, ×, / 등을 이용한 그래프로 나타내고, 자료를 그래프로 나타내면 편리한 점을 말할 수 있다.

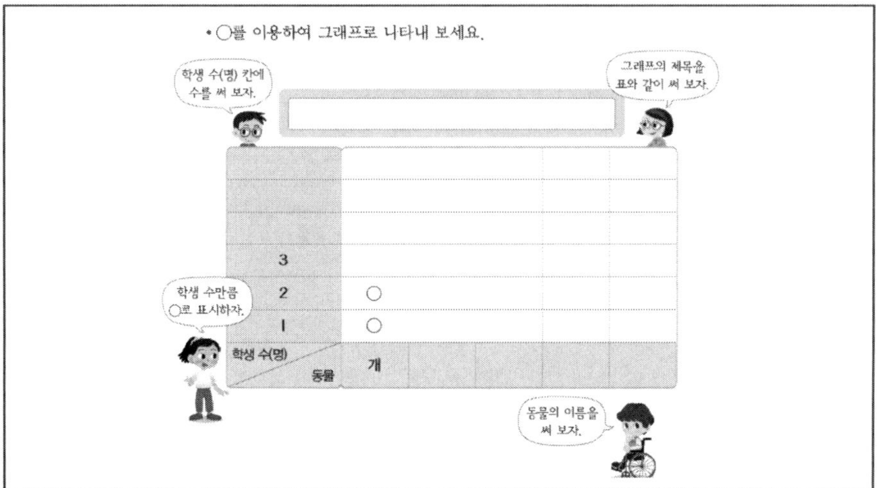

그림 11.4 ○를 이용한 그래프(교육부, 2024d, p. 116)

2) 그림그래프, 막대그래프, 꺾은선그래프

성취기준

[4수04-01] 자료를 수집하여 그림그래프나 막대그래프로 나타내고 해석할 수 있다.
[4수04-02] 자료를 수집하여 꺾은선그래프로 나타내고 해석할 수 있다.
[4수04-03] 탐구 문제를 해결하기 위해 자료를 수집, 정리하여 막대그래프나 꺾은선그래프로 나타내고 해석할 수 있다.

(가) 성취기준 해설

• [4수04-03] 여러 가지 문제를 해결하기 위해 자료를 수집, 정리하고 그래프로 나타내어 해석하는 일련의 과정을 직접 경험하게 한다. 자료의 크기를 비교할 때는 막대그래프로, 시간에 따른 변화의 경향을 알아볼 때는

꺾은선그래프로 나타내는 것이 편리함을 알고, 자료의 특성에 따라 목적에 맞는 적절한 그래프를 선택하게 한다.

(나) 성취기준 적용 시 고려 사항

- '자료와 가능성' 영역에서는 용어와 기호로 '그림그래프, 막대그래프, 꺾은선그래프'를 다룬다.
- 문제 상황에 맞게 간단한 설문조사, 실험과 관찰, 공공 자료의 활용 등을 통해 자료를 직접 수집하게 한다.
- 그림그래프를 그릴 때 항목의 이름과 수량의 단위를 명확히 인식하고, 자료의 개수에 따라 그림이 나타내는 단위를 적절히 선택하게 한다.
- 막대그래프와 꺾은선그래프를 그릴 때는 가로축과 세로축이 각각 무엇을 나타내는지 확인하게 하고 눈금 한 칸이 나타내는 크기를 적절히 선택하게 한다.
- 막대그래프와 꺾은선그래프를 그릴 때 공학 도구를 사용하게 할 수 있다.
- 여러 가지 사회, 환경 문제를 탐구하는 데 그림그래프, 막대그래프, 꺾은선그래프로부터 얻은 정보를 활용하게 할 수 있다.
- 자료 수집의 목적과 수집한 자료의 특성에 맞는 그래프로 적절히 표현되었는지를 비판적으로 판단하게 할 수 있다.
- '자료와 가능성' 영역의 문제 상황에 적합한 문제해결 전략을 지도하고, 문제해결 과정을 설명하게 하여 문제해결 역량을 기르게 한다.
- '자료와 가능성' 영역에서 문제해결 과정을 설명할 때 다른 친구의 의견을 존중하고 경청하는 태도로 참여하게 한다.

실생활에서 아이들에게 친근감 있는 소재를 선정하여 자료를 수집, 분류하여 표를 만들고, 이를 자료의 종류에 따라 여러 가지 형태의 그림그래프, 막대그래프, 꺾은선그래프로 나타내고 읽을 수 있게 한다.

그림그래프는 자료의 수를 그림으로 나타내는 그래프로, 수의 단위를 무엇으로 나타내는가에 따라 다양하게 나타낼 수 있다. 가장 기본적인 그림그래프는 하나의 수치에 하나의 그림을 할당하는 그래프이다. 그리고 [그림 11.5]와 같이 2개 이상의 수를 단위로 설정하여 그림으로 나타내는 경우도 있는데, 이 경우에 어떤 수를 단위로 사용하는 것은 정해져 있지 않지만, 10, 100, 1000, …

◎ 그림그래프는 자료의 수를 그림으로 나타내는 그래프이다.

등과 같이 10의 거듭제곱을 이용하는 경우가 보편적이다. 그림그래프는 자료의 수를 나타내는 그림을 통해 조사 대상에 대한 이해가 즉각적이라는 장점이 있다.

교육과정 성취기준
[4수04-01] 자료를 수집하여 그림그래프나 막대그래프로 나타내고 해석할 수 있다.

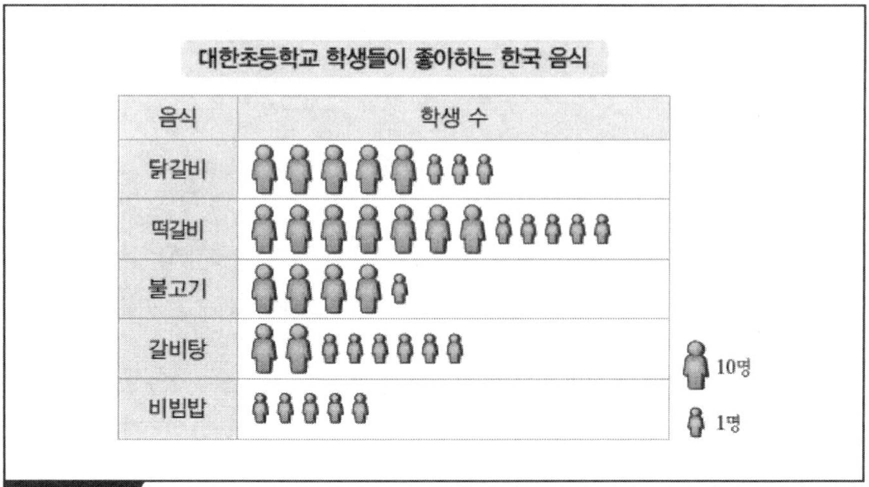

그림 11.5 그림그래프(교육부, 2020b, p. 137)

막대그래프는 이산량 자료에 대해 양의 크기를 비교할 때 가장 많이 사용된다.

막대그래프는 이산량 자료에 대해 양의 크기를 비교할 때 가장 많이 사용된다. 막대는 자료의 수나 퍼센트를 표현한다. 막대그래프는 종종 자료의 범주를 빠르게 시각적으로 비교하기 위하여 사용된다. 막대그래프를 그리는 순서는 다음과 같다.

① 가로와 세로 중 어느 쪽에 조사한 수량을 나타낼 것인지를 정한다.
② 조사한 수량 중에서 가장 큰 수를 나타낼 수 있도록 눈금 한 칸의 크기를 정하고, 눈금의 수를 정한다.
③ 수량에 맞도록 막대를 그린다. 막대그래프에서 양의 크기는 막대의 폭이 아니라, 그 길이로 나타낸다는 것을 알게 한다.
④ 막대그래프에 제목을 붙인다.

한편, 모든 자료의 수량이 큰 값이어서 막대가 막대그래프를 많이 차지하는 경우에 막대의 중간 부분을 잘라 물결선을 적절히 활용할 수 있다.

수일이네 모둠의 체육 활동 기록을 나타낸 막대그래프를 보고 내용을 알아봅시다.

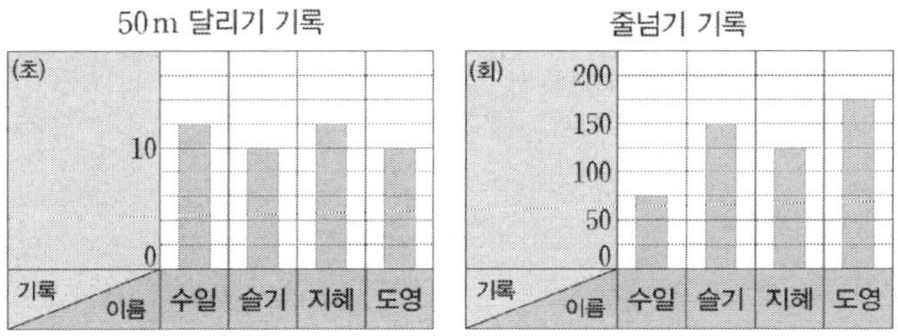

- 두 막대그래프에 대해 짝과 이야기하고, 하나를 선택하여 이야기를 만들어 보세요.

그림 11.6 막대그래프(교육부, 2020c, p. 119)

> **교육과정 성취기준**
> [4수04-01] 자료를 수집하여 그림그래프나 막대그래프로 나타내고 해석할 수 있다.

탐구 과제: 물결선이 있는 막대그래프

막대그래프는 수량이 큰 값일 때 중간 부분을 잘라내는 물결선을 이용할 수 있다. 인터넷에서 물결선을 이용한 막대그래프를 찾고, 나타낸 자료의 유형에 대해 이야기해 보세요.

꺾은선그래프는 변화하는 자료의 모습을 알아볼 때 사용하며, 눈금의 점은 연속적인 자료를 표현하는 데 이용된다. 즉, 꺾은선그래프는 일조 시간, 기온, 강우량 등과 같이 변화하는 변량을 표현하기에 좋으며, 여러 자료를 비교하는 시각적 도구로도 효과적이다. 연속적인 변화를 나타내는 자료를 꺾은선그래프로 나타내는 것이 편리함을 알고, 자료의 특성에 따라 적절한 꺾은선그래프로 표현하게 한다.

> **꺾은선그래프는 변화하는 자료의 모습을 알아볼 때 사용한다.**

꺾은선그래프의 지도에서는 연속적인 변량에 대한 통계 자료를 조사하여 표로 만들고, 이를 바탕으로 꺾은선그래프를 그리고, 변화와 관련된 여러 가지 사실을 찾아낼 수 있게 한다. 꺾은선그래프에서는 각 축을 분명하게 표시해야 자료를 적절하게 해석할 수 있다. 특히, 꺾은선그래프에서 자료는 이산적인 것이 아니라 연속적이며, 자료의 변화는 곡선이 아니라 일차함수에 의하여 정확하게 표현된다는 것을 알아야 한다. 일반적으로 꺾은선그래프를 그리는 순서는 다음과 같다.

① 가로의 눈금과 세로의 눈금에 무엇을 나타낼 것인지 정한다.

② 세로의 눈금 한 칸을 얼마로 할 것인지 정하고, 가로와 세로의 눈금을

몇 개씩으로 할 것인지를 정한다.

③ 조사된 변화 내용을 세로의 눈금에서 찾아 가로의 눈금과 만나는 자리에 점을 찍는다.

④ 점을 선분으로 잇는다.

⑤ 꺾은선그래프에 제목을 붙인다.

◎ **교육과정 성취기준**

[4수04-02] 자료를 수집하여 꺾은선그래프로 나타내고 해석할 수 있다.

지혜는 전국에 황사가 발생하여 계속된 날수를 연도별로 조사하여 두 꺾은선그래프로 나타냈습니다. 그래프를 보고 알 수 있는 내용을 이야기해 봅시다.

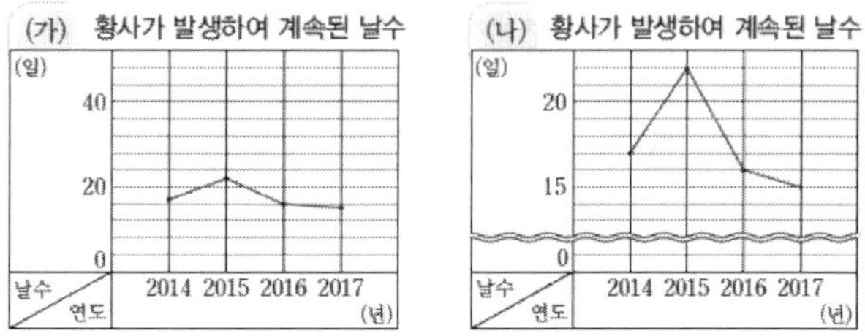

(출처: 황사 발생 빈도, 기상청 국가 기후 데이터 센터, 2018.)

• 두 그래프의 같은 점과 다른 점은 무엇인가요?

≈은 물결선이라고 해요.

그림 11.7 꺾은선그래프(교육부, 2020d, p. 103)

한편, 변화의 모습이 잘 나타날 수 있게 하기 위하여 그래프의 눈금의 크기와 물결선 등을 적절히 활용할 수 있다.

3) 비율그래프

성취기준

[6수04-02] 자료를 수집하여 띠그래프나 원그래프로 나타내고 해석할 수 있다.
[6수04-03] 탐구 문제를 설정하고, 그에 맞는 자료를 수집, 정리하여 적절한 그래프로 나타내고 해석할 수 있다.

(가) 성취기준 해설

• [6수04-03] 해결하고자 하는 문제를 설정하고 그에 맞는 자료를 수집, 정리하여, 막대그래프, 꺾은선그래프, 띠그래프와 원그래프 중 적절한 그래프로 나타내고 해석하는 일련의 과정을 직접 경험하게 한다.

(나) 성취기준 적용 시 고려 사항

- '자료와 가능성' 영역에서는 용어와 기호로 '평균, 띠그래프, 원그래프, 가능성'을 다룬다.
- 자료를 수집할 때, 간단한 설문조사, 실험이나 관찰, 공공 자료 활용과 같은 방법 중 탐구 목적에 적합한 것을 결정하게 한다.
- 복잡한 자료의 평균이나 백분율을 구할 때 계산기를 사용하게 할 수 있다.
- 조사 자료에서 전체에 대한 각 부분의 비율을 비교해야 하는 문제 상황을 제시하여 띠그래프와 원그래프의 필요성을 인식하게 한다.
- 원그래프를 그릴 때는 눈금이 표시된 원을 사용하게 한다.
- 띠그래프와 원그래프를 그릴 때 공학 도구를 사용하게 할 수 있다.
- 여러 가지 사회, 환경 문제를 탐구하는 데 그림그래프, 막대그래프, 꺾은선그래프, 띠그래프, 원그래프로부터 얻은 정보를 활용하게 할 수 있다.
- 자료 수집의 목적과 수집한 자료의 특성에 맞는 그래프로 적절히 표현되었는지, 또는 정보를 왜곡하는 오류가 포함되어 있지는 않은지 등을 비판적으로 판단하게 할 수 있다.
- '자료와 가능성' 영역의 문제 상황에서 문제해결 전략 비교하기, 주어진 문제에서 필요 없는 정보나 부족한 정보 찾기, 조건을 바꾸어 새로운 문제 만들기, 문제해결 과정의 타당성 검토하기 등을 통하여 문제해결 역량을 기르게 한다.
- '자료와 가능성' 영역에서 자신의 문제해결 과정을 논리적으로 설명하고 다른 친구의 문제해결 과정과 비교함으로써 비판적으로 사고하는 태도를 기르게 한다.

원그래프는 원으로, 띠그래프는 직사각형으로 전체를 나타내고, 각각의 분할된 양을 전체에 대한 퍼센트로 표현하는 그래프이다. 실생활과 관련하여 신문, 인터넷 등에 있는 표나 그래프를 소재로 활용하여 비율그래프를 다룰 수 있다. 조사 자료에서 전체에 대한 각 부분의 비율에 관심을 가지게 하여 비율그래프의 필요성을 알게 한다.

◎ 원그래프는 원으로, 띠그래프는 직사각형으로 전체를 나타내고, 각 부분만큼 분할하여 나타낸다.

띠그래프와 원그래프의 지도에서는 띠그래프와 원그래프의 특성을 이해하고, 알맞은 그래프로 나타내어 활용할 수 있는 능력을 기르도록 한다. 조사한 자료를 항목별로 백분율을 구하여, 자료를 알맞은 비율그래프로 알기 쉽게 나타낸다. 그러나, 원그래프와 띠그래프는 정지된 시점의 자료만을 표현하며 100%를 넘을 수 없다는 것이 제한점이다.

교육과정 성취기준

[6수04-02] 자료를 수집하여 띠그래프나 원그래프로 나타내고 해석할 수 있다.

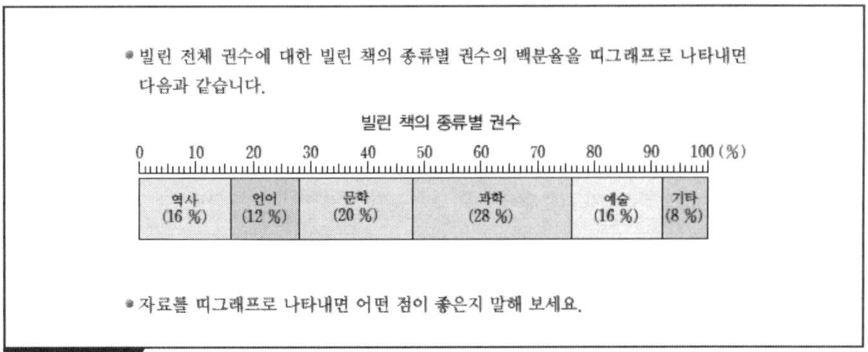

그림 11.8 띠그래프(교육부, 2020g, p. 97)

원그래프를 지도할 때에는 초등학교에서 원주각과 중심각을 다루지 않기 때문에 눈금이 표시된 원을 사용한다. 조사된 자료를 나타낸 비율그래프를 살펴보고, 전체에 대한 각 부분의 비율에서 드러나는 자료의 특성을 찾아 이를 해석하여 결론을 이끌어 내게 한다.

한편, 실생활에 필요한 다양한 그래프를 그리는 기능을 발달시키는 데에는 오랜 시간이 걸리므로, 수학 학습에서는 이에 대한 많은 기회를 제공해야 한다. 그래프와 관련된 경험을 제시하는데 다음과 같은 제안을 한다.

- 아이들의 관심을 끄는 정보를 사용하라.
- 아이들로 하여금 스스로 자료를 수집하고, 그래프로 표현하는 가장 좋은 방법이 어떤 것인지 결정할 수 있는 기회를 제공하라.
- 동일한 자료를 그래프로 표현하는 여러 가지 방법을 생각하게 하라. 그래프의 종류는 물론이고, 표현하는 자료의 단위를 변화시키는 것도 이에 포함된다.
- 그래프가 없으면 알아내기 어렵거나, 또는 적어도 이해하기 어려운 자료를 제시하라.
- 그래프를 읽는 것만으로는 알 수 없는 질문을 제기하고, 아이들이 그 정보를 기술하고 해석하도록 장려하여라.

- 아이들에게 여러 가지 그래프의 장·단점과 특징을 알아보도록 하여라.

탐구 과제: 여러 가지 그래프로 나타내기

자신의 관심사를 생각하고, 그에 맞는 자료를 수집해 보세요. 수집한 자료를 이용하여 여러 가지 그래프를 선택하여 나타내고 그래프를 해석해 보세요.

(3) 평균

성취기준

[6수04-01] 평균의 의미를 알고, 자료를 수집하여 평균을 구하고 해석할 수 있다.

(가) 성취기준 해설

- [6수04-01] 평균은 집단의 자료를 대표하는 값임을 이해하고, 여러 집단의 평균을 비교하는 활동을 통해 수학의 유용성을 인식하게 한다.

(나) 성취기준 적용 시 고려 사항

- 평균을 구하는 방법뿐만 아니라 그 의미를 직관적으로 파악하게 한다.
- 복잡한 자료의 평균이나 백분율을 구할 때 계산기를 사용하게 할 수 있다.

실생활에서 일상적인 평균의 의미, 예를 들면 대략, 보통, 중간 등의 의미로 사용하는 상황을 생각해 보거나, 자료의 높이를 맞추는 것과 같이 평균의 시각적인 의미를 파악하도록 한다. 이를 통해 평균의 직관적인 의미를 파악하고, 주어진 자료의 평균을 구할 수 있는 방법을 생각해 보게 함으로써 평균을 계산하는 방법을 알게 한다.

실생활에서 평균이 이용되는 경우를 알아보고, 이와 관련된 문제를 해결할 수 있게 한다. 또, 아이들이 스스로 결정한 주제를 가지고 실제로 조사하고 정리하여 평균을 구하고 활용할 수 있게 한다.

탐구 과제: 평균의 의미

초등 수학에서 평균은 수식의 계산을 통해 그 값을 구하는 것뿐만이 아니라, 그 의미를 직관적으로 파악하는 것이 필요하다. 평균의 의미를 직관적으로 이해시킬 수 있는 여러 가지 방법을 찾아 시연해 보세요.

(4) 가능성

성취기준

[6수04-04] 사건이 일어날 가능성을 말로 표현하고 비교할 수 있다.
[6수04-05] 사건이 일어날 가능성을 수로 나타낼 수 있다.
[6수04-06] 자료를 이용하여 가능성을 예상하고, 가능성에 근거하여 적절한 판단을 내릴 수 있다.

(가) 성취기준 해설

- [6수04-04] '확실하다', '불가능하다', '~일 것 같다', '~아닐 것 같다', '반반이다' 등 일상에서 사건이 일어날 가능성을 나타내는 다양한 표현을 이해하고, 가능성의 크기를 비교하게 한다.
- [6수04-05] 가능성이 직관적으로 파악되는 생활 속의 간단한 사건에 대하여 그 가능성을 0, $\frac{1}{2}$, 1 등과 같은 수로 표현하게 한다. 사건이 일어날 가능성과 일어나지 않을 가능성이 같은 경우에 사건이 일어날 가능성을 $\frac{1}{2}$로 표현할 수 있음을 이해하게 한다.
- [6수04-06] 제비뽑기, 동전 던지기, 주사위 던지기, 회전판 돌리기 등과 같은 간단한 실험 결과를 나타낸 표나 그래프를 보고 사건이 일어날 가능성을 비교하고 대략적으로 예상하게 한다.

(나) 성취기준 적용 시 고려 사항

- '자료와 가능성' 영역에서는 용어와 기호로 '평균, 띠그래프, 원그래프, 가능성'을 다룬다.

일상에서 우리는 다양한 확률 상황에 처하게 된다. 오늘 비가 올 확률이 얼마쯤인지? 우리 팀 선수의 승률이 얼마인지? 10분 간격으로 오는 버스를 타기 위해 버스 정류장에 도착했을 때 기다릴 시간은 어느 정도인지? 등과 같이 다양한 상황에서 우리는 선택 상황에 확률을 이용하게 된다.

확률 개념은 다양한 확률 개념뿐만이 아니라, 이를 구성하는 다양한 용어(예: 표본공간, 시행, 사건, 근원사건 등)로 인해 형식적인 정의로부터 알기도 어렵다. 따라서, 형식적 정의보다 다양한 예를 통하여 확률의 중요 개념을 설명하고 명료화하는 것이 좋다.

2011 개정 교육과정에 따른 수학과 교육과정에서부터 '확률'이라는 용어 대신 '가능성'을 다루고 있다. 가능성은 실생활 속에서 일어날 수 있는 일의 가능한 정도를 수로 나타내어 보는 과정을 통해 확률에 대한 초보적인 경험을 제공하고 있다.

가능성은 실생활의 예를 통해 가능성과 관련된 다양한 상황을 알아보고, 사건이 일어날 가능성을 0, $\frac{1}{2}$, 1 정도로 표현할 수 있게 지도하고 있다. 즉, 일어날 일들이 확실함, 그럴듯함, 불가능함으로 나타내고, 가능성을 어떻게 수량화할 수 있는지를 지도한다. 그렇지만, 상황을 일상 용어로 표현할 때에는 [그림 11.9]와 같이 '확실하다', '불가능하다', '~일 것 같다', '~아닐 것 같다', '반반이다' 등 일상에서 사건이 일어날 가능성을 나타내는 다양한 표현으로 나타내고, 가능성의 크기를 비교하도록 지도한다.

초등학교에서는 확률 대신 '가능성'을 다루고 있다.

5 일이 일어날 가능성을 생각해 보고, 알맞게 표현한 곳에 ○표 해 봅시다.

일 \ 가능성	불가능하다	~아닐 것 같다	반반이다	~일 것 같다	확실하다
동전을 던지면 숫자 면이 나올 것입니다.					
주사위를 굴리면 주사위 눈의 수가 1 이상 5 이하로 나올 것입니다.					
빨간색 구슬만 5개가 들어 있는 주머니에서 꺼낸 구슬은 파란색일 것입니다.					
동전을 세 번 던지면 세 번 모두 그림 면이 나올 것입니다.					
노란색 구슬만 1개가 들어 있는 주머니에서 꺼낸 구슬은 노란색일 것입니다.					

1월 1일 다음 날이 1월 2일일 가능성은 확실합니다. 이처럼 가능성은 어떠한 상황에서 특정한 일이 일어나길 기대할 수 있는 정도를 말합니다. 가능성의 정도는 불가능하다, ~아닐 것 같다, 반반이다, ~일 것 같다, 확실하다 등으로 표현할 수 있습니다.

그림 11.9 가능성(교육부, 2020f, p. 133)

교육과정 성취기준

[6수04-04] 사건이 일어날 가능성을 말로 표현하고 비교할 수 있다.

오늘의 생각 문제

1. 민이와 보미가 10번을 먼저 이기면 상금을 갖기로 약속한 경기를 하는데, 민이는 8점, 보미는 7점을 얻은 상태에서 게임이 중단되었다. 두 사람에게 상금을 어떻게 분배하는 것이 적절한지 이야기해 보세요.

2. 다음은 2015 개정 수학과 교육과정 '자료와 가능성' 영역에 대해 지도 교수와 예비 교사가 나눈 대화이다. 물음에 답하시오(2024학년도 초등 임용시험 문제).

지도 교수: 지난 시간에 무엇을 공부했나요?

예비 교사: 탐구 주제를 정해 자료를 수집하고 각 항목별로 분류한 후 정리하여 목적에 맞게 그래프로 나타내는 방법에 대해 공부했습니다.

지도 교수: [A] 이번 시간에는 그래프를 보고 알 수 있는 내용에 대해 이야기해 보겠습니다. 그래프를 살펴볼 때는 어떤 항목이 더 많고 적은지에 관한 사실뿐만 아니라, 그래프로부터 알아낸 사실들을 문제 상황과 관련지어 생각할 수 있어야 합니다. 예를 들어, 자료로부터 추론하기, 추이를 예측하기, 다른 집단이나 상황에 적용하기, 새로운 문제 제기하기 등을 할 수 있습니다.

예비 교사: 좀 더 자세히 설명해 주시겠어요?

지도 교수: 비율그래프의 자료를 예로 들어봅시다. 다음 [그림 1], [그림 2]는 △△학교에서 남학생과 여학생을 대상으로 현장체험학습에 대한 희망 일정을 조사한 결과입니다. 이들 그래프를 볼 때 △△학교에서 '2박 3일' 일정을 희망한 학생 수의 비율은 전체 학생 수의 몇 %인가요?

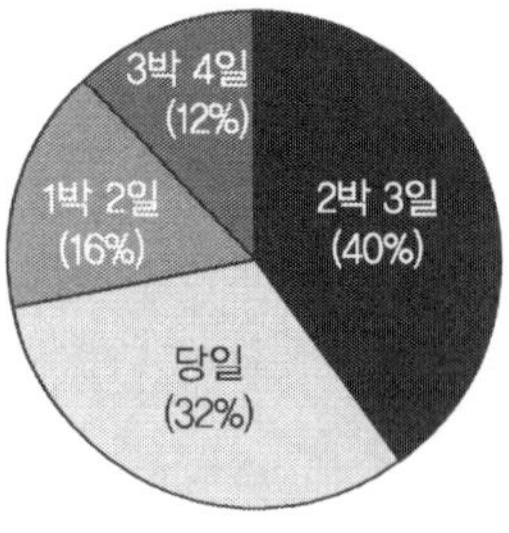

△△학교 남학생의 희망일정

[그림 1]

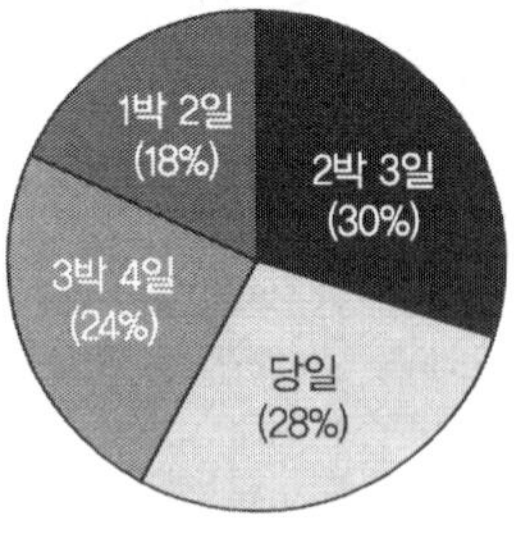

△△학교 여학생의 희망일정

[그림 2]

예비 교사: ㉠ 35%입니다. '2박 3일' 일정을 희망한 남학생 수의 비율은 체 남학생 수의 40%이고, '2박 3일' 일정을 희망한 여학생 수의 비율은 전체 여학생 수의 30%이므로 이 둘의 평균을 구해서 35%가 됩니다.

지도 교수: 추가 자료를 보면서 다시 생각해 봅시다. '2박 3일' 일정을 선택한 남학생과 여학생을 대상으로 희망하는 지역을 추가로 조사하였습니다. [그림 3]은 [그림 1]에서 '2박 3일' 일정을 선택한 남학생의 희망 지역을 정리한 그래프입니다.

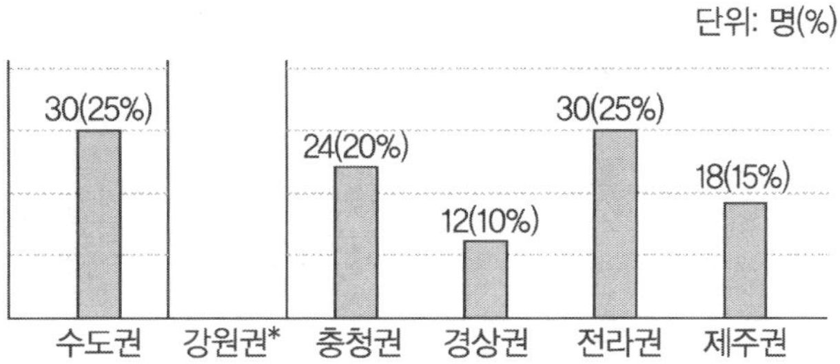

*강원권을 선택한 학생 수는 0명이 아님.

[그림 3]

…(중략)…

예비 교사: 추가 자료를 살펴보니 제가 무엇을 잘못 생각했는지 알 것 같아요.

지도 교수: 그렇다면 ㉡ △△학교 여학생이 500명일 때, '2박 3일' 일정을 희망한 학생 수의 비율은 전체 학생 수의 몇 %인지 구할 수 있겠죠?

(1) [A]는 통계의 주요 과정 중 어느 과정에 해당하는지 '자료와 가능성' 영역의 성취기준에 근거하여 쓰시오.

(2) ① ㉠이 틀린 이유를 설명하고, ② ㉡의 답을 반올림하여 소수 첫째 자리까지 쓰시오.

단원 내용 되돌아보기

01. 수학의 역사에서 확률 개념이 늦게 나타난 이유와 확률 현상에 내재된 모순을 조사하고 이야기해 보세요.

02. 통계의 지도 과정을 5단계로 구분하여 제시하고, 막대그래프를 이용하여 지도 과정을 기술하세요.

03. 주변에서 여러 가지 그래프를 찾아, 그래프에서 제시하려는 정보를 해석해 보세요.

04. 다음 자료에서 평균, 중앙값, 최빈값을 구해 보세요.

50, 60, 60, 70, 80, 80, 90

05. 초등수학에서 가능성을 지도하는 방법에 대하여 이야기해 보세요.

06. '오늘 비가 올 가능성이 20%이다.'라는 문장의 의미에 대하여 이야기해 보세요.

12장 변화와 관계

이 장을 시작하면서

우리 주변의 현상들은 관계를 이루며 서로 영향을 끼치는 것이 많이 있다. 자동차 운행에 필요한 오일 가격이 상승하면 자동차에 오일을 넣어야 하는 돈이 증가하게 되고, 역으로 어떤 사람들은 자동차 운행을 줄임으로써 증가한 오일 가격을 상쇄하려 할 것이다. 현상에서 변화하는 수량 사이의 관계를 나타내는 것이 함수인데, 이를 위한 기초로 초등학교 수학에서는 대응 관계를 다루고 있다.

또한, 수학이 규칙을 탐구하는 학문이기에 초등학교 수학에서 다양한 규칙을 인식하고 적용하는 활동은 교육적 가치가 많다. 특히, 수학에서 다루는 개념이나 원리, 법칙, 정리들은 공통의 규칙을 찾아 형식화하여 정리한 사실이기에, 규칙 탐구는 수학을 체험하는 기본 활동이기도 하다. 직각삼각형의 세 변 사이에는 각 변의 길이에 관계없이 일정한 관계가 존재하며, 이를 '피타고라스 정리'로 설명할 수 있다. 수의 종류와 무관하게 사칙계산에서 성립하는 연산의 성질도 계산에서 나타나는 공통의 규칙을 적용한 예시이다. 수학이 규칙 탐구 활동을 통해 생성된 학문이기에, 규칙을 탐구하는 활동은 수학을 하는 기본 활동이 된다.

함께 이야기해요

다음과 같은 도형의 배열이 있을 때 다음에 올 도형을 말해 보세요. 그 도형은 무엇인지? 왜 그런지 그 이유를 친구들에게 이야기해 보세요.

○ □ ○ □ [?]

함께 해결해봐요

다음 수 배열표에서 찾을 수 있는 규칙을 찾아보세요. 자신이 찾은 규칙을 적용하여 다음 줄에 올 수를 차례로 써 보세요.

1
2 4
3 5 7
4 6 8 10
5 7 9 11 13
…

12-1 변화와 관계의 지도 원리

(1) 초등 수학에서 규칙성 지도

수학=패턴의 과학 (Science of Pattern)

수학자들은 수학을 '패턴의 과학'이라고 한다(Devlin, 1994; Schoenfeld, 1994; Steen, 1988). 이것은 실생활에서 패턴을 추출하여 수학으로 형식화하거나, 수학적으로 정의된 체계 안에서 일정한 원리를 만들어 내는 추상화된 모형이 수학이라는 것을 의미한다.

그림 12.1 육각형 구조로 만들어진 뉴욕 허드슨 야드 '베슬'과 전시물

수학의 발달 과정을 살펴보면, 인류는 자연 속에 내재된 패턴을 발견하고 그것을 설명하며, 그 패턴 속에 숨어 있는 질서와 규칙을 밝혀내려는 노력을 계속해 왔다. 눈송이에서 6겹 대칭의 공통된 모양을 찾았고, 밀랍 구조에서도 육각형 모양을 발견해 냈다. 자연을 구성하는 육각형 구조의 장점때문에 건축물에도 이용되고 있다.

직각삼각형 조각을 관찰하고 이용하면서 직각삼각형의 세 변의 길이 사이에 일정한 관계가 있다는 규칙도 발견하였다. 이와 같이, 인류는 생활에서든 수학적으로든 패턴을 인식하고 분류하여 정리함으로써 이를 수학화하고, 그 결과를 이용하여 반복적인 실행을 하지 않고도 많은 현상을 파악함과 동시에 미래의 현상을 예측할 수 있었다.

수학의 태동과 발전 과정에서 패턴의 중요성에 비추어 학교 수학에서도 패턴을 강조하기 시작하였다. 패턴의 발견이 수학화 과정의 중요한 도구이며, 그렇기에 학교 수학에서 패턴을 발견하고 확장해 가는 사고는 중요하다. 초등학교 수학에서 패턴은 수, 무늬, 도형 등을 일정한 규칙으로 늘어놓은 배열을 의미하며, 아이들에게 익숙한 용어인 '규칙성'이라는 용어를 주로 이용한다. 초등학교 수준에서 규칙성을 탐구하게 하는 이유는 다음과 같다.

◎ 규칙성은 우리의 삶과 함께 한다.

첫째, 규칙성은 우리 삶의 기반이고 형식이며, 생활 속에 밀접하게 관련되어 있기 때문이다. 우리는 매일 음악이나 비디오 영상에서, 장식 디자인과 자연 현상에서, 교통 신호 체계에서, 우리가 만들어 내는 대상에서 여러 규칙성을 항상 접하게 된다. 일상생활에서 '규칙'이라는 용어가 다양하게 사용되며, 수, 도형, 무늬, 현상, 행동 등 여러 곳에서 규칙성을 경험할 수 있다.

이런 이유로 학교 수학에서 규칙성은 수학이 생활에서 활용되는 구체적인 예를 통하여 수학의 가치와 유용성을 인식할 수 있는 주제이기도 하다. 아이들은 그들이 생활하는 주변 현상에서 일정한 규칙을 찾고, 이를 수학적으로 표현하는 경험을 통해 그들이 살아가는 환경에서 수학이 어떻게 적용되고 있는가를 체험할 수 있다.

◎ 교육과정 성취기준

[2수02-01] 물체, 무늬, 수 등의 배열에서 규칙을 찾아 여러 가지 방법으로 표현할 수 있다.

달력에서 규칙을 찾아봅시다.

• 일요일은 며칠마다 반복되나요?

• 달력에서 찾을 수 있는 규칙을 쓰고, 친구와 이야기해 보세요.

그림 12.2 달력에서 규칙 찾기(교육부, 2024b, p. 143)

둘째, 규칙성 탐구는 수학 교과 역량의 하나인 의사소통 능력을 신장시킬 수 있는 좋은 소재이다. 아이들은 자신이 찾은 규칙을 말로 설명하고 쓰며, 규칙에 관한 자신의 생각을 친구들과 나누게 된다. 규칙성 탐구 활동은 자신이 발견하고 창안한 규칙을 자신의 언어로 표현하도록 해 줌으로써 의사소통 능력을 길러줄 수 있다.

◎ 규칙성은 의사소통 능력을 신장시킨다.

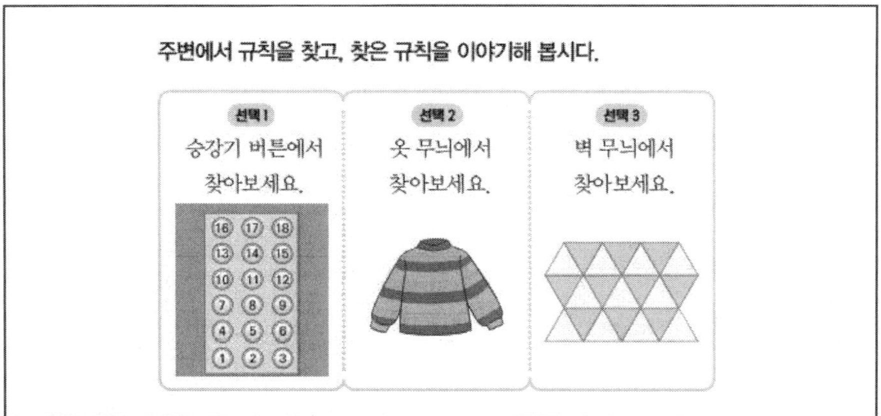

그림 12.3 규칙을 찾고 이야기하기(교육부, 2024b, p. 143)

◎ 교육과정 성취기준

[2수02-01] 물체, 무늬, 수 등의 배열에서 규칙을 찾아 여러 가지 방법으로 표현할 수 있다.

셋째, 수학이 규칙을 탐구하는 학문이기 때문에 규칙 찾기 전략은 수학 문제해결뿐만이 아니라, 일상의 문제를 해결하는데 많이 이용되는 전략 중 하나이다. 아이들이 규칙을 찾는 활동은 미래를 일어날 일을 예측하는 데 중요한 기능을 하며, 수학적으로는 함수를 이해하는 데 기초가 된다. [그림 12.4]는 그림으로 표현된 점의 나열에서 규칙을 찾아 다음에 나타날 그림의 모양과 수를 알아보는 문제이다.

◎ 규칙성은 수학과 일상의 문제해결에 많이 이용되는 전략 중 하나이다.

- 다섯째에 알맞은 바둑돌 모양을 그려 보세요.
- 여섯째 모양을 만들기 위해 필요한 바둑돌의 수를 구해 보세요.

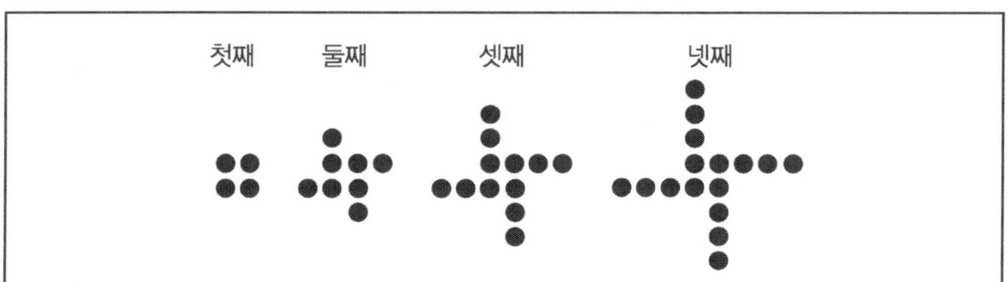

그림 12.4 규칙을 찾고 이야기하기(교육부, 2024b, p. 143)

◎ 규칙성은 수학을 통합적으로 이해할 수 있다.

넷째, 규칙성은 수, 도형, 측정 등을 서로 관련지어 학습하도록 함으로써 수학을 통합적으로 이해할 수 있다. 규칙성 탐구는 다양한 수학 내용과 표현들 사이의 관계를 연결해 주며, 다른 교과에서 수학을 이용할 수 있고, 일상에서 수학을 사용할 수 있도록 연결해 준다. 이와 같이, 여러 영역을 서로 관련짓는 것은 상급 단계에서 더욱 추상적인 아이디어를 갖게 하는 기초가 된다. 예를 들어, 다음에 제시된 점의 배열은 기하학적 속성을 가지지만, 점의 배열에 나타난 규칙성 탐구를 통해 수의 규칙, 그 수를 다르게 표현하는 식의 표현을 통합적으로 이해할 수 있다.

◎ 교육과정 성취기준

[4수02-01] 다양한 변화 규칙을 찾아 설명하고, 그 규칙을 수나 식으로 나타낼 수 있다.

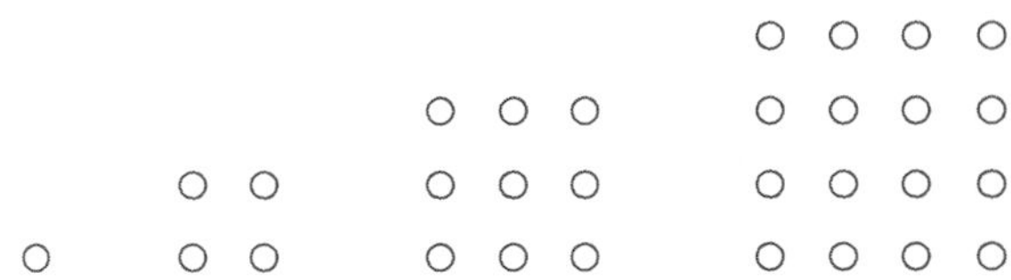

1	4	9	16	______
1×1	2×2	3×3	4×4	?
1	1+2+1	1+2+3+2+1	1+2+3+4+3+2=1	?

읽기 자료

황금비와 실용비

긴 선분과 짧은 선분의 비가 원래 선분과 긴 선분의 비와 같도록 선분을 분할하는 것을 '황금분할'이라고 한다. 이때 황금비(golden ratio)는 황금분할하여 생기는 비인 $\frac{1+\sqrt{5}}{2}$로 1.618…이다. 그런데, 복사용지를 만드는 과정에서는 큰 종이를 잘라 작은 종이를 만들 때 종이 낭비를 줄일 수 있는 가장 경제적인 종이 크기를 만들어야 하는데, 이때의 비를 실용비라 한다. 실용비는 가로가 x, 세로가 1인 직사각형을 절반으로 잘라 생기는 작은 직사각형이 원래 직사각형과 닮은꼴일 때 x의 값이 되며, 그 값은 $\sqrt{2}$이다. 따라서, 복사용지의 가로와 세로의 비는 1.4…인 것이다.

◎ 규칙성은 수학적 추론과 창의력을 향상시킨다.

다섯째, 규칙성은 수학적 추론과 창의력을 향상시킬 수 있다. 아이들은 몇 몇의 사례를 모아 그들 사이의 공통 규칙이나 성질을 찾아내어 일반화하는 귀납 추론을 할 수 있다. 또, 아이들은 주어진 집합에 대한 고찰로부터 일정 규칙을 발견하여, 주어진 집합을 포함한 더 큰 집합에 대한 고찰로 확장하여 일반적인 법칙을 이끌어내는 연역 추론을 할 수 있다. 추론과 더불어 다양한 규칙을 인식하고 설명하고, 일반화함으로써 유창성, 융통성, 독창성 등의 수학적 창의력을 기를 수 있다.

(2) 패턴의 기초와 유형

패턴은 수학의 기초이기 때문에 패턴과 변화 및 관계에 초점을 둔 활동은 학령 초부터 시작되어야 하고, 모든 학년에서 계속되어야 한다. 학교 수학에서 패턴을 강조하기 위하여 저학년에서는 신체 활동, 노래, 동시 등의 반복에서 패턴을 인식하도록 한다. 또한, 음악에서 박자 또는 노랫말, 놀이에서 손뼉 치기, 규칙에 따라 움직이기, 미술에서 색칠하기, 국어의 동시에서 반복되는 말 등은 패턴을 인식하는 데 좋은 자료가 된다. 이를 바탕으로 아이들이 도형, 그림, 기호, 수 등을 사용하여 패턴을 익히게 된다.

교육과정 성취기준
[2수02-01] 물체, 무늬, 수 등의 배열에서 규칙을 찾아 여러 가지 방법으로 표현할 수 있다.

규칙을 만들어 몸으로 나타내 봅시다.

그림 12.5 규칙에 따라 몸으로 나타내기(교육부, 2024b, p. 121)

상급 학년으로 진급함에 따라 아이들은 패턴을 말로 설명하고, 이를 식으로 나타낼 수 있다. 아이들은 어떤 현상을 식으로 나타내어 설명함으로써 추상화 단계로 진입하는 것이며, 수학의 힘도 느낄 수 있다. 특히, 어떤 현상의 패턴을 수량으로 분석하고 일반화시킴으로써 산술적으로 해결하기 어려운 문제를 대수적으로 사고할 수 있는 기회를 가지게 될 것이다. 예를 들어, 다음 그림과 같이 반복 패턴이 아닌 수의 배열에서 다음 수가 앞의 수의 3배가 된다는 두 수 사이의 관계를 인식하고, 이를 식으로 표현해 봄으로써 이러한 수의 배열의 일반화를 경험할 수 있을 것이다.

교육과정 성취기준
[4수02-01] 다양한 변화 규칙을 찾아 설명하고, 그 규칙을 수나 식으로 나타낼 수 있다.

수의 배열에서 규칙을 찾고 이야기해 봅시다.

- 빈칸에 알맞은 수를 써넣으세요.
- 빈칸에 알맞은 수를 어떻게 찾았는지 이야기해 보세요.

그림 12.6 규칙에 맞는 수 찾기(교육부, 2020c, p. 133)

학교 수학에서 탐구할 수 있는 패턴은 속성과 생성 방식에 따라 유형을 나눌 수 있지만, 대부분의 패턴은 여러 가지 속성이나 생성 방식을 함께 가지고 있는 복합적인 형태를 띠고 있다. 따라서, 패턴의 어떤 속성을 인식하느냐에 따라 하나의 패턴을 여러 가지로 해석할 수 있을 것이다(강치형 외 5, 2008).

1) 속성에 따른 패턴 유형

① 관계적인 속성을 지닌 패턴: 2, 4, 6, 8… 같이, 항들 사이의 관계를 나타내는 수를 기초로 하는 패턴이다.

② 도형 속성을 지닌 패턴: □, ○, ○, □, □, ○, ○, ○, □, □, □ … 같이, 도형의 성질이나 모양을 기초로 하는 패턴이다.

③ 물리적 속성을 지닌 패턴: □, □, ■, ■, ■, □, □, ■, ■, ■, □, □ … 같이, 색, 크기, 방향 등을 기초로 하는 패턴이다.

2) 생성 방식에 따른 유형

① 반복 패턴: 1, 2, 1, 2, 1, 2… 같이, 기본 단위나 규칙이 변화 없이, 그대로 유지되면서 반복되는 패턴이다.

② 증가 패턴: 1, 1, 2, 1, 2, 3… 같이, 기본 단위나 규칙이 증가 또는 변형되면서 나타나는 패턴이다.

③ 대칭 패턴: ◁, ▷, ◁, ▷, …, 또는 1, −1, 2, −2, 3, −3… 같이, 기본 단위가 대칭되면서 나타나는 패턴이다.

④ 회전 패턴: ↑, →, ↓, ←, ↑, →, … 같이, 기본 단위가 회전하면서 나타나는 패턴이다.

⑤ 카오스(chaos) 패턴: 자연에서 흔히 볼 수 있는 비정규적인 패턴으로 유체의 난류 현상, 구름 모양, 번개 모양, 주가의 등락 등이 있다. 이런 카오스적인 현상을 나타내는 기하학적 패턴을 프랙탈(fractal)이라고 하는데,

그림 12.7 시어핀스키 삼각형

칸토르 집합, 시어핀스키(Sierpinski) 삼각형 등이 있다.

3) 여러 가지 패턴

① 수 배열표에 있는 패턴: 수 배열표는 수들 사이의 관계를 탐구하기 위한 좋은 자료이다. 수 배열표에서 찾을 수 있는 탐구 과제는 다음과 같다.

- 가로(세로)줄로 구성된 수의 패턴은 무엇인가?
- 대각선으로 구성된 수의 패턴은 무엇인가?
- 정사각형 안의 4개의 수들의 패턴은 무엇인가?

• 수 배열표에서 규칙을 찾아보세요.

10	20	30	40	50	60	70	80	90	100
110	120	130	140	150	160	170	180	190	200
210	220	230	240	250	260	270	280	290	300
310	320	330	340	350	360	370	380	390	400
410	420	430	440	450	460	470	480	490	500
510	520	530	540	550	560	570	580	590	600
610	620	630	640	650	660	670	680	690	700
710	720	730	740	750	760	770	780	790	800
810	820	830	840	850	860	870	880	890	900
910	920	930	940	950	960	970	980	990	1000

그림 12.8 수 배열표에서 규칙 찾기(교육부, 2024d, p. 17)

교육과정 성취기준

[2수02-01] 물체, 무늬, 수 등의 배열에서 규칙을 찾아 여러 가지 방법으로 표현할 수 있다.

② 피보나치 패턴: 1, 1, 2, 3, 5, 8, 13, 21, 34… 같은 수의 배열에 나타난 패턴을 피보나치수열이라고 한다. 이러한 연속된 수들은 이탈리아 수학자 레오나르도 피보나치의 이름을 딴 것이다. 이 수열은 다양한 생명체에도 나타나는데, 예를 들면, 파인애플이나 해바라기씨에서 반대 방향으로 가는 나선형 집합의 수를 세어 보면 피보나치수열에 인접한 수가 된다. 피보나치수열에서 흥미로운 사실은 수열에서 인접한 두 수의 비율이 황금비에 가까워진다는 것이다.

읽기 자료

프랙탈

우리나라 해안선의 길이는 얼마나 될까? 해안선의 모양, 나뭇가지와 같이 도형의 일부가 전체와 같은 모양을 하는 도형을 프랙탈(fractal)이라고 한다. 프랙탈은 1975년 만델브로에 의해 시작되었으며, 자연수가 아닌 소수 차원의 프랙탈 차원을 정의할 수 있게 되었다. 코흐 눈송이나 시어핀스키 삼각형과 같이 아름다운 프랙탈 도형을 많이 접할 수 있으며, 프랙탈을 이용하여 아름다운 모양을 만들 수 있다.

(3) 무늬 꾸미기(tessellation)

바닥 타일, 벽지, 장식물 등과 같이 우리 주변에는 아름다운 무늬로 꾸며진 곳이 많이 있다. 이와 같이, 어떤 틈이나 포개짐이 없이 평면이나 공간을 덮는 무늬 꾸미기 패턴을 테셀레이션이라고 한다. 테셀레이션은 라틴어 'tessella'에서 유래되었는데, 이것은 고대 로마 때 모자이크에 사용되었던 작은 정사각형 모양의 돌이나 타일을 의미한다. 테셀레이션은 생활 속에서 다양하게 활용되는데, 이를 응용하여 아이들은 무늬를 보고, 스스로 규칙을 정하여 다양한 무늬를 꾸며 볼 수 있도록 한다.

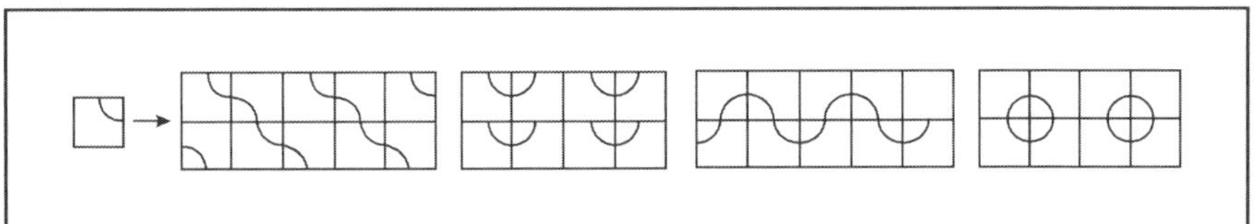

그림 12.9 정사각형 무늬 타일을 이용한 무늬 꾸미기

밀기(slide)
뒤집기(flip)
돌리기(turn)

[그림 12.9]와 같이 기본 도형을 이용하여 어떻게 무늬를 꾸밀 수 있는지 탐색하고, 직접 무늬를 꾸며보는 활동을 할 수 있다. 이를 위해 주어진 기본 도형을 평행이동에 해당하는 밀기(slide), 대칭이동에 해당하는 뒤집기(flip), 회전이동에 해당하는 돌리기(turn)라는 '도형의 변환'을 통해 도형이 어떻게 변화되었는지 살펴보게 하면서 공간 지각력을 향상시키도록 한다. 또한, 주어진 기본 도형을 이용하여 자기 자신의 규칙을 정해 무늬를 꾸며보는 활동을 하게 할 수 있다.

테셀레이션은 미술 작품에도 이용되는데, 네델란드 화가인 Escher(1898~1972)는 무어인들의 모자이크에 영감을 받아 단순한 기하학적 무늬에서 수학적 변환을 이용하여 창조적인 형태(새, 물고기, 사람)의 테셀레이션 작품 세계를 구축하였다(이대현, 최승현, 2006).

그림 12.10 Escher와 테셀레이션(천국과 지옥, 1960)

읽기 자료

수학과 예술의 관계

수학과 예술의 역사는 밀접한 관련을 가지고 있다. 예를 들어, 17~18세기 미술은 운동과 변화를 강조하는 수학과 같이 동적이고 활기차며 역동적으로 표현하는 바로크 미술이 등장하였다. 또, 칸토어가 집합론을 발표한 해가 1883년인데, 미술에서는 그해에 점묘화가 등장하였다. 집합 개념을 응용하여 미술에서도 사물을 점의 모임으로 표현하는 후기인상주의 점묘화가 등장한 것이다.

(4) 변화와 관계적 사고

자연을 이루고 있는 요소들은 하나의 요소가 변하면 그에 따라 다른 요소도 변화가 일어나는 유기적 관계를 맺고 있다. 따라서, 요소들이 서로 어떤 관계를 맺으면서 변하는가에 대한 규칙을 발견한다면, 앞으로 일어날 현상에 대해서도 예상할 수 있을 것이다.

수학에서 요소들의 유기적인 관계를 나타내는 개념이 함수이며, 역사적으로 함수는 '따라서 변하는 두 양 사이의 관계'를 수학적으로 받아들인 데서 발생하였다. 즉, 서로 관계를 맺고 있는 두 양 A, B가 있을 때, A의 크기가 변함에 따라 B의 크기가 따라서 변하게 될 때 두 양의 사이의 관계를 함수라고 한다. 그러나, '따라서 변한다.'는 의미는 직관적으로는 알기 쉽지만, 논리적이지 못하므로 집합의 관점에서 함수를 '두 집합 X, Y에서 X의 각 원소 x가 Y의 단 하나의 원소 y에 대응되는 관계를 X에서 Y로의 함수'라고 정의한다.

◎ 함수는 따라서 변하는 두 양 사이의 관계를 수학적으로 받아들인 데서 발생하였다.

읽기 자료

함수 개념

함수(function)라는 용어는 1692년 라이프니츠가 처음으로 사용하였고, 함수 기호 $f(x)$는 18세기에 오일러가 처음으로 사용하였다. 우리나라에서 함수라는 말은 중국에서 온 것으로 영어 function의 중국어이다.

함수적 사고란 함수 이론에 근거를 두고 현상을 보고 생각하며 규칙을 찾는 사고이다.

초등수학에서는 함수 자체를 가르치는 것이 아니라, 함수적 사고를 배양하는데 목적이 있다. 함수적 사고란 함수 이론에 근거를 두고 현상을 보고 생각하며 규칙을 찾아내는 사고라고 할 수 있다. 함수적 사고의 특성은 관계에 의한 사고이고, 함수적 사고의 추론 형식은 귀납적, 연역적 방법이 적용되며, 동적인 생각과 극한의 생각이 작용한다. 수학 지도에 있어서 함수적 사고의 배양을 위하여 다음과 같은 지도가 중요하다.

① '따라서 변하는 변량'에 대한 인식을 가질 수 있게 한다. 그러기 위해서는 '하나의 양이 변하면 그에 따라 다른 양이 변한다는 것을 이해할 수 있게 해야 한다.
② 2개의 집합 X, Y에서 서로 대응하는 원소를 발견할 수 있도록 한다.
③ 대응의 규칙성을 발견할 수 있게 한다. 즉, 집합 X의 원소와 그에 대응되는 집합 Y의 원소 사이에 일반적으로 어떤 관계가 있는가를 발견할 수 있게 한다.
④ 대응 관계를 말이나 식으로 표현할 수 있게 한다.
⑤ 대응 관계식을 이용하여 하나의 변량을 알면 다른 변량의 값을 구할 수 있게 한다.
⑥ 함수적 관찰에 의해 문제를 해결할 수 있게 한다.

대응이란 두 값으로 이루어지는 하나의 짝을 의미한다.

초등학교 수학에서는 함수에 대한 근본적인 사고를 위해서 대응 개념을 지도하고 있다. 대응이란 하나의 값이 정해지면 거기에 따른 값이 정해진다는 의미에서 '두 값으로 이루어지는 하나의 짝'을 의미한다. 대응 개념을 이해시키기 위한 가장 기본적인 지도 방법은 표를 이용하는 것이다. 예를 들어, 사람이 한 명이면 팔이 2개, 두 명이면 팔이 4개, 세 명이면 팔이 6개, …이므로, 이를 표로 나타내면 다음과 같다. 이것은 2개의 집합 X={1, 2, 3, …}과 Y={2, 4, 6,

…} 사이의 대응 관계로 나타낸 것이다.

사람 수	1	2	3	4	5	6	7	…
팔의 수	2	4	6	8	10	12	14	…

1) 두 양의 관계에 대한 사고 유형

두 양의 관계를 다루는 대응은 미래에 함수 개념을 다루는데 기초가 되는 개념으로, 우리 주변에서 서로 관계를 이루는 두 양에 관한 문제를 탐구하고 해결하는데 중요하다. 저학년에서 아이들이 수나 도형 등의 배열이 어떻게 변하는지에 대한 규칙을 주로 탐구하였다면, 대응에서는 두 양이 서로 어떻게 관련되어 변하는지를 탐구하는데 중점을 둔다.

변하는 두 양의 관계를 탐구할 때 변화되는 양의 관계에 따라 여러 가지 양의 변화 상태를 분석할 수 있는데, Blanton et al.(2011)은 두 양의 관계를 탐구하는 사고 유형으로 재귀적 패턴(recursive pattern), 공변적 사고(covariational thinking), 대응 관계(correspondence relationship)로 구분하여 〈표 12-1〉과 같이 제시하고 있다.

◎ 재귀적 패턴
공변적 사고
대응 관계

먼저, 재귀적 패턴은 한 양의 변화에만 초점을 두어 변화를 탐구하는 경우이다. 예를 들어, 〈표 12-1〉에서 꼭짓점의 수는 항상 2씩 증가한다는 사실에만 주목하는 유형이 이에 해당한다. 다음으로 공변적 사고는 두 양이 서로 관련되어 어떻게 변하는지 파악하는 경우이다. 예를 들어, 〈표 12-1〉에서 사각형의

〈표 12-1〉 두 양 사이의 관계 탐구에 관한 사고 유형

사각형의 개수	꼭짓점의 개수
1	4
2	6
3	8
4	10

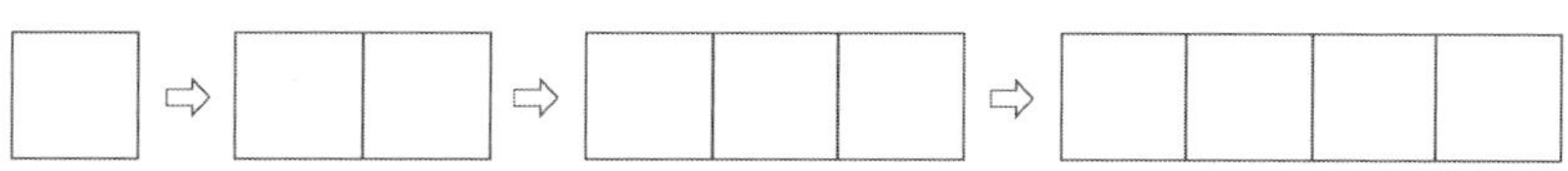

재귀적 패턴	공변적 사고	대응 관계
4→6→8→10→…에서 2씩 증가한다.	1→2→3→4→…에서 1씩 증가할 때, 4→6→8→10→…에서 2씩 증가한다.	사각형의 개수가 1일 때 꼭짓점의 개수는 4, 사각형의 개수가 2일 때 꼭짓점의 개수는 6과 같이 변하듯이, (꼭짓점의 개수)=(사각형의 개수)×2+2이다.

개수가 1씩 증가할 때, 꼭짓점의 개수가 2씩 증가한다고 탐구하는 유형이 이에 해당한다.

마지막으로, 대응 관계는 두 양 사이의 관계를 수평적으로 탐구하며 함수 규칙을 도출하는 경우이다. 예를 들어, 〈표 12-1〉에서 사각형의 개수가 2일 때 꼭짓점의 개수는 6, 사각형의 개수가 3일 때 꼭짓점의 개수는 8과 같이 두 양 사이의 관계를 수평적으로 파악하고, 나아가 임의 사각형의 개수에 대응하는 꼭짓점의 개수는 (꼭짓점의 개수)=(사각형의 개수)×2+2라는 관계를 추론하는 유형이 이에 해당한다. 규칙성 탐구 과정에서는 아이들이 한 양의 변화에만 치중함으로써 재귀적인 변화 과정을 살피는 데 초점을 두었지만, 대응을 다룰 때에는 두 양의 변화를 살필 수 있도록 한다.

2) 비, 비율, 백분율

우리는 생활 속에서 양적인 사고를 할 때 관계적인 것을 자주 다룬다. 예를 들어, '~의 반', '~의 몇 배'와 같은 개념을 많이 사용한다. 양적인 사고가 관계적이라는 것은 수 자체가 중요한 것이 아니라, 그러한 수들 사이의 관계가 중요하다는 것이다. 예를 들어 다음 문장을 살펴보자.

올해 나의 수입은 10% 증가하였다.
어제보다 오늘 2배 일을 더 하였다.
이경민 선수의 자유투 성공률은 75%이다.

이러한 예시는 비와 비율 개념과 관련되어 있다. 아이들은 학교에서 비와 비율을 배우기 전이라도 물건의 가격 비교, 요리 재료의 비율, 물품의 할인율, 야구선수의 타율, 비가 올 가능성 등의 경험을 통해 비와 비율에 대한 비형식적 지식을 가지고 있다(교육부, 2015). 비와 비율은 a가 b의 몇 배인지를 알아보는 수들 사이의 상대적인 관계를 알아보는 것인데, 두 양 a, b를 비교하는 방법에는 다음 세 가지가 있다.

① $a>b$, $a=b$, $a<b$인지를 알아본다.
② a가 b 보다 얼마만큼 크거나 작은지를 알아본다.

③ a가 b의 몇 배인지를 알아본다.

①은 두 양의 대소를 비교하는 것이고, ②는 절대적인 비교(뺄셈) 방법이며, ③은 상대적인 비교(나눗셈) 방법을 의미한다. 두 양 a, b를 비교하는 방법 중 a가 b의 몇 배인지를 알아보는 경우는 양의 상대적인 크기를 비교하는 것으로 비(ratio)를 고려한다. 즉, 두 양 a, b에 대하여 'a와 b의 비는 a의 크기를 b의 크기에 비추어 생각하는 것으로, a를 비교하는 양, b를 기준량이라고 하고, 수학적으로 $a:b$로 나타낸다. 비는 두 양의 상대적인 크기를 비교할 때 이용되기 때문에 두 양의 크기를 비교하는 장면을 생각해야 한다. 예를 들면, 한 아이가 2자루의 연필을 1000원에 샀다면, 2자루 연필에 대한 1000원의 비가 된다.

◎ a와 b의 비에서 a를 비교하는 양, b를 기준량이라고 하고, $a:b$로 나타낸다.

비율은 비를 하나의 수치로 나타낼 때 쓰는 개념으로, 비교하는 양을 기준량으로 나눈 몫을 의미한다. 즉, 두 양 a, b에 대하여 'a와 b의 비율'은 수학적으로 $a \div b$ 또는 $\frac{a}{b}$로 나타내며, 분수나 소수로 나타낼 수 있다. 비율은 기준량에 대한 비교하는 양의 비를 의미하며, 생활에서 필요에 따라 특별한 비율을 생각한다. 예를 들어, 100을 기준량으로 했을 때의 비율을 백분율이라고 하며, 기호로 %를 사용하여 나타낸다. A가 B의 25%란 말은 B를 100으로 보았을 때 A는 25에 해당한다는 의미이다.

◎ a와 b의 비율은 $a \div b$ 또는 $\frac{a}{b}$로 나타낸다.

◎ 백분율, %

한편, 두 백분율을 뺄셈으로 비교할 때에는 기호로 %p를 사용하고, '퍼센트포인트'라고 읽는다. 즉, 퍼센트(%)와 퍼센트포인트(%p)는 분명하게 구별되는 용어로, 몇 % 증가했다는 것은 기존의 수량을 기준으로 증가한 수량을 백분율로 표시한 것이고, 몇 %p 증가했다는 것은 기존에 제시된 %가 수치상으로 얼마나 증가했는가를 표시한 것이다(교육부, 2015). 예를 들어, 작년 50%에서 올해 60%로 증가했을 경우에 '10%p 증가하였다'라고 말할 수 있다.

◎ 퍼센트포인트, %p

비율의 특별한 유형으로 할푼리가 있는데, 할푼리는 비율을 소수로 나타낼 때 그 소수의 자릿수에 따라 정해진다. 즉, 소수 첫째 자리를 할, 소수 둘째 자리를 푼, 소수 셋째 자리를 리라고 하며, 이를 할푼리라 한다.[18] 예를 들면, 8에 대한 3의 비율은 0.375인데, 할푼리로는 3할7푼5리이다.

18) 할푼리는 2009 개정 수학과 교육과정에서부터 초등수학에서 다루지 않고 있다.

(5) 대수의 발달

이집트의 수학자인 Ahmes(약 B.C. 1680-B.C. 1620)가 파피루스에 남긴 일원일차연립방정식의 풀이에서 시작된 대수의 역사는 3000년 이상이 되었다. 오랜 기간의 대수의 역사에서 기호와 문자의 사용은 중요한 역할을 하였다. 여기에서는 대수의 역사를 기호와 문자의 사용을 중심으로 언어적 대수, 생략적 대수, 기호적 대수로 나누어 살펴본다(우정호, 1998).

◎ 언어적 대수
생략적 대수
기호적 대수

1) 언어적 대수(rhetorical algebra)

언어적 대수의 시대는 Diophantus(약 246~약 330) 이전 시대에 속한다. 이 시기에는 일상적인 언어 표현을 사용하여 문제를 해결하였고, 미지수를 표현하기 위해서 특정 부호나 기호를 사용하지 않은 것이 특징이다. 풀이의 전체적인 과정이 일상 언어로만 표현된 단계이다.

2) 생략적 대수(syncopated algebra)

생략적 대수의 시대는 Diophantus 시대부터 16세기 말까지 해당한다. 이 시기에는 자주 반복되어 사용되는 개념이나 계산을 축약된 용어나 머리글자와 같은 생략 기호를 사용하여 나타내었다. 예를 들어, 르네상스 시대에는 +(plus)를 p로 −(minus)를 m으로 나타내기도 하였다. 미지수를 표현하기 위해 문자를 사용하기 시작한 것도 이 시대의 특징이다. 이 시대에서 방정식은 수로 된 계수만을 가지고 있었고, 해는 수치로 된 값으로만 표현되었으며, 문자를 사용한 일반적인 풀이 방법은 나타나지 않았다.

3) 기호적 대수(symbolic algebra)

기호적 대수의 시대는 프랑스의 수학자 Viète(1540~1603)에 의한 대수 발전의 단계로 기호 대수 단계가 시작되면서 문자는 미지의 양뿐만 아니라 주어진 양까지도 나타내는 데 사용하게 되었다. 이 시대에 대수는 일반해를 나타내는 도구로, 수치 관계를 나타내는 규칙을 입증하는 도구로 사용하게 되었다.

Viète가 문자를 사용하여 미지수뿐만 아니라, 임의의 상수까지도 문자로 나타냄으로써 수학의 문제를 일반적이고 형식적인 방법으로 취급하는 결정적인 계기가 되었다. 그리고 해법을 공식화하고 그 원리와 방법의 타당성을 연역적 추론에 의해 처리할 수 있게 되었다. 기호적 대수 단계에서 일반해를 나타내는 것, 법칙을 증명하는 도구로서 대수를 사용하는 것이 가능해졌다.

탐구 과제: 디오판투스 묘비 문제 탐구

다음 문제를 여러 가지 방법으로 해결해 보세요.

[문제] 인생의 $\frac{1}{6}$은 어린 시절, $\frac{1}{12}$은 청소년 시절, $\frac{1}{7}$은 총각 시절로 보낸 사람이 있다. 그 사람은 결혼한 지 5년 후에 아들을 낳았는데, 아들은 아버지보다 4년 일찍 죽었다. 아들의 수명은 아버지 수명의 절반이었다고 한다. 아버지는 몇 살에 죽었는가?

오랜 시간에 걸친 대수의 역사 가운데 기호적 대수 시대는 얼마되지 않았지만, 그 기간동안 대수학은 큰 발전을 이루게 되었다(우정호, 1998). 학교 수학에서는 문자를 여러가지 의미로 이용하고 있는데, 문자에는 다음과 같은 의미가 있다.

문자의 의미
① 특정한 수의 이름
② 특정 미지수
③ 일반적인 미지수
④ 변수
⑤ 형식적 조작의 대상

① 특정한 수의 이름: π, e와 같이 특정한 수의 이름을 나타낸다. 즉, π는 원의 둘레와 지름 사이의 비(π=3.14…)를 나타내며, e는 자연로그의 밑(e=2.718281…)을 나타내기 위해 사용한다.

② 특정 미지수: 방정식 $2x+1=x+3$에서 $x=2$인 것과 같이, 문자는 특정한 미지수를 나타낸다. 학교 수학에서 방정식과 부등식에 이용되는 문자는 특정한 미지수의 의미로 이용되고 있다.

③ 일반적인 미지수: 문자는 일반적인 값을 나타내는 기호로 이용된다. 예를 들어, 자연수의 집합에서 성립하는 교환법칙을 $a+b=b+a$와 같이 나타낼 때 a, b는 임의의 자연수를 나타낸다.

④ 변수: 함수 $y=x+2$와 같이 문자의 값의 변화를 나타내는 데 이용된다. 이 경우에 x의 값에 따라 y의 값이 변하게 됨을 알 수 있다.

⑤ 형식적 조작의 대상: 문자는 어떤 성질을 만족하는 임의의 대상을 나타내는 기호로 간주된다. 특히, 대수에서 다루는 군, 환, 체와 같은 추상적인 구조에서 나타나는 문자는 임의의 조작 대상으로 생각된다. 학교 수학에서는 전개나 인수분해와 같이, 형식적인 조작의 대상으로 다루는

것을 들 수 있다.

식이란 대상기호, 술어기호, 논리기호, 보조기호 등에서 몇 가지를 선택하여 일정한 수학적 규칙에 따라 조합하고 배열한 것을 의미한다.

한편, 수학에서 이용하는 식이란 대상기호, 술어기호, 논리기호, 보조기호 등에서 몇 가지를 선택하여 일정한 수학적 규칙에 따라 조합하고 배열한 것을 의미한다. 식을 표현하는데 이용되는 기호에는 다음과 같은 것이 있다.

- 대상기호: 상수기호: $1,\ 3,\ 5,\ \frac{2}{3},\ \pi,\ \cdots$
  변수기호: $\cdot a,\ b,\ A,\ B,\ x,\ y,\ \cdots$
  특징기호: $\overline{a}\ ,\ i,\ \cdots$
- 술어기호: 연산기호: $+,\ \times,\ \cup,\ \cap,\ \cdots$
  함수기호: $f,\ g,\ F,\ G,\ \cdots$
  관계기호: $=,\ \equiv,\ \fallingdotseq,\ \cdots$
- 논리기호: $\wedge,\ \vee,\ \rightarrow,\ \Rightarrow,\ \Leftrightarrow,\ \forall,\ \exists,\ \cdots$
- 보조기호: ( ), { }, [ ], ⋯

그리고 식을 구성하는 규칙은 다음과 같다.

① 대상기호는 그 자체만으로 식(단항식)이 된다.
(예) $2,\ 0.3,\ x,\ 2xy$ 등
② 두 식을 연산기호나 관계기호로 연결한 것도 식(다항식, 명제, 등식, 부등식 등)이다.
(예) $2+x,\ 5+3=8,\ x+3=7,\ x+4>3$

관계기호가 없는 식은 다음과 같은 역할을 가진다.

① 어떤 대상에 대하여 어떤 차례로 어떤 조작을 하는가를 나타낸다.
② 어떤 대상에 조작을 한 결과를 나타낸다.
③ 대상 사이의 수학적 구조를 나타낸다.

예를 들어, $2(a+b)$는 두 수 a와 b의 합에 2를 곱하는 조작 과정이 들어 있으며, 더 이상 조작이 안 되는 결과를 나타낸다. 또한, 이 식은 두 변의 길이가 a와 b인 직사각형의 둘레의 길이를 나타내는 수학적 구조를 가지고 있다. 일반적으로 수학에서 이용되는 기호 발생의 역사는 다음과 같다(박세희, 1995).

① 플러스(+)와 마이너스(−): +, − 기호는 독일의 비드만(Widmann)이 1489년에 발표한 산술책에 나타나 있다. 플러스라는 말은 이 책에 나타나지 않으나, 마이너스라는 말은 사용되고 있다. +라는 기호는 and에 해당하는 라틴어의 et를 빨리 썼을 때 나타나는 꼴에서 나왔다고 한다. 그러나, −는 어떻게 하여 그런 꼴이 되었는지 알려져 있지 않다. 처음에 과부족(過不足)의 뜻으로 쓰였으나, 비엔나 대학 교수 쉬라이버가 1521년에 출판한 책 속에 +와 −를 덧셈과 뺄셈의 뜻으로 사용하였다고 한다.

② 근호($\sqrt{\ }$): 쉬라이버의 제자 루돌프는 1525년에 쓴 대수학책에서 근호 $\sqrt{\ }$를 썼다.

③ 등호(=): 영어로 쓰인 최초의 대수학책이라는 레코드(Recorde, 1510~58)의 '지혜의 숫돌'에 처음 등호가 나타났다.

④ 나눗셈 기호(÷): 스위스인 라안(Rahn)이 1659년에 취리히에서 출판한 대수학책에서 처음 썼다.

⑤ 소수 기호: 처음으로 소수 기호를 도입한 것은 스테빈(Stevin, 1548~1620)이다. 십진법의 체계는 이로써 완성된 셈이다.

⑥ 부등호(>, <): 부등호는 영국의 수학자 해리옷(Harriot, 1560~1621)이 죽은 지 10년 후에 출판된 저서에 나타난다. 또, ≥와 ≤라는 부등호는 그로부터 1세기 후에 부게(Bouguer)에 의하여 처음 쓰였다.

⑦ 곱셈 기호(×): 영국의 수학자 오트렛(Oughtred, 1594~1660)의 책 '수학의 열쇠(1631)'에 나타났다.

12-2 변화와 관계의 지도 내용과 방법

1–2학년군에서는 규칙을 다루고 있다. 이를 위해 물체, 무늬, 수 등의 배열에서 규칙을 찾아 여러 가지 방법으로 나타내고, 자신이 정한 규칙에 따라 물체, 무늬, 수 등을 배열하도록 한다. 3–4학년군에서는 계산식의 배열에서 규칙을 찾고, 계산 결과를 추측하게 하고, 등호를 사용하여 크기가 같은 두 양의 관계를 식으로 나타내도록 한다.

5–6학년군에서는 한 양이 변할 때 다른 양이 그에 종속하여 변하는 대응 관계를 다룬다. 또한, 비례적 사고를 개발하는 데 도움이 되는 비와 비율, 비례식과 비례배분을 다룬다(교육부, 2022, p. 8).

<table>
<tr><td>핵심 아이디어</td><td colspan="3">• 변화하는 현상에 반복적인 요소로 들어있는 규칙은 수나 식으로 표현될 수 있으며, 규칙을 탐구하는 것은 수학적으로 추측하고 일반화하는 데 기반이 된다.
• 동치 관계, 대응 관계, 비례 관계 등은 여러 현상에 들어있는 대상들 사이의 다양한 관계를 기술하고 복잡한 문제를 해결하는 데 유용하게 활용된다.
• 수와 그 계산은 문자와 식을 사용하여 일반화되며, 특정한 관계를 만족시키는 미지의 값은 방정식과 부등식을 해결하는 적절한 절차를 거쳐 구해진다.
• 한 양이 변함에 따라 다른 양이 하나씩 정해지는 두 양 사이의 대응 관계를 나타내는 함수와 그 그래프는 변화하는 현상 속의 다양한 관계를 수학적으로 표현한다.</td></tr>
<tr><td rowspan="3">구분
범주</td><td colspan="3">내용 요소</td></tr>
<tr><td colspan="3">초등학교</td></tr>
<tr><td>1–2학년</td><td>3–4학년</td><td>5–6학년</td></tr>
<tr><td>지식·이해</td><td>• 규칙</td><td>• 규칙
• 동치 관계</td><td>• 대응 관계
• 비와 비율
• 비례식과 비례배분</td></tr>
<tr><td>과정·기능</td><td colspan="3">• 물체, 무늬, 수, 계산식의 배열에서 규칙을 탐구하기
• 규칙을 찾아 여러 가지 방법으로 표현하기
• 두 양의 관계를 탐구하고, 등호를 사용하여 나타내기
• 대응 관계를 탐구하고, □, △ 등을 사용하여 식으로 나타내고 설명하기
• 두 양의 관계를 비나 비율로 나타내기
• 비율을 분수, 소수, 백분율로 나타내기
• 비율을 실생활 및 타 교과와 연결하여 문제해결하기
• 비례식을 풀고, 주어진 양을 비례배분하기</td></tr>
<tr><td>가치·태도</td><td colspan="3">• 규칙, 동치 관계 탐구에 대한 흥미
• 대응 관계, 비 표현의 편리함 인식
• 비와 비율의 유용성 인식
• 변화와 관계 관련 문제해결에서 비판적으로 사고하는 태도</td></tr>
</table>

(1) 규칙 찾기

성취기준

[2수02-01] 물체, 무늬, 수 등의 배열에서 규칙을 찾아 여러 가지 방법으로 표현할 수 있다.
[2수02-02] 자신이 정한 규칙에 따라 물체, 무늬, 수 등을 배열할 수 있다.

(가) 성취기준 해설

- [2수02-01] 물체, 무늬, 수 등의 배열을 관찰하여 일정하게 반복되거나 증가하는 규칙을 찾고 말, 수, 그림, 기호, 구체물, 행동 등의 다양한 방법으로 표현하게 한다. 그리고 물체, 무늬, 수의 배열에서 다음에 올 것이나 중간에 빠진 것을 추측하게 한다.

(나) 성취기준 적용 시 고려 사항

- 학생이 스스로 만든 규칙에 따라 물체, 무늬, 수 등을 배열하는 활동을 통해 수학에 대한 흥미를 느끼게 할 수 있다.
- 수의 배열뿐만 아니라 수 배열표, 덧셈표, 곱셈표를 활용하여 수의 다양한 규칙을 찾게 한다.
- 물체, 무늬, 수 등의 배열에서는 크기, 색깔, 위치, 순서 등에 대한 단순한 규칙을 다루고, 지나치게 복잡한 배열에 대한 평가는 지양한다.
- 다른 사람의 배열에서 규칙을 찾아보거나 규칙에 대해 서로 말하게 한다.
- '변화와 관계' 영역의 문제 상황에 적합한 문제해결 전략을 지도하여 문제해결 역량을 기르게 한다.

규칙을 찾는 활동은 수학 활동의 기본으로, 어린 아이들도 주변의 사물이나 현상에서 규칙을 인지하고 발견할 수 있다. 규칙 탐구 활동을 위해 상품 포장지, 벽지, 보도블록의 무늬, 장판 무늬 등 아이들이 쉽게 접할 수 있는 반복되는 규칙이나 증가해 가는 규칙을 찾아보게 한다.

그리고, 규칙에서 변화 규칙을 찾아 말로 설명할 수 있게 하고, 물체나 무늬의 배열에서 다음에 올 것이나 중간에 빠진 것을 추측하여 말하게 한다. 수의 배열뿐만 아니라 수 배열표, 덧셈표, 곱셈표를 활용하여 수의 규칙을 찾고, 자신이 정한 규칙에 따라 색칠하거나 ○, / 등으로 나타내게 한다. 또, 규칙적인 배열을 말, 수, 그림, 기호, 구체물, 행동 등의 다양한 방법으로 표현하도록 하고,

자신의 규칙을 창의적으로 만들어 보고, 다른 사람의 배열에서 규칙을 찾아보거나 규칙에 대해 서로 말하게 한다.

규칙을 탐구하기 위하여 실생활에서 쉽게 접할 수 있는 여러 가지 물체나 무늬의 규칙을 찾아보고 그 규칙에 따라 배열할 수 있게 하며, 수의 배열의 규칙에 따라 수를 배열할 수 있게 한다. 아이들이 탐구할 수 있는 규칙에는 다음과 같은 것들이 있다.

여러 가지 규칙 탐구 소재

① 신체 활동을 이용한 반복적 규칙

손뼉치기, 발구르기, 손뼉치기, 발구르기, 손뼉치기, 발구르기, …

손뼉치기, 손뼉치기, 발구르기, 손뼉치기, 손뼉치기, 발구르기, …

② 그림을 이용한 반복적 규칙

□, ○, □, ○, □, ○, □, ○, …

□, ○, ○, □, ○, ○, □, ○, ○, …

③ 수를 이용한 반복적 규칙

1, 3, 1, 3, 1, 3, …

1, 3, 5, 1, 3, 5, 1, 3, 5, …

④ 신체 활동을 이용한 증가하는 규칙

손뼉치기, 발구르기, 손뼉치기, 발구르기, 발구르기, 손뼉치기, 발구르기, 발구르기, 발구르기, …

⑤ 그림을 이용한 증가하는 규칙

□, ○, □, □, ○, □, □, □, ○, …

⑥ 수를 이용한 증가하는 규칙

1, 3, 5, 7, 9, 11, …

아이들 스스로 규칙을 만들고 구성하기 위하여 실생활 장면을 이용하여 자신이 다양한 형태의 규칙을 정하고, 그 규칙에 따라 물체나 무늬, 수 등을 배열할 수 있게 한다. 자신의 규칙을 창의적으로 만들어 보고, 다른 사람의 배열에서 규칙을 찾아보거나 규칙에 대해 서로 이야기할 수 있게 한다.

쌓기나무 규칙 만들기 놀이를 해 봅시다.

- 규칙을 정해 쌓기나무를 쌓아 보세요.
- 친구가 만든 규칙을 이야기해 보세요.
- 친구와 순서를 바꿔 놀이를 해 보세요.

그림 12.11 규칙 만들기 놀이(교육부, 2024b, p. 137)

◎ 교육과정 성취기준

[2수02-02] 자신이 정한 규칙에 따라 물체, 무늬, 수 등을 배열할 수 있다.

(2) 규칙을 수나 식으로 나타내기

성취기준

[4수02-01] 다양한 변화 규칙을 찾아 설명하고, 그 규칙을 수나 식으로 나타낼 수 있다.
[4수02-02] 계산식의 배열에서 규칙을 찾고, 계산 결과를 추측할 수 있다.

(가) 성취기준 해설

- [4수02-02] 다양한 규칙을 찾을 수 있는 계산식의 배열, 수의 성질을 탐구할 수 있는 계산식의 배열을 다룬다.

(나) 성취기준 적용 시 고려 사항

- 규칙을 식으로 나타낼 때 혼합 계산식, 일반항을 나타낸 식 등을 이용해야 하는 복잡한 문제는 다루지 않는다.
- 계산식의 배열에서 계산 결과의 규칙을 찾는 활동을 할 때 필요에 따라 계산기를 사용하게 할 수 있다.
- 자신이 추측한 규칙을 배열에 적용해 보는 등 다양한 방법으로 규칙이 옳은지 스스로 검토하게 할 수 있다.
- '변화와 관계' 영역의 문제 상황에 적합한 문제해결 전략을 지도하고, 문제해결 과정을 설명하게 하여 문제해결 역량을 기르게 한다.

- '변화와 관계' 영역에서 문제해결 과정을 설명할 때 다른 친구의 의견을 존중하고 경청하는 태도로 참여하게 한다.

규칙을 수나 식으로 나타내기를 지도하기 위하여 규칙적으로 늘어놓은 바둑돌과 같이, 구체물이나 그림으로 주어진 배열을 보고 그 개수를 수로 단순화하여 그 규칙을 설명할 수 있게 한다. 그리고, 간단한 덧셈, 뺄셈, 곱셈이 적용되는 규칙에서 규칙 찾기 놀이를 통하여 규칙을 추측하고 말이나 글로 나타낼 수 있게 한다. 또한, 규칙적인 계산식의 배열에서 계산 결과의 규칙을 찾고, 계산 결과를 추측할 수 있다.

규칙적인 계산식의 배열에서 계산 결과의 규칙을 찾는 활동을 할 때 계산기를 사용하게 할 수 있으며, 규칙을 식으로 나타낼 때 혼합 계산식, 일반항을 나타낸 식 등을 이용해야 하는 복잡한 문제는 다루지 않도록 한다. 특히, 규칙적인 계산식의 배열에 대한 평가에서는 계산 결과의 규칙을 추측하고 확인하는 데 중점을 둔다.

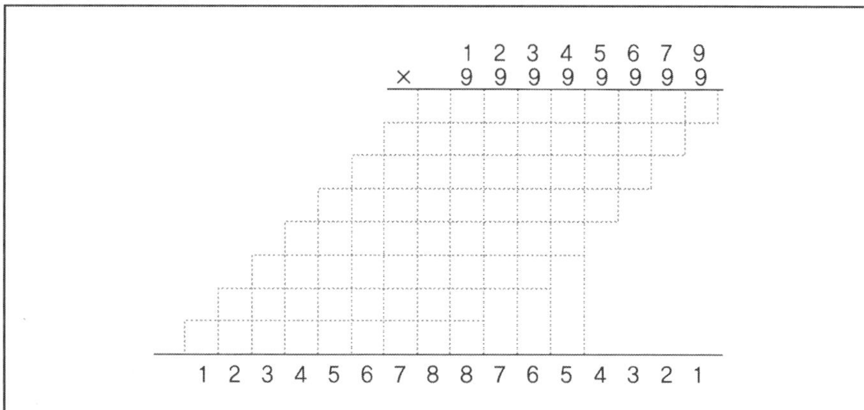

그림 12.12 계산식의 배열 예시

(3) 등호와 동치 관계

성취기준

[4수02-03] 등호를 사용하여 크기가 같은 두 양의 관계를 식으로 나타낼 수 있다.

(가) 성취기준 해설

- [4수02-03] 등호()의 의미를 토대로 구체물, 그림 등을 사용하여 주어진

식이 옳은지 판단하는 활동, 크기가 같은 두 양을 찾는 활동 등을 통해 동치 관계를 이해하게 한다.

(나) 성취기준 적용 시 고려 사항

- 동치 관계는 두 자리 수의 범위에서 다룬다.
- 등호가 사용된 식이 옳은지 판단할 때는 수 감각이나 학생이 직관적으로 이해하고 있는 연산의 성질을 이용하여 두 양이 서로 같은지 비교하게 할 수 있다.

초등수학에서 등호(=)와 동치 관계에 대한 강조는 2022 개정 수학과 교육과정에서 강조되며 처음으로 제시되었다. 등호는 조작적 의미와 관계적 의미 면에서 이해할 수 있는데, 조작적 의미는 2+3=5에서 2+3의 계산 결과를 얻는 것과 같이, 등호 좌변의 식에서 계산을 통해 우변인 결과를 얻는 것을 의미한다. 등호의 관계적 의미는 2+3=4+1과 같이 등호 양변의 값이 같음을 나타낸다는 것을 아는 것이다. 등호의 관계적 의미에서 '관계적'이라는 용어의 의미를 3가지 유형으로 구분해 볼 수 있는데, 다음과 같다.

◎ 등호는 조작적 의미와 관계적 이해 면에서 이해할 수 있다.

① 등호 양변의 두 항이 동일한 수학적 대상을 지칭하는 것을 아는 것으로, □=간 거리와 같은 식을 이해하는 것이다.

② 등호 양변의 두 항이 동일한 수학적 값을 가진다는 것을 이해하는 것으로, 직사각형의 넓이=(가로)×(세로)를 이해하는 것이다.

③ 등호 양변의 두 항이 동일한 수학적 의미를 가진다는 것을 이해하는 것으로, $a(b+c)=ab+ac$를 이해하는 것이다.

등호 지도에서는 등호의 조작적 의미뿐만 아니라, 관계적 의미를 이해하도록 지도해야 하며, 등호가 사용된 사례를 점진적으로 확장해 가면서 등호의 다양한 사용 상황을 이해하도록 해야 한다.

동치 관계의 지도에서는 등호를 사용하여 크기가 같은 두 양의 관계를 식으로 나타내도록 하고, 등호 양변의 값이 같다는 것을 이해하도록 한다. 특히, 두 자리 수의 범위에서 동치 관계를 다루도록 하고, 등호가 사용된 식이 옳은지 판단할 때는 수 감각이나 학생이 직관적으로 이해하고 있는 연산의 성질을 이용하여 두 양이 서로 같은지 비교해 보도록 한다.

미지값을 구할 때는 덧셈식, 뺄셈식, 곱셈식에서 미지값을 구해 보도록 하고, 교환법칙, 결합법칙, 분배법칙을 직관적 의미로 다루지만, 그 의미와 적용 방법을 체계적으로 다루어 보도록 한다. 동치 관계의 이해 정도를 파악하기 위하여 계산 결과가 같은 것끼리 연결 짓기 등을 할 수 있다.

◎ **동치 관계의 이해 정도를 파악하기 위하여 계산 결과가 같은 것끼리 연결 짓기 등을 할 수 있다.**

◎ **교육과정 성취기준**
[4수02-03] 등호를 사용하여 크기가 같은 두 양의 관계를 식으로 나타낼 수 있다.

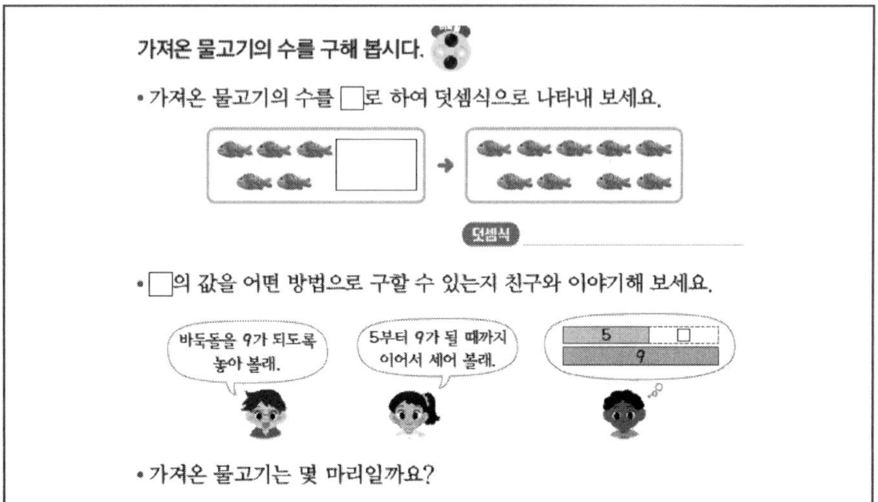

그림 12.13 등호로 표현된 식에서 미지수 구하기(교육부, 2024c, p. 84)

(4) 대응 관계

성취기준

[6수02-01] 한 양이 변할 때 다른 양이 그에 종속하여 변하는 대응 관계를 나타낸 표에서 규칙을 찾아 설명하고, □, △ 등을 사용하여 식으로 나타낼 수 있다.

(가) 성취기준 해설: 없음

(나) 성취기준 적용 시 고려 사항

- '변화와 관계' 영역에서는 용어와 기호로 '비, 기준량, 비교하는 양, 비율, 백분율, 비례식, 비례배분, :, %'를 다룬다.
- 대응 관계를 탐구할 때는 두 양의 변화를 함께 고려하게 하고, 한 양의 변화에만 초점을 두지 않는다.
- 두 양 사이의 대응 관계를 식으로 나타내는 방법을 지도하는 활동에서는 덧셈식, 뺄셈식, 곱셈식, 나눗셈식 중 하나로 표현되는 간단한 경우만 다룬다.

- 대응 관계를 기호를 사용하여 식으로 나타내고 두 양의 관계를 비로 나타내 보는 경험을 통해 수학적 표현의 편리함을 인식하게 할 수 있다.
- '변화와 관계' 영역에서는 기후변화, 생태계, 과학 기술의 발전 등 학생의 삶과 관련된 다양한 문제 상황을 활용할 수 있다.
- '변화와 관계' 영역의 문제 상황에서 문제해결 전략 비교하기, 주어진 문제에서 필요 없는 정보나 부족한 정보 찾기, 조건을 바꾸어 새로운 문제 만들기, 문제해결 과정의 타당성 검토하기 등을 통하여 문제해결 역량을 기르게 한다.
- '변화와 관계' 영역에서 자신의 문제해결 과정을 논리적으로 설명하고 다른 친구의 문제해결 과정과 비교함으로써 비판적으로 사고하는 태도를 기르게 한다.

대응이란 어떤 관계에 의하여 두 집합의 원소를 짝지어 주는 것으로, 하나의 값이 정해지면 그 값에 따라 다른 값이 정해지는 두 값으로 이루어진 짝을 의미한다. 대응 관계의 지도에서는 두 양의 대응 관계를 나타낸 표를 보고, 한 양이 다른 양과 어떤 관계로 변하고 있는지 그 규칙을 찾아내도록 하고, 찾아낸 규칙을 이용하여 두 양의 대응 관계를 식으로 나타낼 수 있게 한다. 이때, 두 양의 대응 관계는 두 양의 관계가 복잡하지 않은 덧셈식, 뺄셈식, 곱셈식, 나눗셈식 중 하나로 표현되는 간단한 경우만 다루도록 한다. 구체적으로 대응 관계는 다음과 같은 과정으로 지도한다.

◎ 대응이란 어떤 관계에 의하여 두 집합의 원소를 짝지어 주는 것이다.

첫째, 주어진 대응표에서 대응 규칙을 찾는다. 아래 표와 같이 대응된 수를 제시하고 시행착오를 통해서 대응 규칙을 찾게 한다. 규칙 찾기에 제시되는 예시는 계산이 복잡한 경우를 피하여 암산으로 쉽게 할 수 있는 것을 택하는 것이 바람직하다.

1	2	3	4	5		□
3	4	5	6		8	□+2

둘째, 주어진 규칙에 의한 대응 수를 찾는다. '2를 더한다.' '2만큼 큰 수' 등의

규칙이 주어지고, '5에 대응되는 수' 또는 '6에 대응되는 수' 등을 알아보게 한다. 이런 활동은 규칙의 의미를 분명하게 이해하는 데에 도움이 된다.

셋째, 대응 관계를 식으로 나타내게 한다. 대응 관계를 분명히 의식하게 되면 이것을 '□에 대응되는 수는 □+2'와 같이 수학적 문장으로 나타내게 한다.

◎ 교육과정 성취기준

[6수02-01] 한 양이 변할 때 다른 양이 그에 종속하여 변하는 대응 관계를 나타낸 표에서 규칙을 찾아 설명하고, □, △ 등을 사용하여 식으로 나타낼 수 있다.

밧줄 수와 매듭 수 사이의 대응 관계를 식으로 나타내기

❶ 밧줄 수와 매듭 수를 표에 나타내 보세요.

밧줄 수(개)	2	3	4	5	6
매듭 수(개)	1	2	3		

❹ 밧줄 수를 ○, 매듭 수를 □라고 할 때, ○와 □를 사용하여 밧줄 수와 매듭 수 사이의 대응 관계를 식으로 나타내 보세요.

식 ____________

두 양 사이의 대응 관계를 식으로 간단하게 나타낼 때는 각 양을 ○, □, △, ☆ 등과 같은 기호로 나타낼 수 있습니다.

그림 12.14 대응 관계를 식으로 나타내기(장혜원 외, 2022a, p. 62)

(5) 비와 비율

성취기준

[6수02-02] 두 양의 크기를 비교하는 상황을 통해 비의 개념을 이해하고, 두 양의 관계를 비로 나타낼 수 있다.

[6수02-03] 비율을 이해하고, 비율을 분수, 소수, 백분율로 나타낼 수 있다.

(가) 성취기준 해설

- [6수02-02] 두 양을 비교할 때는 한 양을 기준으로 다른 양이 몇 배가 되는지를 나타낼 필요성을 인식하면서 비의 개념을 이해하게 한다.

(나) 성취기준 적용 시 고려 사항

- '변화와 관계' 영역에서는 용어와 기호로 '비, 기준량, 비교하는 양, 비율, 백분율, 비례식, 비례배분, :, %'를 다룬다.
- 비와 비율을 다룰 때는 기준량과 비교하는 양을 명확하게 인식하게 한다.

- 비와 비율을 탐구할 때는 실생활 및 타 교과에서 비와 비율이 적용되는 간단한 사례를 활용하며 수학의 유용성을 인식하게 한다.
- 동일한 비율을 분수, 소수, 백분율로 다양하게 나타낼 수 있음을 알게 한다.
- '변화와 관계' 영역에서는 기후변화, 생태계, 과학 기술의 발전 등 학생의 삶과 관련된 다양한 문제 상황을 활용할 수 있다.
- '변화와 관계' 영역의 문제 상황에서 문제해결 전략 비교하기, 주어진 문제에서 필요 없는 정보나 부족한 정보 찾기, 조건을 바꾸어 새로운 문제 만들기, 문제해결 과정의 타당성 검토하기 등을 통하여 문제해결 역량을 기르게 한다.
- '변화와 관계' 영역에서 자신의 문제해결 과정을 논리적으로 설명하고 다른 친구의 문제해결 과정과 비교함으로써 비판적으로 사고하는 태도를 기르게 한다.

두 양의 상대적인 크기를 비교할 때는 한쪽 양을 기준으로 다른 쪽 양이 몇 배가 되는지를 나타내는 방법으로 비를 도입하는데, 한 양을 기준으로 다른 양이 몇 배가 되는지를 나타낼 필요성을 인식하게 하면서 비의 개념을 도입한다. 즉, a, b가 두 수, 또는 양일 때 a가 b의 몇 배인가의 관계를 'b에 대한 a의 비' 또는 'a와 b의 비'라고 하고 $a:b$로 나타낸다.

a가 b의 몇 배인가는 a의 크기를 b의 크기에 비추어 생각하는 것이므로, b는 기준량이 되고, a는 비교되는 양이 된다. 따라서, a와 b의 비를 $a:b$로 나타낼 때에는 그 순서가 중요하다.

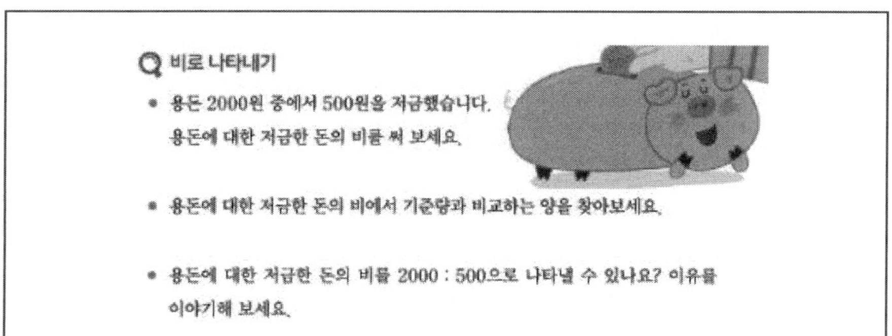

그림 12.15 비로 나타내기(장혜원 외, 2022c, p. 81)

교육과정 성취기준

[6수02-02] 두 양의 크기를 비교하는 상황을 통해 비의 개념을 이해하고, 두 양의 관계를 비로 나타낼 수 있다.

비에서 기준량과 비교하는 양을 이해하게 하고, 비로 나타낸 것을 보고 이를 비율로 나타내는 방법을 알고 그 의미를 이해하게 한다. 비율은 비를 하나의 수치로 나타낼 때 쓰는 개념으로, 비교하는 양을 기준량으로 나눈 몫을 의미한다. 즉, 두 양 a, b에 대하여 'a와 b의 비율'은 수학적으로 $a \div b$ 또는 $\frac{a}{b}$로 나타내며, 분수나 소수로 나타낼 수 있다.

교육과정 성취기준
[6수02-03] 비율을 이해하고, 비율을 분수, 소수, 백분율로 나타낼 수 있다.

비율 비교하기

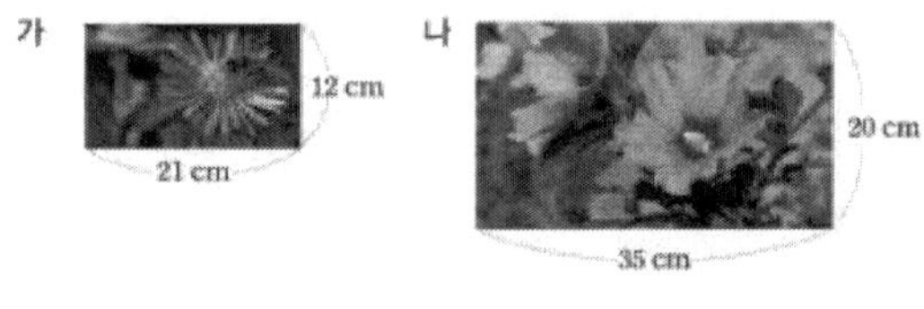

- 가 사진의 세로에 대한 가로의 비를 써 보세요.
- 가 사진의 세로에 대한 가로의 비율을 분수와 소수로 각각 나타내 보세요.
- 나 사진의 세로에 대한 가로의 비를 써 보세요.
- 나 사진의 세로에 대한 가로의 비율을 분수와 소수로 각각 나타내 보세요.
- 두 사진의 세로에 대한 가로의 비율을 비교하고 알게 된 점을 이야기해 보세요.

그림 12.16 비율 비교하기(장혜원 외, 2022c, p. 83)

비율을 나타내는 방법에 기준량을 100으로 할 때의 비율을 백분율이라고 하고, %로 나타낸다. 또, 비율을 소수로 나타낼 때 소수 첫째 자리를 할, 소수 둘째 자리를 푼, 소수 셋째 자리를 리라고 하며, 이를 할푼리라 한다. 예를 들면, 8에 대한 3의 비율은 0.375인데 이를 백분율로는 37.5%이고, 할푼리로는 3할7푼5리이다. 특히, 생활에서 백분율을 활용하여 문제를 해결하게 하는데, 초등수학에서 비율을 평가할 때 속력, 인구밀도, 축척, 농도 등을 구하는 문제는 다루지 않는다.

한편, 두 양의 비례적 관계를 생각할 수 있는 능력은 아이들의 사고 능력 발달에서 형식적인 사고를 하는 데 중요한 요소 중의 하나이다. 두 양의 비례적 관계에 대한 개념 형성에 실패하게 되면 대수, 기하는 물론 과학의 일부를 포함하여 양적인 사고와 이해를 필요로 하는 학습을 할 수 없게 된다. 따라서, 학교 수학에서 비와 비율은 단지 공식이나 기호를 의미 없이 조작하기보다는,

의미를 이해하도록 지도해야 한다. 예를 들어, 다음과 같은 문제를 이용하여 학급의 친구들과 함께 탐구하고 토론할 기회를 제공하는 것이 필요하다.

> **문제** 시장에 갔더니 갑 회사의 제품은 5kg을 7000원에 팔고, 을 회사의 제품은 4kg을 6000원에 팔고 있었다. 어느 회사의 제품을 구입하는 것이 유리한가?

이와 같이 비와 비율은 생활에서 자주 사용되며, 일반적인 사고에서도 매우 중요하기 때문에 강조되어야 한다.

(6) 비례식과 비례배분

성취기준

[6수02-04] 비례식을 알고, 그 성질을 이해하며, 이를 활용하여 간단한 비례식을 풀 수 있다.
[6수02-05] 비례배분을 알고, 주어진 양을 비례배분 할 수 있다.

(가) 성취기준 해설: 없음

(나) 성취기준 적용 시 고려 사항

- '변화와 관계' 영역에서는 용어와 기호로 '비, 기준량, 비교하는 양, 비율, 백분율, 비례식, 비례배분, :, %'를 다룬다.

비례식에서는 비례식의 뜻을 이해하고 비례 관계가 있는 문제를 비례식을 활용하여 해결할 수 있게 한다. 또, 실생활의 예로 비례배분 상황을 이해하게 하고, 상황에 맞게 주어진 양을 비례배분할 수 있게 한다.

먼저, $a:b$와 $c:d$에서 그 비율이 같을 때 그 두 비는 같다고 한다. 이때 $a:b=c:d$와 같은 식을 비례식이라 한다. 예를 들어, A반 30명 중에 안경 쓴 아이가 15명이고, B반 20명 중에 안경 쓴 아이가 10명이라면 각 반에서 안경 쓴 아이의 비는 30:15, 20:10으로 수는 다르지만, 같은 비율을 가지므로 30:15=20:10이다.

비의 상등 관계를 이용하여 주어진 비를 가장 간단히 정수비로 고치는 것을 '비를 간단히 한다.'라고 한다. 가로 18cm, 세로 12cm인 직사각형에서 가로와 세로의 비는 18:12인데 이를 간단히 하면 (18÷6):(12÷6)=3:2가 된다. 이를 위한 비례식의 성질은 다음과 같다.

① 비례식의 전항과 후항에 0이 아닌 같은 수를 곱하여도 그 비율은 변하지 않는다. 즉, $a:b=(a\times k):(b\times k),\ k\neq 0$

② 비의 전항과 후항을 0이 아닌 같은 수로 나누어도 그 비율은 변하지 않는다. 즉, $a:b=(a\div k):(b\div k),\ k\neq 0$

③ 비례식의 외항끼리의 곱과 내항끼리의 곱은 같다. 즉, $a:b=c:d \Leftrightarrow a\times d=b\times c$이다.

교육과정 성취기준
[6수02-04] 비례식을 알고, 그 성질을 이해하며, 이를 활용하여 간단한 비례식을 풀 수 있다.

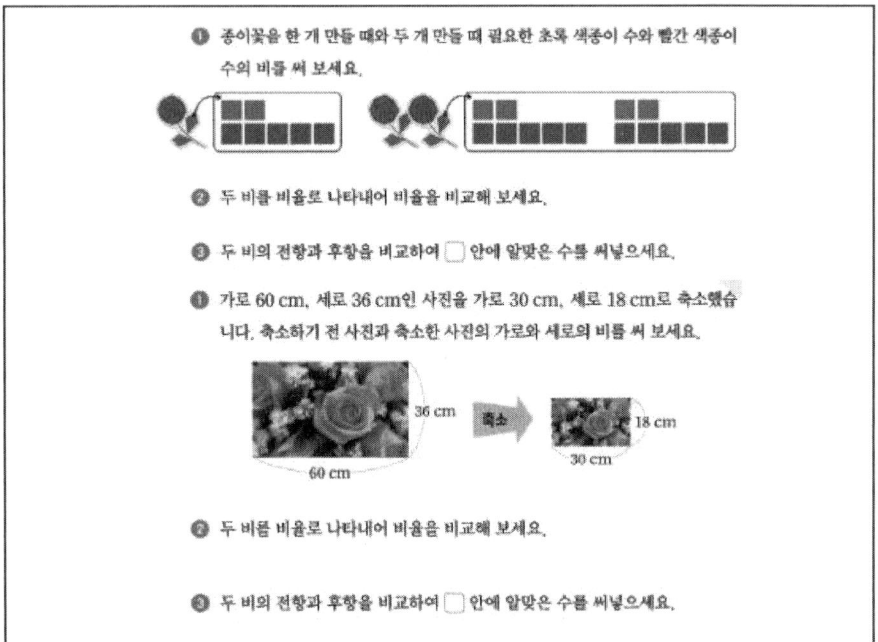

그림 12.17 비의 성질(장혜원 외, 2022d, pp. 82-83)

참고 같은 종류의 몇 개의 양 사이의 관계를 $a:b:c$의 꼴로 나타낼 수 있는데, 이를 연비라고 한다.[19] 연비는 기준량과 비교되는 양이 있는 것이 아니고, 3개 이상의 양을 비의 형식을 써서 나타낸 것이다.

19] 연비는 2009 개정 수학과 교육과정에서부터 다루지 않고 있다.

탐구 과제: 양 나누기

어떤 부자가 임신한 부인에게 다음과 같이 유언을 하였다. "만일 아들을 낳으면 아들에게는 재산의 $\frac{1}{3}$을 주고, 부인은 재산의 $\frac{2}{3}$를 가지시오. 만일 딸을 낳으면 딸에게는 재산의 $\frac{2}{3}$를 주고, 부인은 재산의 $\frac{1}{3}$을 가지시오." 그 부자가 죽은 후, 부인은 아들과 딸 한 명씩 쌍둥이를 낳았다. 유언에 맞게 재산을 분배할 때 부인, 아들, 딸이 가질 재산은 얼마인지 구하여라.

한편, 어떤 양을 주어진 비에 따라 나누는 것을 비례배분이라고 한다. 일반적으로 어떤 양 A를 비 $k:l:m:n$으로 비례배분하는 방법은 다음과 같다.

주어진 비에 따라 나누는 것을 비례배분이라고 한다.

- 1부분 $A\times\frac{k}{k+l+m+n}$ 2부분 $A\times\frac{l}{k+l+m+n}$
- 3부분 $A\times\frac{m}{k+l+m+n}$ 4부분 $A\times\frac{n}{k+l+m+n}$

또, 각 부분을 각각 kx, lx, mx, nx로 하여 1차 방정식 $kx+lx+mx+nx=A$에서 x를 구한 다음, 각 부분의 양을 구하는 방법도 있다. 아래 [그림 12.18]에서는 비례배분하는 세 가지 방법인 활동적, 영상적, 상징적 방법을 나타내고 있다.

교육과정 성취기준

[6수02-05] 비례배분을 알고, 주어진 양을 비례배분 할 수 있다.

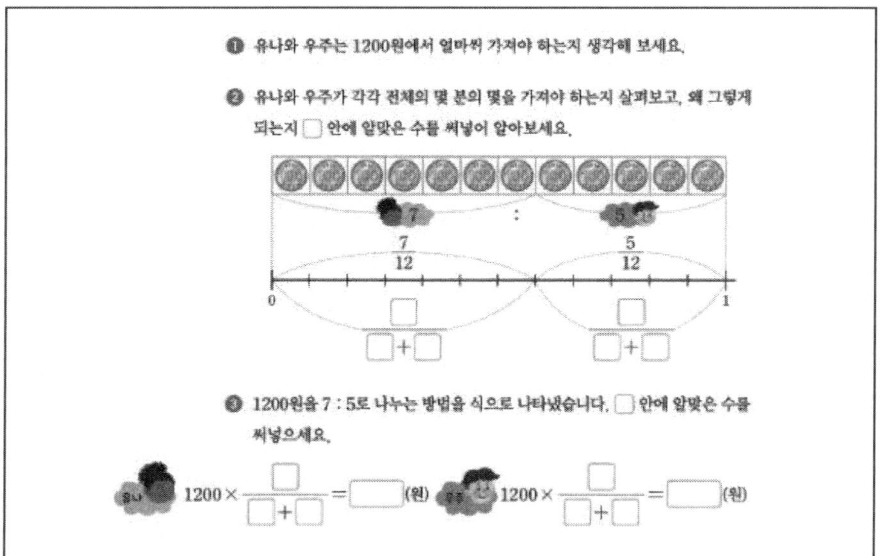

그림 12.18 비례배분의 세 가지 방법(장혜원 외, 2022d, p. 92)

오늘의 생각 문제

1. 아래에 제시된 각 도형에 있는 직사각형의 개수를 구하세요. 그리고 이러한 증가 규칙이 계속된다고 할 때 10번째 도형에 있는 직사각형의 개수를 구하세요.

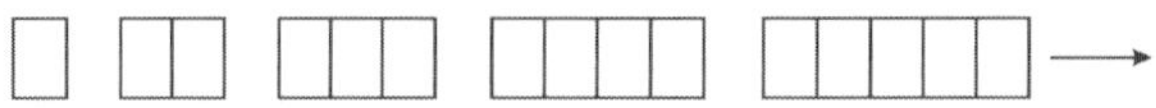

2. 아래에 제시된 각 도형에 있는 직사각형의 개수를 구하세요. 그리고 이러한 증가 규칙이 계속된다고 할 때 10번째 도형에 있는 직사각형의 개수를 구하세요.

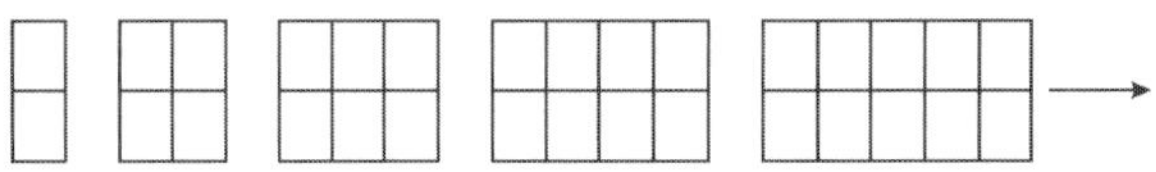

3. 아래에 제시된 각 도형에 있는 직사각형의 개수를 구하세요. 그리고 이러한 증가 규칙이 계속된다고 할 때 10번째 도형에 있는 직사각형의 개수를 구하세요.

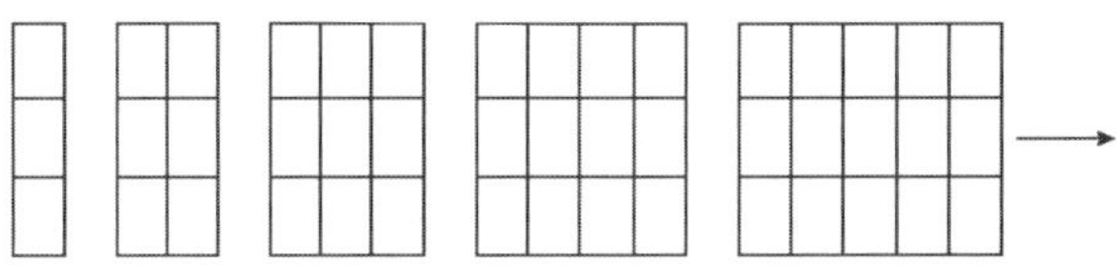

4. (가)는 3~4학년군 '규칙 찾기' 단원에 대한 수업 자료이고, (나)는 이와 관련된 수업의 일부이다. 물음에 답하시오(2022학년도 초등 임용시험 문제).

[가] 우박수는 마치 우박이 구름 속에서 오르내리며 자라다가 땅 위로 떨어지는 것과 비슷하게 수가 커졌다 작아졌다를 반복하다가 어느 순간 계속 작아져서 1이 되면 끝나는 자연수의 배열이다. 다음은 우박수의 몇 가지 예이다.

- 2 → 1
- 3 → 10 → 5 → 16 → 8 → 4 → 2 → 1
- 4 → 2 → 1
- 5 → 16 → 8 → 4 → 2 → 1
- 6 → 3 → 10 → 5 → 16 → 8 → 4 → 2 → 1
- 7 → 22 → 11 → 34 → 17 → 52 → 26 → 13 → 40 → 20 → 10 → 5 → 16 → 8 → 4 → 2 → 1

[그림 1]

박 교사: 오늘은 우박수에 관한 문제를 탐구하려고 해요. [그림 1]을 보고 우박수가 만들어지는 과정에서 규칙을 찾아보세요.

학생 A: 일단 짝수가 되면 (㉠)(이)라는 규칙에 따라 다음 수가 만들어져요.

박 교사: 맞습니다. 그렇다면 홀수가 되면 어떤 규칙에 따라 다음 수가 만들어지는 걸까요?

학생 B: 3 → 10, 5 → 16, 7 → 22, 11 → 34 등이므로 (㉡)(이)라는 규칙에 따라 다음 수가 만들어집니다.

박 교사: 맞습니다. 그러면 우박수가 길어지려면 어떤 수로 시작해야 할까요? 예를 들면 [그림 1]에서 4로 시작하는 우박수가 2로 시작하는 우박수보다 더 길어요.

학생 A: 큰 수로 시작하는 것이 좋을 것 같습니다.

학생 B: ㉢ 큰 수로 시작한다고 해서 우박수가 길어지는 것은 아닙니다. 왜냐하면 (㉣) 때문입니다.

박 교사: 잘 설명하였습니다. 그럼 지금부터는 시작하는 수에 따라 우박수가 몇 개의 수들로 이루어져 있는지 살펴봅시다. 3으로 시작하는 우박수는 [그림 2]와 같이 8개의 수들로 이루어져 있습니다.

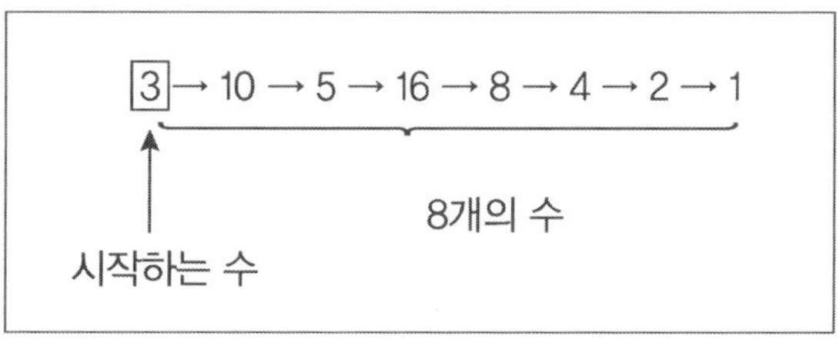

[그림 2]

학생 A: 8개의 수들로 이루어진 우박수가 더 있나요?

박 교사: 좋은 질문입니다. 그러면 8개의 수들로 이루어진 우박수를 어떻게 찾을 수 있을까요?

학생 B: 작은 수부터 차례대로 우박수를 구해 봐요. 그런데 이 방법은 시간이 많이 걸릴 것 같아요.

박 교사: 다른 방법이 없을까요?

학생 A: 우박수의 마지막 수인 1에서 시작하여 이전 수가 어떤 수인지 확인하는 방법을 사용해 보면 어떨까요?

박 교사: 좋은 생각입니다. 우박수가 결국 1로 끝난다는 점에서 시작하여 문제를 풀어 봅시다.

학생 B: 학생 A의 방법으로 생각해 보면 우박수의 계산 규칙에 따라 1이 될 수 있는 이전 수는 2밖에 없습니다. 이와 같은 방법으로 ㉤ 8개의 수들로 이루어진 우박수들을 모두 구할 수 있습니다.

(1) (나)의 ㉠, ㉡에 들어갈 알맞은 규칙을 각각 쓰시오.

(2) (나)의 ㉣은 [그림 1]에서 적절한 근거를 찾아 ㉢에 대해 설명한 것이다. ㉣에 들어갈 알맞은 내용을 쓰시오.

(3) (나)의 ㉤에서 시작하는 수는 3을 포함하여 모두 4개이다. 3을 제외한 3개의 시작하는 수를 모두 쓰시오.

단원 내용 되돌아보기

01. 초등학교 수학에서 '변화와 관계' 영역의 지도 내용을 제시하고, 각각의 지도 방안에 대해 이야기 해 보세요.

02. 주변에서 발견할 수 있는 여러 가지 패턴을 찾아보세요. 이를 이용하여 변화와 관계 영역의 수업에 활용할 수 있는 방안을 이야기해 보세요.

03. 무늬 타일을 만들어 테셀레이션 활동을 해 보세요.

04. 두 양의 관계에 대한 사고 유형을 실세계 예를 들어 이야기해 보세요.

05. 대수의 역사를 살펴보고, 대수에 문자가 사용됨으로써 나타난 의의와 대수에서 이용하는 문자의 의미를 예를 들어 설명해 보세요.

06. 규칙적인 계산식을 만들어 보세요.

07. 등호와 동치 관계 지도에서 중점을 두어야 할 내용에 대해 이야기해 보세요.

08. 생활에서 비율을 활용하는 사례를 들어보세요.

09. 비례식의 뜻과 비례식을 활용하여 해결할 수 있는 문제를 다음 문제를 이용하여 설명해 보세요.

[문제] 감자 $\frac{1}{2}$kg을 봉지에 담았더니 $\frac{2}{3}$봉지에 담겼습니다. 1봉지에 담을 수 있는 감자의 무게를 구하시오.

10. 다음 문장이 참인지, 거짓인지 이야기해 보세요.

'농구 경기에서 전반전에는 4번의 자유투 중 1번을 성공하였고, 후반전에는 7번 중 3번을 성공하였다. 따라서, 전체 경기 동안 던진 자유투는 4+7=11(번), 성공한 자유투는 1+3=4(번)이고, 자유투 성공률이 전반전은 $\frac{1}{4}$이고 후반전은 $\frac{3}{7}$이므로 $\frac{1}{4}+\frac{3}{7}=\frac{4}{11}$가 성립한다.'

11. 다음은 비례식을 지도하는 수업의 일부이다. 물음에 답하시오(2013학년도 초등 임용시험 문제).

[1차시]

교사: 빵 2개를 만들려면 달걀이 3개 필요합니다. 빵 4개를 만들려면 달걀이 몇 개 필요할까요?

민지: ㉠ 빵 2개를 만들기 위해 필요한 달걀의 수는 빵의 수보다 하나 더 많아요. 그래서 빵 4개를 만들려면 5개가 필요해요.

영수: 저는 그렇게 생각하지 않아요. ㉡ 빵 2개를 만드는 데 달걀이 3개 필요하니까, 다시 빵 2개를 더 만들려면 달걀이 3개 더 필요해요. 그래서 빵 4개를 만들려면 달걀 6개가 필요해요.

(이하 생략)

[4차시]

교사: 빵을 2개 만드는 데 달걀이 5개 필요합니다. 빵을 10개 만들려면 달걀이 몇 개 필요한지 ㉢ 비의 성질을 이용하여 구해 보세요.

(중략)

교사: 비례식으로 만들어 보고 내항의 곱과 외항의 곱을 비교해 보세요.

민지: 비례식은 2:5=10:25이고, 내항의 곱은 5×10=50, 외항의 곱도 2×25=50입니다.

교사: ㉣ 비례식에서는 내항의 곱과 외항의 곱이 같아요. 그러면 빵을 10개 만들 때 달걀이 몇 개 필요한지 비의 성질을 이용하지 않고도 구할 수 있겠습니까?

(이하 생략)

1) 1차시 수업에서 두 수를 비교하는 민지의 방법(㉠)과 영수의 방법(㉡)의 차이점을 설명하시오.

2) 4차시 수업에서의 ㉢을 진술하고, ㉣은 무엇을 진술한 것인지 쓰시오.

12. 다음은 '규칙성' 영역에서 문제해결 능력을 신장시키기 위한 수업의 일부이다. 물음에 답하시오 (2017학년도 초등 임용시험 문제)).

교사: 다음은 어떤 규칙에 따라 ○를 넣어 1부터 119까지의 수를 차례로 나타낸 것입니다.

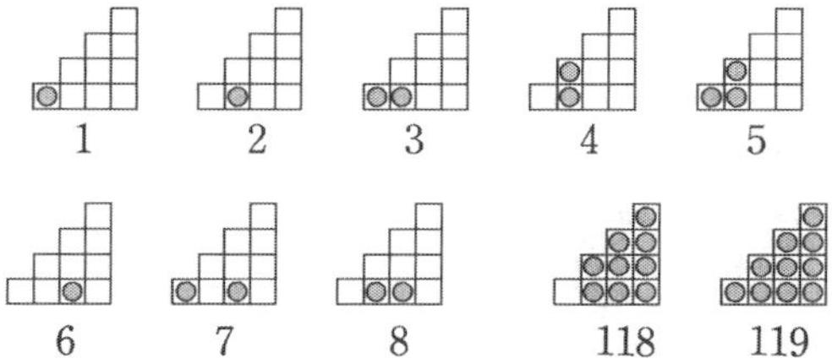

교사: 어떤 규칙인지 모둠끼리 찾아보세요.

지윤: 1, 2, 3을 보면 첫째 세로줄의 ○는 1이고, 둘째 세로줄의 ○는 2이고, 3은 1+2로 나타낸 것을 알 수 있어.

준서: 4는 2를 나타내는 ○가 둘째 세로줄의 아래 칸과 위 칸에 다 있으니까 2+2로 생각한 거야.

민수: 5는 3+2로 생각하면 같은 칸에 ○를 2개 넣어야 하니까 안 되고, 4+1로 생각해야 해.

준서: 6은 첫째 세로줄과 둘째 세로줄이 5에서 다 차니까 셋째 세로줄의 맨 아래 칸에 ○를 넣은 거야.

지윤: 그러면 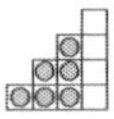 의 다음은 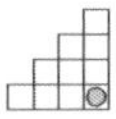 이야.

민수: 그리고 4처럼 생각하면 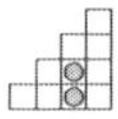 은 120야.

준서: 선생님, 질문 있어요. 12를 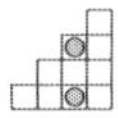 이라고 해도 돼요?

교사: 안 됩니다. 세로줄은 ○를 맨 아래 칸부터 차례로 넣습니다.
준서: 알겠습니다. 그러면 저희가 규칙을 다 찾은 것 같아요.

교사: 서로 협력하며 규칙을 잘 찾았네요. 규칙에 따르면 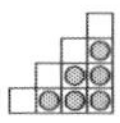 이 나타내는 수는 무엇일까요?

지윤: (㉠)입니다.
교사: 맞았어요. 여러분 모두 참 잘했어요. 이번 시간에 알게 된 것을 수학 일기에 써 보세요.

(1) ㉠에 들어갈 알맞은 수를 쓰시오.

(2) 다음은 민수의 수학 일기이다. ⓐ–ⓔ 중에서 틀린 것을 2가지 찾고, 그 기호와 이유를 각각 쓰시오.

오늘 수학 시간에 규칙 찾기를 했다. 처음에는 어려웠지만 친구들과 함께 찾다 보니 재미있었다. 오늘 찾은 규칙에 따라 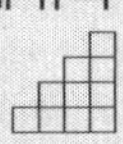 에 ○를 넣어 수를 나타내면서 몇 가지를 더 발견할 수 있었다. 맞는지 내일 친구들과 확인해 봐야겠다.

ⓐ ○가 1개만 있는 수는 모두 10개이다.
ⓑ ○가 2개만 있는 수 중에서 가장 큰 수는 48이다.
ⓒ ○가 3개만 있는 수 중에는 18이 있다.
ⓓ ○가 4개만 있는 수 중에서 가장 작은 수는 16이다.
ⓔ ○가 첫째 세로줄에 있는 수는 모두 60개이다.

참고문헌

강시중(1992). 수학교육론. 교육출판사.

강완, 백석윤(1998). 초등수학교육론. 동명사.

강치형, 김수환, 라병소, 박성택, 이의원, 정은실(2008). 초등수학교육. 동명사.

강흥규(2005). 분수 개념과 알고리즘 지도 비교 양상 비교-McLellan, MiC, 한국의 교재를 중심으로. 수학교육학연구, 15(4), 375-399.

계영희(2008). 명화와 함께 떠나는 수학사 여행. 살림.

고정화(2012). 초등학교 4학년 혼합계산 지도에 대한 고찰. 수학교육학연구, 22(4), 477-494.

교육과학기술부(2012). 수학 1-1. 두산동아(주).

교육부(2014). 수학 4-2 교사용지도서. ㈜ 천재교육.

교육부(2015). 수학 6-1 교사용지도서. ㈜천재교육.

교육부(2018a). 수학 1-2. ㈜천재교육.

교육부(2018b). 수학 1-2 교사용지도서. ㈜천재교육.

교육부(2018c). 수학 6-2 교사용지도서. ㈜천재교육.

교육부(2020a). 수학 3-1. ㈜천재교육.

교육부(2020b). 수학 3-2. ㈜천재교육.

교육부(2020c). 수학 4-1. ㈜천재교육.

교육부(2020d). 수학 4-2. ㈜천재교육.

교육부(2020e). 수학 5-1. ㈜천재교육.

교육부(2020f). 수학 5-2. ㈜천재교육.

교육부(2020g). 수학 6-1. ㈜천재교육.

교육부(2020h). 수학 6-2. ㈜천재교육.

교육부(2020i). 수학 3-1 교사용지도서. ㈜천재교육.

교육부(2022). 수학과 교육과정-교육부 고시 제2022-33 [별책 8]. 교육부.

교육부(2024a). 수학 1-1. ㈜천재교과서.

교육부(2024b). 수학 1-2. ㈜천재교과서.

교육부(2024c). 수학 2-1. ㈜천재교과서.

교육부(2024d). 수학 2-2. ㈜천재교과서.

교육부(2024e). 수학 1-1 교사용 지도서. ㈜천재교과서.

김선희, 김부미, 이종희(2014). 수학교육과 정의적 영역. 경문사.

김수철, 김성여, 김해윤, 손정화, 이금선, 조현공, 허난(2020). 수학 학습 위계에 따른 수학 평가·보정 모델 개발 연구에 관한 연구. 한국과학창의재단.

김수환, 박성택, 신준식, 이대현, 이의원, 이종영, 임문규, 정은실(2009). 초등학교 수학과 교재연구. 동명사.

김진호, 강홍재, 권미선, 권성룡, 김남균, 김민정, 김성준, 박주경, 선우진, 이대현, 조호윤, 한채린(2024). 2022 개정 교육과정을 반영한 초등수학 교재연구 및 지도법. 교우사.

김응태, 박한식, 우정호(1995). 수학교육학개론. 서울대학교출판부.

남승인, 류성림, 권성룡, 김남균, 신준식, 박성선, 박만구, 최근배, 권점례, 이종학(2018). 2015 개정 교육과정에 의한 초등수학교육론. 경문사.

박만구, 강경은, 김대진, 김도경, 김수정, 김은혜, 김지영, 김진호, 김희웅, 손경호, 유대현, 이진우, 임근광, 조두경, 조수윤(2022a). 수학 3-1. ㈜천재교과서.

박만구, 강경은, 김대진, 김도경, 김수정, 김은혜, 김지영, 김진호, 김희웅, 손경호, 유대현, 이진우, 임근광, 조두경, 조수윤(2022b). 수학 3-2. ㈜천재교과서.

박만구, 강경은, 김대진, 김도경, 김수정, 김은혜, 김지영, 김진호, 김희웅, 손경호, 유대현, 이진우, 임근광, 조두경, 조수윤(2022c). 수학 4-1. ㈜천재교과서.

박만구, 강경은, 김대진, 김도경, 김수정, 김은혜, 김지영, 김진호, 김희웅, 손경호, 유대현, 이진우, 임근광, 조두경, 조수윤(2022d). 수학 4-2. ㈜천재교과서.

박세희(1995). 수학의 세계. 서울대학교출판부.

배종수(2011). 초등수학교육 지도법. JB Math.

서동엽(2021). 분수의 나눗셈 지도 방법에 대한 고찰. 한국초등수학교육학회지, 25(1), 81-102.

안재구 (2000). 수학문화사 Ⅰ: 원시에서 고대까지. 일월서각.

우정호(1998). 학교수학의 교육적 기초. 서울대학교 출판부.

우정호(2000). 수학 학습-지도 원리와 방법. 서울대학교 출판부.

이대현(2019). 초등학교 수학지도 방법론. 동명사.

이대현, 박창우, 방신옥, 성창근(2017). 초등수학 속에 담긴 수학. ㈜교우.

이대현, 최승현(2006). 문제해결을 통한 수학적 경험. 경문사.

이미경, 곽영순, 민경석, 채선희, 최성연, 나귀수, 박경미(2004). OECD/PISA 2003 평가틀 및 예시문항: 수학, 과학, 문제해결력 소양 영역. 한국교육과정평가원 연구자료 ORM 2004-25-1.

임재훈, 김수미, 박교식. (2005). 분수 나눗셈 알고리즘 도입 방법 연구: 남북한, 중국, 일본의 초등학교 수학 교과서의 내용 비교를 중심으로. 학교수학, 7(2), 103-121.

장혜원, 서동엽, 김민회, 김선, 김예림, 김차명, 남지현, 박은정, 박혜민, 유미경, 유철민, 임미인, 정혜선, 황우식(2022a). 수학 5-1. ㈜미래엔.

장혜원, 서동엽, 김민회, 김선, 김예림, 김차명, 남지현, 박은정, 박혜민, 유미경, 유철민, 임미인, 정혜선, 황우식(2022b). 수학 5-2. ㈜미래엔.

장혜원, 서동엽, 김민회, 김선, 김예림, 김차명, 남지현, 박은정, 박혜민, 유미경, 유철민, 임미인, 정혜선, 황우식(2022c). 수학 6-1. ㈜미래엔.

장혜원, 서동엽, 김민회, 김선, 김예림, 김차명, 남지현, 박은정, 박혜민, 유미경, 유철민, 임미인, 정혜선, 황우식(2022d). 수학 6-2. ㈜미래엔.

한국표준과학연구원(2007). 국제단위계(제8판). http://www.kriss.re.kr/standard/view.do?pg=standard_define.

홍진곤(1999). 반영적 추상화와 조작적 수학 학습-지도. 서울대학교박사학위논문.

황혜정, 나귀수, 최승현, 박경미, 임재훈(2004). 수학교육학 신론. 문음사.

Anderson, S. E. (1997). Worldmath curriculum: Fighting eurocentrism in mathematics. In A. B. Powell, & M. Frankenstein (Eds.), *Ethnomathematics Challenging Eurocentrism in Mathematics Education* (pp. 291-306). State University of New York Press.

Baroody, A. J., & Coslick, P. T. (1998). *Fostering Children's Mathematical Power: An investigative approach to K-8 mathematics instruction.* Mahwah NJ: Lawrence Erlbaum Associates.

Blanton, M., Levi, L., Crites, T., & Dougherty, B.(2011). *Developing essential understanding of algebraic thinking for teaching mathematics in grades 3-5.* Reston, VA: National Council of Teachers of Mathematics. 방정숙, 최지영, 이지영, 김정원 공역(2017). 『대수적 사고의 필수 이해』. 교우사.

Brown, S. I., & Walter, M. I. (1983). *The Art of Problem Posing.* Lawerence Erlbaum Associates, Publishers.

Charles, R. I. & Lester, F. K.(1982), *Teaching Problem Solving-What, Why & How.* Palo Alto, C. A.: Dale Seymour Publicating.

Chevallard, Y. (1988). On didactic transposition theory: Some introduction notes. Paper presented at the International Symposium on Research and Development in Mathematics Education. Bratislava.

De Lange, J., & Verhage, H. B.(1987). Math A and achievement testing. *Proceedings of the 11th International Conference for the Psychology of Mathematics Education,* Vol. 3, 243-248.

Devlin, K. (1994). *Mathematics, the Science of Patterns: The Search for Order in Life, Mind and* the *Universe.* New York: Scientific American Library.

Dienes, Z. P. (1960). *Building Up Mathematics.* London: Hunchinson Educational.

Empson, S. B., & Levi, L. (2011). *Extending Children's Mathematics-Fractions and Decimals-.* Portsmouth, NH: Heinemann.

Gelman, R., & Gallistel, C. R. (1986). *The child's understanding of number.* Harvard University Press.

Lenchner, G. (1983). *Creative Problem Solving in School Mathematics.* Boston: Houghton Mifflin Company.

Lulli, H. (1989). Yearly for number game. School Science and Mathematics, 89(3), 239–243.

NCTM.(1980). *An Agenda for Action: Recommendation for School Mathematics of the 1980's.* Reston, VA: The National Council of Teachers of Mathematics, Inc.

NCTM.(1989). *Curriculum and Evaluation Standards for School Mathematics.* Reston, VA: The National Council of Teachers of Mathematics, Inc.

NCTM.(2000). *Principles and Standards for School Mathematics.* Reston, VA: The National Council of Teachers of Mathematics, Inc.

National Research Council(1990). *Reshaping School Mathematics.* Washing, DC: National Academy Press.

Polya, G. (1957). *How to solve it: Vol. 2.* New York: Doubleday. 우정호 (역) (1997). 어떻게 풀 것인가: 수학적 사고 방법. ㈜천재교육.

Resnick, L. B., & Ford, W. W. (1981). *The Psychology of Mathematics for Instruction.* New Jersey: Lawrence Erlbaum Associates, Publishers.

Reys, R. E., Lindquist, M. M., Lambdin, D.V., & Smith, N. L. (2009). *Helping children learn mathematics* (9th ed.). Hoboken, NJ: John Wiley & Sons. 박성선·김민경·방정숙·권점례 공역 (2012). 초등교사를 위한 수학과 교수법. 경문사

Schoenfeld, A. (1994). *Mathematical Thinking and Peoblem Solving.* NJ: Lawrence Erlbaum Associates, Publishers.

Skemp, R. R. (1971). *The Psychology of Learning Mathematics.* Penguin, Harmondsworth.

Skemp, R. R. (1989). *Mathematics in the Primary School.* Great Britain.

Steen, L. (1988). The science of patterns. *Science,* 240, 611–616.

Stein, S. K. (1996). *Strength in Numbers: Discovering the Joy and Power of Mathematics in Everyday.* John

Willy & Sons, Inc.

Sawada, T. (1997). Developing Lesson Plans. In Becker, J. P., & Shimada, S.(Eds.), *The Open-Ended Approach: A New Proposal for Teaching Mathematics*(pp. 23–35). Reston: NCTM.

van Hiele, P. M. (1986). *The Structure and Insight: A theory of mathematics education.* Elsevier Inc.

Van De Walle, J. A., Karp K. S., & Bay–Williams, J. M. (2004). *Elementary and Middle School Mathematics: Teaching Developmentally.* New York: Allyn & Bacon.

Wertheimer, M. (1945). *Productive Thinking.* New York: Harper & Brothers Published. 矢田部達郎 (譯) (1952). 生產的 思考. 岩波現代叢書.

색인

ㅈ

ㅎ